체계적으로 배우는

# 생활 러시아어 문법

## Грамматика русского языка

정연호 지음

신아사

# 책 머리에...

대학 강단에서 러시아어를 가르치기 시작한지도 어언 20여 년이 되어간다. 그 동안 러시아어를 처음 대하는 학생들에게 어떻게 하면 러시아어를 잘 가르칠 수 있을까를 늘 고민하였다. 하지만 러시아어를 처음 배우는 학생들이 공통적으로 느끼는 것은 러시아어 문법의 어려움이었다. 어떤 학생들은 러시아어를 열심히 공부하려고 해도 기초가 없어서 할 수 없다고도 하였다. 어학 공부가 수학 공부처럼 기초가 없으면 더 이상 할 수 없는 공부가 아니기에 그 내막을 자세히 들여다보기 시작하였다. 매년 1학년 신입생들의 러시아어 기초과목을 맡아 지도하면서 학생들이 공부하는 스타일과 제일 어려워하는 부분을 유심히 살펴보았다. 학생들은 영어를 공부한 상태에서 러시아어를 처음 접하므로 은연중에 영어 문법을 러시아어 문법처럼 혼동하고 있었고, 더구나 영어와 비슷하면서 약간씩 다른 러시아어 알파벳의 순서와 발음은 학생들로 하여금 혼란을 부추기에 충분하였다. 또한, 러시아어 기초문법에 필수적으로 등장하는 '러시아어격변화'의 변화무쌍함은 이제 막 입시지옥에서 해방되어 '자유'를 갈구하는 신입생들에게는 또 다른 '지옥'처럼 다가가고 있었다. 더구나 학생들에게 제일 어렵게 느껴지는 '러시아어격변화'는 대부분의 러시아어 문법 교재들에서 여기저기에 산재하여 나타남으로써 학생들을 더욱 더 어렵고 혼란스럽게 만드는 것 같았다. 그러므로 영어 문법을 공부한 학생들에게 러시아어 문법을 알기 쉽게 영어의 경우와 비교해 가면서, 수학 공식보다 더 정확히 변화하는 '러시아어격변화표'에 대한 이해를 학생들이 느끼기에 마치 수학 공식을 외워서 문제를 풀듯이 하게 할 수는 없을까를 심도있게 고민하였다. 그것은 러시아 문법교재의 구성을 가장 쉬운 것부터 시작하여 차츰차츰 체계적으로 정리하여 나아가면서 각 단계별로 수학문제를 풀듯이 문법연습문제를 풀어 나아가게 하는 것이었다.

본 교재의 구성은 대학의 러시아어 전공 1~2학년 학생들을 대상으로 하여, 대학의 학기에 따라 1학기 15주와 2학기 15주, 총 30주의 단원으로 구성되어 있으며, 각 학기 중간과 기말에는 중간고사와 기말고사를 위한 중간정리와 총정리의 연습문제 풀이를 삽입하였다. 각 주 단원마다 <학습목표>를 소개함으로써 학생들로 하여금 본 단원에서 학습해야 할 목표를 제시하였고, 이어서 <중요단어 익히기>를 통하여 그 주에 학습되는 새로운 단어들을 소개하였으며, 이어 <문법기초설명>과 <생활러시아어구문>을 번갈아 가며 알기 쉽게 설명하고 체계적으로 정리해 나아감으로써, 문법에서 설명된 내용과 예문들이 실제의 생활회화에서 어떻게 쓰이는지를 체계적으로 제시하였다. 특히 문법설명이 끝난 다음에는 곧이어 알기 쉽게 잘 정리된 도표를 제시함으로써 학생들로 하여금 러시아어 문법이 수학의 체계적인 공식-도표와 같이 느끼도록 안내하였다. 끝으로 각 주 단원마다 제시된 <연습문제1>과 <연습문제2>를 통하여 <문법기초설명>과 <생활러시아어구문>에서 학습된 러시아어 문법내용을 다시 한 번 확인할 수 있도록 하였고, <연습문제1>은 <연습문제2>보다 약간 쉬운 문제들로 구성함으로써 학생들이 단계적으로 학습해 나아갈 수 있도록 유도하였다.

아무쪼록 본 학습교재 "(체계적으로 배우는) 생활러시아어 문법"이 러시아어를 처음 배우는 학생들에게 정말로 체계적인 문법 교재가 되기를 간절히 바라며, 그 동안 본 교재의 출판을 위하여 물심양면으로 애써 주신 도서출판 신아사에 진심으로 감사드린다.

2010. 정월 열흘에...

와촌정스키(http://wachon.hihome.com)

# 차 례

**1-1주** 러시아어 알파비트 및 러시아어 발음기초 • 7
**1-2주** 러시아어의 어순 및 모음 'o'와 'e'의 발음 • 20
**1-3주** 러시아어 명사의 성, 수 • 31
**1-4주** 러시아어 명사의 격, 격변화 • 43
**1-5주** 러시아어 명사의 격변화 활용 I • 56
**1-6주** 러시아어 명사의 격변화 활용 II • 68
**1-7주** 러시아어 대명사 + 명사 • 78
**1-8주 중간(1주~7주) 총정리 및 연습문제풀이** • 90
**1-9주** 러시아어 동사의 변화 • 104
**1-10주** 러시아어 동사의 변화 및 활용 • 115
**1-11주** 러시아어 구문 (동사 + 동사원형) • 129
**1-12주** 러시아어 동사의 과거형 • 140
**1-13주** 러시아어 형용사 • 149
**1-14주** 러시아어 형용사의 장어미-단어미형 • 158
**1-15주 기말(9주~14주) 총정리 및 연습문제풀이** • 168

**2-1주** 러시아어 동사의 체(體) • 187
**2-2주** 러시아어 동사의 미래형 • 197
**2-3주** 러시아어 동사의 명령형 • 206
**2-4주** 러시아어 형용사의 격변화 • 216
**2-5주** 러시아어 대명사의 격변화 • 225
**2-6주** 러시아어 부사 및 형용사-부사의 비교급 • 236
**2-7주** 러시아어 수사 • 245
**2-8주 중간(1주~7주) 총정리 및 연습문제풀이** • 262
**2-9주** 러시아어 전치사+격의 용법 • 281
**2-10주** 러시아어 관계대명사 • 292
**2-11주** 러시아어 능동형동사 • 302
**2-12주** 러시아어 피동형동사 • 316
**2-13주** 러시아어 부동사 • 329
**2-14주** 러시아어 구문 활용 • 339
**2-15주 기말(9주~14주) 총정리 및 연습문제풀이** • 350

**연습문제풀이 및 정답** • 370

# 1주 러시아어 알파비트 및 러시아어 발음기초

### 학습목표 소개

러시아어 알파비트 33자를 발음하고 쓸 수 있다.
러시아어 알파비트 33자의 구성(자음, 모음, 부호)을 설명할 수 있다.
러시아어 단어의 우다레니예(액센트)를 이해하고 단어를 읽을 수 있다.
가장 기초적인 인사말(안녕하십니까? 안녕히...등)을 말할 수 있다.
러시아인의 이름 구성(이름 + 부칭 + 성)을 이해할 수 있다.

### ◉ 중요단어 익히기

**вас** 대명사 당신을.
**диало́г** 명사 대화.
**до свида́ния** 안녕(히). → до (~까지) + свидание (안녕) 안녕할 때까지.
**здра́вствуйте** 안녕하세요, 안녕하십니까.
**зову́т** 동사 부르다. 동사원형 зва́ть-зову́, зовёшь ... зову́т.
**как** 의문부사 어떻게.
**меня́** 대명사 나를.
**о́тчество** 명사 부칭.
**ударе́ние** 명사 액센트.
**фами́лия** 명사 성.

## ◉ 문법기초설명

러시아어로 가장 평범하게 많이 쓰이는 인사말 중의 하나가 '안녕하십니까?'이며, 러시아어로 '즈드라-스트 부이쩨'라고 발음한다. 러시아어에서도 영어의 액센트와 같은 '우다레니예(역점)'가 있는데, '우다레니예'가 찍힌 음절은 강하고 길게 발음하여야 한다. 그러므로,'즈드라́-스트 부이쩨'에서는 '라'음절에 우다레니예가 찍히므로 '라'를 강하고 길게 발음하여야 한다. 즉, '즈드라́-스트 부이쩨'하고 '라'를 강하고 길게 발음하는 것이다. 이때, 상대적으로 우다레니예가 없는 음절은 약하고 짧게 발음한다. 다 같이 자신감 있게 큰소리로 '즈드라́-스트 부이쩨'하고 소리쳐 보자.

**즈드라́-스트 부이쩨? (안녕하십니까?)**

외국어를 처음 배울 때 가장 중요한 것은 '자신감'이다. 다소 발음이 틀리더라도 큰소리로 자신감있게 발음하는 자세가 매우 중요하다. 외국인에게 욕을 하는 것도 아니고 '안녕하십니까?'하고 인사하는 것인데, 조그만 소리로 자신감 없게 인사할 이유가 하나도 없는 것이다. 다시 한 번, 큰 소리로 자신감있게 '즈드라́-스트 부이쩨' 하고 외쳐보자. 혹시, 다음에 우연히 러시아인을 만나, '즈드라́-스트 부이쩨'하고 인사한다면, 그 쪽에서도 분명 '즈드라́-스트 부이쩨'하고 응답해 올 것이다. 만일, '즈드라́-스트 부이쩨'하고 '쩨'를 빼먹게 되면, 반말이 되게 되어 실례가 될 수 있다. 즉, '즈드라́-스트 부이'는 '안녕'하고 가볍게 인사하는 말로서, 이것은 어느 정도 친해지거나 친구 사이에 쓰지, 자신보다 나이가 많거나 처음 보는 사람한테는 대단히 실례가 되는 인사말인 것이다.

**즈드라́-스트 부이? (안녕?)**

'즈드라́-스트 부이' 혹은 '즈드라́-스트 부이쩨'하고 인사를 나눈 다음, 상대방의 이름을 물어 볼 수 있다. 그래야, 다음에 혹시라도 만나게 되면 상대방의 이름을 부름으로써 대화를 시작할 수 있는 것이다. 러시아어로 상대방의 이름을 물어보는 말에는 2가지가 있어서, 반말로 '너의 이름은 뭐냐?'하고 물어보는 것과 '당신의 이름은 무엇입니까?'하고 경어로 물어보는 2가지 경우의 물음말이 있다.

'너의 이름은 뭐냐?' → '깍크 찌뱌 자부트?'

**'당신의 이름은 무엇입니까? → '깍크 바스 자부트?'**

여기서도 앞서 말한 바와 같이 '우다레니예'가 있어서, '깍크'의 '아', '찌뱌'의 '야', '자부트'의 '우'를 강하고 길게 발음하면 되는 것이다. '깍크 찌뱌 자부트?' 또는 '깍크 바스 자부트'하고 상대방이 자신의 이름을 물어왔을 때, 러시아에서의 '이름'은 '이름+부칭+성'으로 구성되어 있어서, 간단히 '이름'만 답해도 되고, 혹은 '이름+부칭'까지 답을 해도 된다. ☞ 러시아어의 이름과 부칭, 성. p.14 참조

**'깍크 찌뱌 자부트?' → 안톤**

**미냐 자부트 안톤 (나의 이름은 안톤입니다.)**

지금까지 학습한 내용을 종합하여 다음과 같은 대화(지아로그)를 구성하여 볼 수 있다.

| | |
|---|---|
| 교수 | 즈드라́-스트 부이? (안녕?) |
| 학생 | 즈드라́-스트 부이쩨? (안녕하세요?) |
| 교수 | 깍크 찌뱌 자부트? (너의 이름은 무엇이냐?) |
| 학생 | 미냐 자부트 안톤. (나의 이름은 안톤입니다.) |

다음은 러시아어로 쓰여진 대화(Диалог)를 그대로 따라서 읽어 보자.

| | |
|---|---|
| 교수 | **Здра́вствуй?** (안녕?) ☞ 여기에서 в는 묵음이 되어 발음하지 않는다. |
| 학생 | **Здра́вствуйте?** (안녕하세요?) |
| 교수 | **Как тебя́ зову́т?** (너의 이름은 무엇이냐?) |
| 학생 | **Меня́ зову́т Анто́н.** (나의 이름은 안톤입니다.) |

이와 같이, 러시아어로 상대방의 이름을 물어보고 자신의 이름을 대답하기를 쉽고 재미있게 하기 위하여 '러시아식 이름'을 하나씩 지어 보자. 다음은 러시아에서 가장 많이 쓰이는 이름들을 남자와 여자로 구분하여 적어 놓은 것이다. 다같이, 큰 소리로 자신감 있게 러시아 남자와 여자의 이름을 불러 보자.

남자이름 → **Ива́н**(이반), **Анто́н**(안톤), **Серёжа**(세료자), **Алёша**(알료샤), **Са́ша**(사샤), **Ю́ра**(유라)

여자이름 → **Ка́тя**(까쨔), **Ната́ша**(나타샤), **О́ля**(올랴), **Ле́на**(레나), **Ни́на**(니나), **Ве́ра**(베라), **Мари́на**(마리나)

앞에서 소개한 러시아 남자, 여자의 이름들은 대부분이 원래의 이름이 아니고, 원래의 이름을 줄여서 부른 '애칭'들이다. 즉, **Алёша**(알료샤), **Саша**(사샤)는 원래 **Алекса́ндр**(알렉산드르)를 줄여서 부른 애칭이며, **Катя**(까쨔)는 **Катери́на**(까쩨리나)를, **Ната́ша**(나타샤)는 **Ната́лия**(나탈리야)를 줄여서 부른 애칭인 것이다.

이와 같이, 러시아인들은 서로 친해지거나 혹은 친한 친구 사이에서는 원래의 이름 보다 자신의 이름을 줄이거나 혹은 자신이 좋아하는 스타일의 '지소체'로 만든 '애칭'을 소개하고 그렇게 불러주기를 더 원하는 경향이 있다.

자, 그럼 여기서, 그 동안 러시아어의 발음도 듣고, 러시아어 인사말도 말해보고 러시아어로 쓰여진 글자도 읽어 보았으니, 러시아어 알파비트의 발음과 글자에 대하여 본격적으로 공부해 보기로 하자.

본래, 러시아인들의 윗 조상은 슬라브족이므로 러시아어의 뿌리는 슬라브어이다. 러시아 역사에서 보면, 슬라브족이 5-6세기에서 9세기에 걸쳐 대이동을 하게 되는데, 이 때, 동쪽으로 이동해 간 슬라브족을 동슬라브족, 서쪽으로 이동해 간 슬라브족을 서슬라브족, 남쪽으로 이동해 간 슬라브족을 남슬라브족이라고 한다. 그러므로, 슬라브어는 **'슬라브족의 대이동'**으로 인하여 **동슬라브어**, **서슬라브어**, **남슬라브어**로 갈라지게 되는 것이며, 이 중의 하나인 동슬라브어는 다시 **우크라이나어**, **백러시아어**, **러시아어**로 나뉘어진다. 그러므로, 러시아어의 바로 윗 조상은 동슬라브어이며, 그 위에는 슬라브어가 있는 셈이다. 현재, 러시아어는 기본으로 33자의 알파비트(Алфавит)로 이루어져 있다.

АБВГДЕЁЖЗИЙКЛМНОПРСТУФХЦЧШЩъыьЭЮЯ

러시아어에서는 영어에서와 같은 발음기호가 없다. 따라서, 위의 알파비트 33자가 바로 알파비트(Алфавит)도 되고 발음기호도 되는 것이다. 다음의 알파비트 33자를 큰 소리로 알파비트로 읽어보고, 다음에는 발음기호로도 발음하여 보자. ☞ 자세한 발음 방법은 p.12 알파비트의 발음 참조

АБВГДЕЁЖЗИЙКЛМНОПРСТУФХЦЧШЩъыьЭЮЯ

알파비트 33자 가운데 모음이 10개(АЕЁИОУыЭЮЯ)이며, 모음도 아니고 자음도 아닌 부호가 2개(ъ, ь), 자음은 자음인데 모음에 가까운 반자음이 1개(Й),그리고 나머지 20개의 자음이 있다. ☞ Й는 '이 끄라트꼬예(Краткое)라 읽고, '짧은 이'라는 뜻이다. 영어식 발음기호로 아주 '짧은 이'에 해당하는 ' j '로 표기되어 발음한다.

| 자 음 | БВГДЖЗКЛМНПРСТФХЦЧШЩ | 20개 |
|---|---|---|
| 반 자 음 | Й | 1개 |
| 부 호 | ъ ь | 2개 |
| 모 음 | АЭИОУыЕЁЮЯ | 10개 |

모음 10개 가운데 5개(АЭИОУы)를 '기본모음'이라 부르며, '구강도'상에서의 발음과 위치는 다음과 같다. ☞ ы는 단어의 첫머리에 올 수 없는 모음이므로, 대문자가 없고 항상 소문자만 있다.

[러시아어 기본모음(АЭИОУы)의 발음]

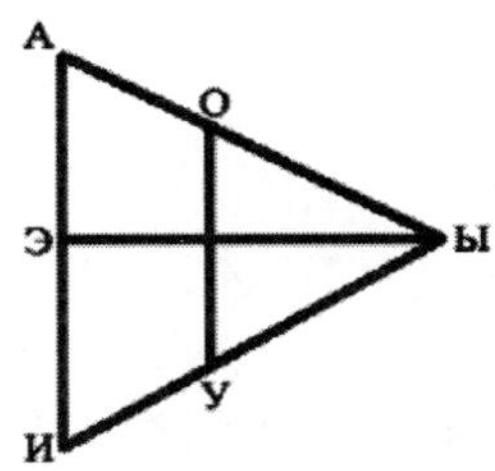


기본모음(АЭОУ)에다가 반자음(Й)를 결합하여 만들어지는 모음 4개(ЯЕЁЮ)를 '복합모음'이라 부른다.

Й + А = Я
Й + Э = Е
Й + О = Ё
Й + У = Ю

지금까지 학습한 러시아어 알파비트 33자를 다시 한 번 정리하면서, 큰소리로 자신감있게 알파비트의 순서를 암기하여 보자.

АБВГДЕЁЖЗИЙКЛМНОПРСТУФХЦЧШЩъыьЭЮЯ

| 모음(10개) | А,<br>(Й + А = ) Я, | Э,<br>(Й + Э = ) Е, | И,<br>(Й + И =) И, | О,<br>(Й + О=) Ё, | У,<br>(Й + У =) Ю | Ы |
|---|---|---|---|---|---|---|
| 부호(2개) | Ъ : 경음부호 (твёрдый знак)<br>Ь : 연음부호 (мягкий знак) ☞ 'г'는 'х'로 발음된다. | | | | | |
| 반자음(1개) | Й | | | | | |

| 자음(21개) | Б | В | Г | Д | Ж | З | Й | К | Л | М | Н | П | Р | С | Т | Ф | Х | Ц | Ч | Ш | Щ |
|---|---|---|---|---|---|---|---|---|---|---|---|---|---|---|---|---|---|---|---|---|---|
| 유성자음 | Б | В | Г | Д | Ж | З | Й | | Л | М | Н | | Р | | | | | | | | |
| 무성자음 | | | | | | | | К | | | | П | | С | Т | Ф | Х | Ц | Ч | Ш | Щ |

| 대응 유성-무성 자음 | Б | В | Г | Д | З | 유성자음 |
|---|---|---|---|---|---|---|
| | П | Ф | К | Т | С | 무성자음 |

앞서 말한 바와 같이, 러시아어에는 영어에서와 같은 발음기호가 없기 때문에, 알파비트 33자 자체가 발음기호의 역할을 한다. 그러므로 러시아어 알파비트를 붙여서 써 놓은 단어는 각각의 알파비트의 발음을 붙여서 읽으면 된다.

Как → ㄲ 아 ㅋ → '깍크'
Вот → 브 오 트 → '봍'
Тот → 뜨 오 트 → '또트'
Дом → 드 오 므 → '돔'

위에서와 같이 단음절 단어의 경우에는 당연히 모음에 '우다레니예(액센트)'가 오나, '우다레니예'를 표시하지는 않는다. 하지만, 2음절 이상의 단어에서는 '우다레니예' 표시를 하며, '우다레니예'가 찍힌 음절은 강하고 길게 발음한다.

Антóн → 아 느 트 오 느 → '안톤'
Натáша→ 느 아 트 아 쉬 아 → '나타샤'
Алёша → 아 르 요 쉬 아 → '알료샤' ☞ 'ё'의 '우다레니예' 표시는 '¨'로 표시한다.
Пáпа → 쁘 아 쁘 아 → '빠빠' (아빠)
Мáма → 므 아 므 아 → '마마' (엄마)

러시아어 단어의 발음은 알파비트의 발음을 이어서 발음하되 '우다레니예(Ударение)'가 오는 음절은 강하고 길게 발음하며, '우다레니예(Ударение)'가 오지 않는 음절은 상대적으로 약하고 짧게 발음한다. 그러므로, '우다레니예(Ударéние)'의 '우다레니예(Ударéние)'는 'é'(모음)에 오므로 '레'를 강하고 길게 발음하여야 한다. 이와 같이, 러시아어 발음에 있어서 Ударéние의 위치는 매우 중요하며, 우다레니예의 위치에 따라서 다음과 같은 중요한 발음규칙이 있다.

### ◎ 러시아어 발음의 중요한 규칙

① Ударéние (우다레니예)가 오는 음절은 강하고 길게 발음한다.
Я гуля́ю(나는 산책한다), Мóре (바다), Ма́ть (어머니), Журна́л(잡지)

② Ударéние (우다레니예) 앞에 오는 [ o ]는 [ a ]처럼 발음한다.
Москва́(마스크바), Отéц (아버지), Вода́(물) ☞ 보드카: Вóдка

③ Ударéние (우다레니예) 앞에 오는 [ е ]와 [ я ]는 [ и ]처럼 발음한다.
Земля́(토지, 땅), Язы́к(혀, 언어), Сестра́(자매), Тепло́(따뜻하게)

그럼 여기서, '안녕'하는 인사말과 함께 서로 옆에 앉은 친구에게 이름을 물어보고 답하는 대화(Диалог)를 나누어 보자.

친구A　Здрáвствуй? (안녕?)
친구Б　Здрáвствуй? (안녕?)

친구A　Как тебя́ зовýт? (너의 이름은 뭐니?)
친구Б　Меня́ зовýт Минсу. (나의 이름은 '민수'라고 해)

여기에서, Как тебя́ зовýт?은 '너의 이름은 뭐니?'이며, Как вас зовýт?은 '당신의 이름은 무엇입니까?'이다. 그러므로 다음과 같은 Диалóг를 구성하여 볼 수 있다.

Иван　Здрáвствуйте? (안녕하십니까?)
Антон Здрáвствуйте? (안녕하십니까?)
Иван　Как вас зовýт? (당신의 이름은 무엇입니까?)
Антон Меня́ зовýт Антóн. (나의 이름은 '안톤'이라고 합니다.)

러시아어에 있어서 헤어질 때의 인사로 'До свидáния'(다 쓰비다니야)를 가장 많이 사용한다. 단, 일단 헤어졌다가 잠시 후에 다시 만나게 되는 경우에는 'Покá'(빠까)를 사용한다.

| | |
|---|---|
| 교수(Профессор) | До свидáния! (안녕히 가세요!) |
| 대학생(Студент) | До свидáния! (안녕히 계세요!) |
| 여대생(Студентка) | До свидáния! (안녕히 계세요!) |

'До свидáния'는 직역을 하면, '다음에 만날 때까지 안녕히'라는 뜻을 지니며, 앞에서와 같이 'До свидáния'만 인사하여도 되고, 끝에 상대방의 이름을 붙여서 인사하여도 된다. 이 때, 자신보다 지위나 연령이 높은 사람의 경우에는 이름만 불러서는 안되며, 반드시 이름과 부칭(이름 + 부칭)을 함께 불러 주어야 한다.

| | |
|---|---|
| 교수 (Профессор) | До свидáния, студенты! |
| 대학생 (Студент) | До свидáния, Иван Николáевич! |
| 여대생 (Студентка) | До свидáния, Иван Николáевич! |

러시아어에 있어서 상대방을 부를 때, 자신과 연령대가 비슷하거나 혹은 자신 보다 연령이나 지위가 낮은 경우에는 '이름'만 불러도 되나, 자신보다 나이가 훨씬 많거나 혹은

연령이나 지위가 높은 경우에는 반드시 '이름 + 부칭'을 불러 주어야 한다.

'부칭'이란 아버지의 이름에다가 남자의 경우에는 **-евич** 또는 **-ович**를 붙여서 만들고, 여자의 경우에는 **-евна** 또는 **-овна**를 붙여서 만든다. 예를 들어, 자신의 이름이 **Иван**(이반)이고 아버지의 이름이 **Николай**(니콜라이)이면, 러시아어의 '이름 + 부칭'은 **Иван Никола́евич**가 된다.

### 러시아어 이름의 '부칭' 만드는 법

아버지(Николай)가 낳은 아들→ Антон Николай + евич → Никола́евич
아버지(Николай)가 낳은 딸 → Нина Николай + евна → Никола́евна
아버지(Пётр)가 낳은 아들 → Антон Пётр + ович → Петро́вич
아버지(Пётр)가 낳은 딸 → Нина Пётр + овна → Петро́вна

러시아어 이름의 완전한 형태는 '이름 + 부칭 + 성'이며, 보통은 이름만 이야기한다. 즉, 'Как тебя́ зову́т?' 또는 'Как вас зову́т?'하고 이름을 물어왔을 때, 'Меня́ зову́т Антон'(나의 이름은 '안톤'입니다)하고 '이름'만 대답하는 것이 보통이다. 하지만, 상대방을 부를 때, 자신보다 연령이나 지위가 높은 사람을 '이름'만 부르는 것은 결례가 되며, 특히 공식 석상이나 여러 사람이 모이는 회합 등에서 자신 보다 연령이나 지위가 높은 사람의 '이름'만을 부르는 것은 대단한 결례가 된다. 대개, 러시아 사람들 사이에서는 공식적인 자리에서 설령 자신보다 나이가 좀 어리더라도 이름만 부르지 않고 부칭까지 불러주는 것이 예의이다. 또한, 상대방을 부를 때, '성'만을 부르는 것은 나이와 지위를 떠나서 대단한 결례가 되는 언행이다. 이것은 우리식으로 말하면, '어이, 박씨' 또는 '어이, 김가야'하는 정도이므로, 상대에 따라서는 아주 예의 바르지 못한 언행으로 오해받을 수 있다. 단, 우리식의 '얘, 김군아' 또는 '어이, 박씨' 하고 부를 수 있을 정도의 관계에서는 '성'만을 부를 수는 있다. 상대방의 '부칭' 또는 '성'을 물어볼 때는 다음과 같은 표현을 사용한다.

Како́е ва́ше о́тчество? (당신의 부칭은 무엇입니까?)
Кака́я ва́ша фами́лия? (당신의 성은 무엇입니까?)

### 생활러시아어 구문 1

교수 Здра́вствуй? 안녕
교수 Здра́вствуй? 안녕
학생 Здра́вствуйте? 안녕하세요
교수 Как тебя́ зову́т? 너의 이름은 뭐니?
학생 Меня́ зову́т Антон. 저의 이름은 안톤입니다.

## ⦿ 생활러시아어 구문 2

친구A Здра́вствуй? 안녕
친구Б Здра́вствуй? 안녕
친구A Как тебя́ зову́т? 너의 이름은 뭐니?
친구Б Меня́ зову́т Ми́нсу. 나의 이름은 민수이야

## ⦿ 생활러시아어 구문 3

Иван Здра́вствуйте? 안녕하세요
Антон Здра́вствуйте? 안녕하세요
Иван Как вас зову́т? 당신의 이름은 무엇입니까?
Антон Меня́ зову́т Антон. 저의 이름은 안톤입니다.

## ⦿ 생활러시아어 구문 4

교수(Профессор) До свида́ния, студенты!
안녕히 가세요, 학생들
대학생(Студент) До свида́ния, Иван Никола́евич!
안녕히 계세요, 이반 니콜라예비치!
여대생(Студентка) До свида́ния, Иван Никола́евич!
안녕히 계세요, 이반 니콜라예비치!

### ◎ 러시아어 알파비트의 발음

АБВГДЕЁЖЗИЙКЛМНОПРСТУФХЦЧШЩъыьЭЮЯ

앞서 말한 바와 같이, 러시아어에서는 영어에서와 같이 따로 발음기호가 있는 것이 아니라, 알파비트(Алфавит) 자체가 발음기호의 역할을 대신한다. 그러므로 러시아 알파비트(Алфавит) 33자의 발음은 매우 중요하며, 특히 영어에서의 발음과 혼동되거나 전혀 새로운 발음에 대해서는 꾸준히 연습을 하여야 한다. 다음의 알파비트의 발음들을 주의 깊게 살펴보자.

Б 입술을 다물었다가 열면서 내는 파열음. 영어의 <b>에 가깝다
В 윗니 끝을 아래 입술에 가볍게 대고 발음하는 마찰음. 영어의 <v>에 가깝다.

Л 혀끝을 윗니 뒤쪽에 가볍게 대었다가 떼면서 내는 음이다.

Р 혀끝을 윗잇몸에 가볍게 대고 진동시켜 내는 음으로써, 영어의 <r>에 가깝지만, 혀끝을 떤다는 점에서 커다란 차이가 있다.

Ж 입술을 앞으로 내밀고 혀끝을 윗잇몸의 뒤쪽으로 말아 올리듯이 하며 발음한다.

З С와 발음 위치가 동일하며 혀끝을 윗니 안쪽으로 올리고 발음한다. 영어의 <z>에 가깝다.

Ш Ш는 Ж의 무성음으로서 영어의 <sh>와 유사하다.

Щ 혀의 중심부를 입천장 가까이 올리고 혀를 앞으로 내밀 듯이 발음한다.

С 우리말의 된소리 <ㅆ>과 비슷하며, 혀끝을 아랫니 안쪽에 대면서 발음한다.

### ◎ 러시아어 알파비트 쓰기

러시아어 알파비트에는 인쇄체 대문자, 인쇄체 소문자, 필기체 대문자, 필기체 소문자의 4종류가 있으며, 다음과 같다. (러시아어 팬맨쉽 쓰기를 통하여 자신의 필체가 멋지고 아름답도록 꾸준히 연습하여 보자.)

**인쇄체대문자**

АБВГДЕЁЖЗИЙКЛМНОПРСТУФХЦЧШЩъыьЭЮЯ

**인쇄체소문자**

абвгдеёжзийклмнопрстуфхцчшщъыьэюя

**필기체대문자**

**필기체소문자**

## 연습문제 1

1. 다음의 (　　) 속에 적당한 알파비트를 써 넣은 후, 읽어 보시오.

А(　)ВГДЕЁЖЗИ(　)КЛМНОПРС(　)УФХЦЧ(　)ЩъыьЭЮЯ

2. 다음의 단어들에 우다레니예를 표시하고 큰 소리로 읽어 보시오.

(1) Антон　(2) Мама　(3) журнал　(4) здравствуйте

3. 다음의 러시아어에 우다레니예를 표시하고 (　　) 속에 그 뜻을 쓰시오.

(1) Здравствуй (　)

(2) До свидания (　)

(3) Как вас зовут? (　)

(4) Меня зовут Минсу. (　)

4. 다음의 알파비트 33자 가운데 기본모음 6개를 골라내어 쓰시오.

АБВГДЕЁЖЗИЙКЛМНОПРСТУФХЦЧШЩъыьЭЮЯ

기본모음 → (　　　　　　)

5. 다음의 (　) 속에 적당한 복합모음을 써 넣으시오.

(1) Й + А → (　)　(2) Й + Э → (　)

(3) Й + О → (　)　(4) Й + У → (　)

6. 다음의 자음 가운데 유성자음에만 밑줄을 그으시오.

Б В Г Д Ж З Й К Л М Н П Р С Т Ф Х Ц Ч Ш Щ ъ ь

7. 다음의 단어들을 큰 소리로 읽어 보시오.

(1) брат　(2) бу́ква　(3) бума́га　(4) вода́　(5) вопро́с

(6) го́род　(7) доска́　(8) друг　(9) дом　(10) доро́га

8. 부호 'ь'는 'мягкий знак'(연음부호)이라 읽는다. 이 때, 'г'는 어떤 발음으로 읽는가?

г → (　)

9. 다음의 단어들을 큰 소리로 읽어 보시오.

(1) каранда́ш (2) ка́рта (3) ко́мната (4) ла́мпа
(5) ло́жка (6) ма́рка (7) ма́сло (8) маши́на
(9) нога́ (10) откры́тка

10. 'здравствуйте'(안녕하십니까)에서 묵음이 되는 철자에 밑줄을 그으시오.

→ здравствуйте

11. 다음 단어들의 밑줄 친 부분의 발음을 비교하며 읽어 보시오.

(1) библиоте́ка - вто́рник
(2) ма́сло - сыр
(3) журна́л - звук
(4) каранда́ш - же́нщина - матро́с

## 연습문제 2

1. 다음의 대응하는 유성자음과 무성자음을 서로 이으시오.

| | |
|---|---|
| (1) Б • | • Ф |
| (2) В • | • П |
| (3) Г • | • К |
| (4) З • | • Т |
| (5) Д • | • С |

2. 다음의 러시아 이름을 보고 (　　) 속에 애칭을 써 넣어 보시오.

(1) Наталия → (　　　　)
(2) Ольга → (　　　　)
(3) Владимир → (　　　　)
(4) Виктор → (　　　　)

3. 다음 러시아 남자, 여자의 이름, 부칭, 성이 올바르면 O표, 틀리면 X표 하시오.

(1) Иван Иванович Петров (    )

(2) Сергей Николаевич Достоевский (    )

(3) Наталия Ивановна Петров (    )

(4) Ольга Николаевна Достоевская (    )

4. 다음 단어들에 Ударение를 표시하고 큰소리로 읽어 보시오.

(1) Спасибо (감사합니다.)

(2) Здравствуйте (안녕하세요)

(3) Москва (모스크바)

(4) брат (형제)

(5) сестра (자매)

(6) Футбол (축구)

(7) Альбом (앨범)

(8) самолёт (비행기)

(9) красивая (아름다운)

(10) до свидания! (안녕)

5. 러시아어 알파비트 33자를 필기체 소문자로 이어서 써 보시오.

..............................................................................................................

..............................................................................................................

..............................................................................................................

# 1
# 2주 러시아어의 어순 및 모음 'o'와 'e'의 발음.

### 학습목표 소개

러시아어의 어순에 대하여 이해할 수 있다.
러시아어의 긍정문을 의문문으로 만들 수 있다.
우다레니예의 위치에 따른 모음 'o'와 'e'를 발음할 수 있다.

### ◉ 중요단어 익히기

**арти́ст** 명사 배우.
**арти́стка** 명사 여배우.
**вода́** 명사 물.
**голова́** 명사 머리.
**да** 소사 예. (Yes)
**земля́** 명사 땅, 토지,
**инжене́р** 명사 기사.
**каранда́ш** 명사 연필
**кни́га** 명사 책.
**ко́мната** 명사 방, 룸.
**коре́йский** 형용사 한국의.
**коре́я** 명사 코리아, 한국.
**мел** 명사 백묵, 분필.
**молоко́** 명사 우유.
**нет** 소사 아니오. (No)
**перо́** 명사 펜, 깃털, 문필.
**прое́кт** 명사 프로젝트, 설계.
**профе́ссор** 명사 교수.
**стол** 명사 책상, 탁자.
**студе́нт** 명사 대학생.
**студе́нтка** 명사 여대생.
**стул** 명사 걸상, 의자.
**те́кст** 명사 텍스트.
**тетра́дь** 명사 노트.
**учи́тель** 명사 선생님.
**учи́тельница** 명사 여선생님.
**хо́лодно** 부사 춥다.
**хорошо́** 부사 좋다.
**э́то** 지시대명사 이것은.
**я́блоко** 명사 사과.
**язы́к** 명사 혀, 언어.
**Я люблю́** 나는 사랑한다.

## ◉ 문법기초설명

러시아어가 다른 언어와 다른 가장 큰 특징 중의 하나는 다른 언어에 비하여 비교적 어순이 매우 느슨하다는 것이다. 예를 들어, "나는 당신을 사랑합니다"라는 말을 러시아어로 "**Я люблю́ вас**"로 보통 말한다.

| Я | люблю | вас. |
|---|---|---|
| (야) | (류불류) | (바스) |
| 나는 | 사랑합니다 | 당신을 |

하지만, "**Вас я люблю́**" 또는 "**Люблю́ я вас**" 또는 "**Люблю́ вас я**"등과 같이 표현하여도 의미상 아무런 차이가 없다. 만일, "당신을 나는 사랑합니다"와 같이 '당신'을 강조하고 싶다면, "**Вас вас я люблю**"로 표현할 수 있을 것이다.

| Я | люблю́ | вас |
|---|---|---|
| Вас | я | люблю́. |
| Люблю́ | я | вас. |

러시아어에는 영어에서와 같은 관사가 없으며, be동사는 생략된다. 예를 들어, 영어의 "This is a desk."를 러시아어로 옮기면, "**Э́то стол**"로 표현할 수 있다.

This is a desk.
Э́то стол. (be동사 생략, 부정관사 없음)
(이것은 책상입니다.)
The desk → Стол (정관사 없음)
(그 책상)

또한, 긍정문 "**Э́то стол**"의 문장 끝에 의문부호(?)만 붙이면 의문문이 된다. 즉, 주어, 동사의 위치를 바꾸지 않고도 의문부호만 붙이면 긍정문이 의문문으로 바뀌어 지는 것이다.

| This is a desk. | → | Is this a desk? |
|---|---|---|
| "Э́то стол. | → | "Э́то стол? |
| (이것은 책상입니다.) | | (이것은 책상입니까?) |

"**Э́то стол?**"과 같이 의문사가 없는 의문문은 문장 끝의 억양을 올리지만, "**Что э́то?**"와 같이 의문사가 있는 의문문은 문장 끝의 억양을 올리지 않는다.

| Э́то стол? (↗) | → | Да, э́то стол. |
|---|---|---|
| (이것은 책상 입니까?) | | (네, 그것은 책상 입니다.) |

**Что э́то?** (↘) → **Э́то стол.**
(이것은 무엇입니까?) (그것은 책상입니다.)

이와 같이, 러시아어가 영어와 크게 구별되는 특징을 정리하면 다음과 같다.

(1) 어순을 자유로이 바꾸어도 뜻이 통한다.
(2) 주어와 동사를 바꾸지 않고 물음표만 붙여도 의문문이 된다.
(3) 긍정문에서 'be동사'를 생략해도 된다. ☞ 러시아어의 'be동사'는 'есть (~이다)'이다.
(4) 관사(부정관사, 정관사)가 없다.

따라서 영어에서의 "I am a boy", "You are a girl"을 러시아어로 옮기면 다음과 같이 된다.

I am a boy. → Я ма́льчик. (나는 소년입니다.)
You are a girl. → Вы де́вочка. (당신은 소녀입니다.)
나는 대학생입니다. → Я студе́нт. (↘)
나는 여대생입니다. → Я студе́нтка. (↘)
당신은 대학생입니다. → Вы студе́нт. (↘)
당신은 여대생입니다. → Вы студе́нтка. (↘)
당신은 대학생입니까? → Вы студе́нт? (↗)
당신은 여대생입니까? → Вы студе́нтка? (↗)

앞서 말한 바와 같이, 러시아어에는 영어에서와 같은 발음기호가 없다. 따라서, 러시아어 단어의 발음은 러시아어 알파비트의 발음대로 자연스럽게 이어서 발음하되, 액센트(Ударение-우다레니예)가 있는 음절은 강하고 길게 발음한다. 다음의 단어들을 발음하여 보자.

Стол : 스똘 (책상)

Стул : 스뚤 (의자)

Каранда́ш : 까란다쉬 (연필)
☞ 세번째 음절의 [a]를 강하고 길게 발음 한다.

Студе́нтка : 스뚜젠트카 (여대생)
☞ д[드]가 뒤의 е[예]의 영향을 받아 з[즈]로 발음 된다.

Что это?에서 'Что'를 알파비트의 발음대로 읽으면, [츠토]가 되어야 마땅하나, 여기서의 'Ч'는 [ш :쉬]로 발음되어 [쉬토]로 읽혀진다. 러시아어 발음에 있어서 우다레니예(액센트)의 위치는 매우 중요하다. 앞서 말한 바와 같이, 우다레니예가 오는 음절은 강하고 길게 발음하는 것이 원칙이다. 따라서 우다레니예가 오지 않는 음절은 상대적으로 약화되어 발음된다. 예를 들어, 우다레니예가 오지 않는 모음 'O'[오]는 [오] 그대로 발음되지 않고 약화되어 발음되는데, 우다레니예 바로 앞에서는 [아]로, 우다레니예 바로 뒤에서는 [어]로 발음된다.

**Ко́мната** - 'O'에 우다레니예가 오므로 'O'는 [오]로서 강하고 길게 발음된다.
**Вода́** - 'O'에 우다레니예가 오지 않고, 우다레니예 바로 앞의 음절이므로 'O'는 [아]로 발음된다.
**Э́то** - 'O'에 우다레니예가 오지 않고, 우다레니예 바로 뒤의 음절이므로, 'O'는 [어]로 발음된다.

이와 같이, 우다레니예가 오지 않는 모음이 약화되어 본래의 음가와 다르게 발음되는 현상은 다른 모음들에서도 찾아볼 수 있다. 즉, 우다레니예 바로 앞에 오는 'e'[예]와 'Я'[야]는 약화되어 'И'[이]로 발음된다.

**Те́кст** - 'e'에 우다레니예가 오므로, 'e'는 [예]로서 강하고 길게 발음된다.
**Земля́** - 'e'에 우다레니예가 오지 않고, 우다레니예 바로 앞의 음절이므로 'e'는 [이]로 발음된다.
**Я́блоко** - 'Я'에 우다레니예가 오므로, 'Я'는 [야]로서 강하고 길게 발음된다.
**Язы́к** - 'Я'에 우다레니예가 오지 않고, 우다레니예 바로 앞의 음절이므로 'Я'는 [이]로 발음된다.

러시아어 모음 'O'의 발음에 있어서, 북쪽 지방으로 갈수록 [오]발음이 강하고, 남쪽 지방으로 갈수록 [아] 발음이 강해지는 현상이 있는데, 이를 가리켜 'Оканье (오까니예)' 와 'Аканье (아까니예)'현상이라고 말한다. 예를 들어, 'Молоко'(우유)의 발음에 있어서, 북쪽 지방에서는 [오]발음이 강하여, [몰로코]와 같이 발음하나, 남쪽으로 갈수록 [아]발음이 강해져, [말라카]와 같이 발음하는 것이다.

**Молоко́** - 북쪽지방 - 'Оканье (오까니예)'현상[몰로코]
**Молоко́** - 발음규칙 - 우다레니예 바로 앞의 'o'는 [아], 그 앞의 'o'는 [어]에 가깝게 발음. [멀라코]
**Молоко́** - 남쪽지방 - 'Аканье (아까니예)'현상 [말라카]

🔍 하지만, 요즈음 현대 러시아어에서는 전반적으로 오까니예 보다 아까니예 현상이 두드

러지는 경향이 있다. 즉, **'это'**를 [에떠] 혹은 [에또] 보다는 [에따]로 발음하는 경우가 더 많은 것이다. 다음의 단어들을 오까니예와 아까니예 현상에 맞추어 발음하여 보자.
**Хорошо́**(좋다) **Голова́**(머리) **Хо́лодно**(춥다)

## ◉ 생활러시아어 구문 1

**Что э́то?** (이것은 무엇입니까?)

Что это? Это стул.

Что это? Это каранда́ш.

Что это? Это кни́га.

Что это? Это тетра́дь.

Что это? Это мел.

## ◉ 생활러시아어 구문 2

**Кто э́то?** (이 사람은 누구입니까?)

Кто это? Это студе́нт.

Кто это? Это студе́нтка.

Кто это? Это учи́тель.

Кто это? Это профе́ссор.

Кто это? Это арти́ст.

Кто это? Это инжене́р.

## ◉ 생활러시아어 구문 3

Да, это книга. (네, 이것은 책입니다.)

Это кни́га.
Это кни́га?
Да, это кни́га.

Это перо́.
Это перо́?
Нет, это не перо́.

## ◉ 생활러시아어 구문 4

Это Анто́н? (이 사람은 안톤입니까?)

Кто это?
Это Анто́н?
Это Иго́рь?

Это Анто́н.
Да.
Нет.

## 참고1 러시아 품사의 종류

(1) **명사** : 남성명사, 중성명사, 여성명사, 총성명사.

(2) **대명사** : 인칭대명사: Я ты он она оно мы вы они

지시대명사: этот это эта тот то та

소유대명사: мой твой его её нас вас их

의문대명사: кто что

정대명사: сам каждый

부정대명사: -то -нибудь -либо кое-.

(3) **동사** : 어미가 -ть로 끝나는 동사: читать говорить

어미가 -ти로 끝나는 동사: идти.

(4) **재귀동사** : 동사에 -ся가 붙은 동사 : познакомиться

(5) **형동사**: 형용사 + 동사. чтающий (읽고 있는)

(6) **부동사** : 부사 + 동사. читая (읽으면서)

(7) **형용사** : 어미가 -ый, -ой, -ий로 끝난다.новый молодой синий

단어미: рад рада

장어미: красивый

(8) **부사** : очень, направо, налево. 형용사에서 파생되는 부사는 형용사 기본형 어미를 떼어내고 -о를 붙인다.

(9) **전치사** : в, на, из, от, до, у, с, о, для, около, мимо, против, 등.

(10) **접속사** : и, а, но 등.

(11) **수사** : 개수사 : 하나, 둘, 셋... (один, два, три...)

순서수사 : 첫 번째의, 두 번째의... (первый, второй, третий...)

## 참고2 외국어 및 외국인

한국 : Коре́я, 한국어: Коре́йский язык, 한국어로: по-коре́йски,
한국남자: Коре́ец, 한국여자: Корея́нка.

러시아에 우리나라가 알려진 것은 고려시대이며, 따라서 고려를 러시아식으로 발음하면 'Коре'가 되고, 우다레니예가 뒤음절에 와서 현재의 'Коре́я'가 되었다. 현재, 러시아어로 남한을 가리켜 'Южная Коре́я'라 부르며, 북한은 'Се́верная Коре́я'라고 부른다.

영국 : А́нглия, 영국어: Англи́йский язык, 영국어로: по-англи́йски,
영어: Америка́нский язык,
영국남자: Англича́нин, 영국여자: Англича́нка,

중국 : Кита́й, 중국어: Кита́йский язык, 중국어로: по-кита́йски
중국남자: Кита́ец, 중국여자: Китая́нка

일본 : Япо́ния, 일본어: Япо́нский язык, 일본어로: по-япо́нски
일본남자: Япо́нец, 일본여자: Япо́нка

러시아: Росси́я, 러시아어: Ру́сский язык, 러시아어로: по-ру́сски
러시아남자: Ру́сский, 러시아여자: Ру́сская

스페인: Испа́ния 스페인어: Испа́нский язык
스페인어로: по-испа́нски,
스페인남자: Испа́нец, 스페인여자: Испа́нка

프랑스: фра́нция, 프랑스어: францу́зский язык
프랑스어로: по-францу́зски
프랑스남자: францу́з, 프랑스여자: францу́женка

독일 : Герма́ния, 독일어: Герма́нский язык
독일어로: по-герма́нски
Неме́цкий язык, 독일어로: по-неме́цки
독일남자: Герма́нец, Не́мец, 독일여자: Герма́нка, Не́мка

스웨덴: Шве́ция, 스웨덴어: Шве́дский язык
스웨덴어로: по-шве́дски
스웨덴남자: Швед, 스웨덴여자: Шве́дка

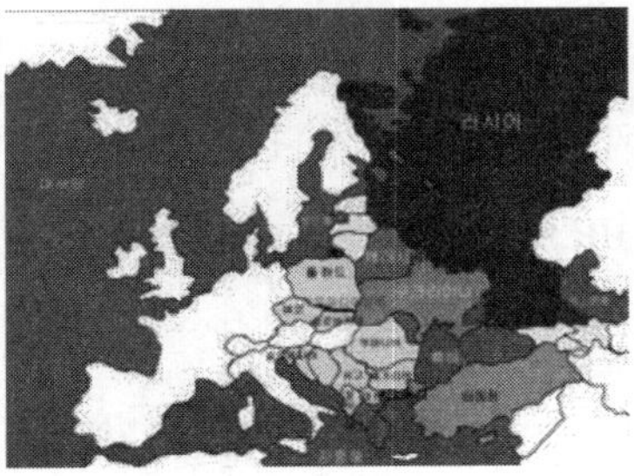

## 연습문제 1

1. 다음 단어의 Ударéние가 잘못 찍힌 것을 하나 고르시오.

(1) гóрод (2) рýка (3) мáть (4) дéвушка

2. 다음 단어들에 ударéние를 표시하시오.

(1) страна (2) комната (3) книга (4) студентка
(5) она. (6) оно. (7) это. (8) его.

3. 다음 단어들의 우다레니예 위치를 잘 생각하여 모음 'O'를 발음하여 보시오.

(1) Москвá (모스크바) (2) отéц (아버지)
(3) горá (산) (4) столúца (수도)
(5) ногá (다리) (6) товáрищ (동무, 동지, 동료)
(7) онó (그것은) (8) онá (그녀는)
(9) самолёт (비행기) (10) домóй (집으로)

4. 다음 단어들의 'O'의 발음이 나머지 것들과 다른 것을 하나 고르시오.

(1) он (2) стол (3) перо (4) Москва

5. 다음 단어들의 'O'의 발음이 나머지 것들과 다른 것을 하나 고르시오.

(1) она (2) отец (3) вода (4) это

6. 다음 단어들의 우다레니예 위치를 잘 생각하여 모음 'e'를 발음하여 보시오.

(1) певúца (여가수) (2) теплó (따뜻하게) (3) семья́ (가족)
(4) летúт (날고 있다) (5) стенá (벽) (6) недéля (1주일)
(7) сестрá (자매, 누나) (8) веснá (봄) (9) рекá (강)

7. 다음 단어들의 'e'의 발음이 나머지 것들과 다른 것을 하나 고르시오.

(1) студент (2) профессор (3) инженер (4) сестра

8. 다음 단어들의 'e'의 발음이 나머지 것들과 다른 것을 하나 고르시오.

(1) земля (2) семья (3) текст (4) меня

9. 다음 단어들을 큰 소리로 읽어보고, ( ) 속에 뜻을 써 보시오.

(1) стол. ( ) (2) стул. ( ) (3) э́то. ( )
(4) каранда́ш. ( ) (5) кни́га. ( ) (6) тетра́дь. ( )
(7) студе́нтка. ( ) (8) профе́ссор. ( )
(9) инжене́р. ( ) (10) учи́тель. ( )

## 연습문제 2

1. 다음 단어들 가운데 묵음이 없는 단어는? ( )

(1) пожалуйста (2) праздник (3) нож (4) солнце

2. 다음 단어들의 밑줄 친 'o'의 발음이 나머지 것들과 다른 것을 하나 고르시오.

(1) домой (2) гора (3) хорошо (4) хо́лодно

3. 다음 단어들의 밑줄 친 'e'의 발음이 나머지 것들과 다른 것을 하나 고르시오.

(1) неде́ля (2) весна (3) земля (4) прое́кт

4. 다음에서 밑줄친 철자의 발음이 서로 같지 않은 것을 하나 고르시오.

(1) карандаш (2) нож (3) хорошо (4) товарищ

5. 다음을 관계있는 것끼리 이으시오.

(1) англичанин • • китаянка
(2) кореянка • • по-русски
(3) русский язык • • корейский язык
(4) китаец • • по-английски

6. 다음 단어들의 밑줄 친 철자의 발음이 나머지 것들과 다른 것은?

(1) язык (2) инженер (3) яблоко (4) японский

7. 영어로 "This is a pen."을 러시아어로 옮겨 보시오.

________________________________

8. 다음의 단어들을 필기체로 써 보시오.

(1) Я люблю вас. ________________________________

(2) Здравствуйте. ________________________________

(3) Хорошо? ________________________________

(4) Что это? ________________________________

(5) Как вас зовут? ________________________________

(6) Меня зовут Мин-Хо. ________________________________

(7) Спасибо. ________________________________

(8) До свидания. ________________________________

# 1 3주 러시아 명사의 성·수

## 학습목표 소개

러시아어 명사의 3가지 성을 구별할 수 있다.
러시아어 명사의 2가지 수(단수·복수)를 이해하고 변형시킬 수 있다.
러시아어 명사의 복수변화에서 철자법규칙을 이해할 수 있다.
러시아어 명사의 특수복수형을 알 수 있다.

## ◉ 중요단어 익히기

**аудито́рия** 명사 강당.
**библиоте́ка** 명사 도서관.
**вещь** 명사 물건.
**Ви́тя** 명사 남자이름 Виктор의 애칭.
**врач** 명사 의사.
**газе́та** 명사 신문.
**где**의문부사 어디에, 어느 곳에.
**дере́вня** 명사 마을, 농촌, 시골.
**де́рево** 명사 나무.
**до́ктор** 명사 박사,의사.
**дом** 명사 집.
**дочь** 명사 딸.
**друг** 명사 남자친구.
**дя́дя** 명사 아저씨.
**заво́д** 명사 공장.
**кабине́т** 명사 연구실, 집무실, 서재.
**кино́** 명사 영화관.
**ко́мната** 명사 방, 룸.
**конь** 명사 말.
**магази́н** 명사 상점.
**мо́ре** 명사 바다.
**музе́й** 명사 박물관.
**неде́ля** 명사 1주, 1주일.
**ого́нь** 명사 불.
**он** 인칭대명사 그는.
**она́** 인칭대명사 그녀는.
**они́** 인칭대명사 그들은.
**парк** 명사 공원
**письмо́** 명사 편지.
**подру́га** 명사 여자친구.
**по́ле** 명사 들판, 들녘.
**профе́ссор** 명사 교수.
**ра́дость** 명사 기쁨.
**скажи́те** 동사 말씀해 주십시오.
**слова́рь** 명사 사전.
**стих** 명사 시, 시구
**сце́на** 명사 무대
**теа́тр** 명사 극장.
**тётя** 명사 아주머니.
**това́рищ** 명사 동무. 동료.
**трамва́й** 명사 전차.
**уче́бник** 명사 교과서.
**шко́ла** 명사 학교.
**эта́ж** 명사 층.
☞ ж는 [ш] 발음 (무성음화)

## ◉ 문법기초설명

러시아어의 가장 큰 특징 중의 하나가 '성'과 '격변화'라고 말할 수 있다. 러시아어에는 3가지의 성(남성, 중성, 여성)과 2가지의 수(단수, 복수)가 있으며, 6가지의 격 (주격, 생격, 여격, 대격, 조격, 전치격)이 있다. 그러므로 단수 6격, 복수 6격을 합치면 실제로는 12가지가 있는 셈이며, 이 12가지가 성·수·격의 규칙에 따라 한 치의 오차도 없이 정확하게 변화함으로써, 1개의 단어(명사)는 문장 속에서 12가지의 각기 다른 모습을 띠고 나타난다. 앞서 설명하였듯이 러시아어가 다른 언어에 비하여 어순이 비교적 매우 느슨한 것도, 사실은 이와 같은 12가지의 '격'이 있었기 때문이다. 하지만, 러시아어의 격변화는 수학의 공식보다도 더 정확하게 변화함으로, 수학의 공식을 외우듯이 그 규칙을 한 번만 암기해두면, 나머지 모든 단어들은 그 규칙에 따라 맞추어 나아갈 수 있다. 즉, 처음 러시아어를 배우는 초보자에게 12가지나 되는 다양한 격변화는 매우 어렵게 느껴질 수 있겠으나, 그 '격변화표'를 한번 정확히 암기해 놓기만 하면, 차후에는 러시아어가 한층 더 쉽게 느껴질 것이다. 그러므로 러시아어의 기초를 배우는데 있어서 '격변화'의 이해와 암기는 아무리 강조해도 지나칠 수가 없는 것이다. 자, 그럼, 지금부터 러시아어의 성·수·격 그리고 격변화에 대하여 공부해 보기로 하자.

### ◎ 러시아어 명사의 성

➾ **남성명사**: 어미가 자음으로 끝나는 모든 명사.

**예** **друг, студе́нт, трамва́й, кора́бль.**

**예외** **дядя, Витя.** ☞ **дядя**(아저씨)는 모음 **'я'**로 끝났지만, 뜻이 남성이므로 남성명사이며, **Витя** 또한 **'я'**로 끝났지만, 남자이름 **Виктор**의 애칭이므로, 남성명사로 취급한다.

➾➾ 어미가 **-ж, -ч, -ш, -щ**로 끝나는 모든 명사

**예** **врач, това́рищ**

➾➾ **ь**로 끝나는 명사 남성명사: **кора́бль** (배), **конь** (말), **ого́нь** (불).
여성명사: **мать** (어머니), **ра́дость** (기쁨).

➾ **중성명사**: 어미가 **-о** 혹은 **-е**로 끝나는 명사.

**예** **перо́, мо́ре, по́ле.**

➾ **여성명사**: 어미가 **-а** 혹은 **-я**로 끝나는 명사.

**예** **подру́га, неде́ля,**

➾➾ 어미가 **-жь, -чь, -шь, -щь**로 끝나는 모든 명사

**예** **дочь, вещь.**

| | 러시아어 알파비트 | 어미가 ~로 끝나는 | 명사의 성 |
|---|---|---|---|
| 자음(21) | б, в, г, д, ж, з, й, к, л,м, н, п, р, с, т, ф, х, ц,ч, ш, щ, | 자음으로 끝나는 명사 | 남성명사 |
| 부호(2) | ъ, ь | ь로 끝나는 명사 | 남성명사 |
| | | | 여성명사 |
| 모음(10) | а ,е, ё, и, о, у, ы, э, ю, я. | а, я로 끝나는 명사 | 여성명사 |
| | | о, е로 끝나는 명사 | 중성명사 |

### ◉ 생활러시아어 구문 1

Что это? Это заво́д.
Это заво́д? Да, это заво́д.

Что это? Это шко́ла.
Это шко́ла? Да, это шко́ла.

Что это? Это письмо́.
Это письмо́? Да, это письмо́.

Что это? Это де́рево.
Это де́рево? Да, это де́рево.

Что это? Это дом.
Это дом? Да, это дом.

### ◉ 생활러시아어 구문 2

Кто это? Это па́па.
Это папа? Да, это папа.

Кто это? Это ма́ма.
Это мама? Да, это мама.

Кто это? Это Са́ша.
Это Саша? Да, это Саша.

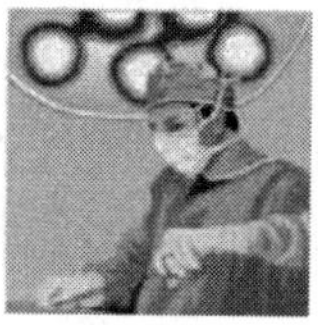

Кто это? Это врач.
Это врач? Да, это врач.

Кто это? Это учи́тель.
Это учитель? Да, это учитель.

상기 구문들에 나오는 단어들의 성을 남성(남), 중성(중), 여성(여)으로 구별하여 보자.

| | | | | |
|---|---|---|---|---|
| заво́д | ( ) | па́па | ( ) | ✐ оте́ц (아버지) |
| шко́ла | ( ) | ма́ма | ( ) | ✐ мать (어머니) |
| письмо | ( ) | Са́ша | ( ) | ✐ Александр (남자이름)의 애칭(지소체). |
| де́рево | ( ) | врач | ( ) | ✐ 총성명사(남녀 구별 없음) |
| дом | ( ) | учи́тель | ( ) | ✐ учи́тельница (여선생) |

🔍 врач(의사)는 남성명사이지만, 남녀 구별 없이 쓰이며, 이와 같이 남녀 구별 없이 쓰이는 명사를 '총성명사'라고 부른다.

**예** врач(의사), профе́ссор(교수), до́ктор(박사, 의사)

### ❂ 러시아어 명사의 수

러시아 명사의 수에는 단수와 복수가 있다. 러시아 명사의 성(남성, 중성, 여성)에 따라 단수에서 복수를 만드는 방법이 각기 다르다.

➾ 남성명사의 복수 : 단수 + ы → 복수

**예** студе́нт(단수) + ы → студе́нты (복수)

➾ -ь로 끝나는 남성명사의 복수 : 단수 (—ь) → 복수 (—и)

**예** го́сть (단수) → го́сти (복수)

➾ 중성명사의 복수 : 단수 (—о) → 복수 (—а)

예 сло́во(단수) → слова́(복수)

단수 (—е) → 복수 (—я)

예 по́ле (단수) → поля́ (복수)

➾ 여성명사의 복수 : 단수 (—а) → 복수 (—ы)

예 же́нщина(단수) → же́нщины (복수)

단수 (—я) → 복수 (—и)

예 неде́ля (단수) → неде́ли (복수)

➾ -ь로 끝나는 여성명사의 복수: 단수(—ь) → 복수(—и)

예 но́чь (단수) → но́чи (복수)

| | 어미가 ~로 끝나는 | 명사의 성 | 단수 → 복수 |
|---|---|---|---|
| 자음(21) | 자음으로 끝나는 명사 | 남성명사 | 단수 + ы → 복수 |
| 부호(2) | ь로 끝나는 명사 | 남성명사 | 단수(-ь) → 복수(-и) |
| | | 여성명사 | 단수(-ь) → 복수(-и) |
| 모음(10) | а, я로 끝나는 명사 | 여성명사 | 단수(-а) → 복수(-ы)<br>단수(-я) → 복수(-и) |
| | о, е로 끝나는 명사 | 중성명사 | 단수(-о) → 복수(-а)<br>단수(-е) → 복수(-я) |

상기의 규칙에 따라 다음 단어들의 복수형을 만들어 보자.

예1 стол의 복수형 : стол + ы → сто́лы

예2 газета의 복수형 : газе́та + ы- → газе́ты

예3 письмо의 복수형 : письмо́ + а- → пи́сьма

예4 деревня의 복수형 : дере́вня + и- → дере́вни

예5 аудитория의 복수형 : аудито́рия + ии- → аудито́рии

➾ -ия로 끝나는 여성명사의 복수형: -ия → -ии

книга의 복수형 : кни́га + ы- → кни́гы (x)

кни́га + ы- → кни́ги (о)

🔍 위의 예에서 'книгы'가 되지 못하는 이유는 러시아어 철자법 규칙 때문임.
그럼, 여기서 러시아어 철자법 규칙에 대하여 자세히 알아보자.

### 철자법 규칙

(1) г, к, х 다음에 -ы가 오지 못하고 대신 -и가 온다. (-ы → -и)

예 книгы(x) → книги (o), короткый(x)- → короткий(o)

тихый(x) → тихий(o)

(2) ж, ч, ш, щ 다음에-ы가 오지 못하고 대신 -и가 온다. (-ы → -и)

-ю가 오지 못하고 대신 -у가 온다. (-ю → -у)

-я가 오지 못하고 대신 -а가 온다. (-я → -а)

예 хорошый(x) → хороший(o), кашы(x) → каши (o)

(3) ц 다음에 -и가 오는 것이 보통이나, 몇 개의 단어들은 예외적으로 -и 대신에 ы 가 온다. (-и → -ы)

예외 цыган, цыплёнок, цып-цып.

| | | | |
|---|---|---|---|
| учебник | к | + -и | учебники |
| книга | г | | книги |
| стих | х | | стихи |
| этаж | ж | + -и | этажи |
| врач | ч | | врачи |
| карандаш | ш | | карандаши |
| товарищ | щ | | товарищи |
| музей | й | → -и | музеи |
| тетрадь | ь | | тетради |
| словарь | ь | | словари |

러시아어 명사의 복수형 중에는 상기의 규칙대로 변화하지 않고 특수하게 예외로 변화하는 '**특수 복수형**'이 있다. 다음에 제시되는 '**특수 복수형**'은 자주 사용되는 단어들이므로 암기해 두는 것이 좋다.

### ◎ 명사의 특수 복수형 (예외)

| | |
|---|---|
| друг (친구) → друзья́ | мать (어머니) → ма́тери |
| брат (형제) → братья | дочь (딸) → до́чери |
| сын (아들) → сыновья́ | челове́к (사람) → лю́ди |
| стул (걸상) → сту́лья | ребёнок (아이) → де́ти |
| де́рево (나무) → дере́вья | день (낮) → дни |
| крыло́ (날개) → кры́лья | перо́ (펜) → пе́рья |
| лист (잎) → ли́стья (листы́) | |

## ◉ 생활러시아어 구문 3

| | | | |
|---|---|---|---|
| Что это? | Это заво́ды. | Это заво́ды? | Да, это заво́ды. |
| Что это? | Это шко́лы. | Это шко́лы? | Да, это шко́лы. |
| Что это? | Это пи́сьма. | Это пи́сьма? | Да, это пи́сьма. |
| Что это? | Это дере́вья. | Это дере́вья? | Да, это дере́вья. |
| Что это? | Это домá. | Это домá? | Да, это домá. |

🔍 дом의 복수형은 규칙대로 하면 'домы'가 되어야 하지만, 예외적으로 불규칙 변화하여 домá가 된다. 명사의 특수 복수형 (예외)

дом (집) → домá сестра (자매) → сёстры лес (숲) → лесá
до́ктор(박사) → доктора´ глаз (눈) → глазá но́мер(번호) → номерá
профе́ссор(교수) → профессорá го́род (도시) → городá
áдрес(주소) → адреса бéрег (해안) → берегá

| 단 수 | 어미의 변화 | 복 수 |
|---|---|---|
| журнал<br>студент<br>билет<br>магазин | ∅ → -ы | журналы<br>студенты<br>билеты<br>магазины |
| карта<br>лампа<br>буква<br>машина | -а → -ы | карты<br>лампы<br>буквы<br>машины |
| музей | -й → -и | музеи |

| | | |
|---|---|---|
| слова́рь<br>тетрадь | -ь → -и | словари́<br>тетради́ |
| деревня<br>аудитория | -я → -и<br>-ия → -ии | деревни<br>аудитории |
| окно́<br>письмо́<br>яблоко (예외) | -о → -а | о́кна<br>пи́сьма<br>яблоки |
| здание | -ие → -ия | здания |
| море | -е → -я | моря |

러시아어 명사에는 항상 복수형으로 존재하는 단어들이 있다.

예 **роди́тели** (부모), **очки́** (안경), **фру́кты** (과일), **часы́** (시계), **де́ньги** (돈)

## ◉ 생활러시아어 구문 4

Что это? Это журна́лы.
Что это? Это маши́ны.
Что это? Это сту́лья.
Кто это? Это врачи́.
Кто это? Это сёстры.
Кто это? Это роди́тели.

Что это? Это газе́ты.
Что это? Это я́блоки.
Что это? Это часы́.
Кто это? Это де́ти.
Кто это? Это друзья́.
Кто это? Это профессора́.

## 연습문제 1

1. 다음의 명사들을 서로 같은 성끼리 이으시오.

| | | |
|---|---|---|
| (1) студент • | | • дочь |
| (2) школа • | | • товарищ |
| (3) место • | | • море |

2. 다음의 명사가 남성이면 (남), 여성이면 (여), 중성이면 (중)으로 표기하시오.

(1) дом ( ) (2) книга ( ) (3) мост ( ) (4) страна ( )
(5) комната ( ) (6) окно ( ) (7) картина ( ) (8) место ( )
(9) неделя ( ) (10) Володя ( ) (11) упражнение ( )

3. 다음 명사의 성을 | 보기 | 와 같이 **ударение**를 찍고 써 넣으시오.

| 보기 | **иллюстра́ция (여)**

(1) край ( ) (2) страна ( ) (3) море ( ) (4) корабль ( )
(5) дядя ( ) (6) вещь ( ) (7) мост ( ) (8) окно ( )

4. 다음 명사의 복수형을 써 넣으시오.

(1) комната → ( ) (2) стол → ( )
(3) окно → ( ) (4) страна → ( )
(5) неделя → ( ) (6) поле → ( )
(7) земля → ( ) (8) тень → ( )
(9) город → ( ) (10) фамилия → ( )

5. 다음에서 복수형 변화가 잘못된 것을 하나 고르시오.

(1) учебники (2) книги (3) стихи (4) паркы

6. 다음 단어들 가운데 '수'가 나머지 것들과 다른 것을 하나 고르시오.

(1) словарь (2) тетрадь (3) гости (4) музей

7. 다음 문장의 명사를 보기와 같이 복수형으로 바꾸시오.

| 보기 | Это тетрадь → Это (тетради)

(1) Это костюм → Это (          )
(2) Это учебник → Это (          )
(3) Это дом → Это (          )
(4) Это магазин → Это (          )
(5) Это ручка → Это (          )
(6) Это студентка → Это (          )
(7) Это картина → Это (          )
(8) Это завод → Это (          )

## 연습문제 2

1. 다음의 명사들을 서로 같은 성끼리 이으시오.

(1) кора́бль • • мать
(2) тетра́дь • • слова́рь
(3) ма́сло • • зда́ние

2. 다음의 명사가 남성이면 (남), 여성이면 (여), 중성이면 (중)으로 표기하시오.

(1) брат (  ) (2) бума́га (  ) (3) ло́жка (  ) (4) по́чта (  )
(5) Москва́ (  ) (6) звук (  ) (7) авто́бус (  ) (8) музе́й (  )
(9) кафе́ (  ) (10) дя́дя (  ) (11) рестора́н (  ) (12) кот (  )

3. 다음의 보기와 같이 부정문을 만들어 보시오.

| 보기 | Это ресторан? (кафе) Нет, это не ресторан, это кафе.

(1) Это карандаш? (ручка) ____________________
(2) Это газета? (журнал) ____________________
(3) Это магазин? (музей) ____________________
(4) Это кафе? (ресторан) ____________________
(5) Антон инженер? (врач) ____________________

4. 다음 단어들 가운데 '성'이 나머지 것들과 다른 것을 하나 고르시오.

(1) дочь (2) вещь (3) тетрадь (4) конь

5. 다음 단어들 가운데 '수'가 나머지 것들과 다른 것을 하나 고르시오.

(1) аудитории (2) фамилии (3) здание (4) деревни

6. 다음 명사의 복수형을 써 넣으시오.

(1) вилка → ( ) (2) автобус → ( )
(3) чашка → ( ) (4) собака → ( )
(5) театр → ( ) (6) музей → ( )
(7) марка → ( ) (8) бабушка → ( )
(9) вопрос → ( ) (10) упражнение → ( )

7. 다음 보기와 같이 단어의 뜻을 쓰고 복수형을 만드시오.

| 보기 | го́род (도시) → (города́)

(1) нога́ ( ) → ( )
(2) рука́ ( ) → ( )
(3) врач ( ) → ( )

8. 다음의 <보기>와 같이 ( ) 속에 Кто это? Что это? 중의 하나를 써 넣으시오.

| 보기 | Это стол ← (Что это?)
Это студент ← (Кто это?)

(1) Это стул ← ( ) (2) Это брат ← ( )
(3) Это сестра ← ( ) (4) Это школа ← ( )
(5) Это перо ← ( ) (6) Это врач ← ( )

9. 다음의 명사가 남성이면 (남), 여성이면 (여), 중성이면 (중), 복수이면 (복)으로 표기하시오.

(1) музей ( ) (2) трамваи ( ) (3) тетрадь ( )
(4) корабль ( ) (5) огонь ( ) (6) мать ( )
(7) вещь ( ) (8) радость ( ) (9) врачи ( )

(10) конь (　　)　　(11) словарь (　　)　　(12) товарищ (　　)

10. 다음에서 복수형 변화가 잘못된 것을 하나 고르시오.

(1) книги　　(2) карндашы　　(3) товарищи　　(4) этажи

11. 다음의 단어들 가운데 복수형이 아닌 것을 하나 고르시오.

(1) фамилии　　(2) аудитории　　(3) упражнения　　(4) станция

12. 다음 단어들 가운데 '수'가 나머지 것들과 다른 것을 하나 고르시오.

(1) друзья　　(2) братья　　(3) матери　　(4) музей

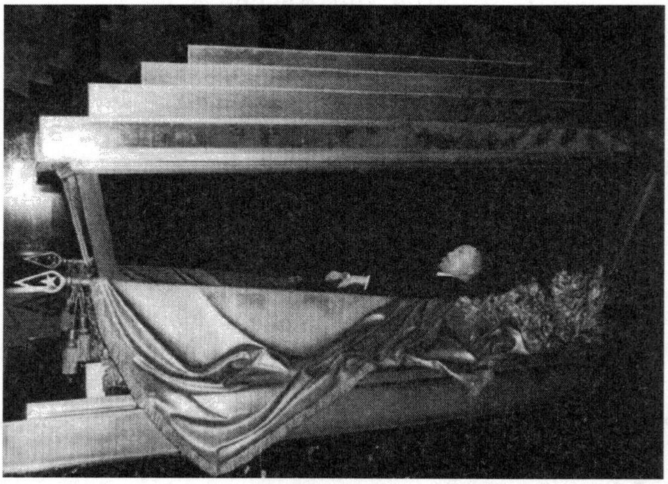

레닌 묘 (크레믈린)

# I 4주 러시아어 명사의 격,격변화

## 학습목표 소개

러시아어 명사의 격의 종류와 기능을 이해할 수 있다.
러시아어 명사의 활동체, 비활동체에 따른 격의 쓰임을 구별할 수 있다.
러시아어 명사의 성에 따른 격변화의 종류를 이해할 수 있다.
러시아어 명사 격변화표를 이해하고 암기할 수 있다.
러시아어 명사의 대격의 쓰임을 이해할 수 있다.
러시아어 명사의 전치격의 쓰임을 이해할 수 있다.

## ◉ 중요단어 익히기

**Андре́й:** 안드레이(남자이름)
**апте́ка** 명사 약국.
**бале́т** 명사 발레, 발레곡, 발레단.
**больни́ца** 명사 병원.
**брат** 명사 형제.
**вокза́л** 명사 역.
**восто́к** 명사 동쪽.
**выста́вка** 명사 전시회, 박람회.
**го́род** 명사 도시.
**гости́ница** 명사 호텔.
**гость** 명사 손님.
**гру́ппа** 명사 그룹, 조, 학급, 반.
**да́ча** 명사 별장.
**дере́вня** 명사 시골, 마을.
**заня́тие** 명사 일, 업무, 학과공부.
**за́пад** 명사 서쪽.
**зда́ние** 명사 건물.
**институ́т** 명사 대학, 연구소.
**кла́сс** 명사 교실, 학급.
**ко́нсульство** 명사 영사관.
**ку́рс** 명사 진로, (강의)과정, 단계.
**ле́кция** 명사 강의.
**ночь** 명사 밤. (새벽).
**о́стров** 명사 섬, 도서.
**пло́щадь** 명사 광장.
**посо́льство** 명사 대사관.
**по́чта** 명사 우체국.
**преподава́тель** 명사 교사.
**рабо́та** 명사 일, 작업
**ро́дина** 명사 조국.
**ры́нок** 명사 시장.
**се́вер** 명사 북쪽.
**сестра́** 명사 자매.
**сло́во** 명사 단어.
**собра́ние** 명사 모임, 회합.
**спекта́кль** 명사 연극, 흥행물
**стадио́н** 명사 스타디움.
**страна́** 명사 나라, 국가.
**у́лица** 명사 거리.
**университе́т** 명사 (종합)대학교.
**факульте́т** 명사 학부.
**фи́рма** 명사 상사, 회사.
**экза́мен** 명사 시험.
**экску́рсия** 명사 단체견학.
**юг** 명사 남쪽

## ◉ 문법기초설명

러시아어 명사는 문장 속에서의 기능에 따라 그 형태가 바뀐다. 이것을 명사의 **격변화**라고 하며, 격에는 **주격, 생격, 여격, 대격(목적격), 조격(도구격), 전치격**의 6격이 있다.

예 **Вы студент?**

**Да, это студент.** 대학생(**студент**) : '주격'으로 쓰임.

**Я люблю** студента.. 대학생(**студента**) : '대격'으로 쓰임.

위와 같이, 명사 '**студент**'는 문장 속에서의 기능에 따라, 그 형태가 각각 주격 (**студент**), 대격(студента)등으로 바뀌게 된다.

| 예 Я вас **люблю**. | Я студента **люблю**. |
|---|---|
| "나는 **당신을** 사랑합니다." | "나는 **대학생을** 사랑합니다." |
| (목적어) | (목적어) |
| вы (주격) | **студент** |
| **вас** (생격) | **студента** |
| **вам** (여격) | **студенту** |
| **вас** (대격) | **студента** |
| **вами** (조격) | **студентом** |
| **вас** (전치격) | **студенте** |
| "**Я люблю** вас" (대격) | "**Я люблю** студента" (대격) |

위와 같이, 명사 '**студент**'는 문장 속에서의 기능에 따라, **студент**(주격), **студента** (대격)등의 각기 다른 형태를 지니게 된다. 명사의 격에는 **6가지(주격, 생격, 여격, 대격, 조격, 전치격)**가 있으며, 격에 따라 다음과 같은 6가지의 각기 다른 의미를 지니게 된다. 명사의 격은 명사의 뜻에 따라 생명이 있는 '활동체 명사'와 생명이 없는 '비활동체 명사'로 나누어 살펴 볼 수 있다.

| | **활동체 명사** | **비활동체 명사** |
|---|---|---|
| 주격: **~은, ~이** | Кто (누가) | Что (무엇이) |
| 생격: **~의** | Кого (누구의) | Чего (무엇의) |
| 여격: **~에게** | Кому (누구에게) | Чему (무엇에게) |
| 대격: **~을, ~를** | Кого (누구를) | Что (무엇을) |
| 조격: **~와 함께, ~에 의하여,** | Кем (누구와 함께) | Чем (무엇에 의하여) |
| 전치격: **~에서, ~에 대하여** | (о)Ком (누구에 대하여) | (о)Чём (무엇에 대하여) |

## ◉ 생활러시아어 구문 1

**Я люблю́ вас.**

나는 당신을 사랑합니다.

**Это студе́нт. Я люблю́ студе́нта.**

이 사람은 대학생입니다. 나는 대학생을 사랑합니다.

**Это студе́нтка. Я люблю́ студе́нтку.**

이 사람은 여대생입니다. 나는 여대생을 사랑합니다.

**Это Андре́й. Я люблю́ Андре́я.**

이 사람은 안드레이 입니다. 나는 안드레이를 사랑합니다.

위에서와 같이, 러시아어 명사 '**студе́нт**'(대학생), '**студе́нтка**'(여대생), '**Андрей**'(안드레이)는 문장 속에서 쓰이는 '격'에 따라서 그 형태를 달리하게 된다.

➾ **활동체 명사**의 경우에는 **생격**과 **대격**이 같으며,
**비활동체명사**의 경우에는 **주격**과 **대격**이 같다. (단, 제1식변화의 경우)

위와 같이, 명사는 6가지의 격을 지니고 있으며, 모든 명사는 일정한 규칙에 따라 주격, 생격, 여격, 대격, 조격, 전치격의 6 가지의 격으로 변화한다. 이러한 명사의 격변화에는 다음과 같은 3종류의 변화가 있다.

| | |
|---|---|
| 제1식변화 | 남성명사, 중성명사, -Ь으로 끝나는 남성명사의 변화. |
| 제2식변화 | 여성명사의 변화. |
| 제3식변화 | Ь으로 끝나는 여성명사의 변화. |

남성명사: 자음으로 끝나는 모든 명사 : **студе́нт, заво́д.** → 제1식변화
Ь로 끝나는 남성명사 : **гость** → 제1식변화
중성명사: o, e로 끝나는 모든 명사 : **слово́, по́ле.** → 제1식변화
여성명사: a, я로 끝나는 모든 명사 : **же́нщина, неде́ля.** → 제2식변화
Ь로 끝나는 여성명사 : **ночь** → 제3식변화

이와 같이, 명사의 격에는 6가지의 격이 있으며, 격은 **성**(남성, 여성, 중성)과 **수**(단수, 복수)에 의하여 구별되는 3가지의 엄격한 규칙에 따라 정확하게 변화한다. 이러한 변화를 '**격변화**'라고 부르며, 모든 러시아어 명사는 다음의 '격변화표'에 맞추어 변화하면서, 성, 수, 격이 일치한다.

## ◎ 명사의 격변화표

| | | 제1식변화 | | | | | 제2식변화 | | 제3식변화 |
|---|---|---|---|---|---|---|---|---|---|
| | 격 | 남성명사 | | 중성명사 | | -Ь로 끝나는 남성 명사 | 여성명사 | | -Ь로 끝나는 여성 명사 |
| 단수 | 주 | студе́нт | заво́д | сло́во | по́ле | го́сть | шко́ла | неде́ля | ночь |
| | 생 | студе́нта | заво́да | сло́ва | по́ля | го́стя | шко́лы | неде́ли | но́чи |
| | 여 | студе́нту | заво́ду | сло́ву | по́лю | го́стю | шко́ле | неде́ле | но́чи |
| | 대 | студе́нта | заво́д | сло́во | по́ле | го́стя | шко́лу | неде́лю | ночь |
| | 조 | студе́нтом | заво́дом | сло́вом | по́лем | го́стем | шко́лой | неде́лей | но́чью |
| | 전 | студе́нте | заво́де | сло́ве | по́ле | го́сте | шко́ле | неде́ле | но́чи |
| 복수 | 주 | студе́нты | заво́ды | слова́ | поля́ | гости́ | шко́лы | неде́ли | но́чи |
| | 생 | студе́нтов | заво́дов | слов | поле́й | госте́й | шко́л | неде́ль | ноче́й |
| | 여 | студе́нтам | заво́дам | слова́м | поля́м | гостя́м | шко́лам | неде́лям | ноча́м |
| | 대 | студе́нтов | заво́ды | слова́ | поля́ | госте́й | шко́лы | неде́ли | но́чи |
| | 조 | студе́нтами | заво́дами | слова́ми | поля́ми | гостя́ми | шко́лами | неде́лями | ноча́ми |
| | 전 | студе́нтах | заво́дах | слова́х | поля́х | гостя́х | шко́лах | неде́лях | ноча́х |

상기 격변화표의 '격변화' 가운데, '주격→대격'의 변화의 경우만을 따로 떼어내어 살펴보면 다음과 같다.

| | 주격 | 어미의 변화 | 대격 |
|---|---|---|---|
| 남성 | брат<br>преподаватель<br>Андрей | ∅ → -а<br>-ь → -я<br>-й → -я | брата<br>преподавателя<br>Андрея |
| 여성 | сестра<br>Таня<br>Мария<br>мать | -а → -у<br>-я → -ю<br>-ия → -ию<br>-ь → -ь | сестру<br>Таню<br>Марию<br>мать |

## ◎ 대격 : ~ 을, ~ 를 (~ 하다)

'나는 당신을 사랑합니다. (Я люблю́ вас.), '나는 형을 보고 있습니다. (Я ви́жу бра́та.)' 등의 문장에서, ~을, ~를에 해당하는 단어(명사, 대명사)는 대격(목적격)에 해당되고, 대격의 형태를 취하며 목적어의 구실을 한다.

## ⊙ 생활러시아어 구문 2

Это брат. Я ви́жу бра́та.

이 사람은 형입니다. 나는 형을 봅니다.

Это сестра́. Я ви́жу сестру́.

이 사람은 누나입니다. 나는 누나를 봅니다.

Это преподава́тель. Я ви́жу преподава́теля.

이 사람은 선생님입니다. 나는 선생님을 봅니다.

Это Та́ня. Я ви́жу Та́ню.

이 사람은 타냐입니다. 나는 타냐를 봅니다.

Это Мария. Я ви́жу Марию.

이 사람은 마리야입니다. 나는 마리야를 봅니다.

Это мать. Я ви́жу мать.

이 사람은어머니입니다. 나는 어머니를 봅니다.

### ◎ 주격 → 대격

брат (형) → брата (~형을)
сестра (누이) → сестру (~누이를)
преподаватель (교사) → преподавателя (~교사를)
Таня (타냐) → Таню (~타냐를)
Мария (마리야) → Марию (~마리야를)
мать (어머니) → мать (~어머니를)

✐ брат (형제, 형, 동생): ста́рший брат (형), мла́дший брат (동생).
сестра́ (자매, 누나, 누이): ста́ршая сестра́ (누나), мла́дшая сестра́ (누이)

### ◎ 전치격 : ~ 에, (있다)

우리말의 '어디에 있습니까?'라는 물음에 대한 대답으로 '~에 있습니다'라고 답할 때의 '~에'에 해당하는 러시아어가 '전치격'이다. 대체로, 전치격은 전치사 'в' 또는 'на' 다음에 쓰인다.

город (도시) → в городе (~도시에)
словарь (사전) → в словаре (~사전에서)

музей (박물관) → в музее (~박물관에서)
школа (학교) → в школе (~학교에)
деревня (마을) → в деревне (~마을에)
площадь (광장) → на площади (~광장에)
аудитория (강의실) → в аудитории (~강의실에서)
письмо (편지) → в письме (~편지에서)
море (바다) → в море (~바다에서)
здание (건물) → в здании (~건물에서)

| | | 주격 | 어미의 변화 | 전치격 |
|---|---|---|---|---|
| 단수 | Он | город | ∅ → -е | в городе |
| | | словáрь | -ь → -е | в словарé |
| | | музей | -й → -е | в музее |
| | Она | школа | -а → -е | в школе |
| | | деревня | -я → -е | в деревне |
| | | площадь | -ь → -и | на площади |
| | | аудитория | -ия → -ии | в аудитории |
| | Оно | письмó | -о → -е | в письмé |
| | | море | -е → -е | в море |
| | | здание | -ие → -ии | в здании |
| 복수 | Они | театры | -ы → -ах | в театрах |
| | | школы | | в школах |
| | | музеи | -и → -ях | в музеях |
| | | тетради | | в тетрадях |

## ◉ 생활러시아어 구문 3

Где Минсу? Он на завóде.
민수는 어디에 있어요? 그는 공장에 있다.
Где Сунми? Онá в шкóле.
순미는 어디에 있어요? 그녀는 학교에 있다.
Где студенты? Они́ в шкóле.
대학생들은 어디에 있어요? 그들은 학교에 있다.
Мама, Минсу и Сунми в шкóле? Да, они́ в шкóле.
엄마, 민수와 순미는 학교에 있어요? 그래, 그들은 학교에 있단다.

**Где Ма́ма? Она́ в магази́не. Ма́ма в магази́не.**
엄마는 어디에 있어요? 그녀는 상점에 있다. 엄마는 상점에 있다.
**Где Па́па? Он на заво́де. Па́па на заво́де.**
아빠는 어디에 있어요? 그는 공장에 있다. 아빠는 공장에 있다.

위의 구문에서 Где Минсу? (민수는 어디에 있습니까?) 라는 물음에, "그는 공장에 있습니다"라고 답할 때, заво́д(공장)는 6가지의 격(주격, 생격, 여격, 대격, 조격, 전치격) 중에 '장소, 위치'를 나타내는 격인 전치격으로 바뀌어 заво́де (공장에)로 표현된다. "학교에 있다"라고 표현할 때도, шко́ла(학교)가 장소를 나타내는 전치격으로 바뀌어 шко́ле (학교에)로 표현된다. 즉, 러시아어의 모든 명사에는 격이 있으며,격은 문장 속에서의 기능에 따라 6가지의 격 중에 하나로 표현되는 것이다. 이와 같이, 전치격은 전치사 'в' 또는 'на' 다음에 쓰이게 되며, 전치사 в, на 다음에 전치격이 오게 되면 '~에'라는 뜻의 **장소, 위치**를 나타낸다.

### ◎ в (на) + 전치격 ⇒ 장소

전치격 앞에 오는 전치사가 언제 'в'가 오고, 또 언제 'на'가 오는지는 그 때 그 때 암기하여야 한다. 대체로, 다음의 표에서 자주 쓰이는 '**в + 전치격**', 또는 '**на + 전치격**'의 경우를 눈여겨 살펴보자.

| в + 전치격 | на + 전치격 |
|---|---|
| в шко́ле<br>в институ́те<br>в университе́те<br>в кла́ссе<br>в гру́ппе<br>в библиоте́ке<br>в аудито́рии | на уро́ке<br>на факульте́те<br>на ку́рсе<br>на заня́тии<br>на экза́мене<br>на ле́кции |
| в теа́тре<br><br><br>в музе́е | на бале́те<br>на спекта́кле<br>на выста́вке<br>на экску́рсии<br>на сце́не |

| | |
|---|---|
| в фи́рме<br>в стране́<br>в магази́не<br>в больни́це<br>в гости́нице<br>в апте́ке<br>в ко́нсульстве<br>в посо́льстве | на рабо́те<br>на ро́дине<br>на собра́нии<br>на стадио́не<br>на пло́щади<br>на мо́ре<br>на у́лице<br>на о́строве |
| в Кита́е<br>в Аме́рике<br>в А́фрике<br>в Евро́пе<br>в Коре́е<br>во Фра́нции | на восто́ке<br>на за́паде<br>на ю́ге<br>на се́вере<br><br>на Сиби́ри |
| в па́рке<br>в до́ме<br>в ко́мнате | на ры́нке<br>на заво́де<br>на по́чте<br>на вокза́ле<br>на да́че<br>на кабине́те |

## ◉ 생활러시아어 구문 4

Сунми: Скажи́те, Минсу до́ма?

Мама: Нет.

Сунми: А где он?

Мама: Он в шко́ле.

순미: 말씀해 주세요, 민수 집에 있어요?

엄마: 아니 없어.

순미: 그럼, 어디에 있어요?

엄마: 그 애는 (지금) 학교에 있어.

до́ма: (부사) 집에서, 복수주격은 дома́.

러시아어 명사의 **전치격**에는 상기에서와 같은 규칙변화 이외에 약간의 예외적인 변화가 있다.

전치격 변화의 예외

| | |
|---|---|
| **шкаф → в шкафу́** (~장에서) | **угол → в углу́** (구석에서) |
| **сад → в саду́** (정원에서) | **пол → на полу́** (마루에서) |
| **лес → в лесу́** (숲에서) | **мост → на мосту́** (다리에서) |
| **аэропо́рт → в аэропо́рту** (공항에서) | **бе́рег → на берегу́** (강변에서) |

하지만, 전치사 'о'와 함께 쓰여, '**~에 대하여** 생각하다'와 같이 표현할 때는, 상기와 같은 예외적인 특수한 전치격이 사용되지 않고, 원래대로 규칙적인 변화의 전치격이 사용된다. 즉, '**정원에서** 놀았다'라고 표현할 때는 '**장소**'를 나타내어 'в саду'가 되지만, '정원에 대하여 생각하였다'라고 표현할 때는 'о саде'가 된다.

**Де́ти игра́ют в саду́.** в + 전치격 ⇒ ~에서(장소)
아이들이 정원에서 놀고 있다.
**Я ду́маю о са́де.** о + 전치격 ⇒ ~에 대하여.
나는 정원에 대하여 생각한다.

## 연습문제 1

1. 다음 격변화표의 빈칸을 채우시오.

| | | 제1식 변화 | | | | | 제2식 변화 | | 제3식변화 |
|---|---|---|---|---|---|---|---|---|---|
| | 격 | 남성명사 | | 중성명사 | | ь로 끝나는 남성명사 | 여성명사 | | ь로 끝나는 여성명사 |
| 단수 | 주 | студéнт | завóд | слóво | пóле | гóсть | шкóла | недéля | ночь |
| | 생 | студéнта | завóда | | поля | | | недéли | нóчи |
| | 여 | студéнту | завóду | | полю | | | недéле | нóчи |
| | 대 | | | слóво | поле | гóстя | | | ночь |
| | 조 | студéнтом | завóдом | слóвом | | гóстем | шкóлой | недéлей | |
| | 전 | студéнте | завóде | слóве | | гóсте | | недéле | нóчи |
| 복수 | 주 | студéнты | завóды | словá | поля́ | гости́ | шкóлы | недéли | нóчи |
| | 생 | | | слов | полéй | гостéй | | | ночéй |
| | 여 | студéнтам | завóдам | | поля́м | гостя́м | | недéлям | ночáм |
| | 대 | студéнтов | завóды | | поля́ | гостéй | | недéли | нóчи |
| | 조 | | | словáми | полями | | шкóлами | | |
| | 전 | студéнтах | завóдах | словáх | поля́х | | шкóлах | недéлях | |

2. 다음 명사들 가운데 활동체 명사가 아닌 것을 하나 고르시오.

(1) экскýрсия (2) брат (3) сестра (4) преподавáтель

3. 다음 보기의 ( ) 속에 들어갈 명사의 적당한 형태를 아래에서 고르시오.

| 보기 | "나는 여대생을 좋아한다." → Я люблю́ ( )

(1) студентка (2) студентки (3) студентке (4) студентку

4. 다음에서 서로 관계있는 것끼리 이으시오.

(1) 도서관에서 • • в теáтре
(2) 별장에서 • • на дáче
(3) 극장에서 • • в библиотéке
(4) 영화관에서 • • в пáрке
(5) 공원에서 • • в аудитóрии
(6) 강의실에서 • • в кино-теáтре

5. 다음의 명사를 대격으로 바꾸시오.

(1) зда́ние → (　　　　)　　(2) спекта́кль → (　　　　)
(3) выста́вка → (　　　　)　　(4) гру́ппа → (　　　　)
(5) институ́т → (　　　　)　　(6) тетра́дь → (　　　　)

6. 다음의 명사를 전치격으로 바꾸시오.

(1) зда́ние → (　　　　)　　(2) спекта́кль → (　　　　)
(3) выста́вка → (　　　　)　　(4) гру́ппа → (　　　　)
(5) институ́т → (　　　　)　　(6) тетра́дь → (　　　　)

7. 다음에서 틀린 문장을 하나 고르시오.

(1) Я люблю́ бра́ту.　　(2) Я люблю́ сестру́.
(3) Я люблю́ Та́ню.　　(4) Я люблю́ преподава́теля.

8. 다음 명사의 격이 나머지 것과 다른 것을 하나 고르시오.

(1) школе　(2) деревне　(3) площади　(4) музеи

9. 다음 명사의 대격이 주격과 같지 않은 것을 하나 고르시오.

(1) студент　(2) завод　(3) слово　(4) тетрадь

10. 다음 명사의 대격이 생격과 같은 단어를 하나 고르시오.

(1) дере́вня　(2) страна́　(3) бале́т　(4) гость

11. 다음 명사 중에 전치격이 아닌 것을 하나 고르시오.

(1) здании　(2) фамилии　(3) площади　(4) гости

12. 다음에서 틀린 것을 하나 고르시오.

(1) в школе　(2) в театре　(3) в уроке　(4) в доме

## 연습문제 2

1. 다음에서 전치격이 아닌 것을 하나 고르시오.

(1) в школе (2) на заводе (3) в доме (4) в комната

2. 다음에서 틀린 것을 하나 고르시오.

(1) на уро́ке (2) на Фра́нции (3) на экза́мене (4) на пло́щади

3. 러시아 돈을 'рубль'(루블)이라고 한다. 'рубль'를 격변화 시켜 보시오.

| | | | | |
|---|---|---|---|---|
| 단수 | 주격: ( ) | | 복수 | 주격: ( ) |
| | 생격: ( ) | | | 생격: ( ) |
| | 여격: ( ) | | | 여격: ( ) |
| | 대격: ( ) | | | 대격: ( ) |
| | 조격: ( ) | | | 조격: ( ) |
| | 전치격: ( ) | | | 전치격: ( ) |

4. 다음 명사의 주격-대격의 조합이 올바르게 맞은 것을 하나 고르시오.

(1) лекция лекции (2) стадион стадион

(3) группа группе (4) выставка выставки

5. 다음의 보기와 같이 명사의 전치격을 변화시켜 보시오.

| 보기 | дом → <u>в доме (집에서)</u>

(1) школа → ____________________

(2) площадь → ____________________

(3) парк → ____________________

(4) занятие → ____________________

(5) аудитория → ____________________

6. 다음에서 전치격이 아닌 것을 하나 고르시오.

(1) в шкафу (2) в саду (3) в лесу (4) в группу

7. 다음의 문장을 러시아어로 옮기시오.

(1) 나는 나타샤를 사랑합니다. →

________________________________________

(2) 사샤는 학교에 있습니다. →

________________________________________

(3) 그는 거리에 있습니다. →

________________________________________

(4) 나의 이름은 민수입니다. →

________________________________________

# 15주 러시아어 명사의 격변화 활용1

### 학습목표 소개

러시아어 명사 격변화표를 이해하고 완전히 암기할 수 있다.
러시아어 명사의 격(대격, 전치격)의 쓰임을 구별하고 이해할 수 있다.
러시아어 명사의 성격의 쓰임을 이해하고 활용할 수 있다.

## ◉ 중요단어 익히기

**банк** 명사 은행.
**ви́за** 명사 비자.
**во́здух** 명사 공기.
**вопро́с** 명사 질문.
**вре́мя** 명사 시간.
**говори́ли** 동사 말하다(говори́ть)과거
**день** 명사 날, 일. 낮, 오후.
**де́ньги** 명사 돈.
**де́ти** 명사 아이들.
**до́чери** 명사 'дочь'(딸)의 생, 여, 전치격.
**е́дете** 동사 타고 가다 (원형) е́хать
**е́ду** 동사 е́хать (타고 가다)의 변화형
**жда́ли** 동사 ждать (기다리다)의 과거.
**живу́** 동사 жить (살다)의 현재변화형.
**жить** 동사 살다.
**за́втра** 부사 (명=불변,중) 내일.
**идёте** 동사 가다. (원형) идти́
**иду́** 동사 идти́ (가다)의 변화형
**колхо́з** 명사 집단농장. 'з'는 [с]발음.
**коне́чно** 부사 물론. ч → [ш]
**конце́рт** 명사 콘서트, 연주회.
**ко́фе** 명사 커피.
**куда́** 부사 어디로.
**купи́ть** 동사 사다, 구입하다.
**лю́ди** 명사 사람들.
**ма́рка** 명사 우표, 상표.
**мо́жем** 동사 'мочь'(할 수 있다)의 현재형
**муж** 명사 남편. 'ж'는 [ш]발음.
**него́** 대명사 его~그의.
**недалеко́** 부사 멀지 않은 곳에
**обе́д** 명사 식사, 점심식사.
**общежи́тие** 명사 기숙사.
**о́коло** 전치사 ~주위에, ~근처에.
**оте́ц** 명사 아버지. отца́(생격)
**отку́да** 부사 어디에서.
**Петербу́рг** 명사 뻬쩨르부르그.
**писа́тель** 명사 작가.
**проспе́кт** 명사 대로(大路)
**роди́тель** 명사 부모, 양친.
**рожде́ние** 명사 탄생, 출생.
**ры́нок** 명사 시장.
**са́хар** 명사 설탕, 당(분).
**сего́дня** 부사 (명 = 불변, 중) 오늘.
**сиде́ли** 동사 'сидеть'(앉다)의 과거형
**смотре́ли** 동사 смотре́ть (보다).
**сын** 명사 아들.
**телеви́зор** 명사 텔레비전.
**тепе́рь** 부사 요즈음.
**то́же** 부사 역시.

**учи́тельница** 명사 여선생님.
**уро́к** 명사 학과, 수업.
**фа́брика** 명사 공장.
**цветы́** 명사 꽃.
**цирк** 명사 서커스, 서커스장.

## ◉ 문법기초 설명

러시아어 전치사 'в' 또는 'на' 다음에 전치격이 오면 **장소**, **위치**를 나타낸다. 그러므로 "그는 학교에 있다."라는 말은, "Он в школе."와 같이 '<u>в + **전치격**</u>'으로 표현한다. 하지만, "그는 학교에 간다"와 같이, 학교를 향하여 가는 '방향'을 나타낼 때는 '<u>в + **대격**</u>'으로 표현한다. "Он идёт в школу."(идёт~걸어가다)

Он <u>в школе</u>. в (на) + **전치격** ⇒ 장소
Он идёт <u>в школу</u>. в (на) + **대격** ⇒ 방향

Где он? (그는 어디에 있습니까?) → Он <u>в школе</u>. (그는 학교에 있다.)

Куда вы идёте? (당신은 어디로 갑니까?) → Я иду <u>в школу</u>. (~학교로 간다.)

| 장소 (~학교에) | 방향 (~학교로) |
|---|---|
|  |  |
| В + **전치격** | В + **대격** |

상기와 같이, 의문부사 '<u>Где ~?</u> (어디에)'로 물을 때는 <u>в(на) + **전치격**</u>으로 답하며, 의문부사 '<u>Куда ~?</u> (어디로)'로 물을 때는 <u>в(на) + **대격**</u>으로 답한다.

Где он? (그는 어디에 있습니까?) → Он <u>на</u> <u>заводе</u>. (그는 공장에 있다.)
Куда вы идёте? (당신은 어디로 갑니까?) → Я иду <u>на завод</u>. (~공장으로 간다.)

### ◎ В + 대격 (방향) : ~로,~를 향하여

'<u>в(на) + **전치격**</u>'에서 전치격 앞에 'в' 또는 'на'가 오듯이, '<u>в(на) + **대격**</u>'에서도 'в' 또는 'на'가 온다. 대체로, 자주 쓰이는 'в(на) + 대격'의 예를 들어보면 다음과 같다.

예 Куда вы идёте? → Я иду́ в теа́тр. (나는 극장에 갑니다.)
→ Я иду́ в магази́н. (나는 상점에 갑니다.)
→ Я иду́ на конце́рт. (나는 콘서트에 갑니다.)
→ Я иду́ на вокза́л. (나는 역에 갑니다.)
→ Я иду́ в музе́й. (나는 박물관에 갑니다.)
→ Я иду́ в цирк. (나는 서커스장에 갑니다.)
→ Я иду́ на ры́нок. (나는 시장에 갑니다.)
→ Я иду́ на заво́д. (나는 공장에 갑니다.)
→ Я иду́ в апте́ку. (나는 약국에 갑니다.)
→ Я иду́ в больни́цу. (나는 병원에 갑니다.)
→ Я иду́ в библиоте́ку. (나는 도서관에 갑니다.)
→ Я иду́ на по́чту. (나는 우체국에 갑니다.)

| Куда~ ? → ~в (на) + 대격 | |
|---|---|
| в + 대격 | на + 대격 |
| в апте́ку (약국) | на бале́т (발레) |
| в банк (은행) | на вокза́л (역) |
| в библиоте́ку (도서관) | на выста́вку (전시회) |
| в больни́цу (병원) | на заво́д (공장) |
| в го́род (도시) | на заня́тие (수업) |
| в гости́ницу (호텔) | на конце́рт (콘서트) |
| в дере́вню(마을) | на ле́кцию (강의) |
| в магази́н (상점) | на мо́ре (바다) |
| в музе́й (박물관) | на пло́щадь (광장) |
| в общежи́тие (기숙사) | на по́чту (우체국) |
| в парк (공원) | на проспе́кт (대로) |
| в теа́тр (극장) | на рабо́ту (직장, 일터) |
| в университе́т (대학교) | на ры́нок (시장) |
| в цирк (서커스장) | на собра́ние (회의) |
| в шко́лу (학교) | на стадио́н (스타디움) |
| | на у́лицу (거리) |
| | на уро́к (수업) |
| | на факульте́т (학부) |
| | на экза́мен (시험) |
| | на экску́рсию (견학) |

## ◉ 생활러시아어 구문 1

| | | |
|---|---|---|
| Инхо | Здра́вствуй, Минхо. | 인호: 안녕, 민호. |
| Минхо | Здра́вствуй, Инхо. | 민호: 안녕, 인호. |
| Инхо | Куда́ ты идёшь? | 인호: 너는 어디로 가고 있니? |
| Минхо | Я иду́ в библиоте́ку. | 민호: 나는 도서관으로 가고 있어. |

Инхо Где минсу? — 인호: 민수는 어디에 있니?

Минхо: Он то́же в библиоте́ке. — 민호: 그도 역시 도서관에 있어.

지금까지 나온 주격, 대격, 전치격의 쓰임을 종합하여 정리해 보자. "나는 당신을 사랑합니다"라는 문장에서 '당신'은 '목적어'이므로 목적격(대격)으로 나타내어 "**Я люблю вас**"로 표현한다. 여기서, '당신' 대신에 '도서관'을 사랑한다고 표현하려면, '도서관(библиотека)'이란 단어는 '주격'이므로 '대격(библиотеку)'으로 바꾸어 표현하여야 한다. 즉, "**Я люблю библиотеку**"로 표현한다. 그런데, 여기서 '**библиотеку**'(대격) 앞에 '**в**'라는 전치사를 하나 집어넣으면, 다음과 같이 그 쓰임이 전혀 달라지게 되는 것이다.

| | |
|---|---|
| **Я люблю́** библиоте́ку. (나는 도서관을 사랑한다.) | **대격 = 목적어** |
| **Я иду́** в библиоте́ку. (나는 도서관으로 가고 있다.) | **в + 대격 = 방향** |
| **Я сейча́с** в библиоте́ке. (나는 지금 도서관에 있다.) | **в + 전치격 = 장소** |

## ◉ 생활러시아어 구문 2

А́нна Ива́новна, куда́ вы идёте? В шко́лу?

안나 이바노브나, 당신은 어디로 갑니까? 학교에 갑니까?

Нет, я иду́ на заво́д.

아니오, 나는 공장으로 갑니다.

Анто́н Никола́евич, куда́ вы е́дете? На фа́брику?

안톤 니콜라예비치, 당신은 어디로 갑니까? 공장으로 갑니까?

Нет, я éду в колхóз.

아니오, 나는 집단농장으로 갑니다.

Здрáвствуйте, Ивáн Петрóвич. Вы éдете на стадиóн?

안녕하세요, 이반 뻬뜨로비치. 당신은 경기장에 갑니까?

Да.

네.

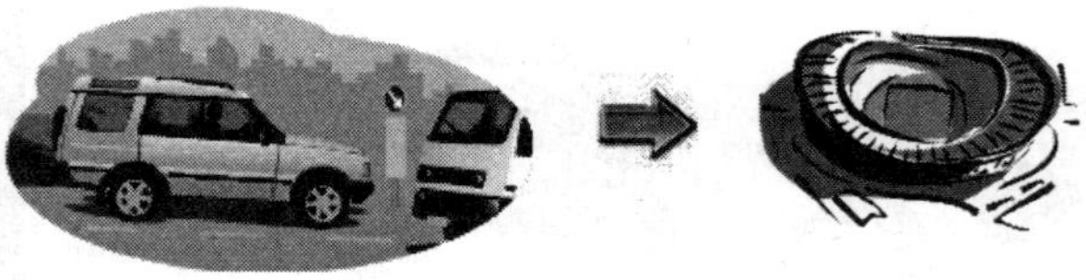

### ◎ 생격 : ~의, ~로 부터

러시아어의 6가지 격 중에 가장 많이 쓰이는 격 중의 하나가 '생격'이라고 말할 수 있다. 생격은 전치사: у, из, от, до, без, для, óколо, пóсле, недалекó от, 등의 전치사와 함께 쓰이며, 다음과 같은 여러 가지의 뜻을 나타낸다.

у ~: у окнá (창문**가에**), У негó (그 사람**한테는**)
из ~ чего: из Москвы́ (모스크바 **출신의**)
от ~: письмó от брáта (형제로**부터의** 편지)
от ~ до ~ : от Москвы́ до Ленингрáда (**~에서 ~까지**)
без ~чего: кóфе без сáхара (설탕 **없는** 커피), без вóздуха (공기 **없이**), без воды́ (물 **없이**)
для ~ чего: для ви́зы (비자를 **위하여**), цвéты для подрýги (여자 친구를 **위한** 꽃)
óколо ~: óколо общежи́тия (기숙사 **주위에, 근처에**)
пóсле ~ чего: пóсле обéда (식사 **후에**)
недалекó от ~: недалекó от дóма (집 **가까이에**)

예 Мы сидéли у окнá. (우리는 창가에 앉아 있었다.)
У негó нет дéнег. (그 사람한테는 돈이 없다.)
Он из Петербýрга. (그는 뻬쩨르부르그 출신이다.)
Э́то письмó от брáта. (이것은 형으로부터 온 편지이다.)
Далекó от дóма до шкóлы. (집에서 학교까지는 멀다.)
Я люблю́ кóфе без сáхара. (나는 설탕 없는 커피를 좋아한다.)
Мы не мóжем жить без вóздуха. (우리는 공기 없이 살 수가 없다.)
Мы не мóжем жить без воды́. (우리는 물 없이 살 수가 없다.)
Он купи́л цвéты для подрýги. (그는 여자 친구를 위한 꽃을 샀다.)

**Я живу́** о́коло **<u>вокза́ла</u>**. (나는 역 근처에서 산다.)
**Мы смотре́ли телеви́зор** по́сле **<u>обе́да</u>**. (우리들은 식사 후에 TV를 보았다)
**Они́ жда́ли** недалеко́ от **<u>до́ма</u>**. (그들은 집 가까이에서 기다렸다.)

| | 주격 кто? что? | 어미의 변화 | 생격 кого? чего? |
|---|---|---|---|
| 남성 | Ло́ндон | ∅ → -а | (из) Лондона |
| | брат | | брата |
| | Андрей | -й → -я | Андрея |
| | Китай | | (из) Китая |
| | словарь | -ь → -я | словаря |
| 중성 | окно | -о → -а | окна |
| | общежитие | -е → -я | общежития |
| 여성 | сестра | -а → -ы | сестры |
| | деревня | -я → -и | деревни |
| | (к, г, х, ж, ч, ш, щ +а) | -а → -и | |
| | книга | | книги |
| | Америка | | (из) Америки |
| | тетрадь | -ь → -и | тетради |
| | Россия | -ия → -ии | (из) России |
| 복수 | студент | ∅ → -ов | студентов |
| | врач (ж,ч,ш,щ) | ∅ → -ей | врачей |
| | писатель | -ь → -ей | писателей |
| | тетрадь | -ь → -ей | тетрадей |
| | море | -е → -ей | морей |
| | музей | -й → -ев | музеев |
| | японец | -ец → -ев | японцев |
| | газета | -а → ∅ | газет |
| | марка | | марок |
| | ручка | | ручек (ж,ч,ш,щ) |
| | слово | -о → ∅ | слов |
| | окно | | о́кон |
| | аудитория | -ия → -ий | аудиторий |
| | здание | -ие → -ий | зданий |

러시아어 명사의 **생격**에는 상기에서와 같은 규칙변화 이외에 약간의 예외적인 특수 변화가 있다.

➾ 생격 특수변화

| | | | | | |
|---|---|---|---|---|---|
| мать | → | ма́тери | вопро́сы | → | вопро́сов |
| дочь | → | до́чери | де́ти | → | дете́й |
| вре́мя | → | вре́мени | лю́ди | → | люде́й |
| де́ньги | → | де́нег | друзья́ | → | друзе́й |
| оте́ц | → | отца́ | | | |

## ⊙ 생활러시아어 구문 3

Нина: Отку́да ты?
Таня: Я из Петербу́рга. А ты?
Нина: А я из Москвы́.

니나: 너는 어디에서 왔니?
타냐: 나는 뻬쩨르부르그 출신이야. 그럼, 너는?
니나: 나는 모스크바에서 왔어.

Таня: В го́роде есть цирк?
Нина: Да, коне́чно.
Таня: Хорошо́.

타냐: 그 도시에 서커스가 있니?
니나: 그럼, 물론이지.
타냐: 좋아.

상기에서와 같이 **전치사** 다음에 **생격**이 오는 경우도 있지만, **명사**와 **명사**가 결합할 때는, 뒤에 오는 명사가 **생격**이 되어 앞의 명사를 꾸며 주게 된다. 예를 들어 "이 사람은 형의 아들입니다."라고 말할 때, "Это сын брата."라고 표현하여 뒤에 오는 명사 'брат'가 **생격**이 되어 'брата'가 되는 것을 알 수 있다.

> сын брата
> **명사 + 명사 (생격)**

예 Э́то бра́т подру́ги. 이 사람은 여자 친구의 동생입니다.
Э́то дочь бра́та. 이 사람은 형의 딸입니다.
Они́ друзья́ сы́на. 그들은 아들의 친구들입니다.
Он друг му́жа. 그는 남편의 친구입니다.

Э́то каранда́ш дру́га. 이것은 친구의 연필입니다.
Э́то тетра́дь до́чери. 이것은 딸의 공책입니다.
За́втра день роди́тели. 내일은 어버이 날입니다.
Сего́дня мой день рожде́ния. 오늘은 나의 생일입니다.

✐ Сего́дня: ‘г’는 [в]발음. мой: 나의 (소유대명사) → 1-7주 참조.

## ◉ 생활러시아어 구문 4

Кто э́то?
이 사람은 누구입니까?
Э́то дочь бра́та.
그 사람은 형의 딸입니다.
Чей э́то каранда́ш?
이것은 누구의 연필입니까?
Э́то каранда́ш подру́ги.
그것은 여자 친구의 연필입니다.
Сего́дня её день рожде́ния.
오늘은 그녀의 생일입니다.
Я люблю́ её.
나는 그녀를 사랑합니다.

## 연습문제 1

1. 다음 보기의 (　　) 속에 들어갈 명사의 적당한 격이 아닌 것은?

| 보기 | Я иду в (　　)

(1) школу　(2) театр　(3) библиотека　(4) музей

2. 다음 보기의 (　　) 속에 들어갈 명사의 적당한 격이 아닌 것은?

| 보기 | Я сейчас в (　　)

(1) школе　(2) магазине　(3) дому　(4) парке

3. 다음 문장 가운데 전치사 'в'의 쓰임이 잘못된 것은?

(1) Я иду в театр.　(2) Я иду в магазин.
(3) Я иду в завод.　(4) Я иду в музей.

4. 다음 문장 가운데 전치사 'на'의 쓰임이 잘못된 것은?

(1) Я иду на вокзал.　(2) Я иду на библиотеку.
(3) Я иду на рынок.　(4) Я иду на почту.

5. 다음 보기의 (　　) 속에 들어갈 명사의 적당한 격이 아닌 것은?

| 보기 | Это письмо от (　　)

(1) брата　(2) сёстры　(3) подруги　(4) отцу

6. 다음 명사의 철자가 잘못된 것을 하나 고르시오.

(1) книги　(2) Америкы　(3) стихи　(4) други

7. 다음 명사의 격이 나머지 것들과 다른 것을 하나 고르시오.

(1) ма́тери　(2) до́чери　(3) люде́й　(4) музе́й

8. 다음 (　) 속의 명사를 적당한 격으로 바꾸시오.

(1) Мы не мо́жем жить без (вода́).

(2) Далеко́ от (заво́д) до (библиоте́ка).

(3) Я живу́ о́коло (вокза́л).

(4) Мы смотре́ли телеви́зор по́сле (обе́д).

9. 다음 중에서 문법적으로 틀린 것을 하나 고르시오.

(1) день роди́тели (2) день рожде́ние

(3) тетра́дь подру́ги (4) день побе́ды

10. 다음 ( ) 속에 전치사 'в' 또는 'на'를 써 넣으시오.

(1) Я иду ( ) гости́ницу.

(2) Я иду ( ) конце́рт

(3) Я иду ( ) университе́т.

(4) Я иду ( ) ры́нок

(5) Я иду ( ) общежи́тие.

(6) Я иду ( ) у́лицу.

(7) Я иду ( ) экску́рсию.

## 연습문제 2

1. 다음 보기의 ( ) 속에 들어갈 명사의 적당한 격을 고르시오.

| 보기 | Она из ( ). 그녀는 모스크바 태생이다.

(1) Москва (2) Москвы (3) Москве (4) Москву

2. 다음 보기의 ( ) 속에 들어갈 명사의 적당한 격을 고르시오.

| 보기 | Мы говорили о ( ). 우리들은 극장에 대하여 이야기했다.

(1) театр (2) театра (3) театру (4) театре

3. 다음 보기의 ( ) 속에 들어갈 명사의 적당한 격을 고르시오.

| 보기 | В ( ) есть библиотеки. 학교들에는 도서관들이 있다.

(1) школы (2) школ (3) школам (4) школах

4. 다음 명사의 철자가 잘못된 것을 하나 고르시오.

(1) ножи (2) врачи (3) карандашы (4) товарищи

5. 다음 명사의 철자가 잘못된 것을 하나 고르시오.

(1) книги (2) студентки (3) отцы (4) стихы

6. 다음 보기의 ( ) 속에 들어갈 명사의 적당한 격을 고르시오.

| 보기 | Это письмо от ( ). 이것은 여선생님한테서 온 편지이다.

(1) учительница (2) учительницы

(3) учительнице (4) учительницу

7. 다음 문장들 가운데 격의 쓰임이 올바른 것을 하나 고르시오.

(1) Я читаю книга и журнал.

(2) Я читаю книгу и журналу.

(3) Я читаю книгу и журнал.

(4) Я читаю книга и журнала.

8. 다음 명사의 격이 나머지 것들과 다른 것을 하나 고르시오.

(1) де́ньги (2) вре́мени (3) друзья́ (4) лю́ди

9. 다음 ( ) 속에 전치사 'в' 또는 'на'를 써 넣으시오.

(1) Я е́ду ( ) дере́вню

(2) Я е́ду ( ) по́чту

(3) Я е́ду ( ) мо́ре

(4) Я е́ду ( ) цирк

(5) Я е́ду ( ) стадио́н

10. 다음 ( ) 속의 명사를 생격으로 바꾸시오.

(1) рожде́ние → ( )

(2) упражне́ние → ( )

(3) общежи́тие → ( )

11. 다음 아래의 문장을 러시아어로 옮겨 보시오.

* 나는 지금 도서관에 있다. → ________________________________

# 6주 러시아어 명사의 격변화 활용 II

## 학습목표 소개

러시아어 명사 격변화표를 이해하고 완전히 암기할 수 있다.
러시아어 명사의 여격의 쓰임을 이해하고 활용할 수 있다.
러시아어 명사의 조격의 쓰임을 이해하고 활용할 수 있다.

### ◉ 중요단어 익히기

**ба́бушка** 명사 할머니.
**братья́** 명사 형제들.
**бутербро́д** 명사 샌드위치.
**была́** 동사 'быть'(있다)의 과거형.
**быть** 동사 있다, 존재하다.
**ве́чер** 명사 저녁, 야회.
**воскресе́ние** 명사 부활.
**воскресе́нье** 명사 일요일.
**вчера́** 부사 어제.
**гуля́ла** 동사 'гуля́ть'(산책하다)
**дал** 동사 дать (주다)의 과거형.
**де́душка** 명사 할아버지
**де́лать** 동사 ~을 하다.
**доска́** 명사 칠판, 판자.
**до́черью** 명사 'дочь'(딸)의 조격
**дружи́ть** 동사 친교를 맺다.
**друзья́** 명사 친구들.
**игра́ть** 동사 놀다, 경기하다, 연주하다.
**кино́** 명사 영화관.
**колбаса́** 명사 소시지.
**кому́** 대명사 누구에게.
**маши́на** 명사 자동차.
**молоко́** 명사 우유.
**мя́со** 명사 식육, 쇠고기.
**обе́дает** 동사 'обе́дать'(식사하다).
**окно́** 명사 창, 창문.
**о́чень** 부사 아주, 매우, 몹시, 무척.
**петь** 동사 노래하다.
**писа́тель** 명사 작가.
**позвони́ть** 동사 전화 걸다.
**поликли́ника** 명사 종합병원, 진료소.
**преподава́тель** 명사 강사, 교사.
**рабо́таю** 동사 일하다. (рабо́тать)
**разгова́ривать** 동사 이야기하다.
**ребя́та** 명사 아이들, 젊은이들.
**река́** 명사 강.
**рис** 명사 쌀, 벼.
**рису́ет** 동사 (그림을)그리다.
**рука́** 명사 팔, 손.
**ру́чка** 명사 손잡이, 핸들, 펜대.
**сейча́с** 부사 현재, 지금.
**слова́рь** 명사 사전
**танцева́ть** 동사 춤추다.
**това́рищ** 명사 동무, 친구, 동료.
**у́тро** 명사 아침.
**ходи́ла** 동사 'ходить'의 과거형.
**ходи́ть** 동사 다니다, 갔다 오다.
**хоро́ший** 형용사 좋은.
**хорошо́** 부사 좋게.
**ша́хматы** 명사 장기.
**Эрмита́ж** 명사 에르미타즈 ж[ш]발음
**япо́нец** 명사 일본인(남자)

## ◉ 문법기초설명

지금까지 배운 러시아어 명사의 격을 정리하여 보면, 러시아어의 격에는 6가지의 격(**주격, 생격, 여격, 대격, 조격, 전치격**)이 있어서, 격에 따라 각기 다른 뜻으로 활용되고 있음을 알 수 있다. 예를 들어 '도서관(**библиотéка**)'이라는 명사의 격 활용을 살펴보면, "이 건물은 도서관이다"라고 말할 때의 '도서관(**библиотéка**)'은 주격으로 쓰여서, "**Э́то здáние библиотéка**"(주격)로 표현되지만, "나는 도서관을 좋아한다"라고 말할 때의 '도서관(**библиотéка**)'은 대격으로 쓰여, "**Я люблю́ библиотéку.**"(대격)으로 표현되며, "나는 지금 도서관에 있다"라고 말할 때의 '도서관(**библиотéка**)'은 전치격으로 쓰여, "**Я сейчáс в библиотéке.**"(전치격)로 표현되고, "나는 도서관 근처에 산다"라고 말할 때의 '도서관(**библиотéка**)'은 생격으로 쓰여, "**Я живу́ óколо библиотéки.**"(생격)으로 표현됨을 알 수 있다.

**주격** → **Э́то здáние <u>библиотéка</u>.**
이 건물은 도서관입니다.
**생격** → **Я живу́ óколо <u>библиотéки</u>.**
나는 도서관 근처에 살고 있습니다.
**대격** → **Я люблю́ <u>библиотéку</u>.**
나는 도서관을 좋아 합니다.
**전치격** → **Я сейчáс в <u>библиотéке</u>.**
나는 지금 도서관에 있습니다.

이상에서 살펴 본 **주격, 생격, 대격, 전치격** 이외에 **여격**과 **조격**(도구격)에 대하여도 다음에서 살펴보기로 한다.

### ◎ 여격 : ~에게, ~한테

우리말에서 "나는 친구**에게** 전화를 걸었다"라고 말하거나, "그는 안드레이**한테** 사전을 주었다"와 같이 말할 때, '~**에게**', '~**한테**'에 해당되는 말이 '**여격**'이다.

**Я позвони́л <u>дру́гу</u>. друг** (주격) → **другу** (여격)
나는 친구에게 전화를 걸었다.

**Он дал словáрь <u>Андрéю</u>. Андрей** (주격) → **Андрею** (여격)
그는 안드레이한테 사전을 주었다.

상기에서와 같이, 주격 형태인 '**друг**'(친구)이 여격 형태인 '**другу**'로 바뀜으로써, '친구**에게**'라는 뜻이 되며, 마찬가지로, 안드레이(**Андрей**)**한테** 주었다고 이야기할 때도, '**Андрей**'(주격 형태)가 아닌 '**Андрею**'(여격 형태)로 표현된다.

| 수 | 성 | 주격<br>кто? что? | 어미의 변화 | 여격<br>кому? чему? |
|---|---|---|---|---|
| 단수 | он | брат | ∅ → -у | брату |
| | | преподаватель | -ь → -ю | преподавателю |
| | | Сергей | -й → -ю | Сергею |
| | она | сестра | -а → -е | сестре |
| | | Таня | -я → -е | Тане |
| | | Мария | -ия → -ии | Марии |
| | | тетрадь | -ь → -и | тетради |
| 복수 | они | сёстры | -ы → -ам | сёстрам |
| | | братья | -я → -ям | братьям |
| | | друзья | | друзьям |
| | | родители | -и → -ям | родителям |

여격은 전치사 'к'와 함께 쓰여 '~에게로', 또는 '~무렵' 등의 뜻을 나타내며, 전치사 'по'와 함께 쓰여서는 '~을 따라서' 또는 '~마다' 등의 뜻을 나타낸다.

Я иду́ к брату. — к + **여격** ⇒ ~에게로, ~한테
나는 형에게로 간다.

К ве́черу бу́дет гость. — к + **여격** ⇒ ~무렵, ~경에
저녁 무렵 손님이 올 것이다.

По у́лице е́дут маши́ны. — по + **여격** ⇒ ~따라.
거리를 따라 자동차들이 달린다.

Он позвони́л по воскресе́ньям. — по + **여격** ⇒ ~마다(주기)
그는 일요일마다 전화하였다.

## ◉ 생활러시아어 구문 1

Инхо: Куда́ ты идёшь? — 인호: 너 어디로 가는 거니?

Минхо: Я иду́ к профе́ссору. А ты? — 민호: 나는 교수님께 가는 중이야. 그런, 너는?

| | |
|---|---|
| Инхо: Я иду́ в библиоте́ку. | 인호: 도서관에 가는 중이지. |
| Минхо: Хорошо́. | 민호: 좋아. |
| Инхо: По утра́м я чита́ю в библиоте́ке. | 인호: 아침마다 나는 도서관에서 독서를 해. |
| Минхо: О́чень хорошо́. | 민호: 아주 좋아. |

러시아어에서 '~를 향하여 간다'거나 또는 '~한테로 간다'고 표현할 때, 전치사 '**в**' 또는 '**на**' 다음에 **대격**을 사용하거나, 또는 전치사 '**к**' 다음에 **여격**을 사용하여 나타냄을 알 수 있다.

예 Я иду́ в шко́лу. (나는 학교를 향하여 간다.) **в + 대격**
Я иду́ на заво́д. (나는 공장을 향하여 간다.) **на + 대격**
Я иду́ к профе́ссору. (나는 교수님한테로 간다.) **к + 여격**
Я иду́ к вра́чу. (나는 의사한테로 간다.) **к + 여격**

## ◉ 생활러시아어 구문 2

К кому́ вы идёте?
당신은 누구한테 갑니까?
Я иду́ к вра́чу.
나는 의사한테 갑니다.

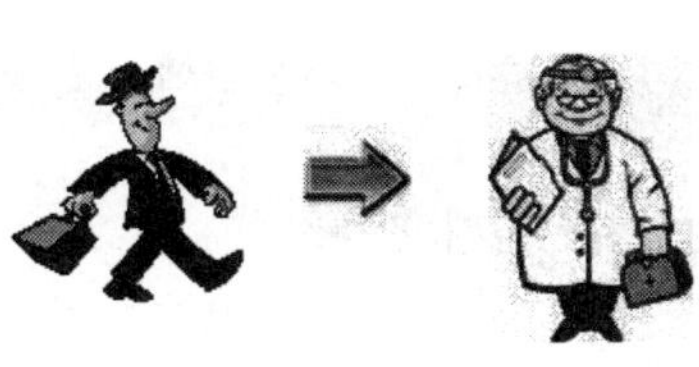

Куда́ вы идёте?
당신은 어디로 갑니까?
Я иду́ в поликли́нику.
나는 종합병원으로 갑니다.

К кому́ вы идёте?
당신은 누구한테 갑니까?
Я иду́ к учи́тельнице.
나는 여선생님한테 갑니다.

Куда́ вы идёте?

당신은 어디로 갑니까?

Я иду́ в шко́лу.

나는 학교로 갑니다.

| к кому? (~한테로) | к чему? (~쪽으로) |
|---|---|
| учи́тель (선생님)→ к учи́телю | окно́ (창문) → к окну́ |
| подру́га (여자친구) → к подру́ге | стол (책상) → к столу́ |
| де́душка (할아버지) → к де́душке | доска́ (칠판) → к доске́ |
| ребя́та (아이들) → к ребя́там | река́ (강) → к реке́ |
| врач (의사) → к вра́чу | Эрмита́ж → к Эрмита́жу |

### ◎ 조격 : ~에 의하여, ~로써

러시아어 명사의 조격은 전치사 없이도 행위나 동작의 수단 또는 도구로써 사용된다. 예를 들어, "나는 연필로 쓴다"고 말할 때, '연필'의 주격 형태인 'каранда́ш'를 조격 형태인 'карандашо́м'으로 변형시켜 사용한다.

Я пишу́ карандашо́м (조격)
나는 연필로 쓴다.

또한, 전치사 'с'와 함께 쓰여, '~와 함께', '~과 더불어' 등의 뜻을 나타낸다.

**С + 조격 ⇒ ~와 함께, ~과 더불어**

Я иду́ с бра́том. 나는 형과 함께 간다.

| 수 | 성 | 주격<br>кто? что? | 어미의 변화 | 조격<br>с кем? с чем? |
|---|---|---|---|---|
| 단수 | он | брат | Ø → -ом | с братом |
| | | Андрей | -й → -ем | с Андреем |
| | | преподаватель | -ь → -ем | с преподавателем |
| | | (ж, ч, ш, щ, ц) | | |
| | | японец | -ец → -ем | с япо́нцем |
| | | отец | | с отцо́м |
| | оно | молоко | -о → -ом | с молоком |
| | | общежитие | -е → -ем | с общежитием |

| | | | | |
|---|---|---|---|---|
| | она | сестра<br>Таня<br>Мария<br>(ж, ч, ш, щ, ц)<br>Наташа<br>тетрадь | -а → -ой<br>-я → -ей<br><br><br>-а → -ей<br>-ь → -ю | с сестрой<br>с Таней<br>с Марией<br><br>с Наташей<br>с тетрадью |
| 복수 | они | студенты<br>друзья | -ы → -ами<br>-я → -ями | со студентами<br>с друзьями |

## ◉ 생활러시아어 구문 3

Нина: Где ты была́ вчера́?

Таня: Я была́ в теа́тре вчера́.

Нина: С кем ты ходи́ла?

Таня: Я ходи́ла с другом.

니나: 너 어제 어디에 있었어?

타냐: 나는 어제 극장에 있었어.

니나: 누구랑 같이 갔었니?

타냐: 남자 친구랑 함께 갔었어.

러시아어에서의 '조격'은 '누구와 함께'(с кем) 또는 '누구와 더불어'(с кем) '놀다(игра́ть)', '노래하다(петь)', '말하다(говори́ть)', '춤추다(танцева́ть)', '친교를 맺다(дружи́ть)', '있다(быть)' 등의 표현을 사용할 때 많이 쓰인다.

| с кем (~함께, ~더불어) | |
|---|---|
| игра́ть (놀다) | с дру́гом (친구) |
| петь (노래하다) | с бра́том (형제) |
| говори́ть (말하다) | с сестро́й (자매) |
| танцева́ть (춤추다) | с Ви́ктором (빅토르) |
| дружи́ть (친교를 맺다) | с Ната́шей (나타샤) |
| быть (있다) | с па́пой (아빠) |
| ходи́ть (다니다) | с отцо́м (아버지) |

예 Ната́ша бы́ла в теа́тре с И́горем. (나타샤는 이고리와 함께 극장에 있었다.)
Анто́н обе́дает с дру́гом. 안톤은 친구와 함께 식사를 한다.

Ната́ша гуля́ла в па́рке <u>с сы́ном</u> и <u>до́черью</u>.
나타샤는 아들과 딸과 함께 공원에서 산책을 하였다.
Мы бы́ли на экску́рсии <u>с преподава́телем</u>.
우리들은 선생님과 함께 견학 갔었다.
Он разгова́ривал <u>с врачо́м</u>. 그는 의사와 함께 이야기를 나누었다.

## ◉ 생활러시아어 구문 4

Ната́ша: Ви́ктор, что ты де́лал вчера́ ве́чером?
빅토르야, 너는 어제 저녁에 무었을 하였니?
Ви́ктор: Игра́л в ша́хматы.
나는 장기를 두었어.
Ната́ша: С кем ты игра́л?
누구랑 두었어?
Ви́ктор: С Анто́ном. Он о́чень хорошо́ игра́ет.
안톤이랑. 그는 장기를 아주 잘 두어.

И́ра: Ты была́ вчера́ в кино́?
너 어제 영화관에 갔었니?
О́ля: Да, была́.
으응, 갔었어.
И́ра: А с кем?
누구랑?
О́ля: С Ната́шей.
나타샤랑.

| с чем (~를 넣은, ~과, ~와) | |
|---|---|
| С чем бутербро́д? (샌드위치) | Бутербро́д с сы́ром (치이즈)<br>с колбасо́й (소시지) |
| С чем мя́со? (쇠고기) | Мя́со с ри́сом (쌀밥) |
| С чем ко́фе? (커피) | Ко́фе с молоко́м (우유)<br>с са́харом (설탕) |
| С чем пиро́жки? (삐로그) | Пиро́жки с капу́стой (양배추)<br>с ри́сом (쌀밥)<br>с мя́сом (쇠고기) |

## 연습문제 1

1. 다음 보기의 (　　) 속에 들어갈 명사의 적당한 격이 아닌 것은?

| 보기 | Я иду к ( )

(1) брату　(2) профессору　(3) Андрею　(4) врач

2. 다음 (　　) 속에 들어갈 명사의 적당한 격을 고르시오.

| 보기 | Я рабóтаю по (　　)

(1) утро　(2) утра　(3) утру　(4) утрам

3. 다음 (　　) 속에 들어갈 명사의 적당한 격을 고르시오.

| 보기 | Я иду с (　　)

(1) брат　(2) брата　(3) брату　(4) братом

4. 다음 (　　) 속에 들어갈 명사의 적당한 격을 고르시오.

| 보기 | Он рисует (　　)

(1) карандаш　(2) карандаша　(3) карандашу　(4) карандашом

5. 다음 문장들 가운데격의 쓰임이 틀린 것을 하나 고르시오.

(1) Он дал тетрадь Андрею.
(2) Он дал тетрадь Тане.
(3) Он дал тетрадь Марие.
(4) Он дал тетрадь преподавателю.

6. 다음에서 격이 나머지 것들과 다른 것을 하나 고르시오.

(1) сестре　(2) Тане　(3) Марии　(4) тетрадь

7. 다음에서 격이 나머지 것들과 다른 것을 하나 고르시오.

(1) преподавателем　(2) отцом　(3) Наташой　(4) сестрой

8. 다음의 명사를 여격으로 바꾸어 (    ) 속에 써 넣으시오.

(1) брат → (    )    (2) сестра → (    )
(3) неделя → (    )    (4) Мария → (    )
(5) музей → (    )    (6) учитель → (    )

9. 다음의 명사를 조격으로 바꾸어 (    ) 속에 써 넣으시오.

(1) брат → (    )    (2) сестра → (    )
(3) неделя → (    )    (4) Мария → (    )
(5) музей → (    )    (6) учитель → (    )

10. 다음 (    ) 속에 적당한 격을 써 넣으시오.

| | 생격 | 여격 | 대격 | 조격 | 전치격 |
|---|---|---|---|---|---|
| (1) пáпа(아빠) | (    ) | (    ) | (папу) | (    ) | (    ) |
| (2) мáма(엄마) | (    ) | (    ) | (маму) | (    ) | (    ) |
| (3) отéц(아버지) | (    ) | (отцу) | (    ) | (    ) | (    ) |
| (4) мать (어머니) | (    ) | (    ) | (мать) | (    ) | (    ) |

## 연습문제 2

1. 다음 보기의 (    ) 속에 들어갈 명사의 적당한 격을 고르시오.

| 보기 | Я люблю кофе с (    ). 나는 우유를 탄 커피를 좋아한다.

(1) молоко (2) молока (3) молоку (4) молоком

2. 다음 (    ) 속에 들어갈 명사의 적당한 격을 고르시오.

| 보기 | Я дал (    ) журнáлы.

(1) товарищи (2) товарищей (3) товарищам (4) товарищами

3. 다음 보기의 ( ) 속에 들어갈 명사의 적당한 격을 고르시오.

| 보기 | По (    ) едут машины. 거리를 따라 자동차들이 달린다.

(1) улица (2) улицы (3) улице (4) улицу

4. 다음 보기의 (    ) 속에 들어갈 명사의 적당한 격을 고르시오.

| 보기 | К (        ) будет дождь. 새벽(밤) 무렵 비가 올 것이다.

(1) ночь    (2) ночи    (3) ночей    (4) ночами

5. 다음 (    ) 속의 명사를 적당한 격으로 고치시오.

(1) Я иду́ в (библиотека).
(2) Я иду́ к (профессор).
(3) Я иду́ на (вокзал).
(4) Я иду́ к (мать).
(5) Я иду́ к (папа).

6. 다음 (    ) 속의 명사를 적당한 격으로 고치시오.

(1) Ната́ша бы́ла в теа́тре с (И́горь).
(2) Анто́н обе́дает с (дру́г).
(3) Ната́ша гуля́ла в па́рке с (сы́н)и (до́чь).
(4) Мы бы́ли на экску́рсии с (преподава́тель).
(5) Он разгова́ривал с (вра́ч).

7. 다음 (    ) 속에 보기와 같이 적당한 우리말을 써 넣으시오.

| 보기 | Бутербро́д с сы́ром (치즈가 든 샌드위치)

(1) Ко́фе с молоко́м (                    )
(2) Бутербро́д с колбасо́й (                    )
(3) Мя́со с ри́сом (                    )
(4) Ко́фе с са́харом (                    )

8. 다음을 러시아어로 옮기시오.

나는 어제 저녁에 나타샤와 함께 극장에 있었다.

→ ________________________________________

# 17주 러시아어 대명사 + 명사

### 학습목표 소개

'소유대명사 + 명사'의 구문을 이해하고, 성, 수, 격에 맞게 표현할 수 있다.
'지시대명사 + 명사'의 구문을 이해하고, 성, 수, 격에 맞게 표현할 수 있다.
인칭대명사의 쓰임을 이해하고,격에 맞게 표현할 수 있다.

### ◉ 중요단어 익히기

**балала́йка** 명사 발랄라이까.
**бая́н** 명사 대형 손풍금
**бы́ли** 동사 'быть'(있다, 존재하다.)
**велосипе́д** 명사 자전거, 자전차.
**ви́дели** 동사 보다, 보이다, 알다.
**внук** 명사 손자.
**вну́чка** 명사 손녀.
**вре́мя** 명사 시간, 시기, 시대.
☞ '생격 = 여격 = 전치격'이 서로 같음.
вре́мя, вре́мени, вре́мени,
вре́мя, вре́менем, вре́мени.
**гита́ра** 명사 기타
**говори́ла** 동사 'говорить'(말하다.)
**де́вушка** 명사 처녀, 아가씨.
**дя́дя** 명사 아저씨.
**идём** 동사 가다. (идти́)
**изуча́ют** 동사 'изуча́ть'(연구하다.)
**ка́ждый** 대명사 각각의, 모든.
**ка́рта** 명사 지도, 카드.
**ко́мпас** 명사 나침반, 자석반.
**кора́бль** 명사 배, 선박.
**костю́м** 명사 양복.
**краси́вая** 형용사 아름다운.
**лежи́т** 동사 'лежа́ть'(놓여있다)
**люби́мая** 명사 여자 애인.
**люби́мой** 명사 남자 애인.
**матрёшка** 명사 농부인형.
**ме́сто** 명사 곳, 장소, 지역.
**мой** 대명사 나의.
**моя́** 대명사 나의.
**ого́нь** 명사 불.
**пала́тка** 명사 천막, 텐트.
**пальто́** 명사 외투.
**племя́ник** 명사 조카
**племя́ница** 명사 조카딸
**пое́ду** 동사 'пое́хать'(타고가다)
**пойти́** 동사 'идти́' (가다, 나가다.)
**рабо́тает** 동사 ~일하다.
**ра́дио** 불변, 명사 라디오.
**ру́сский** 형용사 러시아의.
**рюкза́к** 명사 배낭.
**самова́р** 명사 싸모바르 ☞ 러시아 특유의 물 끓이는 그릇
**семья́** 명사 가족.
**симпати́чная** 형용사 호감이 가는.
**сказа́л** 동사 말하다(сказа́ть)
**спортсме́н** 명사 스포츠맨(남자)
**спортсме́нка** 명사 스포츠우먼(여자)
**тётя** 명사 아주머니.
**транзи́стор** 명사 트랜지스터.

**учени́к** 명사 제자, 학생, 생도.
**хоти́те** 동사 'хоте́ть'(원하다, 바라다)
**чёрный** 형용사 검은, 검정색의.
**язы́к** 명사 언어, 혀.

## 문법기초설명

러시아어의 대명사에는 다음과 같은 종류의 대명사가 존재한다.

**인칭대명사** : я ты он она оно мы вы они

**지시대명사** : этот это эта эти тот то та те

**소유대명사** : мой твой его её нас вас их

**의문대명사** : кто что

**정대명사** : сам каждый

**부정대명사** : -то -нибудь -либо кое-.

**재귀대명사** : себя

### 소유대명사 + 명사

Что это? (이것은 무엇입니까?) 라고 물었을 때, **Это** дом. (이것은 집입니다.)로 대답할 수도 있지만, 보다 구체적으로 '이것은 **나의** 집입니다'로 대답을 한다면, '집'이라는 명사 앞에 '나의'라는 **소유대명사**가 놓이게 된다. 이 때, '나의'라는 소유대명사는 뒤에 오는 '명사'의 성, 수, 격에 맞추어 변화하게 된다. 즉, 'дом'(집)이라는 남성명사가 오면, **'мой'**(나의)라는 남성 소유대명사가 오지만, **'книга'**(책)이라는 여성명사가 오게 되면, **'моя'**(나의)라는 여성 소유대명사를 사용하여야 한다.

소유대명사(나의) + 명사

Это мой дом.
(남성) (남성명사)
이것은 나의 집입니다.

Это моя книга.
(여성) (여성명사)
이것은 나의 책입니다.

이와 같이, 소유대명사는 뒤에 오는 '명사'에 따라, 그 성, 수, 격을 일치시켜 주어야 하며, 소유대명사의 인칭에 따라 다음과 같은 종류의 소유대명사가 있다.

| 성 · 수 / 인칭 | 단 수 | | | 복수 |
|---|---|---|---|---|
| | 남성 | 중성 | 여성 | 3성 공통 |
| 나의 | мой | моё | моя́ | мои́ |
| 너의 | твой | твоё | твоя́ | твои́ |
| 우리들의 | наш | на́ше | на́ша | на́ши |
| 당신(들)의 | ваш | ва́ше | ва́ша | ва́ши |
| 그의<br>그녀의<br>그들의 | 성 · 수에 관계없이 → его́, её их | | | |

1인칭, 2인칭 소유대명사는 그것과 관계되는 명사의 성. 수와 일치하지만, 3인칭 소유대명사는 성. 수에 관계없이 <u>его, её, их</u> 중의 한 형태만 존재한다.

➾ его의 'г'는 [в]로 발음된다.

**예1** 나의 친구→ (мой ) + друг (남성명사)
(моё)
(моя)
(мои)

**예2** 당신의 성 → (ваш )
(ваше)
(ваша) + фамилия (여성명사)
(ваши)

**예3** 그의 남자친구 → (его) + друг (남성명사)
그의 여자친구 → (его) + подруга (여성명사)
그의 아빠 → (его) + Папа (남성명사)
그의 엄마 → (его) + Мама (여성명사)

**소유대명사 + 명사**의 결합에서 1인칭, 2인칭은 뒤의 명사의 성, 수, 격에 따라 변화하나, 3인칭은 변화하지 않고, 오로지 его, её, их 밖에 없다.

| | |
|---|---|
| **мой дом** 나의 집<br>(남성) | **его дом** 그의 집<br>(남성) |
| **моя книга** 나의 책<br>(여성) | **его книга** 그의 책<br>(여성) |
| **моё место** 나의 자리<br>(중성) | **его место** 그의 자리<br>(중성) |
| **мои тетради** 나의 공책들<br>(복수) | **его тетради** 그의 공책들<br>(복수) |

## ⦿ 생활러시아어 구문 1

А: Э́то твой брат?
Б: Да, мой. Он спортсме́н.
А: Где он рабо́тает?
Б: Он рабо́тает на заво́де 'Хэндэ'

А: Это твоя́ сестра́?
Б: Да, моя́.
А: Она́ то́же спортсме́нка?
Б: Нет.
А: А где она́ рабо́тает?
Б: В теа́тре.

А: 이 사람이 너의 동생이니?
Б: 그래, 내 동생이야. 그는 스포츠맨이야.
А: 그는 어디에서 일하니?
Б: 그는 '현대' 공장에서 일해.

А: 이 사람이 너의 누이동생이니?
Б: 그래, 내 누이동생이야.
А: 그녀 또한 스포츠우먼 이니?
Б: 아니.
А: 그럼, 그녀는 어디에서 일하니?
Б: 극장에서.

나의 가족(Моя́ семья́)에 대하여 표현해 보자.

| | | | |
|---|---|---|---|
| | **па́па** (아빠) | | **ма́ма** (엄마) |
| | **брат** (형제, 형, 동생) | | **сестра́** (자매, 누나, 누이) |
| | **де́душка** (할아버지) | | **ба́бушка** (할머니) |
| **мой** | **сын** (아들) | **моя** | **дочь** (딸) |
| | **внук** (손자) | | **вну́чка** (손녀) |
| | **племя́нник**(조카) | | **племя́нница**(조카딸) |
| | **дя́дя** (삼촌) | | **тётя** (이모) |

## ◉ 생활러시아어 구문 2

А: Вот наш дом. Э́то на́ша шко́ла.

Б: Вот ваш класс. Э́то ваш класс.

А: Что э́то?

Б: Э́то мой дом.

А: Что э́то?

Б: Э́то моё пальто́.

А: Кто э́то?

Б: Э́то моя́ сестра́.

А: Кто э́то?

Б: Э́то наш учи́тель.

А: Кто э́то?

Б: Э́то моя́ ба́бушка.

А: Кто э́то?

Б: Э́то мой брат.

А: 여기에 우리들의 집이 있습니다. 이것이 우리들의 학교입니다.

Б: 여기에 당신의 교실이 있습니다. 이것이 당신의 교실입니다.

А: 이것이 무엇입니까?

Б: 이것은 나의 집입니다.

А: 이것이 무엇입니까?

Б: 이것은 나의 외투입니다.

А: 이 사람은 누구입니까?

Б: 이 사람은 나의 누나입니다.

А: 이 사람은 누구입니까?

Б: 이 사람은 우리들의 선생님입니다.

А: 이 사람은 누구입니까?

Б: 이 사람은 나의 할머니입니다.

А: 이 사람은 누구입니까?

Б: 이 사람은 나의 형입니다.

### ◎ 지시대명사 + 명사

지시대명사는 수식하는 명사의 성, 수, 격에 맞추어 변화한다. 즉, 뒤에 오는 명사가 남성명사이면 남성 지시대명사(этот)를 사용하여야 하며, 뒤에 오는 명사가 여성명사이면 여성 지시대명사(эта)를 사용하여야 한다.

| 남성 | этот | дом | 이 집 | тот | дом | 저 집 |
|---|---|---|---|---|---|---|
| 여성 | эта | школа | 이 학교 | та | школа | 저 학교 |
| 중성 | это | пальто | 이 외투 | то | пальто | 저 외투 |
| 복수 | эти | книги | 이 책들 | те | книги | 저 책들 |

➾ 중성형 'это'는 성, 수에 관계없이 사용할 수 있다.

따라서, 'Что это?'(이것은 무엇입니까?)라고 물어 보았을 때, 'это'는 성, 수에 관계없이, 'Это дом'(이것은 집입니다), 'Это школа'(이것은 학교입니다), 'Это книги'(이것은 책들입니다)로 대답할 수 있다. 하지만, '이 집은 ~ ', '이 학교는 ~', '이 책들은 ~' 하며, '지시'를 나타낼 때는 반드시 뒤에 오는 명사의 성, 수, 격에 일치시켜야 한다.

| Это дом | 이것은 집입니다. |
|---|---|
| Этот дом мой (дом) | 이 집은 나의 집입니다. |

지시대명사를 성, 수에 따라 정리하면 다음과 같다.

| 성 · 수 / 지시 | 단수 | | | 복수 |
|---|---|---|---|---|
| | 남성 | 중성 | 여성 | 3성 공통 |
| 이 | этот | это | эта | эти |
| 저 | тот | то | та | те |

**예1** 이 책상 → (этот) + стол (남성)
(это)
(эта)
(эти) + столы (복수)

**예2** 이 책 → (этот)
(это)
(эта) + книга
(эти) + книги (복수)

**예3** Это книга. 이것은 책입니다.
Эта книга моя. 이 책은 나의 것 입니다.

**예4** 저 학교 → (та) школа.
저 공장들 → (те) заводы.

## ◉ 생활러시아어 구문 3

Э́тот дом мой. (дом) — 이 집은 나의 집입니다.
Э́та кни́га моя́. (книга) — 이 책은 나의 책입니다.

Э́то перо́ моё. (перо) — 이 펜은 나의 펜입니다.
Э́ти тетра́ди мои́. (тетради) — 이 공책들은 나의 공책들입니다.

### ◎ 인칭대명사

우리가 앞서 배운 'Как вас зовут?'(당신의 이름은 무엇입니까?), 'Как тебя зовут?'(너의 이름은 무엇이냐?)에서 'вас', 'тебя'와 같은 대명사를 '인칭대명사'라 부른다. 인칭대명사 또한 문장 속에서의 '격'에 따라, 다음과 같이 변화한다.

| 주격 | я | ты | он, оно | она | мы | вы | они |
|---|---|---|---|---|---|---|---|
| 생격 | меня | тебя | его | её | нас | вас | их |
| 여격 | мне | тебе | ему | ей | нам | вам | им |
| 대격 | меня | тебя | его | её | нас | вас | их |

| | | | | | | | |
|---|---|---|---|---|---|---|---|
| 조격 | **мной** | **тобой** | **им** | **ей** | **нами** | **вами** | **ими** |
| 전치격 | **мне** | **тебе** | **нём** | **ней** | **нас** | **вас** | **них** |

예1 Я сказал ему. 나는 **그에게** 말했다.
мы видели её. 우리는 **그녀를** 보았다.
Я люблю тебя. 나는 **너를** 사랑해.

➾ 3인칭 인칭대명사는 전치사와 함께 사용될 때는 **앞에 н-을 붙인다**.

예2 Мы идём к нему. 우리는 그에게로 가고 있다.
Она говорила с ними. 그녀는 그들과 이야기 했다.
Мы были у неё. 우리는 그녀에게 갔었다(있었다).

➾ 3인칭 인칭대명사의 생격 его(그의, 그것의), её(그녀의), их(그들의)는 소유대명사로도 쓰인다. **소유대명사**로서 사용될 경우에는 전치사와 함께 사용되어도 **앞에 н-을 붙이지 않는다**.

예3 Мы идём к его брату. 우리는 그의 형에게로 가고 있다.
Мы были у её сёстры. 우리는 그녀의 누나에게 갔었다.

## ◉ 생활러시아어 구문 4

| | |
|---|---|
| Как её зову́т? | 그녀의 이름은 무엇입니까? |
| Её зову́т Ната́ша. | 그녀의 이름은 나타샤입니다. |
| Её сестра́ студе́нтка. | 그녀의 언니는 여대생입니다. |
| У неё есть кни́га. | 그녀한테는 책이 있습니다. |

➾ "Её зовут Наташа"에서의 'её'는 **인칭대명사(대격)**이며, "Её сестра студентка" 에서의 'её'는 **소유대명사**(3**인칭**)이다.

➾ 'есть'는 '~이다'의 뜻으로 쓰일 때는 생략되어, "**Это (есть) стол**"(이것은 책상입니다.)과 같이 되지만, '**есть**'가 생략되지 않고 쓰일 때는 '**~있다**'라는 뜻이 된다.

### У + 인칭대명사(생격) есть~ : ~한테는 ~이 있다.

**У меня есть стол.** 나한테는 책상이 있다, 나는 책상을 가지고 있다.
**У нас есть стол.** 우리들한테는 책상이 있다. 우리들은 책상을 가지고 있다.
**У тебя есть стол.** 너한테는 책상이 있다. 너는 책상을 가지고 있다.
**У вас есть стол.** 당신한테는 책상이 있다. 당신은 책상을 가지고 있다.
**У него есть стол.** 그한테는 책상이 있다. 그는 책상을 가지고 있다.
**У неё есть стол.** 그녀한테는 책상이 있다. 그녀는 책상을 가지고 있다.
**У них есть стол.** 그들한테는 책상이 있다. 그들은 책상을 가지고 있다.

### ◉ 생활러시아어 구문 5

А: У вас есть кни́га? — А: 당신한테는 책이 있습니까?
Б: Да, у меня́ есть кни́га. — Б: 네, 나한테는 책이 있습니다.
А: У вас есть маши́на? — А: 당신한테는 자동차가 있습니까?
Б: Да, у меня́ есть маши́на. — Б: 네, 나한테는 자동차가 있습니다.

А: У вас есть друг? — А: 당신한테는 친구가 있습니까?
Б: Нет, у меня нет дру́га. — Б: 아니오, 나한테는 친구가 없습니다.

➾ 위의 문장에서와 같이 '부정'을 할 때, 부정이 되는 대상은 '생격'이 되며, 이러한 생격을 '부정생격'이라 일컫는다.

예1 У меня́ есть друг. (주격) → У меня́ нет дру́га. (생격)
예2 У Андре́я есть гита́ра. → У Андре́я нет гита́ры.
예3 У него́ есть балала́йка. → У него́ нет балала́йки.
예4 У неё есть working баян. → У неё нет бая́на.
예5 У них есть пала́тка. → У них нет пала́тки.
예6 У нас есть ка́рта и ко́мпас. → У нас нет ка́рты и ко́мпаса.
예7 У вас есть транзи́стор. → У вас нет транзи́стора.
예8 У тебя есть рюкза́к. → У тебя нет рюкзака́.

## 연습문제 1

1. 다음에서 서로 관계있는 것끼리 이으시오.

(1) мой •　　　• книга
(2) моя •　　　• перо
(3) моё •　　　• дом
(4) мои •　　　• студенты

2. 다음에서 틀린 것을 하나 고르시오.

(1) мой дом　(2) моя сестра　(3) моё брат　(4) мои заводы

3. 다음에서 틀린 문장을 하나 고르시오.

(1) Это мой Папа.　(2) Это моя дядя.
(3) Это моё место.　(4) Это мои гости.

4. 다음에서 틀린 것을 하나 고르시오.

(1) его комната　(2) её сестра　(3) их школа　(4) моя Папа

5. 다음에서 서로 관계있는 것 끼리 이으시오.

(1) этот •　　　• комнаты
(2) эта •　　　• велосипед
(3) это •　　　• машина
(4) эти •　　　• место

6. 다음 인칭대명사의 변화표를 완성시키시오.

| 주격 | я | ты | он оно она | мы | вы | они |
|---|---|---|---|---|---|---|
| 생격 | | тебя | егоеё | нас | | |
| 여격 | | тебе | емуей | нам | вам | им |
| 대격 | | | | нас | | |
| 조격 | | тобой | им ей | нами | вами | ими |
| 전치격 | | тебе | нём ней | | | них |

7. 다음에서 틀린 문장을 하나 고르시오.

(1) У меня нет подруги.

(2) У меня нет стул.

(3) У меня нет мамы.

(4) У меня нет комнаты.

8. 다음에서 문법적으로 틀린 문장을 하나 고르시오.

(1) Я люблю её.

(2) Это моя матрёшка.

(3) Этот мой дядя.

(4) Эта девушка моя сестра.

## 연습문제 2

1. 다음에서 틀린 문장을 하나 고르시오.

(1) Это наша школа. (2) Это ваш корабль.

(3) Это моя любимая. (4) Это твоя учитель.

2. 다음의 (  ) 속에 소유대명사 мой, моя, моё, мои 중에 하나를 써 넣으시오.

(1) (  ) дом (2) (  ) место

(3) (  ) книга (4) (  ) комнаты

3. 다음의 (  )속에 소유대명사 его, её, их 중에 하나를 써 넣으시오.

(1) Анна дома, (  ) муж тоже сейчас дома.

(2) Это мой ученик, (  ) фамилияЗимин.

(3) Мои товарищи изучают русский язык, вот (  ) книги и тетради.

4. 다음 (  ) 속에 적당한 소유대명사를 써 넣으시오.

(1) У неё есть радио. Это (  ) радио.

(2) У него есть журнал.Это (  ) журнал.

(3) У них есть машина.Это (  ) машина.

(4) У вас есть книги. Это (　　　) книги.

(5) У меня есть подруга. Это (　　　) подруга.

5. 다음 서로 관계있는 것끼리 이으시오.

(1) тот •　　　• газета

(2) та •　　　• огонь

(3) то •　　　• школы

(4) те •　　　• слово

6. 다음 글의 첫 번째 (　　　)에는 этот(эта, это, эти)를 넣고, 두 번째 (　　　)에는 тот(та, то, те)를 넣으시오.

(1) (　　) костюм синий, (　　) костюм чёрный.

(2) (　　) девушка красивая, (　　) девушка симпатичная.

7. 다음 (　　) 속의 인칭대명사를 올바른 형태로 고쳐 쓰시오.

(1) Моя мать живёт в Дэгуе. Я поеду к (она).

(2) Книга лежит на столе. Я (она) уже прочитал.

(3) Мы идём в кино. Хотите пойти с (мы)?

8. 다음에서 틀린 문장을 하나 고르시오.

(1) У нас нет страны.

(2) У меня нет времени.

(3) У неё нет самовар.

(4) У них нет учителя.

# 1 8주 중간(1주~7주) 총정리 및 연습문제 풀이

### 학습목표 소개

러시아어 알파비트의 구성을 이해하고 러시아어 기초 발음 문제를 풀 수 있다.
러시아어 강세의 위치에 따른 러시아어 자음, 모음의 발음을 이해할 수 있다.
러시아인의 이름 구성을 이해하고 알맞은 애칭(지소체)를 선택할 수 있다.
러시아어의 어순을 이해하고 올바른 긍정문, 의문문, 부정문을 선택할 수 있다.
러시아어 명사의 성, 수를 이해하고 알맞은 성, 수의 문항을 선택할 수 있다.
러시아어 명사의 격을 이해하고, 격변화에 관한 문제를 자유로이 풀 수 있다.
'소유대명사(지시대명사) + 명사'의 구문을 이해하고 올바른 답을 선택할 수 있다.
인칭대명사의 격을 이해하고 올바른 답을 선택할 수 있다.
'부정생격'을 이해하고 올바른 문장을 선택할 수 있다.

## 연습문제 풀이

1. 다음 중 **ударение** 가 잘못 찍힌 것을 하나 고르시오.

(1) ко́мната (2) шко́ла (3) студе́нт (4) се́стра

2. 다음 어휘들 중 강세의 위치가 다른 어휘들과 동일하지 않은 것은?

(1) голова (2) хорошо (3) учитель (4) магазин

3. 다음 명사의 단수, 복수형 변화의 짝이 잘못된 것은?

(1) лаборатория лаборатории
(2) станция станции
(3) упражнение упражнения
(4) общежитие общежитии

4. 다음 이름의 애칭이 잘못 연결된 것을 하나 고르시오.

(1) Александр Саша
(2) Владимир Володя
(3) Михаил Митя
(4) Николай Коля

5. 다음 어휘들 중 의미상 다른 것들과 다른 범주에 속하는 것은?

(1) отец (2) дедушка (3) дядя (4) карандаш

6. 다음 명사의 성이 나머지 것들과 다른 것을 하나 고르시오.

(1) студент (2) музей (3) вещь (4) товарищ

7. 다음 명사의 성이 나머지 것들과 다른 것을 하나 고르시오.

(1) огонь (2) корабль (3) тетрадь (4) трамвай

8. 다음 명사의 격이 나머지 것들과 다른 것을 하나 고르시오.

(1) школу (2) библиотеку (3) студенту (4) неделю

9. карандаш의 밑줄 친 자음과 같은 발음을 갖는 자음이 들어 있는 어휘는?

(1) нож (2) женщина (3) товарищ (4) тоже

10. 다음 이름의 애칭이 잘못 연결된 것을 하나 고르시오.

(1) Наталия Наташа
(2) Ольга Оля
(3) Владимир Витя
(4) Александр Саша

11. 다음 아버지의 이름이 나머지 것들과 다른 것을 하나 고르시오.

(1) Иван Иванович Петров
(2) Сергей Николаевич Достоевский
(3) Наталия Ивановна Петрова
(4) Ольга Ивановна Яблокова

12. 다음 단어들의 Ударение 표시가 잘못된 것을 하나 고르시오.

(1) Футбóл (2) самолёт (3) красивáя (4) завóд

13. 다음 어휘들 중 밑줄 친 자음의 발음이 나머지 것들과 다른 것은?

(1) французский (2) здравствуйте (3) солнце (4) мягкий знак

14. 다음 어휘의 밑줄 친 자음의 발음이 동일한 것끼리 이으시오.

(1) его • • стих
(2) нож • • студент
(3) мягкий • • водка
(4) неделя • • карандаш

15. 다음 어휘의 밑줄 친 모음의 발음이 나머지 것들과 다른 것은?

(1) она (2) оно (3) школа (4) гора

16. 다음 단어들의 강세 위치가 잘못 표기된 것을 하나 고르시오.

(1) страна́ (2) ко́мната (3) книга́ (4) студе́нтка

17. 다음 어휘의 밑줄 친 모음의 발음이 나머지 것들과 다른 것은?

(1) она (2) отец (3) вода (4) слово

18. 다음 단어들의 뜻을 (     ) 속에 써 넣으시오.

(1) певи́ца (     ) (2) тепло́ (     )

(3) семья́ (     ) (4) самолёт (     )

(5) ко́мната (     ) (6) неде́ля (     )

(7) сестра́ (     ) (8) весна́ (     )

(9) река́ (     ) (10) тетра́дь (     )

19. 다음 어휘의 밑줄 친 모음의 발음이 나머지 것들과 다른 것은?

(1) студент (2) профессор (3) стена (4) инженер

20. 다음 어휘들 중 밑줄 친 자음의 발음이 나머지 것들과 다른 것은?

(1) пожалуйста (2) праздник (3) нож (4) солнце

21. 다음 어휘의 밑줄 친 모음의 발음이 나머지 것들과 다른 것은?

(1) домой (2) нога (3) хорошо (4) холодно

22. 다음 어휘들 중 의미상 다른 것들과 다른 범주에 속하는 것은?

(1) китаянка (2) кореянка (3) японка (4) пробка

23. 다음 어휘의 밑줄 친 모음의 발음이 나머지 것들과 다른 것은?

(1) язык (2) инженер (3) яблоко (4) японский

24. 다음 명사의 성이 나머지 것들과 다른 것을 하나 고르시오.

(1) студент (2) школа (3) товарищ (4) мост

25. 다음 러시아어 문장의 해석을 올바르게 이으시오.

| | | | |
|---|---|---|---|
| (1) Я люблю вас. | • | • | 이것은 무엇입니까? |
| (2) Что это? | • | • | 나는 당신을 사랑합니다. |
| (3) Как вас зовут? | • | • | 나의 이름은 민호입니다. |
| (4) Меня зовут Мин-Хо. | • | • | 당신의 이름은 무엇입니까? |

26. 다음 명사의 성이 나머지 것들과 다른 것을 하나 고르시오.

(1) край (2) иллюстра́ция (3) фамилия (4) неделя

27. 다음 명사의 단수, 복수형 변화의 짝이 잘못된 것은?

(1) комната комнаты

(2) стол столы

(3) неделянедели

(4) поле полем

28. 다음 명사의 단수, 복수형 변화의 짝이 잘못된 것은?

(1) земля земли

(2) тень тени

(3) город городы

(4) фамилия фамилии

29. 다음에서 복수형 변화가 잘못된 것을 하나 고르시오.

(1) учебники (2) книги (3) стихы (4) парки

30. 다음 단어들 가운데 '수'가 나머지 것들과 다른 것을 하나 고르시오.

(1) словари (2) тетради (3) гости (4) музей

31. 다음에서 전치격이 아닌 것을 하나 고르시오.

(1) в школе (2) на заводе (3) в доме (4) в комната

32. 다음에서 서로 관계있는 것끼리 이으시오.

| | | | |
|---|---|---|---|
| (1) 도서관에서 | • | • | в теáтре |
| (2) 별장에서 | • | • | на дáче |
| (3) 극장에서 | • | • | в библиотéке |
| (4) 영화관에서 | • | • | в пáрке |
| (5) 공원에서 | • | • | в аудитóрии |
| (6) 강의실에서 | • | • | в кино-теáтре |

33. 다음 문항에서 주격-대격의 짝이 잘못 짝지어진 것은?

(1) стол　стол

(2) завод　завод

(3) брат　брат

(4) перо　перо

34. 다음 중에서 복수형이 아닌 것을 하나 고르시오.

(1) музей　(2) радости　(3) тетради　(4) корабли

35. 다음 격변화표의 빈 칸을 완성하시오.

| | | 제1식 변화 | | | | | 제2식 변화 | | 제3식 변화 |
|---|---|---|---|---|---|---|---|---|---|
| | 격 | 남성명사 | | 중성명사 | | -Ь로 끝나는 남성명사 | 여성명사 | | Ь로 끝나는 여성 명사 |
| 단수 | 주 | студéнт | завóд | слóво | пóле | гóсть | шкóла | недéля | ночь |
| | 생 | | завóда | | поля | | | | нóчи |
| | 여 | студéнту | завóду | | | | | недéле | |
| | 대 | | | слóво | поле | гóстя | | | ночь |
| | 조 | студéнтом | завóдом | слóвом | | | шкóлой | недéлей | |
| | 전 | | | слóве | | гóсте | | | нóчи |
| 복수 | 주 | студéнты | завóды | | полý | гостú | шкóлы | недéли | нóчи |
| | 생 | | | слов | полéй | | | | ночéй |
| | 여 | | завóдам | | | гостя́м | | недéлям | ночáм |
| | 대 | студéнтов | | | поля́ | гостéй | | | |
| | 조 | | | словáми | | гостя́ми | шкóлами | | ночами |
| | 전 | студéнтах | завóдах | | поля́х | | шкóлах | недéлях | |

36. 다음 문항의 대답에 대한 질문이 잘못 짝지어진 것을 고르시오.

(1) Это стул. Что это?
(2) Это студент. Кто это?
(3) Это библиотека. Что это?
(4) Это врач Что это?

37. 다음에서 복수형 변화가 잘못된 것을 하나 고르시오.

(1) книги (2) карандаши (3) товарищы (4) этажи

38. 다음 명사의 성, 수가 같은 것 끼리 이으시오.

(1) студент • • вещь
(2) женщина • • огонь
(3) слово • • трамваи
(4) школы • • упражнение

39. 다음 중 단수-복수 결합이 잘못 짝지어진 것을 고르시오.

(1) словарь словари
(2) мать мати
(3) врач врачи
(4) конь кони

40. 다음 명사의 성이 나머지 것들과 다른 것을 하나 고르시오.

(1) место (2) упражнение (3) море (4) гость

41. 다음의 명사들 가운데 복수형이 아닌 것을 하나 고르시오.

(1) фамилии (2) аудитории (3) упражнения (4) станция

42. 다음 단어들 가운데 '수'가 나머지 것들과 다른 것을 하나 고르시오.

(1) люди (2) братья (3) матери (4) музей

43. 다음 (　　　) 속의 명사를 격변화 시키시오.

(1) Я еду к (брат).

(2) Я говорю о (театр).

(3) Я читаю (книга)

(4) Я люблю кофе с (молоко).

(5) Я смотрю (телевизор).

44. 다음에서 틀린 것을 하나 고르시오.

(1) мой дом　(2) моя тётя　(3) моё брат　(4) мои заводы

45. 다음 보기의 문장을 가장 올바르게 옮긴 것은?

| 보기 | 나는 지금 집에 있다.

(1) Я сейчас на доме.

(2) Я сейчас в дому.

(3) Я сейчас в доме.

(4) Я сейчас в домом.

46. 다음 보기의 문장을 가장 올바르게 옮긴 것은?

| 보기 | 인호(Инхо)는 지금 학교에 있다.

(1) Инхо сейчас в школу.

(2) Инхо сейчас в школе.

(3) Инхо сейчас на школе.

(4) Инхо сейчас в школа.

47. 다음 서로 관계있는 것끼리 이으시오.

| | |
|---|---|
| (1) мой • | • карта |
| (2) моя • | • место |
| (3) моё • | • студент |
| (4) мои • | • слова |

48. 다음에서 틀린 문장을 하나 고르시오.

(1) Это мой Папа. (2) Это моя дядя.
(3) Это моё место. (4) Это мои гости.

49. 다음에서 틀린 것을 하나 고르시오.

(1) её комната (2) её дом (3) её школы (4) её моя

50. 다음에서 서로 관계있는 것 끼리 이으시오.

| | |
|---|---|
| (1) этот • | • комната |
| (2) эта • | • самолёт |
| (3) это • | • заводы |
| (4) эти • | • слово |

51. 다음에서 품사의 종류가 나머지 다른 단어들과 다른 것 하나를 고르시오.

(1) работать (2) идти (3) гулять (4) радость

52. 다음 인칭대명사의 변화표를 완성시키시오.

| 주격 | я | ты | | она | мы | вы | они |
|---|---|---|---|---|---|---|---|
| 생격 | меня | | его | | | | |
| 여격 | | тебе | | ей | нам | вам | им |
| 대격 | меня | | его | | | | |
| 조격 | | тобой | | ей | нами | вами | ими |
| 전치격 | мне | | нём | ней | | | них |

53. 다음에서 틀린 문장을 하나 고르시오.

(1) У меня нет подруги.
(2) У меня нет стула.
(3) У меня нет матери.
(4) У меня нет комната.

54. 다음에서 문법적으로 틀린 문장을 하나 고르시오.

(1) Я люблю его.

(2) Это моя квартира.

(3) Этот тётя мой.

(4) Эта девушка моя.

55. 다음 (　　) 속에 소유대명사 мой, моя, моё, мои 중에 하나를 써 넣으시오.

(1) (　　) музей　　(2) (　　) пальто

(3) (　　) машина　　(4) (　　) товарищи

56. 다음의 (　　)속에 소유대명사 его, её, их 중에 하나를 써 넣으시오.

(1) Наталия дома, (　　) муж тоже сейчас дома.

(2) Это мой профессор, (　　) фамилияИванов.

(3) Мои други изучают корейский язык, вот (　　) книги и тетради.

57. 다음 (　　) 속에 적당한 소유대명사를 써 넣으시오.

(1) У неё есть телевизор. Это (　　) телевизор.

(2) У него есть учебник. Это (　　) учебник.

(3) У них есть велосипеды. Это (　　) велосипеды.

(4) У вас есть тетради. Это (　　) тетради.

(5) У меня есть комната. Это (　　) комната.

58. 다음 서로 관계있는 것 끼리 이으시오.

(1) тот •　　• библиотека

(2) та •　　• конь

(3) то •　　• книги

(4) те •　　• письмо

59. 다음 (　　) 속의 인칭대명사를 올바른 형태로 고쳐 쓰시오.

(1) Мой отец живёт в Сеуле. Я поеду к (он).

(2) Тетрадь лежит на столе. Я (она) уже прочитал.

(3) Мы идём в театр. Хотите пойти с (мы)?

(4) Моя сестра сейчас в библиотеке. Я иду к (она).

60. 다음에서 틀린 문장을 하나 고르시오.

(1) У меня нет карты.

(2) У меня нет времени.

(3) У меня нет самовар.

(4) У меня нет учителя.

61. сестра의 밑줄 친 모음과 같은 발음을 갖는 모음이 들어 있는 어휘는?

(1) студент (2) земля (3) петь (4) делать

62. 다음 어휘들 중 의미상 다른 것들과 다른 범주에 속하는 것은?

(1) тетрадь (2) бабушка (3) карандаш (4) учебник

63. 다음 명사의 성이 나머지 것들과 다른 것을 하나 고르시오.

(1) земля (2) дядя (3) аудитория (4) машина

64. 다음 명사의 격이 나머지 것들과 다른 것을 하나 고르시오.

(1) студентов (2) школ (3) недель (4) гость

65. Александр Николаевич Иванов의 애칭 중 틀린 것은?

(1) Алёша (2) Саша (3) Алекс (4) Сандр

66. Александр Николаевич Иванов의 부친 이름은 어느 것인가?

(1) Саша (2) Николай (3) Николаевна (4) Иван

67. 다음 단어들의 Ударение 표시가 잘못된 것을 하나 고르시오.

(1) Спаси́бо (2) Здра́вствуйте (3) Мо́сква (4) сестра́

68. 다음 단어의 Ударе́ние의 위치가 잘못 표시된 것을 하나 고르시오.

(1) го́род (2) я́блоко (3) ма́ть (4) страна́

69. 다음 어휘의 밑줄 친 모음의 발음이 나머지 것들과 다른 것은?

(1) Москва (2) стол (3) отец (4) она

70. 다음 어휘의 밑줄 친 모음의 발음이 나머지 것들과 다른 것은?

(1) он (2) стол (3) перо (4) это

71. 다음 어휘의 밑줄 친 모음의 발음이 나머지 것들과 다른 것은?

(1) земля (2) семья (3) текст (4) меня

72. 다음 단어들의 뜻을 (       ) 속에 써 넣으시오.

(1) стол. (       ) (2) стул. (       )

(3) э́то. (       ) (4) каранда́ш. (       )

(5) кни́га. (       ) (6) тетра́дь. (       )

(7) студе́нтка. (       ) (8) профе́ссор. (       )

(9) инжене́р. (       ) (10) учи́тель. (       )

73. 다음 어휘의 밑줄 친 모음의 발음이 나머지 것들과 다른 것은?

(1) неделя (2) весна (3) земля (4) проект

74. 다음 어휘의 밑줄 친 자음의 발음이 나머지 것들과 다른 것은?

(1) карандаш (2) нож (3) инженер (4) шапка

75. 다음 어휘들 중 의미상 다른 것들과 다른 범주에 속하는 것은?

(1) англичанин (2) отец (3) китаец (4) кореец

76. 다음 명사의 단수, 복수형 변화의 짝이 잘못된 것은?

(1) тетрадь тетради
(2) учебник учебники
(3) студентка студентки
(4) ручка ручки

77. 다음에서 틀린 문장을 하나 고르시오.

(1) Это наша дача. (2) Это ваш магазин.
(3) Это мой окно. (4) Это моя аудитория.

78. 다음 단어들 가운데 '수'가 나머지 것들과 다른 것을 하나 고르시오.

(1) дочери (2) дети (3) люди (4) дерево

79. 다음 보기의 문장을 가장 올바르게 옮긴 것은?

| 보기 | 이 사람은 나의 형이다.

(1) Это есть мой брат.
(2) Этот мой брат.
(3) Это мой брат.
(4) Это брат мой.

80. 다음 (  ) 속의 명사를 격변화 시키시오.

(1) Я была в (библиотека).
(2) Мой отец болен и лежит в (кровать).
(3) Иванов рассказал об (университеты) и (институты) в России.
(4) Он хорошо знает Московский (университет) и его (студенты).

81. 다음 (  ) 속의 명사를 격변화 시키시오.

(1) Профессор даёт советы (студенты)
(2) Мы помогаем (товарищи)
(3) Мы говорили о (города) и (сёла)
(4) Студенты тепло приветствовали (гости)
(5) Я видел (герои) Петербурга.
(6) Летом я видел здесь (иностранцы)
(7) Мой отец едет через (неделя) в (деревня)
(8) Где вы жили в (детство) и (юность)?

82. 다음의 러시아어로 작문하여 보시오.

(1) 인호는 지금 학교에 있다.

______________________________

(2) 나는 당신을 사랑합니다.

______________________________

(3) 이 사람이 나의 형이다.

______________________________

(4) 그들은 그녀의 제자들이다.

______________________________

83. 다음 단어의 뜻을 쓰시오.

(1) бутербро́д (　　　)　(2) воскресе́ние (　　　)
(3) писа́тель (　　　)　(4) общежи́тие (　　　)
(5) институ́т (　　　)　(6) выста́вка (　　　)
(7) уче́бник (　　　)　(8) профе́ссор (　　　)
(9) арти́стка (　　　)　(10) о́тчество (　　　)

84. 다음의 문장을 읽고 아래 물음에 우리말로 답하시오.

Меня зовут Инхо. Я люблю книгу. Это мой брат Сунхо. Он тоже любит книгу. Я иду с братом в библиотеку. В библиотеке есть многие книги. Я люблю библиотеку.

(1) 인호는 지금 어디로 가고 있습니까? (　　　)
(2) 순호는 지금 어디로 가고 있습니까? (　　　)
(3) 인호와 순호는 어떤 관계입니까? (　　　)

# 19주 러시아어 동사의 변화

### 학습목표 소개

러시아어 동사를 구별해 낼 수 있다.
러시아어 동사의 변화형을 이해할 수 있다.
러시아어 동사를 변화(1식변화, 2식변화)시킬 수 있다.
러시아어 동사 변화표(규칙변화)를 암기할 수 있다.
러시아어 동사 변화의 불규칙을 이해할 수 있다.

### ◉ 중요단어 익히기

**боле́ть** 동사 아프다, 병을 앓다.
**бри́ть** 동사 면도하다.
**верте́ть** 동사 회전시키다, 돌리다.
**ви́деть** 동사 보다.
**гна́ть** 동사 쫓다, 쫓아내다.
**говори́ть** 동사 말하다.
**готовля́ть** 동사 준비하다. 요리하다.
**гуля́ть** 동사 산책하다.
**де́лать** 동사 ~하다.
**держа́ть** 동사 쥐고 있다, 붙잡다.
**добавля́ть** 동사 첨가하다.
**ду́мать** 동사 생각하다.
**дыша́ть** 동사 호흡하다, 숨쉬다.
**зави́сеть** 동사 ~에 속하다. 딸리다.
**игра́ть** 동사 놀다. 연기하다.
**изуча́ть** 동사 연구하다.
**име́ть** 동사 ~갖다, 소유하다.
**купи́ть** 동사 ~사다, 구입하다.
**кури́ть** 동사 담배피우다.
**люби́ть** 동사 사랑하다.
**меня́ть** 동사 교환하다. 바꾸다.
**направля́ть** 동사 ~로 향하다.
**ненави́деть** 동사 미워하다, 증오하다.
**оби́деть** 동사 모욕하다, 무례하다.
**отвеча́ть** 동사 대답하다.
**отменя́ть** 동사 폐지하다, 취소하다.
**петь** 동사 노래하다.
**писа́ть** 동사 쓰다.
**плати́ть** 동사 지불하다.
**повторя́ть** 동사 반복하다.
**понима́ть** 동사 이해하다.
**преодоле́ть** 동사 극복하다, 이겨내다.
**рабо́тать** 동사 일하다. 작업하다.
**расти́** 동사 성장하다. 자라다.
**реши́ть** 동사 결정하다.
**сказа́ть** 동사 말하다.
**слу́шать** 동사 듣다.
**слы́шать** 동사 들리다, 들어서 알다.
**смотре́ть** 동사 보다.
**согре́ться** 동사 따뜻해지다.
**спра́шивать** 동사 묻다, 질문하다.
**спроси́ть** 동사 묻다, 질문하다.
**стели́ть** 동사 깔다, 펴다.
**стро́ить** 동사 건설하다. 건축하다.
**терпе́ть** 동사 참다, 인내하다.
**убеди́ть** 동사 설득하다, 납득시키다.
**уме́ть** 동사 ~할 수 있다.
**успе́ть** 동사 성공하다. ~시간에 대다.
**фотографи́ровать** 동사 촬영하다.
**чита́ть** 동사 읽다, 독서하다.

## ◉ 문법기초설명

러시아어에서 어미가 '**-ть**' 혹은 '**-ти**'로 끝나는 단어는 거의 모두가 동사이다. 대부분의 동사는 어미가 '**-ть**'로 끝나며, '**-ти**'로 끝나는 동사는 소수에 불과하다.

| -ть | -тй |
|---|---|
| **рабо́тать** (일하다) **зна́ть** (알다)<br>**чита́ть** (읽다, 독서하다) **писа́ть** (쓰다)<br>**сказа́ть** (말하다) **говори́ть** (말하다)<br>**ви́деть** (보다) **смотре́ть** (보다)<br>**люби́ть** (사랑하다) **слу́шать** (듣다)<br>**де́лать** (일하다) **петь** (노래하다) | **идти́** (걸어가다)<br>**расти́** (자라다, 성장하다) |

이러한 동사들은 주어의 인칭에 따라 변화하게 되는데, 어미가 '**-ать**', '**-ять**' 또는 '**-еть**'로 끝나면 대개 '1**식변화**'하며, '**-ить**'로 끝나면 거의 '2**식변화**'한다. 1식변화는 어미가 -ю, -ешь, -ет, -ем, -ете, -ют로 변화하며, 2식변화는 어미가 -ю, -ишь, -ит, -им, -ите, -ят로 변화한다.

| -ать<br>-ять<br>-еть | 1식 변화 | -ю, -ешь, -ет, -ем, -ете, -ют |
|---|---|---|
| -ить | 2식 변화 | -ю, -ишь, -ит, -им, -ите, -ят |

동사 '**читать**'를 '**동사원형**'이라 말하고, '**читаю, читаешь, читает...**'등은 '**동사변화형**' 또는 '**동사활용형**'이라 말한다. 또한, 동사변화형에서 변화하지 않는 부분 '**чита**'까지는 '**어간**'이라 부르고, 나머지 변화하는 부분은 '**어미**'라 부른다.

| 동사원형 | **читать** | |
|---|---|---|
| | 어간 | 어미 |
| 동사활용형 | **чита** | **ю** |
| | **чита** | **ешь** |
| | **чита** | **ет** |
| | **чита** | **ем** |
| | **чита** | **ете** |
| | **чита** | **ют** |

1식 변화의 대표적인 동사 **'читать (읽다)'**와 2식 변화의 대표적인 동사 **'говорить (말하다)'**의 변화형은 다음과 같다.

| 변화 / 인칭 | 제1식 변화<br>читать (읽다) | 제2식 변화<br>говорить (말하다) |
|---|---|---|
| **Я** | **чита́ю** (나는 읽고 있다) | **говорю́** (나는 말한다) |
| **ты** | **чита́ешь** (너는 읽고 있다) | **говори́шь** (너는 말한다) |
| **он** | **чита́ет**(그는 읽고 있다) | **говори́т** (그는 말한다) |
| **мы** | **чита́ем** (우리들은 읽고 있다) | **говори́м** (우리들은 말한다) |
| **вы** | **чита́ете** (당신들은 읽고 있다) | **говори́те** (당신들은 말한다) |
| **они** | **чита́ют** (그들은 읽고 있다) | **говоря́т** (그들은 말한다) |

그러므로 делать, думать, понимать, отвечать, спрашивать, знать, изучать, работать, играть, слушать 와 같이 '-ать'로 끝나는 동사들과 гулять, оставлять, менять, добавлять, готовлять, направлять, отменять,повторять 와 같이 '-ять'로 끝나는 동사들, 그리고 уметь, успеть, болеть, иметь, преодолеть, согреться와 같이 '-еть'로 끝나는 동사들은 위의 표에서 'читать'가 변화하는 것처럼 1**식변화**하며, изучить, купить, курить, решить, строить, спросить, садить, платить, убедить와 같이 '-ить'로 끝나는 동사들은 위의 표에서 'говорить'가 변화하는 것처럼 2식변화 한다.

**예1** 'делать (~을 하다)' 동사를 (현재)변화시켜 보자. 우선 어미가 **'-ать'**로 끝났기 때문에 (  )식 변화한다. 그러므로 상기표에서 **'читать'** 동사와 같이 변화한다. 다음의 빈칸을 채워보자.

| я делаю | ты (  ) | он (  ) | мы делаем | вы делаете | они делают |
|---|---|---|---|---|---|

**예2** 'курить (담배피우다)' 동사를 (현재)변화시켜 보자. 우선 어미가 **'-ить'**로 끝났기 때문에 (  )식 변화한다. 그러므로 상기표에서 **'говорить'** 동사와 같이 변화한다. 다음의 빈칸을 채워보자.

| я курю | ты (  ) | он (  ) | мы курим | вы курите | они курят |
|---|---|---|---|---|---|

## ◉ 생활러시아어 구문 1

Игорь: Са́ша до́ма? 이고리: 샤샤 집에 있어요?
Наташа: Да. 나타샤: 네.
Игорь: Что он де́лает? 이고리: 그는 무엇하고 있어요?
Наташа: Чита́ет. 나타샤: 독서하고 있어요.

Игорь: Э́то Ната́ша? 이고리: 이 사람이 나타샤입니까?
Наташа: Да, э́то я. 나타샤: 네, 그 사람이 나입니다.
Игорь: Что ты де́лаешь? 이고리: 너 뭐하니?
Наташа: Я чита́ю кни́гу. 나타샤: 나는 책을 읽고 있어.

앞에서 제시한 러시아 동사의 '1식변화' 그리고 '2식변화'의 규칙에 따라서, 다음의 동사들을 변화시켜 보자.

**예1** чита́ть (읽다) Я читаю. Мы читаем.
Ты читаешь. Вы читаете.
Он читает. Они читают.

**예2** слу́шать (듣다) Я слушаю. Мы слушаем.
Ты слушаешь. Вы слушаете.
Он слушает. Они слушают.

**예3** рабо́тать (일하다) Я работаю. Мы работаем.
Ты работаешь. Вы работаете.
Он работает. Они работают.

**예4** писа́ть (쓰다) Я пишу́. Мы пи́шем.
Ты пи́шешь. Вы пи́шете.
Он пи́шет. Они пи́шут.

➾ 'писать'동사의 현재변화형은 'с' → 'ш'로 바뀌는 자음교체가 일어나며, 철자법 규칙에 의하여 'ш'다음에 'ю'→ 'у'로 바뀌어 'пишу', 'пишут'가 된다.

**예5** изучи́ть (연구하다)

| | |
|---|---|
| Я изучу́. | Мы изу́чим. |
| Ты изу́чишь. | Вы изу́чите. |
| Он изу́чит. | Они изу́чат. |

**예6** кури́ть (담배피우다)

| | |
|---|---|
| Я курю́. | Мы ку́рим. |
| Ты ку́ришь. | Вы ку́рите. |
| Он ку́рит. | Они ку́рят. |

**예7** люби́ть (사랑하다)

| | |
|---|---|
| Я люблю́. | Мы лю́бим. |
| Ты лю́бишь. | Вы лю́бите. |
| Он лю́бит. | Они лю́бят. |

➾ люби́ть (사랑하다), шуме́ть (떠들다) 동사와 같이 어간이 б, п, м, в, ф 로 끝나는 동사는 제2식변화의 단수1인칭 현재변화에서 어간에 'л'이 추가된다.

**예8** шуме́ть (떠들다)

| | |
|---|---|
| Я шумлю́. | Мы шуми́м. |
| Ты шуми́шь. | Вы шуми́те. |
| Он шуми́т. | Они шумя́т. |

**예9** купи́ть (구입하다)

| | |
|---|---|
| Я куплю́. | Мы ку́пим. |
| Ты ку́пишь. | Вы ку́пите. |
| Он ку́пит. | Они ку́пят. |

## ⊙ 생활러시아어 구문 2

| | |
|---|---|
| Серёжа чита́ет журна́л. | 세료쟈는 잡지를 읽고 있다. |
| Ната́ша слу́шает ра́дио. | 나타샤는 라디오를 듣고 있다. |
| Ле́на пи́шет письмо́. | 레나는 편지를 쓴다. |
| А что ты де́лаешь? | 그런데, 너는 무엇을 하고 있니? |
| Я то́же пишу́ письмо́. | 나 역시 편지를 쓰고 있어. |

어미가 **-ать** 또는 **-еть**로 끝나는 모든 동사는 '제1식변화'하고, 어미가 **-ить**로 끝나는 모든 동사는 '제2식변화'하는 것이 원칙(규칙변화)이나, 다음의 **-ать**로 끝나는 **4개의 동사** (дышать, слышать, держать, гнать)는 어미가 **-ать**로 끝났음에도 불구하고 '제2식변화'하고, **-еть**로 끝나는 **7개의 동사**(смотреть, видеть, ненавидеть, терпеть, обидеть, вертеть, зависеть)는 어미가 **-еть**로 끝났음에도 불구하고 '제2식변화'하며, 또한 **-ить**로 끝나는 **2개의 동사**(стелить, брить)는 어미가 **-ить**로 끝났음에도 불구하고 '제1식변화'한다.

| 제1식 변화 | 제2식 변화 |
|---|---|
| -ать로 끝나는 모든 동사 | дыша́ть дышу́, ды́шишь, ...дышат.<br>слы́шать слы́шу, слы́шишь, ...слышат.<br>держа́ть держу́, де́ржишь, ...де́ржат.<br>гна́ть гоню́, го́нишь, ...гонят. |
| -еть로 끝나는 모든 동사 | смотре́ть смотрю́, смо́тришь,...смотрят.<br>ви́деть вижу, видишь,...видят.<br>ненави́деть ненавижу, ненавидишь,..ят.<br>терпе́ть терплю́, те́рпишь, ...терпят.<br>оби́деть оби́жу, оби́дишь, ...обидят.<br>верте́ть верчу́, ве́ртишь, ...вертят.<br>зави́сеть зави́шу, зави́сишь, ...зависят. |
| стели́ть: стелю́, сте́лешь,.....стелют.<br>бри́ть: бре́ю, бре́ешь, бреют. | -ить로 끝나는 모든 동사 |

긍정문을 부정문으로 바꿀 때는 동사 앞에 'не'를 집어넣는다.

예 Я читаю книгу. → Я не читаю книгу. (나는 책을 읽지 않는다.)
Мы работаем. → Мы не работаем. (우리들은 일을 하지 않는다.)

## ◉ 생활러시아어 구문 3

Мы рабо́таем, а вы не рабо́таете.
우리는 일을 하지만, 당신은 일을 하지 않는다.

Мы слу́шаем ра́дио.
우리는 라디오를 듣는다.

Они́ пи́шут письмо́.
그들은 편지를 쓰고 있다.

**Они́ смо́трят телеви́зор.**

우리는 텔레비전을 보고 있다.

**Я зна́ю ру́сский язы́к, а она́ не зна́ет ру́сский язы́к.**

나는 러시아어를 알고 있다, 하지만, 그녀는 러시아어를 알지 못한다.

**Я говорю́ по-ру́сски, а она́ говори́т по-англи́йски.**

나는 러시아어로 말하지만, 그녀는 영어로 말한다.

➾ "외국어를 안다"고 말할 때의 '외국어'와 "외국어로 말한다"고 말할 때의 '외국어로'의 표현은 차이가 있음을 주의하여야 한다.

| 예 | |
|---|---|
| **Я знаю** коре́йский **язык.** | **Я говорю** по-коре́йски. |
| 나는 한국어를 안다. | 나는 한국어로 말한다. |
| **Я знаю** англи́йский **язык.** | **Я говорю** по-англи́йски. |
| 나는 영어를 안다. | 나는 영어로 말한다. |
| **Я знаю** кита́йский **язык.** | **Я говорю** по-кита́йски. |
| 나는 중국어를 안다. | 나는 중국어로 말한다. |
| **Я знаю** япо́нский **язык.** | **Я говорю** по-япо́нски. |
| 나는 일어를 안다. | 나는 일어로 말한다. |
| **Я знаю** ру́сский **язык.** | **Я говорю** по-ру́сски. |
| 나는 러시아어를 안다. | 나는 러시아어로 말한다. |
| **Я знаю** испа́нский **язык.** | **Я говорю** по-испа́нски. |
| 나는 스페인어를 안다. | 나는 스페인어로 말한다. |
| **Я знаю** францу́зский **язык.** | **Я говорю** по-францу́зски. |
| 나는 불어를 안다. | 나는 불어로 말한다. |
| **Я знаю** неме́цкий **язык.** | **Я говорю** по-неме́цки. |
| 나는 독어를 안다. | 나는 독어로 말한다. |

## ◉ 생활러시아어 구문 4

| | |
|---|---|
| Вот цирк. | 여기가 서커스장이야. |
| А э́то фотоателье́. | 그리고 이게 사진촬영실이지. |
| Мой това́рищ Фе́дя рабо́тает здесь. | 나의 친구 페쟈가 여기서 일해. |
| Он хорошо́ фотографи́рует. | 그는 사진을 잘 찍지. |

어미가 -овать로 끝나는 동사(рисовать, радоваться, арестовать, следовать, торговать)와 -евать (танцевать)로 끝나는 동사는 중간의 -ова와 -ева가 -у로 바뀌어 변화한다.

### -овать로 끝나는 동사는 -ова가 -у로 바뀌어 변화한다.

예 рисовать (그리다) рисую, рисуешь, ...рисуете, рисуют.

Фотографи́ровать (사진 찍다) фотографирую, -графируешь...-графируют.

### -евать로 끝나는 동사는 -ева가 -у로 바뀌어 변화한다 .

예 танцевать (춤추다)танцую, танцуешь,...танцуете, танцуют.

빼쩨르부르그의 '피의 사원'

## 연습문제 1

1. 다음에서 품사의 종류가 다른 단어 하나를 고르시오.

(1) работать (2) идти (3) гулять (4) огонь

2. 다음 서로 관계있는 것 끼리 이으시오.

| | |
|---|---|
| (1) Я • | • пишет |
| (2) Ты • | • пишешь |
| (3) Он • | • пишу |
| (4) Мы • | • пишут |
| (5) Вы • | • пишете |
| (6) Они • | • пишем |

3. 다음 표 속의 빈칸에 적당한 형태를 써 넣으시오.

| | знать | делать | менять | гулять | иметь | уметь |
|---|---|---|---|---|---|---|
| я | знаю | делаю | | гуляю | имею | умею |
| ты | знаешь | | | гуляешь | имеешь | умеешь |
| он, она | | | меняет | | | |
| мы | знаем | | | гуляем | | умеем |
| вы | | делаете | | | | |
| они | | | | | имеют | умеют |

4. 다음 표 속의 빈칸에 적당한 형태를 써 넣으시오.

| | курить | изучить | строить | любить | готовить | садить |
|---|---|---|---|---|---|---|
| я | курю | изучу | строю | люблю | | сажу |
| ты | куришь | | строишь | любишь | готовишь | садишь |
| он, она | | изучит | | | | |
| мы | курим | | строим | | | |
| вы | | изучите | | | готовите | |
| они | курят | | | любят | | сажат |

5. 다음 보기의 (　 )속에 들어갈 적당한 형태의 짝이 틀린 것을 하나 고르시오.

| 보기 | Я знаю (　　　) язык. Я говорю (　　　).

(1) англи́йский по-англи́йски.

(2) коре́йский по-коре́йски.

(3) по-ру́сски ру́сский.

(4) испа́нский по-испа́нски.

6. 다음에서 틀린 변화형을 하나 고르시오.

(1) танцую.

(2) танцуешь.

(3) танцевает.

(4) танцуем.

## 연습문제 2

1. 다음에서 품사의 종류가 다른 단어 하나를 고르시오.

(1) гость　(2) расти　(3) корабль　(4) радость

2. 다음 서로 관계있는 것 끼리 이으시오.

| | |
|---|---|
| (1) Я • | • говоришь |
| (2) Ты • | • работаю |
| (3) Он • | • делает |
| (4) Мы • | • читают |
| (5) Вы • | • слушаете |
| (6) Они • | • смотрим |

3. 다음 표 속의 빈칸에 적당한 형태를 써 넣으시오.

| | понимать | изучать | изучить | видеть | смотреть | петь |
|---|---|---|---|---|---|---|
| я | понимаю | изучаю | | вижу | смотрю | пою |
| ты | понимаешь | | | видишь | смотришь | поёшь |
| он, она | | | изучит | | смотрит | |
| мы | понимаем | | | | | поём |
| вы | | изучаете | | | | |
| они | | | | видят | смотрят | поют |

4. 다음 (　　　　)속에 동사 **читать**의 변화형을 알맞게 써 넣으시오.

(1) Что делает Олег? Он (　　　　) книгу.

(2) Мы (　　　　) по-русски, они тоже (　　　　) по-русски.

(3) Я (　　　　) русский журнал, а что вы (　　　　)?

(4) Я (　　　　) книгу, а она не (　　　　).

5. 다음 보기의 (　　　)속에 들어갈 적당한 형태의 짝이 틀린 것을 하나 고르시오.

| 보기 | **Я знаю (　　　) язык. Я говорю (　　　　).**

(1) англи́йский　　по-англи́йски.

(2) коре́йский　　по-коре́йски.

(3) ру́сский　　по-ру́сский.

(4) испа́нский　　по-испа́нски.

6. 다음에서 현재변화형이 틀린 것을 하나 고르시오.

(1) рисую

(2) следую

(3) танцеваю

(4) фотографирую

# 10주 러시아어 동사의 변화 및 활용

## 학습목표 소개

러시아어 동사를 변화시킬 수 있다.

러시아어 동사 변화표(규칙변화)를 암기하고 활용할 수 있다.

러시아어 동사의 불규칙(특수) 변화를 이해하고 활용할 수 있다.

러시아어 재귀동사의 변화형을 이해할 수 있다.

## ◉ 중요단어 익히기

**авто́бус** 명사 버스.
**англи́йский** 형용사 영국의
**велосипе́д** 명사 자전거.
**вы́ставка** 명사 전시회.
**взя́ть** 동사 잡다. 붙잡다.
**дава́ть** 동사 주다, 부여하다.
**дать** 동사 주다, 부여하다.
**жить** 동사 살다.
**звать** 동사 부르다.
**знако́мить** 동사 알게 하다, 소개하다.
**знако́миться** 동사 아는 사이가 되다.
**испа́нский** 형용사 스페인의
**кварти́ра** 명사 아파트.
**колхо́з** 명사 집단농장. з는 [с] 발음.
**конце́рт** 명사 연주회, 콘서트.
**кло́ун** 명사 어릿광대.
**купи́ть** 동사 사다.
**лете́ть** 동사 날다.
**магази́н** 명사 상점.
**метро́** 명사 지하철.
**мотоци́кл** 명사 오토바이.
**мочь** 동사 ~ 할 수 있다.
**о́зеро** 명사 호수.
**петь** 동사 노래하다.
**пло́щадь** 명사 광장.
**плыть** 동사 헤엄치다.
**по́чта** 명사 우체국.
**по́езд** 명사 기차.
**поликли́ника** 명사 종합병원.
**понима́ть** 동사 이해하다.
**проспе́кт** 명사 대로.
**рабо́чий** 명사 노동자.
**сади́ть** 동사 앉히다.
**сади́ться** 동사 앉다.
**сказа́ть** 동사 말하다.
**стадио́н** 명사 스타디움.
**такси́** 명사 택시.
**трактори́ст** 명사 트랙터기사.
**трамва́й** 명사 전차.
**тролле́йбус** 명사 무궤도전차.
**фа́брика** 명사 공장, 제조소.
**хоте́ть** 동사 바라다, 원하다.
**ци́рк** 명사 서커스, 서커스장.
**шуме́ть** 동사 소음을 내다. 웅성거리다.

## ◎ 문법기초설명

러시아어 동사들 가운데 특히 '운동'을 나타내는 동사가 있으며, 그 대표적인 동사 **идти́, éхать**는 다른 동사와 달리 특수하게 '불규칙' 변화한다.

| | идти́ (걸어가다)  | éхать (타고가다)  |
|---|---|---|
| я | иду́ | éду |
| ты | идёшь | éдешь |
| он(она́) | идёт | éдет |
| мы | идём | éдем |
| вы | идёте | éдете |
| они́ | иду́т | éдут |

**в(на) + 대격 → 방향**
**(~을 향하여 걸어가다, ~을 향하여 타고가다)**

| | |
|---|---|
| я иду́ в шко́лу. | я éду в шко́лу. (학교) |
| ты идёшь в теа́тр. | ты éдешь в теа́тр. (극장) |
| он идёт в магази́н. | она éдет в магази́н. (상점) |
| мы идём на по́чту. | мы éдем на по́чту. (우체국) |
| вы идёте на стадио́н. | вы éдете на стадио́н. (스타디움) |
| они иду́т на о́зеро. | они éдут на о́зеро. (호수) |

그러므로, "당신은 어디로 갑니까?"라고 **방향**을 물어볼 때, **идти́** 동사를 사용하느냐, éхать 동사를 사용하느냐 에 따라, 그에 알맞은 동사 변화형으로 대답을 해 주어야 하며, 방향을 나타내는 표현으로 **в(на) + 대격**을 사용한다.

**Куда ~ ? → ~ в(на) + 대격 (방향)**

| | | | |
|---|---|---|---|
| 당신은 어디로 갑니까? | Куда вы идёте? | 나는 학교에 갑니다. | я иду в школу. |
| | Куда вы едете? | | я еду в школу. |

그런데, 여기서 걸어가는 것(идти́)이 아니라 타고 갈 때(éхать)의 표현에서, '방향'을 나타내지 않고 '~을 타고 간다'는 식으로 '**교통수단**'만을 나타낼 때는 반드시 '**на + 전치격**'을 사용하여야 한다.

### 운동 동사 ~ на + 전치격 (~을 타고가다)

Я éду
- на маши́не. 자동차를 타고 가다.
- на велосипéде. 자전거를 타고 가다.
- на мотоци́кле. 오토바이를 타고 가다.
- на трамва́е. 전차를 타고 가다.
- на авто́бусе. 버스를 타고 가다.
- на троллéйбусе. 무궤도전차를 타고 가다.
- на метро́. 지하철을 타고 가다. ✐ метро́: (중성) 불변화명사.
- на такси́. 택시를 타고 가다. ✐ такси́: (중성) 불변화명사.
- на по́езде. 기차를 타고 가다.

그러므로, "나는 자동차를 타고 학교에 간다"고 할 때는 "я éду в шко́лу на маши́не."의 표현이 된다.

| 나는 학교를 향하여 간다. | 나는 자동차를 타고 간다. |
|---|---|
| 방향 | 교통수단 |
| в + 대격 | на + 전치격 |
| Я еду в школу. | Я еду на машине. |
| 나는 자동차를 타고 학교에 간다. | |
| Я еду в школу на машине. | |
| в + 대격 на + 전치격 | |

**예1** 그녀는 자전거를 타고 상점에 간다.
→ Она́ éдет в магази́н на велосипéде.

**예2** 그는 버스를 타고 우체국에 간다.
→ Он éдет на по́чту на авто́бусе.

## ◉ 생활러시아어 구문 1

А: Куда́ вы идёте? А: 당신은 어디로 갑니까?

Б: Я иду́ в шко́лу. Б: 나는 학교로 갑니다.

А: Куда́ вы е́дете? А: 당신은 어디로 갑니까?

Б: Я е́ду на по́чту. Б: 나는 우체국에 갑니다.

А: Куда́ она́ идёт? А: 그녀는 어디로 갑니까?

Б: Она́ идёт в магази́н. Б: 그녀는 상점에 갑니다.

А: Куда́ они́ иду́т? А: 그들은 어디로 갑니까?

Б: Они́ иду́т в ци́рк. Б: 그들은 서커스장에 갑니다.

## ◉ 생활러시아어 구문 2

Анто́н Никола́евич, куда́ вы е́дете? На фа́брику?

안톤 니콜라예비치, 당신은 어디로 가십니까? 공장으로요?

Нет, я е́ду в колхо́з.

아니요, 저는 집단농장으로 갑니다.

А́нна Ива́новна, вы идёте в шко́лу?

안나 이바노브나, 당신은 학교에 갑니까?

Нет, я иду́ на заво́д.

아니요, 나는 공장에 갑니다.

Здра́вствуйте, Ива́н Петро́вич. Вы е́дете на стадио́н?

안녕하세요, 이반 뻬뜨로비치, 당신은 스타디움에 가십니까?

Да.

네.

**Здра́вствуйте, ребя́та. Вы идёте в цирк?**

안녕하세요, 여러분들(젊은이들). 당신들은 서커스장에 갑니까?

**Да, мы идём в цирк.**

네, 우리들은 서커스장에 갑니다.

러시아어 동사 가운데 규칙변화 하지 않고 특수하게 불규칙 변화하는 동사들이 있으며, 이들 동사들 가운데 자주 쓰이는 동사들의 예를 살펴보면 다음과 같다.

| | жить (살다) | мочь (~할 수 있다) | хоте́ть (~원하다) |
|---|---|---|---|
| я | живу́ | могу́ | хочу́ |
| ты | живёшь | мо́жешь | хо́чешь |
| он, она́ | живёт | мо́жет | хо́чет |
| мы | живём | мо́жем | хоти́м |
| вы | живёте | мо́жете | хоти́те |
| они́ | живу́т | мо́гут | хотя́т |

상기에서와 같이, <u>жить</u>(살다) 동사는 특이하게 변화형에서 어간에 '-в'가 첨가되며, <u>мочь</u>(~할 수 있다) 동사는 특이하게 어간이 '-г'와 '-ж'로 바뀌고, <u>хотеть</u>(~을 원하다, ~을 바라다) 동사는 아주 특이하게 변화한다. 하지만, 이들 동사들은 다른 불규칙 동사와 달리 매우 자주 사용되는 동사들이므로, 그 변화형을 우다레니예(Ударение) 위치까지 포함하여 반드시 암기하여야 러시아어를 잘 할 수 있다. 참고로, плыть (헤엄치다) 동사도 **жить** (살다) 동사와 똑같이 불규칙 변화한다.

➾ жить: живу́, живёшь, живёт, живём, живёте, живу́т.
плыть: плыву́, плывёшь, плывёт, плывём, плывёте, плыву́т.

"당신은 어디에 삽니까?"라고 장소를 물어볼 때, **жить** 동사를 사용하는데, 이때에도 그에 알맞는 동사 변화형으로 대답을 해 주어야 하며, 장소를 나타내는 표현으로 <u>в(на) **+ 전치격**</u>을 사용한다.

## Где~ ? →~ в(на) + 전치격 (장소)

| 당신은 어디에 삽니까? | Где ты живёшь? | 나는 ~에 삽니다. | я живу́ в шко́ле. |
|---|---|---|---|
| | Где вы живёте? | | я живу́ на заво́де. |

### ◉ 생활러시아어 구문 3

А: Где ты живёшь?
Б: Я живу́ в Се́уле.
А: Где вы живёте?
Б: Я живу́ в Дэ́гуе.

А: 너는 어디에 사니?
Б: 나는 서울에 살아.
А: 당신은 어디에 살고 있습니까?
Б: 나는 대구에 살고 있습니다.

А: Где он живёт?
Б: Он живёт на проспе́кте Кали́нина.
А: Где она́ живёт?
Б: Она живёт на у́лице Ле́нина.

А: 그는 어디에 삽니까?
Б: 그는 깔리닌 대로에 삽니다.
А: 그녀는 어디에 삽니까?
Б: 그녀는 레닌 거리에 삽니다.

А: Где вы живёте?
Б: Мы живём на пло́щади Гага́рина.
А: Где они́ живу́т?
Б: Они́ живу́т в Москве́.

А: 당신들은 어디에 삽니까?
Б: 우리들은 가가린 광장에 삽니다.
А: 그들은 어디에 삽니까?
Б: 그들은 모스크바에 삽니다.

상기에서와 같은, 비슷한 불규칙 변화로서, 어간이 б, п, м, в, ф로 끝나는 любить(사랑하다), купить(~사다), шуметь(웅성거리다, 떠들다) 등의 동사들은 변화형에서 **단수 1인칭에서만 어간에 '-л'이 첨가되어 변화한다.**

| люби́ть | люблю́, лю́бишь, лю́бит, лю́бим, лю́бите, лю́бят. |
|---|---|
| купи́ть | куплю́, ку́пишь, ку́пит, ку́пим, ку́пите, ку́пят. |
| шуме́ть | шумлю́, шуми́шь, шуми́т, шуми́м, шуми́те, шумя́т. |

또한, мочь (~할 수 있다) 동사와 유사하게 변화형 어간에서 자음 교체가 일어나는 경우의 동사들(писать, сказать, лететь, садить 등)이 있다. 이 때, 어간에서 с → ш, з → ж, д → ж, т → ч, 등으로 **자음교체**가 일어나면서 변화한다. 이러한 동사들의 불규칙 변화의 예를 규칙변화와 비교하여 보면 다음과 같이 설명할 수 있다. 예를 들어, читать (~읽다) 동사는 규칙변화 하여, читаю, читаешь,…와 같이 변화하므로, 만일에 писать (~쓰다) 동사도 규칙변화 한다면, писаю, писаешь,...와 같이 변화하여야 할 것이나, 그렇게 변화하지 않고, 중간에 자음교체가 일어나, 즉, 중간에 어간이 'с'에서 'ш'로 (с → ш) 바뀌어, пишу, пишешь,…로 불규칙 변화하는 것이다.

| читать (~읽다) | писать (~쓰다) |
|---|---|
| 규칙변화 | 불규칙변화 |
| читаю, читаешь, читает,... | писаю, писаешь, писает,...(×)<br>с → ш<br>пишу, пишешь, пишет,... (O) |
| | 자음 교체 |

| 자음교체 | 불규칙 변화 동사 |
|---|---|
| с → ш | писать (~ 쓰다) |
| з → ж | сказать (~ 말하다) |
| д → ж | садить (~ 앉히다) |
| т → ч | лететь (~ 날다) |

| писа́ть | с → ш | пишу́, пи́шешь, пи́шет, ... пи́шете, пи́шут. |
|---|---|---|
| сказа́ть | з → ж | скажу́, ска́жешь, ска́жет, ... ска́жете, ска́жут. |
| сади́ть | д → ж | сажу́, са́дишь, са́дит, ...., са́дите, са́дят. |
| лете́ть | т → ч | лечу́, лети́шь, лети́т, лети́м, лети́те, летя́т. |

➾ 위에서 пишу, пишут, скажу, скажут, сажу, лечу, 등으로 변화하는 것은 **철자법 규칙**(ж, ч, ш, щ **다음에 -ю가 오지 못하고 대신 -у가 온다**)에 따른 것이다.

| ж<br>ч<br>ш<br>щ | ю → у | скажю → скажу<br>лечю → лечу<br>пишю → пишу |
|---|---|---|

## ◉ 생활러시아어 구문 4

А: Как вас зову́т? — А: 당신의 이름은 무엇입니까?

Б: Меня́ зову́т Никола́й — Б: 저의 이름은 니콜라이 입니다.

А: Где вы живёте? — А: 당신은 어디에 삽니까?

Б: Я живу́ в Москве́. — Б: 저는 모스크바에 살고 있습니다.

А: Куда́ вы идёте? — А: 당신은 어디로 가시는 겁니까?

Б: Я иду́ на вы́ставку. — Б: 저는 전시회에 가는 중입니다.

러시아어 불규칙변화 동사 가운데 -авать로 끝나는 동사 давать (~을 주다)는 변화할 때, 중간의 '－ва'가 생략되어 변화한다. 또한, 똑같은 뜻의 дать (~을 주다)는 아주 특수하게 불규칙변화 한다.

| ~을 주다 | давать | даю́, даёшь, даёт, даём, даёте, даю́т. |
|---|---|---|
| | дать | дам, дашь, даст, дади́м, дади́те, даду́т. |

러시아어 불규칙 동사로서 자주 쓰이는 동사들 가운데는 다음과 같은 동사들이 있다.

| | петь (노래하다) | взять (~을 잡다) | зва́ть (~부르다) |
|---|---|---|---|
| я | пою́ | возьму́ | зову́ |
| ты | поёшь | возьмёшь | зовёшь |
| он, она́ | поёт | возьмёт | зовёт |
| мы | поём | возьмём | зовём |
| вы | поёте | возьмёте | зовёте |
| они́ | пою́т | возьму́т | зову́т |

예1 Она́ поёт в конце́рте. (그녀는 콘서트에서 노래한다.)

예2 Я возьму́ кни́гу. (나는 책을 집는다.)

예3 Как вас зову́т? (당신의 이름은 무엇입니까?)

⇨ 본래, Как вас зову́т? (당신의 이름은 무엇입니까?)는 직역을 하면, "어떻게 당신을 부릅니까?"가 된다. 즉, Как (они) зову́т вас? 와 같이 "그들이 당신을 어떻게 부릅니까?"인데, 불특정다수의 일반인을 가리키는 주어 **они** (그들)는 영어에서와 마찬가지로 생략되어, Как вас зову́т? 이 된 것이다. 그러므로 여기서 'вас'의 격은 '대격'이다.

러시아어 동사들 가운데 어미가 '-ся'로 끝나는 동사를 '**재귀동사**'라고 부른다.

예 знако́мить (알게 하다) → знако́миться (아는 사이가 되다)
садить (앉히다) → сади́ться (앉다)

이러한 재귀동사의 변화는 '-ся'가 없다고 생각하고 동사를 변화시킨 다음에, 어미가 **자음**으로 끝나면 '-ся'를 붙이고, 어미가 **모음**으로 끝나면 '-сь'를 붙인다.

| 재귀동사 | 어미가 -**자음** | -ся |
|---|---|---|
| | 어미가 -**모음** | -сь |

예 знако́миться → знако́мить + ся
знако́млю (모음) + сь → знако́млюсь
знако́мишь (자음) + ся → знако́мишься
знако́мит (자음) + ся → знако́мится
знако́мим (자음) + ся → знако́мимся
знако́мите (모음) + сь → знако́митесь
знако́мят (자음) + ся → знако́мятся

## ◉ 생활러시아어 구문 5

Ива́н Петро́вич врач. Он рабо́тает в поликли́нике.

이반 뻬뜨로비치는 의사이다. 그는 병원에서 일을 한다.

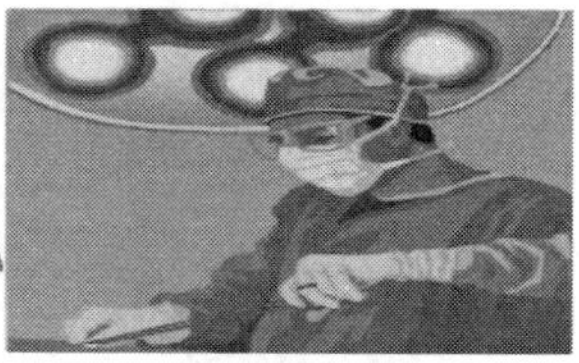

Никола́й Ива́нович рабо́чий. Он рабо́тает на заво́де.

니콜라이 이바노비치는 노동자이다. 그는 공장에서 일을 한다.

А́нна Ива́новна инжене́р. Она́ рабо́тает на фа́брике.

안나 이바노브나는 기사이다. 그녀는 공장에서 일을 한다.

Анто́н Никола́евич трактори́ст. Он рабо́тает в колхо́зе.

안톤 니콜라예비치는 트랙터기사이다. 그는 집단농장에서 일을 한다.

А кло́ун Оле́г Попо́в рабо́тает в ци́рке.

그리고 어릿광대 알레그 빠뽀프는 서커스장에서 일한다.

## 연습문제 1

1. 다음의 서로 관계있는 것 끼리 이으시오.

| | |
|---|---|
| (1) иду • | • едет |
| (2) идёт • | • едете |
| (3) идёте • | • едут |
| (4) идут • | • еду |

2. 다음 'мочь' 동사의 현재변화형을 서로 관계있는 것 끼리 이으시오.

| | |
|---|---|
| (1) Я • | • может |
| (2) Ты • | • можешь |
| (3) Он • | • могу |
| (4) Мы • | • могут |
| (5) Вы • | • можете |
| (6) Они • | • можем |

3. 다음 서로 관계있는 것 끼리 이으시오.

| | |
|---|---|
| (1) 나는 학교에 걸어간다. • | • я еду на машине. |
| (2) 나는 학교에 타고간다. • | • я еду в школу на машине. |
| (3) 나는 자동차를 타고간다. • | • я иду в школу. |
| (4) 나는 학교에 자동차를 타고간다. • | • я еду в школу. |

4. 다음 표 속에 빈 칸을 적당한 변화형으로 채우시오.

| | жить | хоте́ть | мочь |
|---|---|---|---|
| я | | хочу́ | |
| ты | живёшь | | мо́жешь |
| он, она́ | | хо́чет | |
| мы | живём | | мо́жем |
| вы | живёте | | мо́жете |
| они́ | | хотя́т | |

5. 다음 서로 관계있는 것 끼리 이으시오.

(1) Куда вы идёте? • • Я еду в школу.

(2) Куда вы едете? • • Я иду в школу.

## 연습문제 2

1. 다음 давать 동사의 변화형이 틀린 것을 하나 고르시오.

(1) даю. (2) даваю. (3) даёшь. (4) даёт.

2. 다음 서로 관계있는 것 끼리 이으시오.

(1) я • • даст

(2) ты • • дашь

(3) он • • дам

(4) мы • • дадут

(5) вы • • дадите

(6) они • • дадим

3. 다음의 동사변화표를 완성하시오.

| | изучать | изучить | хотеть | дать | петь | взять |
|---|---|---|---|---|---|---|
| я | | | | | | |
| ты | | | | | | |
| он | | | | | | |
| мы | | | | | | |
| вы | | | | | | |
| они | | | | | | |

4. 다음 서로 관계있는 것 끼리 이으시오.

(1) Куда вы идёте? • • Он идёт в театр.

(2) Где вы живёте? • • Он живёт в Киеве.

(3) Куда он идёт? • • Я иду в библиотеку.

(4) Где он живёт? • • Я живу в Москве.

5. 다음 표 속에 빈 칸을 적당한 변화형으로 채우시오.

| | петь | зва́ть | взять |
|---|---|---|---|
| я | | зову́ | |
| ты | поёшь | | возьмёшь |
| он, она́ | | зовёт | |
| мы | поём | | возьмём |
| вы | поёте | | возьмёте |
| они́ | | зову́т | |

6. 다음 보기와 같이 물음에 긍정문으로 대답 하시오.

| 보기 | Вы говорите по-русски? Да, я говорю по-русски.

(1) Вы изучаете русский язык? ( )

(2) Вы любите его? ( )

(3) Вы живёте на квартире? ( )

(4) Ты понимаешь английскую газету? ( )

(5) Ты хочешь смотреть телевизор? ( )

7. 다음 ( )속에 적당한 인칭대명사를 써 넣으시오.

(1) Что ( ) делаете? ( ) читаем русский журнал.

(2) ( ) говорите по-русски? Да, ( ) говорю по-русски.

(3) ( ) знаешь испанский язык? Да, ( ) знаю.

(4) ( ) любите её? Да, ( ) люблю её.

8. 다음 ( )속에 'хотеть' 동사의 적당한 변화형을 써 넣으시오.

(1) Я ( ) говорить по-русски.

(2) Она ( ) идти дамой.

(3) Вы ( ) петь песню?

(4) Мы ( ) ехать в Москву.

(5) Ты ( ) писать письмо?

(6) Они ( ) смотреть телевизор.

9. 다음을 러시아어로 작문하시오.

(1) 나는 러시아어로 말하고 싶다.

____________________________________

(2) 나는 그 남자를 사랑하고 싶다.

____________________________________

# 11주 러시아어 구문(동사+동사원형)

### 학습목표 소개

러시아어 구문(동사+동사원형)을 이해할 수 있다.
러시아어 동사 мочь, любить, хотеть, 등의 활용을 이해할 수 있다.
러시아어 동사 играть + 대격, 전치격의 활용을 이해할 수 있다.
재귀동사와 재귀대명사를 이해하고 활용할 수 있다.
러시아어 동사 'учить'와 'учиться'의 활용과 용법을 알 수 있다.

### ◉ 중요단어 익히기

**англи́йский** 형용사 영국의.
**баскетбо́л** 명사 농구.
**балала́йка** 명사 발랄라이카
**бая́н** 명사 손풍금.
**бейсбо́л** 명사 야구.
**больна́** 형용사 아픈, 병든
**войти́** 동사 (안으로) 들어가다.
**выпи́ть** 동사 마시다.
**гита́ра** 명사 기타.
**грамма́тика** 명사 문법.
**дно** 명사 밑바닥.
**до́лжен** 형용사 ~해야만 한다.
**здесь** 부사 여기에.
**игра́ть** 동사 놀다, 경기하다, 연주하다.
**и́ли** 접속사 또는, 혹은,
**институ́т** 명사 연구소, 대학.
**коне́чно** 소사 물론, ☞ 'ч'는 [ш]
**кури́ть** 동사 (담배)피우다, 흡연하다.
**лежа́ть** 동사 누워있다.
**матема́тика** 명사 수학.
**мо́жно** 부사 ~할 수 있다.
**му́зыка** 명사 음악.
**навести́ть** 동사 방문하다, 찾아가다.
**ну́жно** 부사 ~할 필요가 있다.
**нельзя́** 부사 할 수 없다, 불가능하다, ~해서는 안 된다. 금지되어있다.
**обеща́ть** 동사 약속하다.
**одева́ть** 동사 입히다.
**одева́ться** 동사 입다.
**отдыха́ть** 동사 쉬다, 휴식하다.
**о́чень** 부사 아주.
**пиани́но** 명사 피아노. (불변화중성명사)
**пинг-по́нг** 명사 탁구.
**собира́ться** 동사 ~하려고 하다.
**скри́пка** 명사 바이올린.
**те́ннис** 명사 테니스
**те́хникум** 명사 직업 기술학교.
**то́же** 부사 역시, 또한.
**университе́т** 명사 (종합)대학교.
**учи́ть** 동사 가르치다.
**учи́ться** 동사 배우다.
**факульте́т** 명사 학부.
**футбо́л** 명사 축구.
**хокке́й** 명사 하키.
**чу́вствовать** 동사 느끼다.
**ша́хматы** 명사 장기.

## ◉ 문법기초설명

러시아어에서 동사와 동사가 연이어 **'동사+동사'**의 형태가 될 때, 앞의 동사는 영어의 **'조동사'**와 같은 구실을 하며, 뒤의 동사는 **'본동사'**로서 동사원형이 온다. 앞의 조동사는 주어의 인칭에 맞추어 변화하나, 뒤의 **'본동사'**는 **'동사원형'**을 사용하여 변화하지 않는다.

| | | | |
|---|---|---|---|
| (영어) | I | can | read a book. |
| | | 조동사 + | 본동사 |
| (러시아어) | Я | могу | читать книгу. |
| | | 동사 + | 동사원형 |

즉, 조동사 'мочь'는 주어의 인칭에 따라 다음과 같이 변화하지만, 본동사 'читать'는 동사원형으로 변화하지 않고 쓰인다.

| | |
|---|---|
| Я могу читать книгу.<br>나는 책을 읽을 수 있다. | Я читаю книгу.<br>나는 책을 읽고 있다. |
| Ты можешь читать книгу.<br>너는 책을 읽을 수 있다. | Ты читаешь книгу.<br>너는 책을 읽고 있다. |
| Он может читать книгу.<br>그는 책을 읽을 수 있다. | Он читает книгу.<br>그는 책을 읽고 있다. |
| Мы можем читать книгу.<br>우리들은 책을 읽을 수 있다. | Мы читаем книгу.<br>우리들은 책을 읽고 있다. |
| Вы можете читать книгу.<br>당신(들)은 책을 읽을 수 있다. | Вы читаете книгу.<br>당신(들)은 책을 읽고 있다. |
| Они могут читать книгу.<br>그들은 책을 읽을 수 있다. | Они читают книгу.<br>그들은 책을 읽고 있다. |

### 동사(조동사) + 동사원형(본동사)

위와 같이 **동사+동사원형**의 구문에서 '조동사'로써 자주 쓰이는 동사들로는 мочь, любить, хотеть, обещать, собираться 등의 동사들이 있다.

**예1** мочь (~을 할 수 있다) + выпить (마시다)

Он может выпить Водку. → 그는 보드카를 마실 수 있다.

**예2** любить (좋아하다) + гулять (산책하다)

Она любит гулять со мной. → 그녀는 나와 함께 산책하기를 좋아한다.

**예3** хотеть (~하고 싶다, 원하다) + слушать (듣다)

Они хотят слушать радио. → 그들은 라디오를 듣고 싶어 한다.

**예4** <u>обещать (~하기로 약속하다) + навестить (방문하다)</u>

Я обещала навестить Папу. → 나는 아빠를 방문하기로 약속했다.

**예5** <u>собираться(~하려하다) + гулять (산책하다)</u>

Я собираюсь гулять. → 나는 산책하러 가려고 한다.

**Я (не) люблю ~ : 나는 ~하기를 좋아한다 (좋아하지 않는다)**

| | | |
|---|---|---|
| Я (не) люблю | читать. | 나는 독서하기를 좋아한다(좋아하지 않는다). |
| | играть. | 나는 놀이하기를 좋아한다(좋아하지 않는다). |
| | петь. | 나는 노래 부르기를 좋아한다(좋아하지 않는다). |
| | танцевать. | 나는 춤추기를 좋아한다(좋아하지 않는다). |
| | учить слова. | 나는 단어 가르치기를 좋아한다. (좋아하지 않는다). |

## ◉ 생활러시아어 구문 1

Во́ва лю́бит игра́ть на гита́ре, а я люблю́ слу́шать.

А ты лю́бишь слу́шать му́зыку?

Да, я люблю́.

Ната́ша и Ма́ша лю́бят танцева́ть.

А вы то́же лю́бите танцева́ть?

Нет, мы не лю́бим, а мы лю́бим петь.

보바는 기타 치는 것을 좋아한다, 하지만, 나는 듣는 것을 좋아한다.

그런데, 너는 음악 듣는 것을 좋아하니?

그래, 나는 (음악 듣는 것을) 좋아해.

나타샤와 마샤는 춤추는 것을 좋아한다.

그런데, 당신들도 역시 춤추는 것을 좋아합니까?

아니오, 우리들은 좋아하지 않아요, 하지만, 노래 부르는 것을 좋아합니다.

동사 'играть'는 '~놀다, ~경기하다, ~연주하다' 등의 뜻이 있으며, '~경기하다'의 뜻으로 쓰일 때는 '~**играть** <u>**в + 대격**</u>'이 되고, '~연주하다'의 뜻으로 쓰일 때는 '~**играть** <u>**на + 전치격**</u>'이 된다.

| играть в + 대격 ~ (체육운동) | играть на + 전치격 ~ (음악악기) |
|---|---|
| игра́ть в футбо́л ~ 축구하다. | игра́ть на гита́ре ~ 기타를 연주하다. |
| игра́ть в те́ннис ~ 테니스 치다. | игра́ть на скри́пке ~바이올린 연주하다. |
| игра́ть в бейсбо́л ~ 야구하다. | игра́ть на балала́йке ~발랄라이카를 치다 |
| игра́ть в баскетбо́л ~ 농구하다. | игра́ть на пиани́но ~ 피아노를 연주하다 |
| игра́ть в хокке́й ~ 하키하다. | игра́ть на ба́яне ~ 손풍금을 연주하다 |
| игра́ть в ша́хматы ~ 장기를 두다 | игра́ть на виолонче́ле ~첼로를 연주하다 |
| игра́ть в пинг-по́нг ~ 탁구치다. | игра́ть на гармо́нике ~아코디온을 연주하다 |

## ◉ 생활러시아어 구문 2

ПЕ́ТЯ: Во́ва, ты хо́чешь игра́ть в футбо́л?

ВО́ВА: Да, хочу́. Ко́ля то́же хо́чет игра́ть.

ПЕ́ТЯ: О́чень хорошо́. А Ди́ма и Алёша хотя́т игра́ть?

ВО́ВА: Я не зна́ю. Ди́ма, вы хоти́те игра́ть в футбо́л?

ДИ́МА: Нет, не хоти́м.

뻬쨔: 보바야, 너는 축구하기를 원하니?

보바: 그래, 하구 싶어. 꼴랴도 역시 축구하기를 원하고 있어.

뻬쨔: 아주 좋아. 그런데 지마와 알료샤는 축구하기를 원하니?

보바: 나는 모르겠어. 지마야, 너희들은 축구하기를 원하니?

지마: 아니야, 우리들은 원하지 않어.

<u>**동사 + 동사원형**</u>의 구문과 유사하게 형용사 'должен' 다음에 동사원형이 와서, '<u>должен + **동사원형**</u>'의 형태를 이루면 '~해야만 한다, ~하지 않으면 안 된다'는 뜻이 되며, 주어의 성, 수에 따라 до́лжен, должна́, должно́, должны́ 중에 하나가 쓰인다.

~ 해야만 한다, ~ 하지 않으면 안 된다.

남성 주어 → до́лжен + **동사원형**

여성 주어 → должна́ + **동사원형**

중성 주어 → должно́ + **동사원형**

복수 주어 → должны́ + **동사원형**

예1 Он должен быть дома. → 그는 집에 있어야 한다.

예2 Она дóлжна быть дома. → 그녀는 집에 있어야 한다.

예3 Мы должны быть дома. → 우리들은 집에 있어야 한다.

예4 Я должен это сделать. → 나(남성)는 이것을 해야만 한다.
Я должна это сделать. → 나(여성)는 이것을 해야만 한다.

'<u>должен + **동사원형**</u>'의 구문과 유사하게, 부사 можно, нужно, нельзя 다음에 동사원형이 와서, '<u>можно + **동사원형**</u>', '<u>нужно + **동사원형**</u>', '<u>нельзя + **동사원형**</u>'의 구문을 만들어 '~해도 좋다.', '~하지 않으면 안 된다.', '~해서는 안 된다.'의 뜻으로 자주 쓰인다. 이때의 문장은 주어가 없으므로 '무인칭문'이라 일컫는다.

можно + **동사원형** (~해도 좋다)
нужно + **동사원형** (~하지 않으면 안 된다)
нельзя + **동사원형** (~해서는 안 된다)

예1 Мóжно войти́? 들어가도 좋습니까?

예2 Нýжно идти́ домóй. 집으로 가지 않으면 안 된다.

예3 Здесь нельзя́ кури́ть. 여기서 담배를 피워서는 안 된다.

## ◉ 생활러시아어 구문 3

A: Мóжно войти́?
들어가도 좋습니까?

Б: Да, конéчно.
네, 물론이지요.

A: Вы хоти́те игрáть в тéннис?
당신은 테니스 치기를 원하십니까?

Б: Нет, я не хочý. Я дóлжен быть дóма.
아니오, 저는 원하지 않아요. 저는 집에 있어야 해요.

A: Мóжно кури́ть?
담배 피워도 좋습니까?

Б: Нет, здесь нельзя́ кури́ть.
아니오, 여기서 담배 피우면 안됩니다.

동사 <u>учить</u> (가르치다)에 '**~ся**'가 붙어 <u>**учиться**</u>가 되면 '배우다'는 뜻이 된다. 이와 같이 동사원형에 '**~ся**'가 붙은 동사를 가리켜 '**재귀동사**'라 일컫는다.

**<u>учи́ть</u> (가르치다) + ся → <u>учи́ться</u> (배우다) : 재귀동사**

Я учу́ ру́сский язы́к. 나는 러시아어를 가르친다.
Ты у́чишь англи́йский язы́к. 너는 영어를 가르친다.
Он(она́) у́чит текст. 그(녀)는 텍스트를 가르친다.
Мы у́чим слова́. 우리들은 단어들을 가르친다.
Вы у́чите матема́тику. 당신은 수학을 가르친다.
Они́ у́чат грамма́тику. 그들은 문법을 가르친다.

**<u>учить что(대격)</u> ~을 가르치다. <u>учиться чему (여격)</u> ~을 배우다.**

Я учу́сь ру́сскому язы́ку. 나는 러시아어를 배운다.
Ты у́чишься англи́йскому язы́ку. 너는 영어를 배운다.
Он(она́) у́чится тексту. 그(녀)는 텍스트를 배운다.
Мы у́чимся слова́м. 우리들은 단어들을 배운다.
Вы у́читесь матема́тике. 당신은 수학을 배운다.
Они́ у́чатся грамма́тике. 그들은 문법을 배운다.

그러므로, "그녀는 수학을 가르친다"는 말과 "그녀는 수학을 배운다"는 말을 비교하여 보면, 우리말에서는 모두 '~수학**을**' 가르치고, 배우는 것으로 '**~을, ~를**'에 해당하는 '대격'같이 보이지만, 러시아어에서는 **가르치다**(учить) 동사는 **대격**을 요구하고, **배우다**(учиться) 동사는 **여격**을 요구하므로, 상당한 차이가 있다.

**예** Она́ у́чит <u>матема́тику</u>. 그녀는 수학을 가르친다.
대격
Она́ у́чится <u>матема́тике</u>. 그녀는 수학을 배운다.
여격

| 동사 | учить | 가르치다 | 대격 |
|---|---|---|---|
| 재귀동사 | учиться | 배우다 | 여격 |

<u>одева́ть</u> **(옷을 입히다) + ся → <u>одева́ться</u> (옷을 입다)**

재귀동사에서, 어미 '**~ся**'는 재귀대명사 '**себя**'(자기자신)의 고형(固形)이다.

**재귀대명사 'себя'의 변화형태.**

| 주격 | |
|---|---|
| 생격 | себя |
| 여격 | себе |
| 대격 | себя |
| 조격 | собой |
| 전치격 | (о) себе |

➾ 재귀대명사 **себя**는 주격의 형태가 없다.

➾ 재귀대명사 **себя**는 모든 인칭대명사 대신에 쓰여지며, 그 문장에서 주어와 동일 인물을 나타낸다.

예1 Я себя́ зна́ю. 나는 **내 자신**을 알고 있다.

예2 Что вы купили для себя? 당신은 **자기 자신**을 위하여 무엇을 샀습니까?

예3 Как вы себя **чувствуете**? 당신은 **자기자신**을 어떻게 느낍니까? 기분이 어떻습니까?

✐ **у себя**는 '자기 집에'를 뜻하며, **к себе**는 '자기에게로(방 또는 집)'을 뜻한다.

## ◉ 생활러시아어 구문 4

ВИ́КТОР: Ната́ша, у тебя́ есть сестра́ и́ли брат?

나타샤, 너한테는 자매가 있니, 혹은 형제가 있니?

НАТА́ША: У меня́ есть сестра́.

나한테는 자매가 있어.

ВИ́КТОР: Она́ у́чится и́ли рабо́тает?

그녀는 배우고 있니, 아니면 일 하니?

НАТА́ША: У́чится.

배우고 있어.

ВИ́КТОР: Где? В те́хникуме и́ли в институ́те?

어디에서? 직업기술학교에서, 아니면 대학에서?

НАТА́ША: В институ́те.

대학에서.

## 연습문제 1

1. 다음의 영어를 러시아어로 옮길 때, (　　) 속에 적당한 말을 써 넣으시오.

(영어) : I can drink Bodka.

(러시아어) : Я (　　　) выпить Водку.

2. 다음 (　　) 속에 들어갈 적당한 단어를 아래에서 고르시오.

Он (　　) читать книгу. → 그는 책을 읽을 수 있다.

(1) могу　　(2) можешь　　(3) может　　(4) можем

3. 다음 (　　　) 속에 동사 'хотеть'의 적당한 현재 변화형을 써 넣으시오.

(1) Она (　　　) говорить по-русски.

(2) Вы (　　　) выпить до дна?

(3) Что ты (　　　) сегодня делать?

(4) Я (　　　) отдыхать дома.

4. 다음 (　　) 속에 'мочь'의 적당한 현재형을 넣으시오.

(1) Сегодня я не (　　　) отвечать урок.

(2) Мы не (　　　) работать сегодня вечером.

(3) Вы (　　　) решить эти задачи?

(4) Он (　　　) писать быстро.

5. 다음 (　　　) 속에 'любить' 동사의 적당한 형을 넣으시오

(1) Мы (　　　) смотреть телевизор.

(2) Они не (　　　) работать вечером.

(3) Я (　　　) читать газеты.

(4) Вы (　　　) танцевать?

6. 다음의 (　　　) 속에 'должен'의 적당한 형을 써 넣으시오.

(1) Мой брат (　　　) ехать в Сеул.

(2) Моя сестра больна, она (　　　) быть дома.

(3) Уже пора, мы (　　　) идти на урок.

(4) Что вы (        ) сегодня делать?

(5) Где (        ) лежать это письмо?

7. 다음 어휘들 중 의미상 다른 것들과 다른 범주에 속하는 것은?

(1) баян (2) балалайка (3) бейсбол (4) гитара

## 연습문제 2

1. 다음 동사의 변화형을 완성하고, Ударение를 표시 하시오.

| | хотеть | любить |
|---|---|---|
| я | (        ) | (        ) |
| ты | хочешь | любишь |
| он | хочет | любит |
| мы | (        ) | любим |
| вы | (        ) | любите |
| они | хотят | (        ) |

2. 다음 중에서 틀린 문장을 하나 고르시오.

(1) Я играю в футбол.

(2) Я играю в теннисе.

(3) Я играю в бейсбол.

(4) Я играю в баскетбол.

3. 다음 중에서 틀린 문장을 하나 고르시오.

(1) Я играю на скрипке.

(2) Я играю на балалайке.

(3) Я играю на пианине.

(4) Я играю на баяне.

4. 다음 중에서 틀린 문장을 하나 고르시오.

(1) Он учит тексту.
(2) Он учит грамматику.
(3) Он учит математику.
(4) Он учит русский язык.

5. 다음 중에서 틀린 문장을 하나 고르시오.

(1) Она учится русскому языку.
(2) Она учится английскому языку.
(3) Она учится математику.
(4) Она учится грамматике.

6. 다음 어휘들 중 의미상 다른 것들과 다른 범주에 속하는 것은?

(1) футбол (2) теннис (3) скрипка (4) бейсбол

7. 다음 어휘들 중 의미상 다른 것들과 다른 범주에 속하는 것은?

(1) город (2) улица (3) площадь (4) велосипед.

8. 다음의 문장을 러시아어로 옮길 때, ( )속에 적당한 말을 써 넣으시오.

(1) 그는 이것을 해야만 한다. → Он ( ) это сделать.
(2) 그는 테니스 치는 것을 좋아한다. → Он ( ) играть в теннис.
(3) 이곳에서 담배를 피워서는 안 된다. → Здесь ( ) курить.
(4) 그가 테니스 치기를 원합니까? → Он ( ) играть в теннис?
(5) 나는 대학교에서 배우고 있다. → Я ( ) в университете.

9. 다음의 질문에 러시아어로 답하시오.

(1) Ты любишь играть в футбол? → ______________________________
(2) Ты любишь читать? → ______________________________________
(3) Вы учитесь или работаете? → ________________________________
(4) Вы можете играть в бейсбол? → ______________________________

(5) Ты можешь играть на пианино? → ______________________

(6) Вы хотите слушать музыку? → __________________________

10. 다음의 우리말을 러시아어로 옮기시오.

(1) 나는 대학에서 공부하고 있다.

__________________________________

(2) 나는 러시아어를 배우고 있다.

__________________________________

(3) 나는 러시아어로 말할 수 있다.

__________________________________

(4) 나는 보드카 마시는 것을 좋아한다.

__________________________________

(5) 나는 독서를 좋아한다.

__________________________________

(6) 당신은 러시아어로 말할 수 있습니까? 혹은 영어로 말할 수 있습니까?

_______________________________________________________

크레믈린의 야경

# 12주 러시아어 동사의 과거형

### 학습목표 소개

러시아어 동사의 시제의 종류에 대하여 알 수 있다.
러시아어 동사의 현재와 과거를 구별할 수 있다.
러시아어 동사의 과거형을 만들 수 있다.
러시아어 동사의 과거형을 활용할 수 있다.

### ◉ 중요단어 익히기

**арбу́з** 명사 수박.
**бассе́йн** 명사 수영장, 풀장.
**быть** 동사 있다, 존재하다.
**ве́чер** 명사 저녁, 야회(夜會)
**ве́чером** 부사 저녁에.
**воскресе́нье** 명사 일요일.
**воскресе́ние** 명사 부활.
**встре́тить** 동사 만나다.
**встре́титься** 동사 ~와 만나다.
**встре́титься с кем** ~와 만나다.
**выступа́ть** 동사 출연하다, (무대에)서다
**вчера́** 부사 어제.
**гриб** 명사 버섯.
**грибы́** 명사 (복수) 버섯들
**дискоте́ка** 명사 디스코텍.
**день** 명사 낮.
**днём** 부사 낮에.
**за́втра** 부사 내일.
**за́втракать** 동사 아침을 먹다.
**здесь** 부사 여기에, 이곳에.
**класс** 명사 학급, 교실, 계급.
**клуб** 명사 클럽, (스포츠의) 회, 단체.
**лес** 명사 숲
☞ 전치격 в лесу (숲속에서),
전치격 о лесе (숲에 대하여)
**неда́вно** 부사 최근, 요사이.
**обе́дать** 동사 (점심)식사하다.
**пла́вать** 동사 헤엄치다, 수영하다.
**познако́мить** 동사 알게 하다.
**познако́миться** 동사 아는 사이가 되다
**по-ру́сски** 부사 러시아어로.
**послеза́втра** 부사 모레.
**прогре́сс** 명사 진보, 향상, 개선.
**рабо́чие** 명사 노동자들.
**ру́сский** 형용사 러시아의.
**сейча́с** 부사 지금, 현재.
**сего́дня** 부사 오늘.
**собира́ть** 동사 모으다, 채집(수집)하다.
**стадио́н** 명사 스타디움, (옥외) 경기장.
**суббо́та** 명사 토요일.
**там** 부사 저기에, 거기에. 그 곳에.
**танцева́ть** 동사 춤추다.
**у́жинать** 동사 저녁을 먹다.
**у́тро** 명사 아침.
**у́тром** 부사 아침에.
**цвет** 명사 꽃, 화초.
**цветы́** 명사 (복수) 꽃, 화초.
☞ 야생화 полевы́е цветы́
**четве́рг** 명사 목요일.
**ша́хматы** 명사 (복수) (서양)장기.

## ◉ 문법기초설명

러시아어 동사의 시제에는 현재, 과거, 미래가 있다. '현재'는 지금까지 나온 동사들과 같이 '**читать**' 동사(원형)의 현재변화형 '**читаю, читаешь, читает...**' 와 같은 동사들을 말한다.

| 현 재 | 과 거 | 미 래 |
|---|---|---|
| Я <u>читаю</u> книгу.<br>나는 책을 읽고 있다. | Я <u>читал</u> книгу.<br>나는 책을 읽었다. | Я <u>прочитаю</u> книгу.<br>나는 책을 읽을 것이다. |

러시아어 동사의 과거형은 동사원형(부정형)에서 **-ть** 또는 **-ти**를 떼어낸 후, 주어가 남성인 경우에는 -л, 여성인 경우에는 -ла, 중성인 경우에는 -ло, 복수인 경우에는 **-ли**를 붙여 만든다.

동사의 과거형 → 동사원형 <u>-ть</u> + **-л** (남성)
(x) + **-ла** (여성)
<u>-ти</u> + **-ло** (중성)
(x) + **-ли** (복수)

**예1** **читать** (읽다) 동사의 과거형 → чита(ть) + л = читал
чита(ть) + ла = читала
чита(ть) + ло = читало
чита(ть) + ли = читали

**예2** **говорить** (말하다) 동사의 과거형 → говори (ть) + л = говорил
говори (ть) + ла = говорила
говори (ть) + ло = говорило
говори (ть) + ли = говорили

**예3** **танцевать** (춤추다) 동사의 과거형 → танцева(ть) + л = танцевал
танцева(ть) + ла = танцевала
танцева(ть) + ло = танцевало
танцева(ть) + ли = танцевали

🔍 재귀동사의 과거형은 남성의 경우, 자음 '**-л**'로 끝났으므로 **-ся**를 붙이며, 여성, 중성, 복수 (-ла, -ло, -ли)의 경우에는 모음으로 끝났으므로 **-сь**를 붙인다.

| | | | |
|---|---|---|---|
| 자음 | -л | ся | -лся |
| 모음 | -ла, -ло, -ли | сь | -лась, -лось, -лись |

**예4** познакомиться(인사를 나누다) 동사의 과거형.

→ познакоми (ть)ся + л = познакомился
познакоми (ть)ся + ла = познакомилась
познакоми (ть)ся + ло = познакомилось
познакоми (ть)ся + ли = познакомились

**예5** Он чита́л кни́гу. (그는 책을 읽었다.)
Она́ говори́ла по-ру́сски. (그녀는 러시아어로 말하였다.)
Мы танцева́ли в дискоте́ке. (우리들은 디스코장에서 춤을 추었다.)
Я познако́мился с ним неда́вно. (나는 그 사람과 최근에 알게 되었다.)

## ◉ 생활러시아어 구문

А: Что вы де́лали вчера́? — А: 당신은 어제 무엇을 하였습니까?
Б: Я чита́л кни́гу в до́ме. — Б: 나는 집에서 독서를 하였습니다.
А: Что вы де́лаете сейча́с? — А: 당신은 지금 무엇을 하고 있습니까?
Б: Я то́же чита́ю кни́гу. — Б: 나는 또 독서를 하고 있습니다.
А: За́втра вы бу́дете у меня́? — А: 내일, 당신은 우리 집에 오실겁니까?
Б: Да, коне́чно. — Б: 네, 물론이지요.

그러므로, 러시아어 동사의 과거형은 주어의 성(남성, 여성, 중성, 복수)에 따라 어미가 -л,-ла, -ло, -ли 로 바뀌어 쓰인다. 우리말에서 "내가 책을 읽었다"는 똑같은 표현도, 러시아어에서는 내가 누구냐에 따라, 즉, '주어'인 내가 남성이면, "Я <u>читал</u> книгу."로 표현하며, 내가 여성이면, "Я <u>читала</u> книгу."로 표현하여야 한다. 다음 표의 예를 살펴보자.

| | 남 성 | 여 성 | 복 수 |
|---|---|---|---|
| читать (읽다) | я чита́л | я чита́ла | мы чита́ли |
| играть (놀다) | ты игра́л | ты игра́ла | вы игра́ли |
| танцевать (춤추다) | он танцева́л | она́ танцева́ла | они́ танцева́ли |

## ◉ 생활러시아어 구문 2

СЕРЁЖА: Вчера́ наш класс был в колхо́зе "Прогре́сс".

어제, 우리 학급은 "진보"집단농장에 갔었습니다.

НАТА́ША: Что вы там де́лали?

그 곳에서 당신들은 무엇을 하였습니까?

СЕРЁЖА: У́тром мы рабо́тали, собира́ли арбу́зы.

아침에 우리들은 일을 하였고, 수박들을 날라다 모았습니다.

НАТА́ША: А что вы де́лали днём?

그럼, 낮에는 무엇을 하였습니까?

СЕРЁЖА: Игра́ли в волейбо́л, в ша́хматы, пла́вали в реке́.

배구를 하였고, 장기를 두었으며, 강에서 헤엄을 쳤습니다.

러시아어 동사 'быть'의 과거형은 주어의 성(남성, 여성, 중성, 복수)에 따라, был, была, было, были 로 바뀌며, **'быть'의 과거형** 뒤에 장소를 나타내는 **в(на) + 전치격**이 오게 되면, "갔었다, 있었다, 갔다 왔다" 등의 뜻이 된다. 따라서 과거에 "있었다"는 뜻이므로, 현재는 그 장소에 "없다"는 뜻도 된다.

| быть | 남성 | -л | был | ~ в + 전치격<br>~ на + 전치격 |
|---|---|---|---|---|
| | 여성 | -ла | была | |
| | 중성 | -ло | было | |
| | 복수 | -ли | были | |

| быть의 과거형 ~ в(на) + 전치격 (장소) |
|---|
| ~ (장소)에 있었다. (갔었다) |

(남성) : Ви́ктор был в библиоте́ке. 빅토르는 도서관에 있었다.
(여성) : Ната́ша была́ в теа́тре. 나타샤는 극장에 있었다.
(중성) : Вчера́ бы́ло воскресе́нье. 어제는 일요일 이었다.
(복수) : Рабо́чие бы́ли на заво́де. 노동자들은 공장에 있었다.

## ◉ 생활러시아어 구문 3

СЕРЁЖА: Где ты был вчера́?

어제, 너는 어디에 갔었니?

НАТА́ША: Вчера́ я был на стадио́не. А ты?

어제, 나는 경기장에 갔었어. 그런데, 너는?

СЕРЁЖА: Я была́ в библиоте́ке.

나는 도서관에 있었어.

НАТА́ША: Сего́дня воскресе́нье и мы идём в бассе́йн.

오늘은 일요일이야, 그래서, 우리들은 수영장에 간다.

СЕРЁЖА: Вчера́ вы то́же бы́ли в бассе́йне?

어제, 너희들 또 수영장에 있었니?

НАТА́ША: Нет, э́то Та́ня была́ там, а я был на стадио́не.

아니야, 그건 따냐가 거기에 있었어, 하지만, 나는 경기장에 있었어.

요일(월요일, 화요일, 수요일, 목요일, 금요일, 토요일, 일요일)의 표현에 있어서, **'요일에'**로 표현할 때는 반드시 **'в + 요일(대격)'**으로 나타낸다.

| 요일 | 요일에 (в + 대격) |
|---|---|
| понеде́льник 월요일 | в понеде́льник 월요일에 |
| вто́рник 화요일 | во вто́рник 화요일에 |
| среда́ 수요일 | в сре́ду 수요일에 |
| четве́рг 목요일 | в четве́рг 목요일에 |
| пя́тница 금요일 | в пя́тницу 금요일에 |
| суббо́та 토요일 | в суббо́ту 토요일에 |
| воскресе́нье 일요일 | в воскресе́нье 일요일에 |

**예1** Сего́дня среда́. 오늘은 수요일이다.

Мы встре́тили в среду́. 우리들은 **수요일에** 만났다.

**예2** Вчера́ было пя́тница. 어제는 금요일이었다.

Мы встре́тили в пя́тницу. 우리들은 **금요일에** 만났다.

### ◎ '때'를 나타내는 표현들.

러시아어에서 '아침'을 나타내는 말은 'у́тро'로써, 명사이다. 한데, 'у́тро'의 조격 형태인 'у́тром'은 부사가 되어 '아침에'라는 뜻으로 쓰인다. 즉, 'у́тром'은 명사 'у́тро'의 조격도 되고, 그 자체가 '부사'로서도 쓰이는 것이다. 이와 같이, 하루 중의 '때'를 나타내는 표현으로 자주 쓰이는 부사들에는 **у́тром** (아침에), **днём** (낮에), **ве́чером** (저녁에), **но́чью** (밤에, 새벽에)가 있다.

| 그저께 | позавчера́ | 밤 | ночь | 밤에 | но́чью |
|---|---|---|---|---|---|
| 어제 | вчера́ | 저녁 | ве́чер | 저녁에 | ве́чером |
| 오늘 | сего́дня | 낮 | день | 낮에 | днём |
| 내일 | за́втра | 아침 | у́тро | 아침에 | у́тром |
| 모레 | послеза́втра | 새벽 | ночь | 새벽에 | но́чью |

참고로, '**ве́чер**'는 '저녁'이라는 뜻 이외에, '야회(夜會)'라는 뜻으로도 많이 쓰이며, 러시아인들은 보통 밤12시 까지를 '**ве́чер**'라고 부르며, 12시 넘어서 부터를 '**ночь**'라고 부른다.

### ◎ 생활러시아어 구문 4

А : Вчера́ я чита́л кни́гу. А что ты де́лала вчера́?

어제 나는 책을 읽었어. 그런데, 어제 너는 무엇을 하였니?

Б : У́тром я пла́вала в бассе́йне, а я собира́ла цветы́ днём.

아침에, 나는 풀장에서 수영을 했어, 하지만, 낮에는 꽃을 채집하였지.

А : Что ты де́лала сего́дня у́тром?

오늘 아침에는 무엇을 하였어?

Б : Я собира́ла грибы́ в лесу́.

나는 숲 속에서 버섯을 땄어.

А : Вчера́ ве́чером ты выступа́л в клу́бе?

어제 밤에 너는 클럽에 출연하였었니?

Б : Да, я пел там.

으응(그래), 나는 거기서 노래 불렀어.

## 연습문제 1

1. 아래 보기와 같이, 동사의 과거형을 쓰시오.

| 보기 | читать → (читал, читала, читало, читали)

(1) слушать → ( )

(2) рисовать → ( )

(3) изучать → ( )

(4) гулять → ( )

(5) играть → ( )

2. 다음 서로 관계있는 것끼리 이으시오.

(1) он • • танцевали

(2) она • • танцевала

(3) мы • • танцевал

3. 다음 보기의 문장을 올바르게 러시아어로 옮긴 것을 고르시오.

| 보기 | 당신은 어제 책을 읽었다.

(1) Ты читал книгу вчера.

(2) Мы читали книгу вчера.

(3) Вы читал книгу вчера.

(4) Вы читали книгу вчера.

4. 다음에서 틀린 문장을 하나 고르시오.

(1) Я читала книгу сегодня.

(2) Он читала книгу сегодня.

(3) Она читала книгу сегодня.

(4) Они читали книгу сегодня.

5. 다음 동사의 과거형을 ( ) 속에 쓰시오.

(1) делать (~을 하다) → 복수형과거 : ( )

(2) работать (일하다) → 남성형과거 : ( )

(3) сказать (말하다) → 여성형과거 : (                )

(4) писать (쓰다) → 중성형과거 : (                )

## 연습문제 2

1. 다음의 문장을 보기와 같이 과거형 문장으로 바꾸시오.

| 보기 | Он работает → (Он работал)

(1) Они гуляют → (        )

(2) Он обедает → (          )

(3) Мы ужинаем → (          )

(4) Она пишет → (          )

(5) Они смотрят → (          )

2. 다음 보기에서 (        ) 속에 들어갈 적당한 동사를 하나 고르시오

| 보기 | 그는 대구에 살았다. → Он (        ) в Дэгуе.

(1) живу    (2) живёшь    (3) жил    (4) жили    (5) живут

3. 다음 보기에서 (        ) 속에 들어갈 적당한 동사를 하나 고르시오

| 보기 | 그녀는 노래 부르고 싶었다. → Она (          ) петь.

(1) хочу    (2) хочешь    (3) хотим    (4) хотела    (5) хотила

4. 다음의 동사를 보기와 같이 과거형으로 바꾸시오.

| 보기 | говорить: (말하다) → Она (говорила)

(1) любить: (사랑하다) → Он (              )

(2) смотреть: (~보다) → Мы (              )

(3) купить: (~사다) → Она (              )

(4) думать: (생각하다) → Они (              )

5. 다음 ( ) 속에 **‘быть’** 동사의 적당한 과거형을 써 넣으시오.

(1) Здесь нельзя ( ) курить. 여기서 담배를 피워서는 안 되었다.

(2) Я должен ( ) дома. 나는 집에 있어야 했었다.

(3) Вчера ( ) четверг. 어제는 목요일이었다.

(4) Она ( ) на квартире. 그녀는 아파트에 왔었다.

(5) Мы ( ) в клубе. 우리들은 클럽에 갔었다.

# 13주 러시아어 형용사

### 학습목표 소개

러시아어 형용사를 구별해 낼 수 있다.
러시아어 형용사의 기본형 어미를 알 수 있다.
러시아어 형용사의 남성, 여성, 중성, 복수형을 구별할 수 있다.
러시아어 형용사를 남성, 여성, 중성, 복수형 어미로 변화시킬 수 있다.
러시아어 형용사의 남성, 여성, 중성, 복수형을 활용할 수 있다.

### ◉ 중요단어 익히기

**большо́й** 형용사 큰.
большо́й, больша́я, большо́е, больши́е.

**весе́нний** 형용사 봄의.
весе́нний, весе́нняя, весе́ннее, весе́нние.

**вид** 명사 경치, 외모, 모양, 시야, 시계.

**вы́ставка** 명사 전시회.

**голубо́й** 명사 푸른, 하늘색의. 담청색의,
☞ голубо́е не́бо 푸른 하늘.

**дере́вня** 명사 시골, 마을.

**зелёный** 형용사 녹색의, 푸른.
зелёный, зелёная, зелёное, зелёные.

**интере́сный** 형용사 재미있는.
интере́сный, интере́сная, интере́сное, интере́сные.

**како́й** 형용사 어떠한.
како́й, кака́я, како́е, каки́е.

**костю́м** 명사 양복.

**кра́сный** 형용사 붉은, 빨간색의.
кра́сный, кра́сная, кра́сное, кра́сные.

**кремль** 명사 성채, 요새.
☞ Кремль 모스크바 크레믈린

**ма́ленький** 형용사 작은.
ма́ленький, ма́ленькая, ма́ленькое, ма́ленькие.

**нале́во** 부사 왼쪽으로.

**напра́во** 부사 오른쪽으로.

**но́вый** 형용사 새로운.
но́вый, но́вая, но́вое, но́вые.

**пала́тка** 명사 천막, 텐트.

**пла́тье** 명사 원피스.

**пого́да** 명사 날씨.

**посмотри́** 동사 посмотре́ть (보다)의 명령형.

**си́ний** 형용사 푸른, 청색의.
☞ си́нее не́бо (푸른 하늘)

**флаг** 명사 기, 깃발.

**хоро́ший** 형용사 좋은.
хоро́ший, хоро́шая, хоро́шее, хоро́шие.

**чуде́сный** 형용사 놀랄만한, 절묘한, 기적적인. чуде́сный, -ная, -ное, -ные.

## ◉ 문법기초설명

러시아어에서 어미가 **-ый, -ая, -ое, -ые** 또는 **-ий, -яя, -ее, -ие** 로 끝나는 단어는 대부분 형용사에 속한다. 어미가 **-ый, -ая, -ое, -ые** 로 끝나는 형용사를 **'경변화 형용사'** 라 부르고, 어미가 **-ий, -яя, -ее, -ие** 로 끝나는 형용사를 **'연변화 형용사'**라 부른다.

| | 어미 | 형용사의 종류 | 성 |
|---|---|---|---|
| 형용사 | -ый, -ая, -ое, -ые | **경변화형용사** | новый<br>новая<br>новое<br>новые |
| | -ий, -яя, -ее, -ие | **연변화형용사** | синий<br>синяя<br>синее<br>синие |

예1 но́вый (새로운), краси́вая (아름다운), большо́е (큰), кра́сные (붉은)

예2 си́ний (푸른), весе́нняя (봄의), хоро́шее (좋은) ма́ленькие (작은)

| | | | | | |
|---|---|---|---|---|---|
| 형용사 어미 | 경변화 어미 | -ый, -ой | -ая | -ое | -ые |
| | | новый | новая | новое | новые |
| | 연변화 어미 | -ий | -яя | -ее | -ие |
| | | синий | синяя | синее | синие |

형용사는 대부분 명사 앞에서 명사를 꾸미는 수식어의 역할을 하며, 명사의 성, 수에 따라 **남성, 여성, 중성, 복수**의 **4가지** 형태가 있다. 즉, 형용사 복수에서는 **성**의 구별이 없다.

**형용사 + 명사**
краси́вая де́вушка
(아름다운) (처녀)

| | | | | |
|---|---|---|---|---|
| 형용사 | 단수 | 남성 | -ый, -ий | красивый, синий |
| | | 여성 | -ая, -яя | красивая, синяя |
| | | 중성 | -ое, -ее | красивое, синее |
| | 복수 | 복수 | -ые, -ие | красивые, синие |

예3 краси́вый дом : 아름다운 집. (형용사 남성형.)
краси́вая де́вушка : 아름다운 처녀. (형용사 여성형.)
краси́вое о́зеро : 아름다운 호수. (형용사 중성형.)
краси́вые у́лицы : 아름다운 거리들. (형용사 복수형.)

예4 чуде́сный + вид (남성) 절경(絕景)
чуде́сная + пого́да (여성) 보기드문 좋은 날씨
чуде́сное + описа́ние (중성) 절묘한 묘사
чуде́сные + студе́нты (복수) 놀라운 대학생들

형용사의 단수형에는 남성, 여성, 중성의 구별이 있으나, 형용사의 복수형에는 남성, 여성, 중성의 구별이 없다. 즉, 형용사 복수형에서는 뒤에 오는 명사가 남성, 여성, 중성이든 모두 '복수형' 하나이다.

<table>
<tr><td rowspan="3">단수</td><td>남성</td><td>новый</td><td colspan="2">новый дом (새로운 집)</td></tr>
<tr><td>여성</td><td>новая</td><td colspan="2">новая квартира (새로운 아파트)</td></tr>
<tr><td>중성</td><td>новое</td><td colspan="2">новое здание (새로운 건물)</td></tr>
<tr><td rowspan="3">복수</td><td>남성</td><td rowspan="3">новые</td><td rowspan="3">новые</td><td rowspan="3">дома (새로운 집들)<br>квартиры(새로운 아파트들)<br>здания (새로운 건물들)</td></tr>
<tr><td>여성</td></tr>
<tr><td>중성</td></tr>
</table>

예5 Э́то мой дом. 이것은 나의 집이다.
Э́то но́вый дом. 이것은 새로운 집이다.
Э́то мой но́вый дом. 이것은 나의 새로운 집이다.

예6 Э́то моя́ кварти́ра. 이것은 나의 아파트이다.
Э́то но́вая кварти́ра. 이것은 새로운 아파트이다.
Э́то моя́ но́вая кварти́ра. 이것은 나의 새로운 아파트이다.

예7 Мой дом но́вый дом. 나의 집은 새로운 집이다.
Мой дом но́вый. 나의 집은 새로운 집이다.
Моя́ кварти́ра но́вая кварти́ра. 나의 아파트는 새로운 아파트이다.
Моя́ кварти́ра но́вая. 나의 아파트는 새로운 아파트이다.

예8 Мой брат краси́вый студе́нт. 나의 형은 멋진 대학생이다.
Моя́ сестра́ краси́вая де́вушка. 나의 누나는 아름다운 처녀이다.

## ◉ 생활러시아어 구문 1

СЕРЁЖА: Вот и на́ша дере́вня.

바로 여기가 우리 마을이야.

НАТА́ША: Кака́я ма́ленькая!

아, 아주 조그만 마을이구나!

СЕРЁЖА: Ма́леникая, но краси́вая.

조그맣지만, 아름다운 마을이지.

НАТА́ША: Да, здесь хорошо́. А э́то парк?

그래, 여기 좋구나, 그런데, 여기는 공원이니?

СЕРЁЖА: Что ты! Парк в го́роде. А у нас в дере́вне лес.

무슨 소리야, 공원은 도시에 있지. 우리 마을에는 숲이 있어.

НАТА́ША: Он о́чень большо́й и зелёный.

숲이 아주 크고 푸르구나.

러시아어 형용사 단수에서는 뒤에 오는 명사의 성에 따라, 즉 뒤에 오는 명사가 남성명사가 오면, 그것을 꾸미는 형용사도 형용사 남성형이 오고, 뒤에 오는 명사가 여성명사이면 형용사 여성형, 중성명사이면 형용사 중성형이 와야 하지만, 형용사 **복수에서는 남성, 여성, 중성의 구별없이 형용사 복수형 하나 밖에 없다.**

| | | | | | |
|---|---|---|---|---|---|
| 경변화 | 남성 | новый журнал (새로운 잡지) | 복수 | новые | журналы (새로운 잡지들) |
| | 여성 | навая газета (새로운 신문) | | | газеты (새로운 신문들) |
| | 중성 | новое слово (새로운 단어) | | | слова (새로운 단어들) |
| 연변화 | 남성 | синий костюм (청색 양복) | 복수 | синие | костюмы (청색 양복들) |
| | 여성 | синяя шляпа (청색 모자) | | | шляпы (청색 모자들) |
| | 중성 | синее платье (청색 원피스) | | | платья (청색 원피스들) |

**예1** 재미있는 책 (단수) 재미있는 책들 (복수)

интересный
интересная + книга  интересные + книги.
интересное

**예2** 새로운 대학생 (단수) 새로운 대학생들 (복수)

новый + студент  новые + студенты.
новая
новое

## ◉ 생활러시아어 구문 2

СЕРЁЖА: Ната́ша, посмотри́ напра́во.

나타샤, 저기 오른 쪽을 봐.

НАТА́ША: Я зна́ю, э́то Кремль. Како́й он краси́вый!

난 알아, 그건 크레믈린이야. 정말로 아름답구나!

СЕРЁЖА: Да, о́чень краси́вый!

그래, 아주 아름답구나!

НАТА́ША: Кака́я краси́вая кра́сная звезда́!

아, 저기 정말로 아름답고 붉은 별!

СЕРЁЖА: О́чень больша́я.

아주 큰 별이구나.

НАТА́ША: Серёжа, посмотри́ нале́во.

시료자, 저기 왼쪽을 봐.

СЕРЁЖА: Како́е краси́вое зда́ние!

아, 정말 아름다운 건물이네!

НАТА́ША: Како́й он большо́й!

아주 큰 건물이야!

이와 같이, 형용사의 경변화어미는 -ый, -ой (남성), -ая (여성), -ое (중성),-ые (복수)로 변화하는 것이 규칙이나, **철자법 규칙**에 의하여 'ы' 대신에 'и'가 쓰이는 경우가 있다.

| 규칙 | -ый | -ые |
|---|---|---|
| 틀림(x) | маленькый | большые |
| **철자법 규칙** | г, к, х } + ы → и | ж, ч, ш, щ } + ы → и |
| 맞음(o) | маленький | большие |

예 작은 ма́ленький, ма́ленькая, ма́ленькое, ма́ленькие.

큰 большо́й, больша́я, большо́е, больши́е.

붉은 кра́сный, кра́сная, кра́сное, кра́сные.

아름다운 краси́вый, краси́вая, краси́вое, краси́вые.

하늘색의 голубо́й, голуба́я, голубо́е, голубы́е. (푸른색의)

| | | 형용사 + 명사 | |
|---|---|---|---|
| 남성 | Какóй | краси́вый, крáсный, большóй, голубóй, мáленький | флаг, стадиóн, парк, гóрод |
| 여성 | Какáя | краси́вая, крáсная, большáя, голубáя, мáленькая | ýлица, вы́ставка, шкóла, палáтка |
| 중성 | Какóе | краси́вое, крáсное, большóе, голубóе, мáленькое | здáние, я́блоко, óзеро, нéбо. |
| 복수 | Каки́е | краси́вые, крáсные, больши́е, голубы́е, мáленькие | ýлицы, стадиóны, флáги, городá, поездá, озёра |

## 🗀 연습문제 1

1. 다음 (　　) 속에 들어갈 적당한 형용사를 하나 고르시오.

| 보기 | город 아름다운 도시

(1) красивый　(2) красивая　(3) красивое　(4) красивые

2. 다음 (　　) 속에 들어갈 적당한 형용사를 하나 고르시오.

| 보기 | небо 푸른 하늘

(1) голубой　(2) голубая　(3) голубое　(4) голувые

3. 다음 중에서 형용사와 명사의 결합이 틀린 것을 하나 고르시오.

(1) новый студент　(2) большой город
(3) маленькое озеро　(4) зелёная парк

4. 다음 중에서 형용사와 명사의 결합이 틀린 것을 하나 고르시오.

(1) красивая девушка　(2) новые дом
(3) синий костюм　(4) красные флаги

5. 다음 왼쪽의 형용사와 오른쪽의 명사를 서로 적당한 것끼리 이으시오.

(1) большие • 　• площадь
(2) красная • 　• улицы
(3) голубое • 　• школа
(4) маленькая • 　• озеро

6. 다음 보기의 명사들과 결합할 수 없는 형용사를 하나 고르시오.

| 보기 | у́лица, вы́ставка, шко́ла, пала́тка

(1) краси́вая　(2) больша́я　(3) голубы́е　(4) ма́ленькая

7. 다음 보기의 형용사들과 결합할 수 없는 명사를 하나 고르시오.

| 보기 | краси́вое, кра́сное, большо́е, голубо́е, ма́ленькое

(1) зда́ние (2) я́блоко (3) о́зеро (4) не́бо (5) стадио́н

8. 다음 ( ) 속에 들어갈 적당한 형용사를 하나 고르시오.

| 보기 | бале́т ( ) 발레

(1) большо́й (2) больша́я (3) большо́е (4) больши́е

## 연습문제 2

1. 다음 ( ) 속에 들어갈 적당한 형용사를 하나 고르시오.

| 보기 | ( ) книга

(1) красивый (2) интересная (3) большое (4) рабочая

2. 다음 ( ) 속에 들어갈 수 없는 형용사를 하나 고르시오.

| 보기 | ( ) здание

(1) большое (2) красивое (3) маленькое (4) голубой

3. 다음 왼쪽의 ( )속에 적당한 형용사를 써 넣고, 오른쪽의 우리말과 이으시오.

(1) ( ) девушка • • 작은 건물
(2) ( ) здание • • 아름다운 처녀
(3) ( ) площадь • • 재미있는 책들
(4) ( ) книги • • 붉은 광장.

4. 다음 왼쪽의 형용사와 오른쪽의 명사를 서로 적당한 것끼리 이으시오.

(1) молодой • • место
(2) красивая • • девушка
(3) хорошее • • человек
(4) большие • • школы

5. 다음 (　　　) 속에 들어갈 적당한 형용사를 하나 고르시오.

| 보기 | (　　　) теáтр 볼쇼이 극장

(1) большóй　　(2) большáя　　(3) большóе　　(4) больши́е

6. 다음 (　　) 속에 형용사의 적당한 형태를 써 넣으시오.

(1) новый

(　　　) дом, (　　) книга, (　　) здание, (　　　) журналы

(2) белый

(　　) костюм, (　　) бумага, (　　　) пальто, (　　) машины

# 14주 러시아어 형용사의 장어미-단어미형

### 학습목표 소개

러시아어 형용사의 장어미형과 단어미형을 구별할 수 있다.
러시아어 형용사의 장어미형을 단어미형으로 바꿀 수 있다.
러시아어 형용사의 장어미, 단어미형의 용법 차이를 이해할 수 있다.
러시아어 형용사의 장어미형과 단어미형을 활용할 수 있다.

### ◉ 중요단어 익히기

**больно́й** 형용사 병든, 아픈.
больно́й, больна́я, больно́е, больны́е.

**де́вушка** 명사 처녀.

**докуме́нт** 명사 서류.

**дорого́й** 형용사 비싼, 귀중한.
дорого́й, дорога́я, дорого́е, дороги́е.

**жёлтый** 형용사 노란.
жёлтый, жёлтая, жёлтое, жёлтые.

**звезда́** 명사 별.

**здоро́вый** 형용사 건강한.
здоро́вый, здоро́вая, здоро́вое, здоро́вые.

**коро́ткий** 형용사 짧은.
коро́ткий, коро́ткая, коро́ткое, коро́ткие.

**краси́вый** 형용사 아름다운.
краси́вый, краси́вая, краси́вое, краси́вые.

**ле́бедь** 명사 백조.

**молодо́й** 형용사 젊은, 어린.
молодо́й, молода́я, молодо́е, молоды́е.

**небольшо́й** 형용사 크지 않은, 작은, 보잘 것 없는, 시시한.

**плато́к** 명사 스카프, 숄, 손수건.

**поликли́ника** 명사 종합병원, 외래 환자 진료소.

**рабо́чий** 명사 노동자.

**ро́за** 명사 장미.

**ры́ба** 명사 물고기.

**согла́сный** 형용사 동의하는.
согла́сный, согла́сная, -ла́сное, -ла́сные.

**ста́рый** 형용사 늙은, 오래된.
ста́рый, ста́рая, ста́рое, ста́рые.

**удо́бный** 형용사 편리한.
удо́бный, удо́бная, удо́бное, удо́бные.

**у́мный** 형용사 현명한. 영리한, 지혜있는.
☞ ум 명사 앎, 지력, 이성, 사고력.

**у́тка** 명사 오리.

**чёрный** 형용사 검은.
чёрный, чёрная, чёрное, чёрные.

**я́блоко** 명사 사과.

## ◎ 문법기초설명

지금까지 쓰인 형용사들은 모두 **형용사 장어미형**으로 쓰였다. 형용사에는 형용사 장어미형과 **형용사 단어미형**이 있다. 즉, красивая девушка (아름다운 처녀), интересная книга(재미있는 책) 등의 형용사들(красивый, интересный)은 모두 형용사 장어미형으로 쓰인 것이다. 형용사 장어미형은 명사 앞에서 명사를 꾸며주는 **정어(수식어)**의 역할을 한다. 하지만, 형용사가 명사 뒤에서 명사를 서술해주는 **술어**의 역할을 할 때는 형용사 단어미형이 쓰인다.

| <형용사 장어미형> | <형용사 단어미형> |
|---|---|
| **형용사 + 명사** | **명사 + 형용사** |
| красивая девушка | девушка красива |
| (아름다운) (처녀) | (처녀가) (아름답다) |
| **정어** | **술어** |

예1 интересная книга (재미있는 책)
장어미
книга интересна. (책은 재미있다)
단어미

예2 старый отец (늙은 아버지)
장어미
отец стар. (아버지는 늙었다)
단어미

**형용사 단어미형**을 만드는 방법은 형용사 장어미형에서 기본형 어미를 떼어낸 후, **남성**은 **그대로**, **여성**은 -а, **중성**은 -о, **복수**는 -ы 어미를 붙인다.

| 형용사 장어미형 | 기본형어미 | 형용사 단어미형 |
|---|---|---|
| красивый | -ый | красив |
| красивая | -ая | красива |
| красивое | -ое | красиво |
| красивые | -ые | красивы |

예1 зелёный: (장어미형) зелёный, зелёная, зелёное, зелёные.
(단어미형) зелён,зелёна,зелёно,зелёны.

예2 ста́рый: (장어미형) ста́рый, ста́рая, ста́рое, ста́рые.
(단어미형) стар,ста́ра, ста́ро,ста́ры.

예3 здоро́вый: (장어미형) здоро́вый, здоро́вая, здоро́вое, здоро́вые.
(단어미형) здоро́в, здоро́ва, здоро́во, здоро́вы.

예4 дорого́й: (장어미형) дорого́й, дорога́я, дорого́е, дороги́е.
(단어미형) до́рог,дорога́,до́рого, до́роги.

예5 молодо́й: (장어미형) молодо́й, молода́я, молодо́е, молоды́е.
(단어미형) мо́лод, молода́, мо́лодо, мо́лоды.

위와 같이, **형용사 단어미 남성형**을 만들 때는 어미 -ый, 또는 -ой 를 떼어내면 되는데, 이 때, 떼어내고 낸 후의 상태에, 자음과 자음이 겹쳐 있을 때는, 그 사이에 모음 'о' 또는 'е'를 집어 넣어 발음을 부드럽게 하여 주며, 이 때의 모음 'о' 또는 'е'를 '**출몰모음**'이라고 부른다. 즉, интере́сный(재미있는)의 경우, **형용사 단어미 남성형**은 원래 규칙대로 한다면, 어미 -ый를 떼어내면 되므로,интересн이 되어야 한다. 하지만, 여기서 자음 'с'와 자음 'н'이 겹치므로, 그 사이에 **출몰모음** 'е'가 들어가, интересен이 된다.

형용사 단어미 남성형
интересный → интересн(틀림)
**출몰모음** е
интересен (맞음)

예1 интере́сный: (장어미형) интере́сный, интере́сная, -ое, -ые.
(단어미형) интере́сен, интере́сна, интере́сно, интере́сны.

예2 чуде́сный: (장어미형) чуде́сный, чуде́сная, чуде́сное, чуде́сные.
(단어미형) чуде́сен, чуде́сна, чуде́сно, чуде́сны.

예3 согла́сный: (장어미형) согла́сный, согла́сная, согла́сное, -а́сные.
(단어미형) согла́сен, согла́сна, согла́сно, согла́сны.

예4 больно́й: (장어미형) больно́й, больна́я, больно́е, больны́е.
(단어미형) бо́лен, больна́, больно́, больны́.

예5 тру́дный: (장어미형) тру́дный, тру́дная, тру́дное, тру́дные.
(단어미형) тру́ден, трудна́, тру́дно, тру́дны.

형용사 단어미 남성형
короткий → коротк(틀림)
**출몰모음** о
короток(맞음)

**예1** коро́ткий: (장어미형) коро́ткий, коро́ткая, коро́ткое, коро́ткие.
(단어미형) коро́ток, коро́тка, коро́тко, коро́тки.

**예2** мя́гкий: (장어미형) мя́гкий, мя́гкая, мя́гкое, мя́гкие.
(단어미형) мя́гок, мягка́, мя́гко, мя́гки.

**예3** лёгкий: (장어미형) лёгкий, лёгкая, лёгкое, лёгкие.
(단어미형) лёгок, легка́, легко́, лёгки́.

## ◉ 생활러시아어 구문 1

СЕРГЕЙ: Моя́ ма́ма купи́ла маши́ну.

우리(나의) 엄마가 자동차를 샀다.

МАРИНА: Кака́я, ма́ленькая или больша́я?

어떤?, 조그만 자동차, 아니면 큰 자동차?

СЕРГЕЙ: Она́ ма́ленькая маши́на, но о́чень удо́бная (маши́на).

그 차는 조그마한 자동차야, 하지만, 아주 편리한 자동차이지.

МАРИНА: Вчера́ я чита́ла кни́гу.

어제 나는 책을 읽었어.

СЕРГЕЙ: Она́ интере́сная (кни́га)?

그 책 재미있니? (재미있는 책이니)?

МАРИНА: Да, она́ о́чень интере́сна.

그럼, (그 책) 아주 재미있어.

러시아어 형용사에서 **장어미형**은 대부분 명사 앞에서, 그 명사를 수식하여 주는 **정어**로서 쓰이며, **단어미형**은 명사 뒤에서 그 명사를 서술하여 주는 **술어**로서 쓰인다.

| 형용사 | 장어미형 | 형용사 + 명사<br>краси́вая де́вушка<br>아름다운 처녀 | **정어** |
|---|---|---|---|
| | 단어미형 | 명사 + 형용사<br>де́вушка краси́ва<br>처녀는 아름답다. | **술어** |

➾ 상기 도표에서와 같이, 형용사 장어미형은 명사 앞에 와서, 그 명사를 수식하여 주는 **정어**로 쓰이므로, **краси́вая де́вушка** (아름다운 처녀)의 형태가 대부분이나, 이따금, 명사 뒤에 와서 **де́вушка краси́вая**(처녀는 아름답다)와 같이 **술어**로 쓰이는 경우가 있는데, 이 때에도 문법적으로 틀린 것은 아니다. 즉, 형용사 장어미형은 **정어**로 쓰이는 경우가 대부분이나, **술어**로 쓰여도 틀리지 않다는 것이다. 그러나 형용사 단어미형은 반드시 **술어**로만 쓰여야 하며, **정어**로 쓰일 수 없다.

| | | | | | |
|---|---|---|---|---|---|
| 형용사 | 장어미형 | 정어 | краси́вая де́вушка<br>아름다운 처녀 | o | **정어**<br>or<br>**술어** |
| | | 술어 | де́вушка краси́вая<br>처녀는 아름답다. | o | |
| | 단어미형 | 정어 | краси́ва де́вушка | x | **반드시**<br>**술어** |
| | | 술어 | де́вушка краси́ва<br>처녀는 아름답다. | o | |

| <형용사 장어미형> | <형용사 단어미형> |
|---|---|
| красивая девушка. (o) | красива девушка. (x) |
| девушка красивая. (o) | девушка красива. (o) |

그러므로, 다음 예문에서 예3 은 틀린 예문이 된다.

예1 Ве́ра о́чень краси́вая де́вушка. 베라는 아주 아름다운 처녀이다. (o)

예2 Э́та де́вушка о́чень краси́вая. 그 처녀는 아주 아름답다. (o)

예3 Ве́ра о́чень краси́ва де́вушка. 베라는 아주 아름다운 처녀이다. (x)

예4 Э́та де́вушка о́чень краси́ва. 그 처녀는 아주 아름답다. (o)

다음의 예문에서도 예3 은 틀린 예문이다.

예1 Э́то интере́сная кни́га. 이것은 재미있는 책이다. (o)

예2 Э́та кни́га интере́сная. 이 책은 재미있다. (o)

예3 Э́то интере́сна кни́га. 이것은 재미있는 책이다. (x)

예4 Э́та кни́га интере́сна. 이 책은 재미있다. (o)

## ◉ 생활러시아어 구문 2

А : Наш го́род небольшо́й (город).

우리 도시는 작은 도시입니다.

Б : Наш го́род о́чень краси́вый.

우리 도시는 아주 아름답습니다.

А : У нас есть зелёный парк, большо́е о́зеро.

우리한테는 푸른 공원과 커다란 호수가 있습니다.

Б : Там живу́т у́тки, ле́беди.

거기에는 오리들과 백조들이 살고 있습니다.

А : На́ше о́зеро о́чень большо́е.

우리 호수는 아주 큽니다.

Б : Моя́ ма́ма рабо́тает в поликли́нике. Она́ врач.

나의 엄마는 병원에서 일하고 계십니다. 그녀는 의사입니다.

А : Мой па́па--рабо́чий. Он рабо́тает на заво́де.

나의 아빠는 노동자입니다. 그는 공장에서 일을 합니다.

대체로, 러시아어에서 형용사 **장어미형**은 주로 **정어**로 쓰이고, 형용사 **단어미형**은 **술어**로 쓰이는 경우가 대부분이다.

**예1** э́то согла́сный докуме́нт. 형용사 **장어미형-정어**로 쓰임.
이것은 동의서이다.

**예2** Я согла́сна. 형용사 **단어미형-술어**로 쓰임.
나는 동의한다.

**색을 나타내는 러시아어 형용사.**

| | |
|---|---|
| 붉은 색의 | кра́сный, кра́сная, кра́сное, кра́сные. |
| 흰 색의 | бе́лый, бе́лая, бе́лое, бе́лые. |
| 검은 색의 | чёрный, чёрная, чёрное, чёрные. |
| 노란 색의 | жёлтый, жёлтая, жёлтое, жёлтые. |
| 갈색의 | кори́чневый, кори́чневая, кори́чневое, кори́чневые. |
| 청색의 | си́ний, си́няя, си́нее, си́ние. (파란 색의) |
| 녹색의 | зелёный, зелёная, зелёное, зелёные. (푸른색의) |
| 하늘색의 | голубо́й, голуба́я, голубо́е, голубы́е. (푸른색의) |

**예1** 빨간 사과 → кра́сное я́блоко.

예2 하얀 장미 → бéлая рóза.

예3 노란 스카프 → жёлтый платóк.

예4 녹색 공원 → зелёный парк.

예5 푸른 하늘 → голубóе нéбо.

## 연습문제 1

1. 다음 왼쪽의 형용사 장어미형과 오른 쪽의 형용사 단어미형을 서로 이으시오.

(1) интересный • • интересны

(2) интересная • • интересно

(3) интересное • • интересна

(4) интересные • • интересен

2. 다음 형용사의 단어미형을 모두 써 보시오.

| (형용사) 건강한 | → здоро́вый | (형용사) 아픈 | → больно́й |
|---|---|---|---|
| 남성 단어미형 | → (    ) | 남성 단어미형 | → (    ) |
| 여성 단어미형 | → (    ) | 여성 단어미형 | → (    ) |
| 중성 단어미형 | → (    ) | 중성 단어미형 | → (    ) |
| 복수 단어미형 | → (    ) | 복수 단어미형 | → (    ) |

3. 다음에서 틀린 문장을 하나 고르시오.

(1) Она́ о́чень краси́вая де́вушка.

(2) Она́ о́чень краси́ва.

(3) Наш го́род о́чень большо́й.

(4) Э́то о́чень интере́сна кни́га.

4. 다음 형용사의 단어미형을 쓰시오.

краси́вый → 남성 단어미형:

중성 단어미형:

여성 단어미형:

복수 단어미형:

5. 다음 (    ) 속에 들어갈 수 없는 형용사를 하나 고르시오.

(    ) кни́га

(1) интересна (2) интересная (3) большая (4) красивая

6. 다음 (          ) 속에 들어가기에 부적합한 형용사를 하나 고르시오.

(          ) нéбо

(1) голубое    (2) зелёное    (3) большой    (4) красивое

### 연습문제 2

1. 다음 (      ) 속에 들어갈 가장 적당한 형용사를 하나 고르시오.

Она (          )

(1) здоров    (2) красиво    (3) больна    (4) молоды.

2. 다음 (      ) 속에 들어갈 가장 적당한 형용사를 하나 고르시오.

Он (          )

(1) здоров    (2) красиво    (3) больна    (4) молоды

3. 다음 왼쪽의 (    )속에 적당한 형용사를 써넣고, 오른쪽의 우리말과 이으시오.

(1) (          ) я́блоко •    • 청색 양복
(2) (          ) нéбо •    • 검은 장미 (흑장미)
(3) (          ) рóза •    • 푸른 하늘
(4) (          ) костю́м •    • 빨간 사과.

4. 다음에서 틀린 문장을 하나 고르시오.

(1) Это очень интересная книга.
(2) У нас есть зелёный парк.
(3) Наш город небольшая.
(4) У нас есть голубое небо.

5. 다음에서 틀린 문법 설명을 하나 고르시오. (   )

(1) 형용사 장어미형은 정어로도 쓰이고 술어로도 쓰일 수 있다.
(2) 형용사 단어미형은 정어로도 쓰이고 술어로도 쓰일 수 있다.

(3) 형용사 장어미형은 주로 정어로 많이 쓰인다.

(4) 형용사 단어미형은 반드시 술어로만 쓰여야 한다.

6. 다음의 형용사 남성 단어미형 가운데 틀린 것을 하나 고르시오.

(1) интересен (2) согласен (3) больн (4) чудесен

7. 다음 형용사의 단어미형을 쓰시오.

согла́сный → 남성 단어미형:

중성 단어미형:

여성 단어미형:

복수 단어미형:

# 15주 기말(9주~14주) 총정리 및 연습문제 풀이

## 학습목표 소개

러시아어 동사변화를 이해하고 묻는 질문에 올바르게 답할 수 있다.
러시아어 동사의 규칙 변화를 이해하고 그에 맞는 답을 고를 수 있다.
러시아어 동사의 불규칙 변화를 이해하고 활용할 수 있다.
러시아어 재귀동사의 변화를 이해하고 활용할 수 있다.
러시아어 구문(동사 + 동사원형)을 이해하고 활용할 수 있다.
러시아어 동사의 시제를 이해하며 과거형을 만들고 활용할 수 있다.
러시아어 형용사의 경변화와 연변화 어미를 이해하고 구별할 수 있다.
러시아어 형용사를 남성, 여성, 중성, 복수형 어미로 변화시킬 수 있다.
러시아어 형용사의 장어미형을 단어미형으로 바꿀 수 있다.
러시아어 형용사의 장어미와 단어미형의 용법 차이를 이해할 수 있다.

## 연습문제 풀이

1. 다음의 서로 관계있는 것끼리 이으시오.

(1) я • • едет
(2) он • • едете
(3) вы • • едут
(4) они • • еду

2. 다음 ( ) 속에 들어갈 적당한 동사변화형을 하나 고르시오.

Я ( ) читать книгу. 나는 책을 읽을 수 있다.

(1) могу (2) можешь (3) может (4) можете

3. 다음 ( ) 속에 들어갈 적당한 명사를 하나 고르시오.

Они могут читать ( ). 그들은 책을 읽을 수 있다.

(1) книга (2) книг (3) книгу (4) книгой

4. 다음 ( ) 속에 들어갈 적당한 동사변화형을 하나 고르시오.

Она ( ) читать книгу. 그녀는 책을 읽을 수 있다.

(1) могу (2) можешь (3) может (4) можете

5. 다음 서로 관계있는 것 끼리 이으시오.

(1) 나는 도서관에 걸어간다. • • я еду на машине.
(2) 나는 도서관에 타고 간다. • • я еду на автобусе.
(3) 나는 자동차를 타고 간다. • • я иду в библиотеку.
(4) 나는 버스를 타고 간다. • • я еду в библиотеку.

6. 다음 표 속에 빈 칸을 적당한 변화형으로 채우시오.

| | жить | хоте́ть | мочь |
|---|---|---|---|
| я | | | могу́ |
| ты | живёшь | | |
| он, она́ | | хо́чет | |
| мы | | | мо́жем |
| вы | живёте | | |
| они́ | | хотя́т | |

7. 다음 서로 관계있는 것끼리 이으시오.

(1) Куда ты идёшь? •　　• Она идёт в театр.

(2) Где вы живёте? •　　• Она живёт в Москве.

(3) Куда она идёт? •　　• Я иду в школу.

(4) Где она живёт? •　　• Я живу в Петербурге.

8. 다음 표 속에 빈 칸을 적당한 동사 변화형으로 채우시오.

| | петь | зва́ть | взять |
|---|---|---|---|
| я | | зову́ | |
| ты | поёшь | | |
| он, она́ | | зовёт | |
| мы | | | возьмём |
| вы | поёте | | |
| они́ | | | возьмут |

9. 다음 동사들의 뜻을 써 보시오.

(1) читать ( )　　(6) сказать ( )

(2) петь ( )　　(7) звать ( )

(3) идти ( )　　(8) жить ( )

(4) ехать ( )　　(9) взять ( )

(5) хотеть ( )　　(10) мочь ( )

10. 다음 동사들의 뜻을 써 보시오.

(1) думать ( ) (6) говорить ( )
(2) видеть ( ) (7) понимать ( )
(3) писать ( ) (8) делать ( )
(4) слушать ( ) (9) гулять ( )
(5) играть ( ) (10) уметь ( )

11. 다음 **давать** 동사의 변화형이 틀린 것을 하나 고르시오.

(1) даю. (2) даваешь. (3) даёт (4) дают

12. 다음 **танцевать** 동사의 변화형이 틀린 것을 하나 고르시오.

(1) танцую. (2) танцеваешь. (3) танцует (4) танцуют

13. 다음 **дать** 동사의 변화형이 틀린 것을 하나 고르시오.

(1) дам (2) даёшь (3) даст (4) дадим

14. 다음의 동사 변화표를 완성하시오.

| | изучать | изучить | хотеть | дать | петь | взять |
|---|---|---|---|---|---|---|
| я | | | | | | |
| ты | | | | | | |
| он | | | | | | |
| мы | | | | | | |
| вы | | | | | | |
| они | | | | | | |

15. 다음 서로 관계있는 것끼리 이으시오.

(1) Я • • танцует
(2) Ты • • танцуешь
(3) Он • • танцую
(4) Мы • • танцуют
(5) Вы • • танцуете
(6) Они • • танцуем

16. 다음에서 틀린 변화형을 하나 고르시오.

(1) рисую.

(2) рисуешь.

(3) рисовает.

(4) рисуем.

17. 다음 표 속의 빈칸에 적당한 형태를 써 넣으시오.

| | слушать | думать | менять | гулять | смотреть | успеть |
|---|---|---|---|---|---|---|
| я | | думаю | | гуляю | смотрю | успею |
| ты | слушаешь | | меняешь | | смотришь | |
| он, она | | думает | меняет | | | успеет |
| мы | слушаем | | | гуляем | смотрим | |
| вы | | думаете | | гуляете | | успеете |
| они | слушают | | меняют | | смотрят | |

18. 다음 표 속의 빈칸에 적당한 형태를 써 넣으시오.

| | курить | решить | строить | любить | готовить | садить |
|---|---|---|---|---|---|---|
| я | курю | решу | | люблю | | сажу |
| ты | куришь | | строишь | любишь | готовишь | садишь |
| он, она | | решит | | | | |
| мы | курим | | строим | | | |
| вы | | решите | | | готовите | |
| они | курят | | | любят | | сажат |

19. 다음 보기의 ( ) 속에 들어갈 적당한 형태의 짝이 틀린 것을 하나 고르시오.

| 보기 | Я знаю ( ) язык. Я говорю ( ).

(1) англи́йский по-англи́йски.

(2) кита́йский по-кита́йски.

(3) по-ру́сски ру́сский язык.

(4) испа́нский по-испа́нски.

20. 다음에서 품사의 종류가 나머지 다른 단어들과 다른 것을 하나 고르시오.

(1) тетрадь (2) расти (3) учитель (4) радость

21. 다음 표 속의 빈칸에 적당한 형태를 써 넣으시오.

| | понимать | изучать | изучить | видеть | смотреть | петь |
|---|---|---|---|---|---|---|
| я | | изучаю | изучу | вижу | смотрю | пою |
| ты | понимаешь | | | видишь | | поёшь |
| он, она | | изучает | изучит | | смотрит | |
| мы | понимаем | | | | | поём |
| вы | | изучаете | | | | |
| они | понимают | | изучат | видят | смотрят | поют |

22. 다음에서 현재 변화형이 틀린 것을 하나 고르시오.

(1) смотрю (2) смотрешь
(3) смотришь (4) смотрят

23. 다음 ( )속에 동사 **читать**의 변화형을 알맞게 써 넣으시오.

(1) Что делает Олег? Он ( ) книгу.
(2) Мы ( ) по-русски, они тоже ( ) по-русски.
(3) Я ( ) русский журнал, а что вы ( )?
(4) Я ( ) книгу, а она не ( ).

24. 다음 서로 관계있는 것끼리 이으시오.

(1) Я • • говорит
(2) Ты • • работаем
(3) Он • • делаю
(4) Мы • • читаешь
(5) Вы • • слушают
(6) Они • • смотрите

25. 다음 보기의 (    )속에 들어갈 적당한 형태의 짝이 틀린 것을 하나 고르시오.

| 보기 | **Я знаю (    ) язык. Я говорю (    ).**

(1) англи́йский по-англи́йски.

(2) коре́йский по-коре́йски.

(3) ру́сский по-ру́сский.

(4) испа́нский по-испа́нски.

26. 다음에서 현재 변화형이 틀린 것을 하나 고르시오.

(1) рисую

(2) следую

(3) танцеваю

(4) фотографирую

27. 다음 물음에 부정문으로 대답하시오.

(1) Вы изучаете русский язык? (                    )

(2) Вы любите его? (                    )

(3) Вы живёте на квартире? (                    )

(4) Ты понимаешь английскую газету? (                    )

(5) Ты хочешь смотреть телевизор? (                    )

28. 다음 (    )속에 적당한 인칭대명사를 써 넣으시오.

(1) Что (    ) делаешь? (    ) читаю корейский журнал.

(2) (    ) говорит по-русски? Да, (    ) говорит по-русски.

(3) (    ) знаете испанский язык? Да, (    ) знаем.

(4) (    ) любите её? Нет, (    ) не люблю её.

29. 다음 (    )속에 'хотеть'의 적당한 변화형을 써 넣은 후, 문장을 해석하시오.

(1) Я (    ) говорить по-русски.

해석: ________________________________

(2) Она (  ) идти дамой.

해석: ________________________________

(3) Вы (  ) петь песню?

해석: ____________________

(4) Мы (  ) ехать в Москву.

해석: ____________________

(5) Ты (  ) писать письмо?

해석: ____________________

(6) Они (  ) смотреть телевизор.

해석: ____________________

30. 다음 (  ) 속에 들어갈 적당한 단어를 아래에서 고르시오.

Она (  ) читать газету. → 그녀는 신문을 읽을 수 있다.

(1) могу (2) можешь (3) может (4) можем

31. 다음 (  ) 속에 'хотеть'의 적당한 변화형을 써 넣은 후, 문장을 해석하시오.

(1) Она (  ) говорить по-русски.

해석: ____________________

(2) Вы (  ) выпить до дна?

해석: ____________________

(3) Что ты (  ) сегодня делать?

해석: ____________________

(4) Я (  ) отдыхать дома.

해석: ____________________

32. 다음 (  ) 속에 'мочь'의 적당한 변화형을 써 넣은 후, 문장을 해석하시오.

(1) Сегодня я не (  ) отвечать урок.

해석: ____________________

(2) Мы не (  ) работать сегодня вечером.

해석: ____________________

(3) Вы (　　　　) решить эти задачи?

해석: ______________________________________

(4) Он (　　　　) писать быстро.

해석: ______________________________________

33. 다음 (　　) 속에 'любить'의 적당한 변화형을 써 넣은 후, 문장을 해석하시오.

(1) Мы (　　　　) смотреть телевизор.

해석: ______________________________________

(2) Они не (　　　　) работать вечером.

해석: ______________________________________

(3) Я (　　　　) читать газеты.

해석: ______________________________________

(4) Вы (　　　　) танцевать? Да, я (　　　　).

해석: ______________________________________

34. 다음의 (　　) 속에 'должен'의 적당한 형을 써 넣으시오.

(1) Мой брат (　　　) ехать в Сеул.
(2) Моя сестра больна, она (　　　) быть дома.
(3) Уже пора, мы (　　　) идти на урок.
(4) Что вы (　　　) сегодня делать?
(5) Где (　　　) лежать это письмо?

35. 다음 어휘들 중 의미상 다른 것들과 다른 범주에 속하는 것은?

(1) баян　　(2) балалайка　　(3) футбол　　(4) гитара

36. 다음 어휘들 중 의미상 다른 것들과 다른 범주에 속하는 것은?

(1) футбол　　(2) теннис　　(3) балалайка　　(4) бейсбол

37. 다음 어휘들 중 의미상 다른 것들과 다른 범주에 속하는 것은?

(1) город (2) улица (3) площадь (4) машина.

38. 다음 어휘들 중 의미상 다른 것들과 다른 범주에 속하는 것은?

(1) мотоцикл (2) трамвай (3) библиотека (4) автобус.

39. 다음 어휘들 중 불변화 중성명사가 아닌 것은?

(1) такси (2) метро (3) яблоко (4) пианино

40. 다음 동사 변화표를 완성하시오.

| | хотеть | любить | мочь | жить |
|---|---|---|---|---|
| я | | | | |
| ты | | | | |
| он | | | | |
| мы | | | | |
| вы | | | | |
| они | | | | |

41. 다음 동사 변화표를 완성하시오.

| | идти | ехать | читать | говорить |
|---|---|---|---|---|
| я | | | | |
| ты | | | | |
| он | | | | |
| мы | | | | |
| вы | | | | |
| они | | | | |

42. 다음 중에서 틀린 문장을 하나 고르시오.

(1) Я играю в футбол.
(2) Я играю в теннис.
(3) Я играю в бейсбол.
(4) Я играю в шахмате.

43. 다음 중에서 틀린 문장을 하나 고르시오.

(1) Я играю на скрипке.
(2) Я играю на балалайке.
(3) Я играю на гитарой.
(4) Я играю на гармонике.

44. 다음 중에서 틀린 문장을 하나 고르시오.

(1) Я играю в хоккей.
(2) Я играю на пианино.
(3) Я играю в скрипке.
(4) Я играю на виолончеле.

45. 다음 중에서 틀린 문장을 하나 고르시오.

(1) Он учит тексту.
(2) Он учит грамматику.
(3) Он учит математику.
(4) Он учит английский язык.

46. 다음 중에서 틀린 문장을 하나 고르시오.

(1) Она учится русскому языку.
(2) Она учится английскому языку.
(3) Она учится математике.
(4) Она учится грамматику.

47. 다음 보기의 두 문장을 올바로 옮겨놓은 것을 고르시오.

| 보기 | 그는 수학을 가르친다. 그는 소년에게 수학을 가르친다.

(1) Он учит математику. Он учит мальчика математике.
(2) Он учит математику. Он учит мальчике математику.
(3) Он учит математике. Он учит мальчике математику.
(4) Он учит математике. Он учит мальчика математике.

48. 다음의 문장을 러시아어로 옮길 때, (     ) 속에 적당한 말을 써 넣으시오.

(1) 그녀는 이것을 해야만 한다. → Она (     ) это сделать.
(2) 그녀는 피아노 치는 것을 좋아한다. → Она (     ) играть на пианино.
(3) 이곳에서 담배를 피워서는 안 된다. → Здесь (     ) курить.
(4) 그들이 테니스 치기를 원합니까? → Они (     ) играть в теннис?
(5) 나는 대학교에서 배우고 있다. → Я (     ) в университете.
(6) 그는 대학에서 문법을 가르친다. → Он (     ) грамматику в институте.

49. 다음의 질문에 대하여 부정문으로 대답하시오.

(1) Ты любишь играть в футбол? → ______________________________
(2) Ты любишь читать? → ______________________________
(3) Вы можете играть в бейсбол? → ______________________________
(4) Ты можешь играть на пианино? → ______________________________
(5) Вы хотите слушать музыку? → ______________________________

50. 다음의 우리말을 러시아어로 옮기시오.

(1) 그들은 대학에서 공부하고 있다.

______________________________

(2) 그는 한국어를 배우고 있다.

______________________________

(3) 그녀는 영어로 말할 수 있다.

______________________________

(4) 우리들은 보드카 마시는 것을 좋아한다.

______________________________

(5) 나는 소주 마시는 것을 좋아한다.

______________________________

(6) 당신은 한국어로 말할 수 있습니까? 혹은 영어로 말할 수 있습니까?

______________________________________________

51. 아래 보기와 같이, 동사의 과거형을 쓰시오.

| 보기 | **читать → (читал, читала, читало, читали)**

(1) **жить** → ( )

(2) **петь** → ( )

(3) **мочь** → ( )

(4) **идти** → ( )

(5) **ехать** → ( )

52. 다음 서로 관계있는 것끼리 이으시오.

(1) он • • могла

(2) она • • мог

(3) мы • • могли

(4) оно • • могло

53. 다음 보기의 문장을 올바르게 러시아어로 옮긴 것을 고르시오.

| 보기 | 당신은 어제 신문을 읽었다.

(1) Ты читал газету вчера.

(2) Мы читали газету вчера.

(3) Вы читал газету вчера.

(4) Вы читали газету вчера.

54. 다음에서 틀린 문장을 하나 고르시오.

(1) Я читал книгу сегодня.
(2) Он читал книгу сегодня.
(3) Она читала книгу сегодня.
(4) Они читалы книгу сегодня.

55. 다음 동사의 과거형을 (　　　) 속에 쓰시오.

(1) делать (~을 하다) → 여성형과거 : (　　　　)
(2) работать (일하다) → 복수형과거 : (　　　　)
(3) сказать (말하다) → 중성형과거 : (　　　　)
(4) писать (쓰다) → 남성형과거 : (　　　　)

56. 다음의 동사를 보기와 같이 과거형으로 바꾸시오.

| 보기 | говорить: (말하다) → Она (говорила)

(1) любить: (사랑하다) → Она (　　　　)
(2) смотреть: (~보다) → Вы (　　　　)
(3) купить: (~사다) → Он (　　　　)
(4) думать: (생각하다) → Мы (　　　　)

57. 다음의 문장을 보기와 같이 과거형 문장으로 바꾸시오.

| 보기 | Он работает → (Он работал)

(1) Она гуляет → (　　　　)
(2) Мы обедаем → (　　　　)
(3) Он ужинает → (　　　　)
(4) Я пишу → (　　　　)
(5) Ты смотришь → (　　　　)

58. 다음 보기에서 (　　　) 속에 들어갈 적당한 동사를 하나 고르시오

| 보기 | 그는 서울에 살았다. → Он (　　　) в Сеуле.

(1) жило　(2) жила　(3) жил　(4) жили　(5) живёт

59. 다음 보기에서 ( ) 속에 들어갈 적당한 동사를 하나 고르시오

| 보기 | 그들은 어제 노래 부르고 싶었다. → Они ( ) петь вчера.

(1) хотели (2) хочели (3) хотили (4) хотел (5) хотят

60. 다음 ( ) 속에 'быть' 동사의 적당한 과거형을 써 넣으시오.

(1) Здесь нельзя ( ) курить. (여기서 담배를 피워서는 안되었다.)
(2) Мы должны ( ) дома. (우리들은 집에 있어야 했었다.)
(3) Вчера ( ) понедельник. (어제는 월요일이었다.)
(4) Она ( ) у меня в доме. (그녀는 우리 집에 왔었다.)
(5) Он ( ) в библиотеке. (그는 도서관에 갔었다.)

61. 다음 단어들 중에서 '요일'을 나타내는 단어가 아닌 것은?

(1) вторник (2) воскресенье (3) воскресение (4) суббота

62. 다음 서로 관계있는 것끼리 이으시오.

(1) понедельник • • 화요일
(2) пятница • • 금요일
(3) вторник • • 월요일
(4) четверг • • 목요일
(5) среда • • 일요일
(6) суббота • • 토요일
(7) воскресенье • • 수요일

63. '~요일에'를 나타내는 표현 중에서 틀린 것을 하나 고르시오.

(1) во вторник (2) в пятницу (3) в суботу (4) в воскресенье

64. 다음의 문장을 아래 보기와 같이 과거형 문장으로 바꾸시오.

| 보기 | Она хочет говорить по-русски.
→ Она (хотела) говорить по-русски.

(1) Она любит смотреть телевизор.
→ Она ( ) смотреть телевизор.

(2) Они могут писать быстро.

→ Они (　　　) писать быстро.

(3) Моя сестра должна ехать в Сеул.

→ Моя сестра должна (　　　) ехать в Сеул.

(4) Он играет на пианино.

→ Он (　　　) на пианино.

65. 다음의 문장을 아래 보기와 같이 과거형 문장으로 바꾸시오.

| 보기 | Она хочет говорить по-русски.
→ Она (хотела) говорить по-русски.

(1) Мы любим смотреть телевизор.

→ Мы (　　　) смотреть телевизор.

(2) Он может писать быстро.

→ Он (　　　) писать быстро.

(3) Мой брат должен ехать в Сеул.

→ Мой брат должен (　　　) ехать в Сеул.

(4) Она играет в теннис.

→ Она (　　　) в теннис.

66. 다음 (　　　) 속에 들어갈 적당한 형용사를 하나 고르시오.

| 보기 | (　　) площадь 붉은 광장

(1) красный　(2) красная　(3) красное　(4) красные

67. 다음 (　　　) 속에 들어갈 적당한 형용사를 하나 고르시오.

| 보기 | (　　) улица아름다운 거리

(1) красивый　(2) красивая　(3) красивое　(4) красивые

68. 다음 (　　　) 속에 들어갈 적당한 형용사를 하나 고르시오.

| 보기 | (　　) театр 볼쇼이 극장

(1) большой　(2) большая　(3) большое　(4) большие

69. 다음 중에서 형용사와 명사의 결합이 틀린 것을 하나 고르시오.

(1) новая квартира (2) большой театра
(3) синий костюм (4) зелёный парк

70. 다음 중에서 형용사와 명사의 결합이 틀린 것을 하나 고르시오.

(1) красивая девушка (2) новый дом
(3) хорошое книга (4) красные фраги

71. 다음 왼쪽의 형용사와 오른쪽의 명사를 서로 적당한 것끼리 이으시오.

| | | | |
|---|---|---|---|
| (1) большой | • | • | площадь |
| (2) красная | • | • | театр |
| (3) голубое | • | • | квартиры |
| (4) новые | • | • | озеро |

72. 다음 왼쪽의 형용사와 오른쪽의 명사를 서로 적당한 것끼리 이으시오.

| | | | |
|---|---|---|---|
| (1) молодая | • | • | место |
| (2) красивое | • | • | девушка |
| (3) хорошие | • | • | город |
| (4) большой | • | • | книги |

73. 다음 ( ) 속에 들어갈 적당한 형용사를 하나 고르시오.

| 보기 | ( ) книга

(1) красивый (2) интересная (3) большое (4) рабочий

74. 다음 ( ) 속에 형용사의 적당한 형태를 써 넣으시오.

(1) старый

( ) дом, ( ) книга, ( ) здание, ( ) журналы

(2) чёрный

( ) костюм, ( ) бумага, ( ) пальто, ( ) машины

75. 다음 (          ) 속에 들어갈 수 없는 형용사를 하나 고르시오.

| 보기 | (          ) квартира

(1) большая (2) красивая (3) маленький (4) голубая

76. 다음 왼쪽의 (       ) 속에 적당한 형용사를 써 넣고, 오른 쪽의 우리말과 이으시오.

(1) (          ) девушка • • 볼쇼이 극장
(2) (          ) театр • • 아름다운 처녀
(3) (          ) площадь • • 재미있는 책들
(4) (          ) книги • • 붉은 광장.

77. 다음 형용사의 단어미형을 쓰시오.

интересный → 남성형 단어미:
중성형 단어미:
여성형 단어미:
복수형 단어미:

78. 다음 형용사의 단어미형을 모두 써 보시오.

(형용사) 건강한 → здоровый (형용사) 아픈 → больной
남성 단어미→ (          ) 남성 단어미→ (          )
여성 단어미→ (          ) 여성 단어미→ (          )
중성 단어미→ (          ) 중성 단어미→ (          )
복수 단어미→ (          ) 복수 단어미→ (          )

79. 다음에서 틀린 문장을 하나 고르시오.

(1) Он очень красивый человек.
(2) Он очень красива.
(3) Наша квартира очень большая.
(4) Это очень интересный журнал.

80. 다음에서 틀린 문장을 하나 고르시오.

(1) Это очень интересная книга.
(2) У нас есть зелёная парк.
(3) Наш город небольшой.
(4) У нас есть голубое озеро.

81. 다음 (　　) 속의 동사원형을 적당한 현재변화형으로 바꾸시오.

(1) Она (знать) русский язык.
(2) Он (работать) на заводе.
(3) Он (изучать) в школе.
(4) Она (гулять) в парке.

82. 다음 왼쪽의 형용사 장어미형과 오른쪽의 형용사 단어미형을 적당하게 이으시오.

| | | | |
|---|---|---|---|
| (1) короткий | • | • | коротка |
| (2) короткая | • | • | коротко |
| (3) короткое | • | • | коротки |
| (4) короткие | • | • | короток |

83. 다음 중 동사 변화 연결이 잘못된 것을 하나 고르시오.

(1) читать читаю
(2) рисовать рисоваю
(3) гулять гуляю
(4) иметь имею

84. 다음 (　　) 속의 동사원형을 적당한 현재변화형으로 바꾸시오.

(1) Я (читать) книгу.
(2) Я (любить) её.
(3) Я (говорить) по-русски.
(4) Он (смотреть) телевизор.

# 2 1주 러시아어 동사의 체(體)

### 학습목표 소개

러시아어 동사의 완료체-불완료체 동사를 구별해 낼 수 있다.
러시아어 불완료체 동사와 완료체 동사의 차이점을 이해할 수 있다.
러시아어 불완료체 동사를 완료체 동사로 변형시킬 수 있다.
러시아어 불완료체 동사와 완료체 동사를 올바르게 활용할 수 있다.

### ◉ 중요단어 익히기

**взя́ть** 동사 ~을 잡다, ~을 붙잡다. ~을 가지고 오다, ~을 인수하다.

**вме́сте** 부사 함께, 같이.

**выучи́ть** 동사 가르치다, 훈련시키다, 복습하다, 예습하다, 암송하다.

**глаго́л** 명사 동사.

**доба́вить** 동사 보태다, 추가하다, 첨가하다, 보충하다.

**до́лго** 부사 오랫동안.

**звёзды** 명사 звезда́ (별)의 복수형.

**напра́вить** 동사 방향을 주다, 향하게 하다, 보내다, (주의를)집중하다,

**настоя́щий** 형용사 현재의, 지금의, 실제의, 진짜의. в ~щее время; 현재.

**обеща́ть** 동사 ~을 약속하다.

**обы́чно** 부사 보통, 통상적으로,

**оста́вить** 동사 남기다, 두고 가다, 남겨두다, 방치하다, 내버려 두다.

**отве́тить** 동사 대답하다, 응답하다, 보답하다, 보복하다,

**отмени́ть** 동사 폐지하다, 파기하다, 중지하다.

**повтори́ть** 동사 반복하다, 복습하다. 되풀이하다.

**реша́ть** 동사 ~을 해결하다, (문제를) 풀다, ~을 결정하다.

**рисова́ть** 동사 (그림을) 그리다.

**соверши́ть** 동사 하다, 행하다, 완료하다, 완수하다, 수행하다.

**суме́ть** 동사 할 수 있다, ~할 능력이 있다.

**телеско́п** 명사 망원경

**уви́деть** 동사 보다, 보이다, 만나다, 알다, 경험하다, 발견하다.

**упражне́ние** 명사 연습, 실습, 연습문제, 과업.

**услы́шать** 동사 듣다(들리다), 들어서 알다, 지각하다.

**фотографи́ровать** 동사 촬영하다. (사진을) 찍다.

**ча́сто** 부사 자주.

## ◉ 문법기초설명

러시아어 동사에는 대부분 불완료체동사와 완료체동사의 두 종류가 있다. 이들은 대부분 서로가 한 쌍을 이루고 있으며, 기본적인 의미에 있어서는 동일하나, 그 쓰임에 있어서는 다음과 같이 약간의 차이를 두며 사용된다.

예 불완료체동사(читать) → 나는 책을 읽었다. → Я читал книгу.
완료체동사(прочитать) → 나는 책을 다 읽었다 . → Я прочитал книгу.

위의 예문에서 불완료체동사(читать)의 경우에는 책을 끝까지 다 읽었는지 아니면 도중에 읽다가 그만 두었는지, 그 완료의 의미가 없으나, 완료체동사(прочитать)의 경우에는 책을 처음부터 끝까지 다 읽었다는 완료의 의미가 강하게 표현되어 있는 것이다. 즉, 불완료체동사는 читáть (읽다), писáть (쓰다), стрóить (건축하다) 등의 동사와 같이 **동작의 계속이나 반복**을 나타내면서 그 동작의 완료와는 관계없는 것을 나타내지만, 완료체동사는 прочитáть (다 읽다, 읽기를 마치다), написáть (다 쓰다, 쓰기를 마치다), пострóить (다 건축하다, 건축을 마치다) 등의 동사와 같이 **동작이 완료되거나 그 동작의 결과가 남아 있는 것, 또는 동작이 한번 행하여지는 것**을 나타낸다. 다음의 불완료체-완료체 동사의 예에서도 불완료와 완료의 차이를 비교해 볼 수 있다.

| 불완료체 동사 | | 완료체 동사 | |
|---|---|---|---|
| читáть | ~을 읽다. | прочитáть | ~을 끝까지 다 읽다. |
| дéлать | ~을 만들다. | сдéлать | ~을 다 만들다. |
| рисовáть | ~을 그리다. | нарисовáть | ~을 끝까지 다 그리다. |
| писáть | ~을 쓰다 | написáть | ~을 끝까지 다 쓰다. |
| учи́ть | ~을 가르치다 | выучи́ть | ~을 끝까지 다 가르치다. |
| решáть | ~을 해결하다 | реши́ть | ~을 완전히 해결하다. |
| собирáть | ~을 채집하다 | собрáть | ~을 모두 채집하다. |
| фотографи́ровать | ~을 찍다. | сфотографи́ровать | ~을 다 찍다 |

그러므로, 불완료체 동사의 과거에서는 불완료된 과거의 의미와 더불어 과거진행형의 의미 전달이 가능하나, 완료체 동사의 과거에서는 오로지 완료의 의미만 가능하다.

| 불완료체 동사 | 완료체 동사 |
|---|---|
| Я читал книгу.<br>나는 책을 읽었다. 나는 책을 읽고 있었다. | Я прочитал книгу.<br>나는 책을 끝까지 다 읽었다. |

| | |
|---|---|
| **Я делал мебель.**<br>나는 가구를 만들었다. 나는 가구를 만들고 있었다. | **Я сделал мебель.**<br>나는 가구를 다 만들었다. |
| **Я рисовал портрет.**<br>나는 초상화를 그렸다. 나는 초상화를 그리고 있었다. | **Я нарисовал портрет.**<br>나는 초상화를 완전히 다 그렸다. |
| **Я писал письмо.**<br>나는 편지를 썼다. 나는 편지를 쓰고 있었다. | **Я написал письмо.**<br>나는 편지를 끝까지 다 썼다. |
| **Я учил собаку.**<br>나는 개를 훈련시켰다. 나는 개를 훈련시키고 있었다. | **Я выучил собаку.**<br>나는 개를 완전히 훈련시켰다. |
| **Я решал математическую задачу.**<br>나는 수학문제를 풀었다. 나는 수학문제를 풀고 있었다. | **Я решил математическую задачу.**<br>나는 수학문제를 끝까지 다 풀었다. |
| **Я собирал ягоды.**<br>나는 딸기를 땄다. 나는 딸기를 따고 있었다. | **Я собрал ягоды.**<br>나는 딸기를 모두 다 땄다. |
| **Я фотографировал.**<br>나는 사진촬영을 하였다. 나는 사진을 찍고 있었다. | **Я сфотографировал.**<br>나는 사진촬영을 다 끝냈다.) |

다음의 예문들에서 '완료'와 '불완료'의 의미 차이를 해석하여 보자.

**예1** Ко́ля написа́л письмо́. 콜랴는 편지를 완전히 다 썼다. (완료)

**예2** Ма́ша учи́ла уро́ки. 마샤는 과들을 복습하였다. (불완료) (끝까지 다 복습하지는 못 하였다.)

**예3** И́горь прочита́л кни́гу. 이고리는 책을 끝까지 다 읽었다. (완료)

**예4** Анто́н не реши́л математи́ческую зада́чу. (완료의 부정) 안톤은 수학 문제를 다 풀지 못하였다.

**예5** Вечером Алёша рисовал.저녁에 알료샤는 그림을 그렸다. (불완료) (그림을 완성하지는 못 하였다.)

## ◉ 생활러시아어 구문 1

СА́ША : Что э́то?
ПЕ́ТЯ : Телеско́п.
СА́ША : Настоя́щий?
ПЕ́ТЯ : Да. Э́то я сде́лал.
МА́ША : Не ты, а мы. Мы де́лали телеско́п вме́сте. Хо́чешь посмотре́ть звёзды?
СА́ША : Да, о́чень хочу́.

사샤: 이게 뭐야?
뻬쨔: 망원경이야.
사샤: 진짜야?
뻬쨔: 그럼, 이것을 내가 만들었단다.
마샤: 네가 아니라, 우리지. 우리들이 함께 망원경을 만들었어. 별을 관찰해 보기를 원하니?
사샤: 으응, 나는 아주 원해.

불완료체동사와 완료체동사는 그 형태상에서 다음과 같은 3종류로 나누어 볼 수 있다.

| 형태상의 차이 | 불완료체동사 | 완료체동사 |
|---|---|---|
| **접두사 + 불완료체동사 ⇒ 완료체동사**<br>(с на по до за등의 접두사를 붙이는 경우) | делать<br>писать<br>строить | с + делать = сделать<br>на + писать = написать<br>по + строить = построить |
| **(중간의 접미사가 변화하는 경우)**<br>а → и<br>я → и<br>ыва → а | изучать<br>повторять<br>рассказывать | (а → и) ⇒ изучить<br>(я → и) ⇒ повторить<br>(ыва→ а)⇒ рассказать |
| **완전히 어근이 다른 경우** | говорить<br>брать | сказать<br>взять |

### (1) 접두사 + 불완료체동사 ⇒ 완료체동사

읽다 про + чита́ть → прочита́ть
쓰다 на + писа́ть → написа́ть
건설하다 по + стро́ить → постро́ить
~을 하다 с + де́лать → сде́лать
그리다 на + рисова́ть → нарисова́ть

가르치다 вы + учи́ть → выучи́ть
사진 찍다с + фотографи́ровать → сфотографи́ровать
생각하다 по + ду́мать → поду́мать
놀다, 연주하다 с + игра́ть → сыгра́ть
~할 수 있다 с + уме́ть → суме́ть
듣다 по + слу́шать → послу́шать
보다 по + смотре́ть → посмотре́ть
보이다 у + ви́деть → уви́деть
들리다 у + слы́шать → услы́шать

## 2 접미사 : а ⇒ и, я ⇒ и, ыва ⇒ а,

연구하다 изучать → изучить
대답하다 отвечать → ответить
달성하다 совершать → совершить
남기다 оставлять → оставить
반복하다 повторять → повторить
첨가하다 добавлять → добавить
~로 향하게 하다 направлять → направить
폐지하다 отменять → отменить
사다, 구입하다 покупать → купить
질문하다 спрашивать → спросить
이야기하다 рассказывать → рассказать

## (3) 완전히 어근이 다른 경우 : (예외적 경우)

말하다 говорить → сказать
~을 잡다 брать → взять
눕다, 취침하다 ложиться → лечь
앉다 садиться → сесть

### ◉ 생활러시아어 구문 2

МА́ША : У тебя́ есть слова́рь?
НИ́НА : Есть.
МА́ША : Дай мне, пожа́луйста. Я хочу́ посмотре́ть одно́ сло́во.
НИ́НА : Како́е?
МА́ША : Я не зна́ю, как писа́ть глаго́л "сфотографи́ровать"
НИ́НА : Я то́же не зна́ю. Вот слова́рь, посмотри́.

마샤 : 너한테 사전 있니?
니나 : 있어.
마샤 : 나에게 다오. 나는 단어 하나를 찾아보고 싶단다.
니나: 어떤 단어인데?
마샤 : 동사 "사진 찍다"를 어떻게 쓰는지, 모르겠어.
니나 : 나 또한 모르겠네. 자 여기에 사전이 있어, 보거라.

대체로, 불완료체 동사는 до́лго (오랫동안), недо́лго (얼마동안), всегда́ (항상), ча́сто(자주), ка́ждый день (매일), обы́чно(보통) 등의 단어와 함께 사용되어, 과거의 규칙적이거나 혹은 불규칙적인 습관 내지 반복적인 행위 등을 나타낼 때가 종종 있다. 그러므로, 이러한 단어가 나오는 문장에서 완료체 동사를 사용하면 틀린 문장이 되며, 반드시 불완료체 동사를 사용하여야 한다.

예1 Мы всегда́ мно́го <u>чита́ли</u>. 우리는 항상 글을 많이 읽었다.

예2 Он обы́чно <u>пишёт</u> вечером. 그는 보통 저녁에 글을 쓴다.

예3 Вчера́ она́ до́лго <u>чита́ла</u>. 어제 그녀는 오랫동안 독서를 하였다.

예4 Он всегда́ <u>повторя́л</u> пра́вила. (그는 항상 규칙들을 반복하였다.

### ◉ 생활러시아어 구문 3

Учи́тель спроси́ла : Ты уже́ прочита́л журна́л <Но́вое вре́мя>?
Са́ша отве́тил : Нет ещё.
Бори́с спроси́л : Ма́ша, ты написа́ла упражне́ние?
Ма́ша отве́тила : Да, написа́ла.
Ба́бушка спроси́ла : Бо́ря, куда́ ты идёшь?
Бори́с отве́тил : Я иду́ игра́ть с Ма́шей.

Бáбушка сказáла : Ну, хорошó.

선생님이 물었다: 너는 벌써 잡지 <새로운 시대>를 다 읽었니?

사샤가 대답하였다: 아니오 아직요.

보리스는 질문하였다: 마샤야, 너는 연습문제를 다 썼니?

마샤는 대답하였다: 그래, 다 썼어.

할머니께서 물으셨다: 보랴, 너는 어디로 가니?

보리스가 대답하였다: 저는 마샤와 함께 놀러 가요.

할머니께서 말씀하셨다: 으음, 좋아.

### 연습문제 1

1. 다음의 서로 상응하는 불완료-완료체동사의 짝과 동사의미를 연결하시오.

| | | |
|---|---|---|
| (1) делать • | • написать • | • ~을 해결하다. |
| (2) писать • | • сделать • | • ~을 가르치다. |
| (3) учить • | • решить • | • ~을 쓰다. |
| (4) решать • | • выучить • | • ~을 만들다. |

2. 다음의 동사들을 서로 관계있는 것끼리 이으시오.

| | |
|---|---|
| (1) гулять • | • приготовить |
| (2) готовить • | • погулять |
| (3) изучать • | • сказать |
| (4) говорить • | • изучить |

3. 다음의 동사들 가운데 완료체 동사에만 밑줄을 그으시오.

(1) видеть увидеть (2) сделать делать

(3) совершить совершать (4) брать взять

4. 다음의 동사들 가운데 동사의 체(體)가 다른 것을 하나 고르시오.

(1) подумать (2) сыграть (3) суметь (4) слушать

5. 다음의 동사들 가운데 동사의 체(體)가 다른 것을 하나 고르시오.

(1) изучать (2) отвечать (3) совершить (4) оставлять

6. 다음에서 동사의 체(體)가 잘못 쓰여진 문장을 하나 고르시오.

(1) Она всегда много читала. (2) Он обычно читал вечером.

(3) Вчера он долго прочитал. (4) Каждый день она читала.

7. 다음 보기에서 적당한 동사의 과거형을 골라 (  ) 속에 써 넣으시오.

| 보기 | **читать** - читал, **прочитать** - прочитал.

(1) Вчера он долго (  ). 어제 그는 오랫동안 책을 읽었습니다.

(2) Он уже (  ) этот журнал? 그는 벌써 그 잡지를 다 읽었습니까?

## 연습문제 2

1. 다음의 서로 상응하는 불완료체동사-완료체동사의 짝을 서로 연결하시오.

| | |
|---|---|
| (1) рисовать • | • собрать |
| (2) собирать • | • нарисовать |
| (3) рассказывать • | • сфотографировать |
| (4) фотографировать • | • рассказать |

2. 다음의 (　　) 속에 상응하는 완료체 동사를 써 넣으시오.

(1) читать → (　　　)　(2) делать → (　　　)
(3) рисовать → (　　　)　(4) учить → (　　　)
(5) смотреть → (　　　)　(6) уметь → (　　　)
(7) слушать → (　　　)　(8) видеть → (　　　)

3. 다음의 (　　) 속에 상응하는 불완료체 동사를 써 넣으시오.

(1) изучить → (　　　)　(2) ответить → (　　　)
(3) совершить → (　　　)　(4) повторить → (　　　)
(5) направить → (　　　)　(6) отменить → (　　　)
(7) купить → (　　　)　(8) спросить → (　　　)

4. 다음에서 불완료체-완료체 동사의 짝이 잘 못 짝지어진 것은?

(1) оставлять → оставить　(2) добавлять → добавить
(3) говорять → говорить　(4) отменять → отменить

5. 다음 보기에서 적당한 동사의 과거형을 골라 (　　) 속에 써 넣으시오.

| 보기 | **строить**-строили, **построить**-построили

(1) Этот дом (　　　) целый месяц. 이 집은 한 달 내내 지었다.
(2) Тот дом (　　　) быстро. 저 집은 빨리 다 지었다.

6. 다음 (　　) 속에 적당한 접두사를 넣어 완료체 동사를 만드시오.

(1) (　　) + писать → (　　)писать

(2) (　　　) + читать → (　　　)читать

(3) (　　　) + смотреть → (　　　)смотреть

7. 다음의 문장들에서 완료된 행위를 나타내는 문장을 하나 고르시오.

(1) Вова читал журнал <Пионер>. Он читал журнал два часа.

(2) Маша рисовала долго.

(3) Петя делал телескоп.

(4) Нина решила задачу.

8. 상기 7번의 문장들을 우리말로 해석해 보시오.

(1) ______________________________

(2) ______________________________

(3) ______________________________

(4) ______________________________

9. 다음의 문장들에서 완료의 의미가 나타나 있지 않은 문장을 하나 고르시오.

(1) Вова прочитал журнал.

(2) Маша нарисовала цветы.

(3) Петя сделал телескоп.

(4) Нина решала задачу.

10. 다음의 두 문장에 차이점을 두고 해석해 보시오.

(1) Рабочие строили дом. (　　　　　　　　　　)

(2) Рабочие построили дом (　　　　　　　　　　)

# 2주 러시아어 동사의 미래형

### 학습목표 소개

러시아어 동사 미래형의 2가지 종류(합성미래, 단순미래)를 이해할 수 있다.
러시아어 동사의 합성미래형을 만들 수 있다.
러시아어 동사의 단순미래형을 만들 수 있다.
러시아어 동사의 합성미래형과 단순미래형의 차이를 이해할 수 있다.
러시아어 동사의 미래형을 이해하고 활용할 수 있다.
러시아어 동사의 시제(과거, 현재, 미래)를 종합하여 이해할 수 있다.

### ◉ 중요단어 익히기

**большо́е** 형용사 большо́й, больша́я, -льшо́е, -льши́е; 큰, 많은, 대단한.
**детьми** 명사 아이들 / де́ти, дете́й, де́тям, дете́й, детьми́, де́тях.
**друзья́** 명사 друг(친구)의 복수형.
**интере́сного** 형용사 интере́сный, ная, ное, ные; 재미있는, 흥미로운.
**кани́кулы** 명사 방학. (항상 복수형)
**коне́чно** 부사 물론, ☞ ‘ч’는 [ш]로 발음됨.
**магнитофо́н** 명사 녹음기.
**напи́шете** 동사 писа́ть-написа́ть (완)/ напишу́, напи́шешь, -пи́шет
**нарису́ет** 동사 рисова́ть-нарисова́ть (완)/ нарису́ю, нарису́ешь, -ет
**отдыха́ть** 동사 쉬다, 휴식하다.
**о́тпуск** 명사 휴가.
**пла́вать** 동사 수영하다, 헤엄치다.
**пойти́** 동사 출발하다, 나가다, ~하기 시작하다. 되다, 움직이다.
**портре́т** 명사 초상, 초상화, 초상 사진.
**посмо́трим** 동사 смотре́ть-посмотре́ть (완) 보다, 관찰하다, 찾다.
**путеше́ствие** 명사 여행.
**родна́я** 형용사 육친의, 태생의, 고향의. родно́й, родна́я, родно́е, родны́е;
**родна́я страна́:** 조국.
**сде́лает** 동사 де́лать-сде́лать (완)/ сде́лаю, сде́лаешь, сде́лает
**ско́ро** 부사 곧, 빨리, 속히,
**соверша́ть** 동사 하다, 행하다, 완료하다, 완수하다, 수행하다.
**спро́сят** 동사 спра́шивать-спроси́ть (완)/ спрошу́, -ро́сишь, -ро́сит
**страна́** 명사 나라.
**таки́м о́бразом:** 이렇게 하여, 그렇게 하여, 이런 방법으로.
**уви́дим** 동사 ви́деть-уви́деть (완) 보다. / уви́жу, уви́дишь, уви́дит
**удово́льствие** 명사 만족, 희열, 쾌락, 위안. с удово́льствием; 기꺼이.
**узна́ем** 동사 зна́ть-узна́ть (완) 알다 / узна́ю, узна́ешь, узна́ет

**услы́шим** 동사 слы́шать-услы́шать (완)듣다 (들리다) /услы́шу, -ы́шишь
**фильм** 명사 필름, 영화 필름, 영화.
**цветы́** 명사 цвето́к(단수)-цветы́(복수); 꽃.
**что́ же!** 좋아!
**широка́** 형용사 широка́я (넓은, 광활한)의 형용사 여성 단어미형.

## ◉ 문법기초설명

러시아어 동사의 미래형에는 '합성미래형'과 '단순미래형'이 있다. 합성미래형은 '**быть**' 동사의 현재 변화형에 동사원형을 합성시켜 만들며, 단순미래형은 완료체동사의 현재변화형으로 '미래'를 나타낸다. 그러므로 "나는 책을 읽을 것이다"(미래형)라는 표현을 러시아어로 나타내는 방법은 다음과 같이 합성미래형과 단순미래형의 2가지로 나타낼 수 있다.

나는 책을 읽을 것이다. (미래형)

| 합성미래형 | 단순미래형 |
|---|---|
| Я буду читать книгу | Я прочитаю книгу |
| быть (현재변화형) + 동사원형 | 완료체동사의 현재 |

즉, 단순미래에서 완료체 동사의 현재는 더 이상 '현재'가 아닌 '미래'를 나타내는 것이다. 반면에, 합성미래에서는 동사원형은 변화하지 않은 상태에서 '**быть**'동사의 현재변화형을 합성시켜 '미래'를 나타낸다.

### ◎ 합성미래형 = быть의 현재변화형 + 동사원형

| 합성미래형 | | | | |
|---|---|---|---|---|
| | я | бу́ду | я буду читать | 나는 읽을 것이다. |
| | ты | бу́дешь | ты будешь читать | 너는 읽을 것이다. |
| | он, она, | бу́дет | он будет читать | 그는 읽을 것이다. |
| | мы | бу́дем | мы будем читать | 우리는 읽을 것이다. |
| | вы | бу́дете | вы будете читать | 당신은 읽을 것이다. |
| | они | бу́дут | они будут читать | 그들은 읽을 것이다. |

**예1** Я буду жить здесь. 나는 여기서 살 것이다.

**예2** Ты будешь гуля́ть ве́чером. 너는 저녁에 산책을 할 것이다.

**예3** Она будет игра́ть в те́ннис. 그녀는 테니스를 칠 것이다.

**예4** Мы будем отдыха́ть. 우리는 휴식을 취할 것이다.

예5 Вы будете слу́шать ра́дио. 당신은 라디오를 들을 것이다.

예6 Они будут соверша́ть путеше́ствие. 그들은 여행을 갈 것이다.

예7 Скоро будет лето. 곧 여름이 올 것이다.

예8 У нас будут кани́кулы. 우리들한테는 방학이 있을 것이다.

◎ 단순미래형 = 완료체 동사의 현재변화형

| | | | | |
|---|---|---|---|---|
| 단순미래형 | я | прочитать | я прочитаю. | 나는 읽을 것이다. |
| | ты | | ты прочитаешь. | 너는 읽을 것이다. |
| | он, она. | | он прочитает. | 그는 읽을 것이다. |
| | мы | | мы прочитаем. | 우리는 읽을 것이다. |
| | вы | | вы прочитаете. | 당신은 읽을 것이다. |
| | они | | они прочитаю́т. | 그들은 읽을 것이다. |

예1 Я прочита́ю журна́л. 나는 잡지를 읽을 것이다.

예2 Ты сде́лаешь телеско́п. 너는 망원경을 만들 것이다.

예3 Она нарису́ет цветы́. 그녀는 꽃을 그릴 것이다.

예4 Мы реши́м математи́ческую зада́чу. 우리는 수학 문제를 풀 것이다.

예5 Вы напи́шете письмо́. 당신은 편지를 쓸 것이다.

예6 Они спро́сят вас о доро́ге. 그들은 당신에게 길을 물을 것이다.

예7 Мы погуля́ем с детьми́. 우리는 아이들과 산책을 할 것이다.

예8 Он постро́ит но́вый дом. 그는 새로운 집을 지을 것이다.

## ◉ 생활러시아어 구문 1

ИНХО : Когда́ у тебя́ бу́дут кани́кулы?
СУХО : О́чень ско́ро.
ИНХО : Что ты бу́дешь де́лать ле́том?
СУХО : Я бу́ду пла́вать и игра́ть в футбо́л.
ИНХО : Что бу́дет де́лать твой брат ле́том?
СУХО : Он бу́дет игра́ть в те́ннис.

인호 : 언제 너는 방학하니?

수호 : 아주 곧 할 거야.

인호 : 여름에 너는 무엇을 할 거니?

수호 : 나는 수영을 하고 축구를 할 거야.

인호 : 너의 동생은 여름에 무얼 할 거니?

수호 : 그는 테니스를 칠거야.

### ◎ У тебя́ бу́дут кани́кулы (У + 생격 + бу́дет, бу́дут~ 의 표현)

전치사 'У'에 인칭대명사의 생격(меня́, тебя́, его́, её, нас, вас, их,)을 결합시킨 다음, быть동사의 3인칭(бу́дет 또는 бу́дут)을 사용하여 '미래'를 나타낸다. 이 때, 뒤에 오는 명사가 단수이면 бу́дет을, 복수이면 бу́дут을 사용한다.

예1 У тебя́ бу́дут кани́кулы. (너한테는 방학이 있을 것이다.)
(복수)

예2 У тебя́ бу́дет костю́м. (너한테는 양복이 있을 것이다.)
(단수)

### ◎ У + 생격 + будет ~ (단수명사)

| | |
|---|---|
| У меня будет костю́м. | 나는 양복을 갖게 될 것이다. |
| У нас будет костю́м. | 우리는 양복을 갖게 될 것이다. |
| У тебя будет костю́м. | 너는 양복을 갖게 될 것이다. |
| У вас будет костю́м. | 당신은 양복을 갖게 될 것이다. |
| У него будет костю́м. | 그는 양복을 갖게 될 것이다. |
| У неё будет костю́м. | 그녀는 양복을 갖게 될 것이다. |
| У них будет костю́м. | 그들은 양복을 갖게 될 것이다. |

➾ 여기서 문법상의 주어는 костю́м (양복)이며 '단수'이다.

### ◎ У + 생격 + будут ~ (복수명사)

| | |
|---|---|
| У меня будут кани́кулы. | 나는 방학을 갖게 될 것이다. |
| У нас будут кани́кулы. | 우리는 방학을 갖게 될 것이다. |
| У тебя будут кани́кулы. | 너는 방학을 갖게 될 것이다. |
| У вас будут кани́кулы. | 당신은 방학을 갖게 될 것이다. |
| У него будут кани́кулы. | 그는 방학을 갖게 될 것이다. |
| У неё будут кани́кулы. | 그녀는 방학을 갖게 될 것이다. |
| У них будут кани́кулы. | 그들은 방학을 갖게 될 것이다. |

➾ 여기서 문법상의 주어는 кани́кулы(방학)이며 '복수'이다.

## ◉ 생활러시아어 구문 2

МА́ША : Како́й там идёт фильм?
НИ́НА : <Широка́ страна́ моя́ родна́я>.
МА́ША : Что же! Можно пойти́. Посмо́трим э́тот фильм.
НИ́НА : И таки́м о́бразом соверши́м путеше́ствие по Росси́и!
МА́ША : Мы уви́дим, услы́шим и узна́ем мно́го интере́сного!
НИ́НА : Коне́чно! Это бу́дет большо́е удово́льствие.

마샤 : 저기서 어떤 영화가 상영되고 있니?
니나 : <광활하다 나의 조국> 이란 영화야.
마샤 : 좋아! 갈수 있어. 우리 이 영화 보자.
니나 : 그럼 이렇게 해서 우리들이 러시아 전역을 여행하게 된다는 거야!
마샤 : 우리들은 재미있는 것을 많이 보고, 듣고, 알게 될 거야!
니나 : 물론이지! 영화는 대 만족일 거야.

러시아어 시제에는 과거, 현재, 미래의 3종류가 있다. 동사 **'читать'**(읽다)를 가지고 지금까지 배운 3가지 종류의 시제를 만들어 보면 다음과 같다.

| | 과 거 | 현 재 | 미 래 |
|---|---|---|---|
| 불완료체 | читал (읽었다) | читаю (읽고 있다) | буду читать (읽을 것이다) |
| 완료체 | прочитал (다 읽었다) | ☞ | прочитаю (읽을 것이다) |

➩ 완료체 동사의 현재는 '미래'를 대용한다.

**예1** **Я чита́л кни́гу.** 나는 책을 읽었다, 읽고 있었다. (불완료과거)
**Я прочита́л кни́гу.** 나는 책을 다 읽었다. (완료과거)
**Я чита́ю кни́гу.** 나는 책을 읽고 있다. (현재)
**Я бу́ду чита́ть кни́гу.** 나는 책을 읽을 것이다. (합성미래)
**Я прочита́ю кни́гу.** 나는 책을 읽을 것이다. (단순미래)

**예2** **Я де́лал телеско́п.** 나는 망원경을 만들었다. (불완료과거)
**Я сде́лал телеско́п.** 나는 망원경을 다 만들었다. (완료과거)
**Я де́лаю телеско́п.** 나는 망원경을 만들고 있다. (현재)
**Я бу́ду де́лать телеско́п.** 나는 망원경을 만들 것이다. (합성미래)
**Я сде́лаю телеско́п.** 나는 망원경을 만들 것이다. (단순미래)

**예3** **Он рисова́л портре́т.** 그는 초상화를 그리고 있었다. (불완료과거)
**Он нарисова́л портре́т.** 그는 초상화를 다 그렸다. (완료과거)
**Он рису́ет портре́т.** 그는 초상화를 그리고 있다. (현재)

Он бу́дет рисова́ть портре́т. 그는 초상화를 그릴 것이다. (합성미래)
Он нарису́ет портре́т. 그는 초상화를 그릴 것이다. (단순미래)

## ◉ 생활러시아어 구문 3

ИНХО : Что вы де́лали вчера́?
СУХО : Я чита́л журна́л.
ИНХО : Что вы де́лаете сейча́с?
СУХО : Я чита́ю журна́л.
ИНХО : Что вы бу́дете де́лать за́втра?
СУХО : Я прочита́ю журна́л.
ИНХО : Когда́ у вас был уро́к?
СУХО : У нас уро́к был вчера́.
ИНХО : Когда́ у вас бу́дут кани́кулы?
СУХО : О́чень ско́ро.

인호: 당신은 어제 무엇을 하였습니까?
수호: 나는 잡지를 읽었습니다.
인호: 당신은 지금 무엇을 하고 있습니까?
수호: 나는 잡지를 읽고 있습니다.
인호: 당신은 내일 무엇을 할 것입니까?
수호: 나는 잡지를 읽을 것입니다.
인호: 언제 당신한테 수업이 있었습니까?
수호: 우리들한테는 어제 수업이 있었습니다.
인호: 언제 당신한테 방학이 있을 예정입니까?
수호: 아주 곧 방학이 있을 것입니다.

## ◉ 생활러시아어 구문 4

ВИ́КТОР : Са́ша, кака́я за́втра бу́дет пого́да?
СА́ША : За́втра то́же бу́дет тепло́.
ВИ́КТОР : Как хорошо́! А ба́бушка говори́т, что у них уже́ хо́лодно.

빅토르 : 사샤, 내일 날씨가 어떠니?
사샤 : 내일도 역시 따듯할 거야.
빅토르 : 아주 좋아! 하지만, 할머니는 말씀하시기를, 그들은 이미 춥다고 하시던데.

## 연습문제 1

1. 다음의 미래형 문장을 읽고, 오른 쪽의 ( ) 속에 합성미래이면 (합), 단순미래이면 (단)을 써 넣으시오.

(1) Я прочитаю газету. ( )

(2) Мы будем читать газету. ( )

(3) Что ты будешь делать? ( )

(4) Мы посмотрим этот фильм. ( )

(5) Он будет гулять вечером. ( )

(6) Я погуляю завтра утром. ( )

2. 다음의 문장들을 서로 뜻이 같은 문장끼리 이으시오.

| | | |
|---|---|---|
| (1) Я буду читать книгу. • | | • Я прочитаю книгу. |
| (2) Ты будешь решать задачу. • | | • Мы посмотрим телевизор. |
| (3) Она будет играть в теннис. • | | • Она поиграет в теннис. |
| (4) Мы будем смотреть телевизор. • | | • Ты решишь задачу. |

3. 다음의 합성미래형 문장을 ( ) 속의 동사를 사용하여 단순미래형으로 바꾸시오.

(1) Я буду читать. (прочитать) → Я ( )

(2) Он будет гулять. (погулять) → Он ( )

(3) Мы будем играть. (поиграть) → Мы ( )

(4) Ты будешь знать. (узнать) → Ты ( )

4. 다음 ( ) 속에 'быть'동사의 적당한 형태를 써 넣으시오.

(1) У нас ( ) каникулы.

(2) У меня ( ) отпуск.

(3) У вас ( ) новый дом.

(4) У тебя ( ) интересные книги.

5. 다음의 문장들을 보기와 같이 미래시제로 바꾸시오.

| 보기 | У меня́ есть магнитофо́н. → У меня будет магнитофо́н.

(1) У вас есть велосипе́д →

(2) У неё есть маши́на. →
(3) У нас есть друзья́. →

## 연습문제 2

1. 다음의 왼쪽의 문장과 그에 알맞은 해석을 서로 이으시오.

| | |
|---|---|
| (1) У меня́ бу́дут кани́кулы. • | • 언제 그녀한테 휴가가 있니? |
| (2) Когда́ у неё бу́дет о́тпуск?• | • 나한테는 방학이 있을 거야. |
| (3) Это бу́дет о́чень хорошо́. • | • 이 일은 아주 잘 될 거야. |
| (4) Когда́ мы бу́дем игра́ть? • | • 언제 우리는 놀 것입니까? |
| (5) Когда́ бу́дет пла́вать? • | • 저기서 담배 피워서는 안될거야. |
| (6) Там нельзя́ бу́дет кури́ть. • | • 언제 수영하게 됩니까? |

2. 다음의 단순미래형 문장을 ()속의 동사를 사용하여 합성미래형으로 바꾸시오.

(1) Мы увидим много интересного. (видеть)

→ ________________________________

(2) Мы посмотрим интересный фильм. (смотреть)

→ ________________________________

(3) Он совершит путешествие по России. (совершать)

→ ________________________________

(4) Что ты сделаешь сегодня вечером? (делать)

→ ________________________________

3. 다음의 (　　　) 속에 들어갈 적당한 동사를 보기에서 골라 써 넣으시오.

| 보기 | игра́ть, пла́вать, отдыха́ть, соверша́ть, проводи́ть.

(1) Ле́том бу́дут кани́кулы, и я бу́ду (　　　).
(2) Мы бу́дем хорошо́ (　　　) вре́мя.
(3) Вы бу́дете (　　　) в те́ннис.
(4) Моя́ сестра́ бу́дет (　　　) похо́ды.

(5) Кто бу́дет (          )?

4. 다음의 문장들을 미래시제의 문장으로 바꾸시오.

(1) У нас бы́ли де́ти. → ______________________

(2) Они́ соверши́ли путеше́ствие. → ______________________

(3) У меня́ есть мотоци́кл. → ______________________

(4) Что вы де́лали на кварти́ре? → ______________________

5. 다음의 우리말을 러시아어로 작문하시오.

(1) 우리한테는 아이들이 생길 것이다. → ______________________

(2) 그들은 여름에 여행을 할 것입니다. → ______________________

(3) 나는 오토바이를 갖게 될 거야. → ______________________

(4) 당신은 내일 무엇을 할 예정입니까? → ______________________

6. 다음의 과거시제의 문장들을 미래(합성미래형) 시제로 바꾸시오.

(1) Она танцевала вечером. → ______________________

(2) Мы погуляли в парке. → ______________________

(3) Они смотрели телевизор. → ______________________

(4) Он написал письмо. → ______________________

7. 위 6번의 문장들을 우리말로 옮기시오.

(1) ______________________

(2) ______________________

(3) ______________________

(4) ______________________

# 2 3주 러시아어 동사의 명령형

## 학습목표 소개

러시아어의 어간과 어미를 구별할 수 있다.
러시아어 동사의 과거어간(부정형 어간)과 현재어간을 구별할 수 있다.
러시아어 동사의 명령형을 만들 수 있다.
러시아어 동사 명령형의 종류(2인칭 단수, 복수명령형)를 이해할 수 있다.
러시아어 동사의 명령형을 활용할 수 있다.

## ◉ 중요단어 익히기

**взять** 동사 брать (불)-взять (완);잡다, 가지고 오다(가다), ☞명령형 возьми́те.

**говори́ть** 동사 말하다.

**здра́вствовать** 동사 건강하게 지내다, 건강하다. ☞'в'는 묵음.

**изуча́ть** 동사 연구하다. 공부하다.

**меня́ть** 동사 바꾸다, 교환하다.

**молча́ть** 동사 잠자코 있다. 침묵을 지키다.

**моро́женое** 중성명사 아이스크림.

**не́ за что** 천만에요, 천만에 말씀.

**петь** 동사 노래 부르다.

**пожа́луйста** 소사 제발, 어서. ☞ 영어의 'please'에 해당한다. ☞'й'는 묵음.

**показа́ть** 동사 пока́зывать (불) -показа́ть (완); 제시하다, 보여주다, 나타내다.

**пригласи́ть** 동사 приглаша́ть (불) -пригласи́ть (완); 초대하다, 초빙하다.

**принести́** 동사 приноси́ть (불) -принести́(완); 가져오다, 지참하다.

**продаве́ц** 명사 상인, 판매원, 점원.

**продавщи́ца** 명사 продавщи́к(남)продавщи́ца(여); 상인, 판매원, 점원.

**прода́ть** 동사 продава́ть (불) -прода́ть (완); 팔다, 판매하다, 배신하다.

**прости́ть** 동사 용서하다.

**пусть** 소사 하게 내버려 두라, 하게 하라, 해도 괜찮다, 해도 좋다.

**рисова́ть** 동사 그리다.

**смотре́ть** 동사 보다.

**танцева́ть** 동사 춤추다.

**фрукто́вое** 형용사 과일의. фрукто́вое моро́женое: 과일맛 아이스크림.

**шокола́дное** 형용사 초콜렛의.

**шокола́дное моро́женое** 초콜렛 아이스크림.

## ◉ 문법기초설명

러시아어 동사에는 '어간'과 '어미'가 있다. **어간**은 동사의 활용형에서 변화하지 않는 부분이고 **어미**는 동사의 활용형에서 변화하는 부분이다. 즉, 예를 들어 '**читать**'동사를 변화시켜 보면, чита́ю, чита́ешь, чита́ет,... чита́ют와 같이 변화하는데, 이 때, 변화하지 않는 부분, 즉, чита를 '**어간**'이라 부르고, 변화하는 부분, 즉, ю, ешь, ет,... ют, 등을 '**어미**'라 부르는 것이다.

### ◎ 동사читать '동사원형(부정형)'

| | |
|---|---|
| чита | ю |
| | ешь |
| | ет |
| | ем |
| | ете |
| | ют |
| **어간** | **어미** |

➾ 3인칭복수현재 (читают)

이와 같이, 러시아어 동사에는 어간과 어미가 있으며, 어간에는 부정형어간(과거어간)과 현재어간이 있다. 부정형어간은 동사원형 즉, 동사부정형(**читать**)에서 '**ть**'를 떼어 낸 것(**чита**)을 말하며, 현재어간은 동사의 **3인칭 복수 현재형** (**чита**ют)에서 어미 '**ют**'를 떼어낸 것(**чита**)을 말한다.

| | | | | |
|---|---|---|---|---|
| 어간 | 부정형어간 (과거어간) | читать | 동사부정형-ть | читать ть = чита |
| | 현재어간 | | 3인칭복수현재-ют | читают ют = чита |

위에서와 같이 чита́ть 동사는 부정형어간이나 현재어간이 모두 동일하게 'чита'이다. ду́мать (ду́мают), меня́ть (меня́ют), гуля́ть (гуля́ют), слу́шать (слу́шают), де́лать (де́лают), изуча́ть (изуча́ют) 등의 동사들도 부정형어간(과거어간)과 현재어간이 동일한 것을 알 수 있다. 하지만, рисова́ть (그리다)와 같은 동사들은 다음에서와 같이 부정형어간과 현재어간이 다르다.

| | | | | |
|---|---|---|---|---|
| 어간 | 부정형어간 (과거어간) | рисовать | 동사부정형-ть | рисовать ть == рисова |
| | 현재어간 | | 3인칭복수현재-ют | рисуют ют == рису |

즉, **рисовáть** 동사의 부정형어간(과거어간)은 동사부정형(**рисовáть**)에서 '**ть**'를 떼어낸 '**рисова**'까지가 어간이 되지만, 현재어간은 3인칭복수현재가 **рисýют** 이므로 '**ют**'를 떼어내면 '**рису**'가 어간이 되는 것이다. 다음의 동사들의 경우에서도 이와 같은 예를 확인해 볼 수 있다.

예1 **танцевáть** (танцева-ть)부정형어간: танцева
**танцевáть** (танцуют)현재어간: танцу

예2 **смотрéть** (смотре-ть) 부정형어간: смотре
**смотрéть** (смотрят) 현재어간: смотр

예3 **петь** (пе-ть)부정형어간: пе
**петь** (поют) 현재어간: по

예4 **говорúть** (говори-ть)부정형어간: говори
**говорúть** (говорят) 현재어간: говор

예5 **взять** (взя-ть) 부정형어간: взя
**взять** (возьмут) 현재어간: возьм

이와 같이, 러시아어 동사에는 부정형어간(과거어간)과 현재어간이 있으며, 부정형어간(과거어간)에서 러시아어 동사의 '**과거형**'이 만들어지며, 현재어간에서 러시아어 동사의 '**명령형**'이 만들어 진다. 즉, 러시아어 동사의 과거형은 앞서 배운 바와 같이, 과거어간에 -л, -ла, -ло, -ли를 붙여 만들며, 명령형은 현재어간에 -й(те), -и(те)를 붙여서 만든다. 이 때, 현재어간이 **자음**으로 끝나면 -и, -ите를 붙이고, **모음**으로 끝나면 -й, -й(те)를 붙인다.

| | | | |
|---|---|---|---|
| **과거형** | 과거어간 + { -л<br>-ла<br>-ло<br>-ли | -л<br><u>рисова</u> + -ла<br>-ло<br>-ли | рисовáл<br>рисовáла<br>рисовáло<br>рисовáли |
| **명령형** | 현재어간(자음) + и<br>ите<br>현재어간(모음) + й<br>йте | <u>говор(자음)</u> + и<br>ите<br><u>рису (모음)</u> + й<br>йте | говорú (말해라)<br>говорúте (말씀하십시오)<br>рисýй (그려라)<br>рисýйте (그리십시오) |

그러므로 러시아어 동사의 명령형을 만드는 방법은 동사의 **<u>3인칭 복수 현재</u>**에서 어미(-ют, -ут, -ят, -ат)를 떼어낸 후, 어간이 **자음**으로 끝났으면, 그 뒤에 -и(те)를, 어간이 **모음**으로 끝났으면, 그 뒤에 -й(те)를 붙여서 만든다.

| | | |
|---|---|---|
| 명령형 | 3인칭 복수 현재 (자음) + и<br>+ ите | говори́ (말해라)<br>говори́те (말씀하십시오) |
| | 3인칭 복수 현재 (모음) + й<br>+ йте | рису́й (그려라)<br>рису́йте (그리십시오) |

**예1** <u>чита́ть (읽다) 동사의 명령형</u>.

чита́(ю)

чита́(ешь)

чита́(ет)

чита́(ем)

чита́(ете)

чита́(ют) 3인칭복수현재 → чита́ + й → чита́й (읽어라)
чита́ + йте → чита́йте (읽으십시오)

**예2** <u>говори́ть (말하다) 동사의 명령형</u>.

говор(ю́)

говор(и́шь)

говор(и́т)

говор(и́м)

говор(и́те)

говор(я́т) 3인칭복수현재 → говор + и → говори́ (말해라)
говор + ите → говори́те (말씀하십시오)

**예3** <u>танцева́ть (춤추다) 동사의 명령형</u>.

танцу́(ю)

танцу́(ешь)

танцу́(ет)

танцу́(ем)

танцу́(ете)

танцу́(ют) 3인칭복수현재 → танцу + й → танцу́й (춤추어라)
танцу + йте → танцу́йте (춤추세요)

**예4** <u>прости́ть (용서하다) 동사의 명령형</u>

прощу́

прост(и́шь)

прост(и́т)

прост(и́м)

прост(и́те)

прост(я́т) **3인칭복수현재** → прост + и → прости́ (용서해라)
прост + ите → прости́те (용서하십시오)

**예5** **<u>гото́вить (준비하다, 요리하다) 동사의 명령형</u>**

гото́в(лю)
гото́в(ишь)
гото́в(ит)
гото́в(им)
гото́в(ите)
гото́в(ят) **3인칭복수현재** → гото́в + ь → гото́вь (준비해라)
гото́в + ьте → гото́вьте (준비하십시오)

⇒ 상기에서와 같이, 어간이 자음으로 끝나고 1인칭 단수에서 어간에 **ударе́ние** (액센트)가 오면, 어간에 **-ь, -ьте** 를 붙여 명령형을 만든다.

## ◉ 생활러시아어 구문 1

АНДРЕ́Й: Да́йте мне, пожа́луйста, журна́л <Но́вое вре́мя>.
МАРИ́НА: Пожа́луйста, возьми́те.
АНДРЕ́Й: Спаси́бо.
МАРИ́НА: Не́ за что.

안드레이: 나에게 잡지 <새로운 시대>를 주십시오.
마리나: 자, 여기 있습니다, 가지세요.
안드레이: 감사합니다.
마리나: 천만에요.

명령형에서 + **и(й)**를 붙이면 '반 말' 명령형이 되고 (2인칭 단수 명령형), + **ите (йте)**를 붙이면 '존대말' 명령형이 된다.

| | 3인칭복수현재 | 현재어간 | 2인칭단수명령형 '반 말' 명령형 | 2인칭복수명령형 '존대말' 명령형 |
|---|---|---|---|---|
| чита́ть | чита́ют | чита́ | чита́й | чита́йте |
| прочита́ть | прочита́ют | прочита́ | прочита́й | прочита́йте |
| смотре́ть | смо́трят | смотр | смотри́ | смотри́те |
| писа́ть | пи́шут | пиш | пиши́ | пиши́те |
| написа́ть | напи́шут | напиш | напиши́ | напиши́те |

| | | | | |
|---|---|---|---|---|
| рисова́ть | рису́ют | рису́ | рису́й | рису́йте |
| нарисова́ть | нарису́ют | нарису́ | нарису́й | нарису́йте |
| сказа́ть | ска́жут | скаж | скажи́ | скажи́те |
| идти́ | иду́т | ид | иди́ | иди́те |
| дава́ть | даю́т | да | дай | да́йте |
| взять | возьму́т | возьм | возьми́ | возьми́те |
| купи́ть | ку́пят | куп | купи́ | купи́те |
| показа́ть | пока́жут | покаж | покажи́ | покажи́те |
| принести́ | принесу́т | принес | принеси́ | принеси́те |

## ◉ 생활러시아어 구문 2

АНДРЕ́Й: Мари́на, купи́ нам, пожа́луйста, моро́женое.

МАРИ́НА: Како́е вы хоти́те?

АНДРЕ́Й: Я хочу́ шокола́дное.

НАТА́ША: А я —фрукто́вое.

안드레이: 마리나, 우리들한테 아이스크림을 하나 사 줘.

마리나: 어떤 아이스크림을 원 하니?

안드레이: 나는 초콜렛 아이스크림을 원 해.

나타샤: 하지만, 나는 과일맛 아이스크림을 원 해.

## ◉ 생활러시아어 구문 3

ПРОДАВЩИ́ЦА: Возьми́те, пожа́луйста, шокола́дное моро́женое и фрукто́вое.

МАРИ́НА: Андре́й, ты хоте́л шокола́дное? Возьми́. А ты, Ната́ша, возьми́ фрукто́вое.

여점원: 여기 초콜렛 아이스크림과 과일맛 아이스크림을 집으십시오.

마리나: 안드레이, 너는 초콜렛 아이스크림을 원했지? 집어라. 그리고 너, 나타샤는 과일맛 아이스크림을 집어라.

➩ 3인칭 단수, 복수에 대한 명령형은 현재형에 **пусть**라는 조사를 붙여서 나타낸다.

**Пусть он чита́ет**! (그가 읽도록 **하시오**!)

Пусть они́ пою́т! (그들이 노래하도록 **하시오!**)

➾ 청유형 명령형: Дава́й(те) + 1인칭복수형.

**Дава́йте поидём вме́сте!** 우리 함께 갑시다!

**Дава́йте посмо́трим телеви́зор!** 텔레비전을 봅시다!

## ◉ 생활러시아어 구문 4

ИНХО : Сухо, чита́й э́ту кни́гу. Э́то о́чень интере́сная.

СУХО : Пра́вда? Хорошо́, я хочу́ прочита́ть.

ИНХО : Возьми́ э́ту кни́гу. А у тебя́ есть интере́сный журна́л?

СУХО : У меня́ есть о́чень интере́сный журна́л. Я покажу́ тебе́.

ИНХО : Хорошо́. Принеси́ с собо́й за́втра.

СУХО : Коне́чно.

인호: 수호야, 이 책을 한번 읽어 봐. 이 책은 아주 재미있는 책이야.

수호: 정말이니? 좋아, 나도 읽고 싶구나.

인호: 이 책을 가져가라. 그런데, 너한테 재미있는 잡지가 있니?

수호: 나한테 아주 재미있는 잡지가 있어. 내가 너한테 보여 줄게.

인호: 좋아. 내일 가져 오너라.

수호: 물론이지.

## 연습문제 1

1. 다음 동사의 부정형어간(과거어간)에 보기와 같이 밑줄을 긋고, 오른쪽의 ( )속에 과거남성형을 써 넣으시오.

| 보기 | <u>прочита́</u>ть → (прочитал)

(1) смотре́ть → (          )　　(2) взять → (          )

(3) говори́ть → (          )　　(4) слу́шать → (          )

2. 다음 동사의 현재어간을 (          ) 속에 써 넣으시오.

(1) танцева́ть → (          )　　(2) рисова́ть → (          )

(3) писа́ть → (          )　　(4) прости́ть → (          )

3. 다음 동사들 가운데 현재어간과 과거어간이 동일한 것을 하나 고르시오.

(1) нарисова́ть　(2) написа́ть　(3) смотре́ть　(4) ду́мать

4. 다음 동사들 가운데 현재어간과 과거어간이 다른 것을 하나 고르시오.

(1) меня́ть　(2) де́лать　(3) говори́ть　(4) изуча́ть

5. 다음 동사들의 명령형을 만드시오. (복수형으로)

(1) ку́рят → (          )

(2) смо́трят → (          )

(3) пою́т → (          )

(4) пишу́т → (          )

6. 다음 동사들의 명령형을 만드시오. (단수형으로)

(1) рабо́тать → (          )

(2) зна́ть → (          )

(3) игра́ть → (          )

(4) стро́ить → (          )

7. 다음에서 틀리게 설명한 문장을 하나 고르시오.

(1) 부정형어간을 과거어간이라고도 이야기 한다.

(2) 어간에는 현재어간과 과거어간이 있다.

(3) 과거어간에서 과거형이, 현재어간에서 명령형이 만들어진다.

(4) 현재어간은 3인칭 단수 현재형에서 어미를 떼어낸 것이다.

## 연습문제 2

1. 다음 동사 변화의 단수 1인칭에서 어간에 '-л'이 추가되는 동사가 아닌 것은?

(1) шуме́ть (2) купи́ть (3) ви́деть (4) люби́ть

2. 다음에서 3인칭 복수 현재의 어미가 같은 것끼리 서로 이으시오.

(1) писа́ть • • танцева́ть

(2) стро́ить • • смотре́ть

(3) изучи́ть • • молча́ть

(4) гуля́ть • • сказа́ть

3. 다음 동사의 현재어간을 (      ) 속에 써 넣으시오.

(1) сказа́ть → (      ) (2) показа́ть → (      )

(3) принести́ → (      ) (4) идти́ → (      )

(5) взять → (      ) (6) купи́ть → (      )

4. 다음 동사의 명령형을 만드시오. (복수형으로)

(1) постро́ить → (      )

(2) пригласи́ть → (      )

(3) фотографи́ровать → (      )

(4) здра́вствовать → (      )

5. 다음은 '**давать**' 동사의 명령형 만드는 과정을 설명하여 놓은 것이다. (　　) 속에 적당한 말과 명령형을 써 넣으시오.

давать → я да(ю)
ты да(ёшь)
он да(ёт)
мы да(ём)
вы да(ёте) 복수명령형
они да(ют) → (　)인칭 (　　) 현재 → (　　)

6. 다음 동사의 명령형이 틀리게 짝지어진 것을 고르시오.

(1) танцева́ла　танцу́йте
(2) рисова́ла　рису́йте
(3) написа́ла　написи́те
(4) приходи́ла　приходи́те

7. 다음에서 명령형이 틀린 문장을 하나 찾아내어 올바르게 고쳐 보시오.

(1) Прочита́йте э́ту кни́гу гро́мко.
(2) Переда́ите мне бума́гу.
(3) Купи́те интере́сный журна́л.
(4) Покажи́те мне ваш велосипе́д.

8. 다음은 동사들의 명령형을 만든 것이다. 틀린 것을 하나 고르시오.

(1) танцева́ть → танцу́й, танцу́йте.
(2) рисова́ть → рису́й, рису́йте.
(3) петь → пей, пе́йте.
(4) показа́ть → покажи́, покажи́те.
(5) говори́ть → говори́, говори́те.

# 2 4주 러시아어 형용사의 격변화

**학습목표 소개**

러시아어 형용사의 남성, 여성, 중성, 복수형을 알 수 있다.
러시아어 형용사의 격변화를 이해할 수 있다.
러시아어 형용사의 성, 수, 격을 이해하고 활용할 수 있다.
형용사 + 명사의 구문을 격변화 시키고 활용할 수 있다.

## ◉ 중요단어 익히기

**бéлая** 형용사 бéлый, бéлая, бéлое, бéлые./ 흰, 하얀.

**большóе** 형용사 큰, 많은.

**бы́стро** 부사 빠르게.

**вторóй** 형용사 두 번째의.

**голубу́ю** 형용사 голубóй, -бáя, -бóе, -бы́е / 푸른, 하늘색의, 담청색의.

**день рождéния:** 생일, рождéние (중.명) 탄생, 출생.

**другóго** 형용사 другóй의 생격,/ 다른, 별개의, 다음에 오는.

**зелёное** 형용사 зелёный, зелёная, зелёное, зелёные./ 녹색의, 푸른.

**значóк** 명사 뺏지, 기장, 부호, 기호.

**интерéсный** 형용사 흥미있는, 재미있는, 매력있는.

**коллéкции** 명사 коллéктия(여.명)의 생격, 여격, 전치격./ 수집, 콜렉션.

**крáсная** 형용사 крáсный, крáсная, крáсное, крáсные./ 붉은, 빨간색의.

**маши́на** 명사 자동차. 기계.

**мóжет быть** 혹시, 아마도.

**молодóй** 형용사 젊은, 어린.

**надéнешь** 동사 надевáть (불)-надéть (완) (надéну, -дéнешь,.) 입다, 입히다.

**нрáвится** 동사
нрáвиться(불)-понрáвиться(완)./комý~ 마음에 들다, 좋다.

**пéрвый** 형용사 첫 번째의.

**пирожóк** 명사 пирóг의 지소체,/ 삐로그(러시아식 만두)

**плáтье** 명사 의복, 옷, 원피스, 부인복.

**подарю́** 동사 дари́ть (불)-подари́ть (완); (물건을)주다, 기증하다, 수여하다.

**посмотри́те** 동사 смотрéть (불)-посмотрéть (완)의 명령형.

**ребя́та** 명사 ребёнок(어린아이)의 복수, 젊은이들, 동료, 친구들.

**рубáшка** 명사 넓은 러시아식 상의, 루바쉬까, 셔츠,

**сади́тесь** 동사 сади́ться의 명령형. 앉으십시오. 앉으세요.

**сóлнце** 명사 태양. ☞ 'л'은 묵음.

**спорти́вного** 형용사 спорти́вный; 경기의, 스포츠의.

**съем:**(동) есть (불)-съесть (완); 먹다, 다 먹어버리다.
съем, съешь, съест, съеди́м, съеди́те, съедя́т.

**трéтий** 형용사 세 번째의.

**я́блоко** 명사 사과.

## ◉ 문법기초설명

러시아어 형용사에는 어미가 **-ый, -ая, -ое, -ые** 로 끝나는 '경변화 형용사'와 어미가 **-ий, -яя, -ее, -ие** 로 끝나는 '연변화 형용사'가 있으며, 뒤에 오는 명사의 성, 수에 따라 명사를 꾸며주는 수식어로서, 형용사 남성, 여성, 중성, 복수형이 있음을 이미 학습하였다. (1-13주 참조)

| | | 남성 | 중성 | 여성 | 복수 |
|---|---|---|---|---|---|
| 형용사 | 경변화 형용사 | **новый** | **новое** | **новая** | **новые** |
| | 연변화 형용사 | **синий** | **синее** | **синяя** | **синие** |

또한, 형용사는 뒤에 오는 명사의 **성**, **수**뿐만이 아니라, 격(주격, 생격, 여격, 대격, 조격, 전치격)에 따라서도 다음과 같이 변화한다.

| | 남성 | 중성 | 여성 | 복수 | 남성 | 중성 | 여성 | 복수 |
|---|---|---|---|---|---|---|---|---|
| 주격 | новый | новое | новая | новые | синий | синее | синяя | синие |
| 생격 | нового | | новой | новых | синего | | синей | синих |
| 여격 | новому | | новой | новым | синему | | синей | синим |
| 대격 | -ый, -ого | новое | новую | -ые, -ых | -ий, -его | синее | синюю | -ие, -их |
| 조격 | новым | | новой | новыми | синим | | синей | синими |
| 전치격 | новом | | новой | новых | синем | | синей | синих |

**예1** Э́то но́вая газе́та. 이것은 **새로운** 신문입니다.
Да́йте мне но́вую газе́ту. 나에게 **새로운** 신문을 주세요.

**예2** Краси́вая де́вушка идёт в парк. **아름다운** 처녀가 공원으로 걸어가고 있다.
Он говори́л о краси́вой де́вушке. 그는 **아름다운** 처녀에 대하여 말하였다.

위의 **예**에서와 같이, 우리말의 똑같은 '새로운' 또는 '아름다운'의 형용사도 러시아에서는 위치에 따라 'но́вая' 또는 'но́вую' 그리고 'краси́вая' 또는 'краси́вой' 등으로 '격변화'에 맞추어 사용된다. 즉, 러시아어 형용사는 뒤에 오는 명사의 성, 수, 격에 맞추어 사용된다.

| | 명사 | 형용사 + 명사 (성, 수, 격) | |
|---|---|---|---|
| 주격 | де́вушка | краси́вая де́вушка | 아름다운 처녀 |
| 전치격 | о де́вушке | о краси́вой де́вушке | 아름다운 처녀에 대하여 |

➩ 'молодо́й', 'друго́й' 등과 같이 어미가 -ой 로 끝나는 형용사도, 어미가 -ый 로 끝나는 형용사 'новый'와 같이 '경변화'한다.

예 молодо́й челове́к (젊은이), молодо́е госуда́рство (신생국)
друго́е я́блоко (다른 사과) → друго́го я́блока (생격)

➩ русский : 원래는 русскый로 경변화 어미이나, г, к, х 다음에 ы가 오지 못하고, 대신에 'и'가 오므로, **철자법 규칙**(г, к, х + ы → г, к, х + и)에 의하여 русскый는 русский로 표기된다. 이처럼, 'русский'의 경우와 같이, 철자법규칙에 의하여 경변화와 연변화가 혼합되어 변화하는 것을 '**혼합변화**'라고도 한다.

예 Я говори́л вам ру́сским языко́м. 나는 당신에게 러시아어로 말했다.
Ру́сская литерату́ра о́чень бога́та. 러시아 문학은 대단히 풍요하다.
Я хочу́ изуча́ть ру́сскую литерату́ру. 나는 러시아 문학을 배우고 싶다.

## ◉ 생활러시아어 구문 1

ЛЕ́НА: Ребя́та, сади́тесь! Игорь, возьми́ пирожо́к и я́блоко.
И́ГОРЬ: Спаси́бо. А у тебя́ нет друго́го я́блока? Я э́то не съем. Оно́ о́чень большо́е.

레나: 얘들아, 앉거라! 이고리야, 삐로그와 사과를 집거라.
이고리: 고마워. 한데, 너한테 다른 사과는 없니? 나는 이것을 먹지 않을래. 이 사과는 너무 커.

➩ другое яблоко(형용사+명사)에서 뒤에 오는 명사(яблоко)가 생격(яблока)로 바뀌게 되면, 앞의 오는 형용사(другое)도 그에 맞추어 생격(другого)으로 바꾸어 주어야 한다. → другого яблока.
другое, другого, другому, другое, другим, другом.

➩ Оно очень большое.에서 Оно(중성)는 яблоко(중성)을 받으며, большое는 형용사 장어미로써 술어로 쓰인 경우이다. (참조: 1-14주)

➩ **부정생격** : 러시아어에서 존재의 유, 무를 나타낼 때, 부정이 되는 대상은 '**생격**'이 된다. 예를 들어 "У меня́ есть я́блоко. (나한테는 사과가 있다)"와 같이 존재를 나타낼 때는 '**주격**'(я́блоко)이 쓰이지만, "나한테는 사과가 없다"와 같이, 존재를 나타냈던 대상이 부정이 될 때는 "У меня́ нет я́блока"와 같이 '주격'이 '**생격**'(я́блока)으로 바뀌게 된다.

| | 주격 → 생격 | | |
|---|---|---|---|
| 긍정 | У меня есть ~ (~이 있다) | яблоко (주격) | 긍정 → 주격 |
| 부정 | У меня нет ~ (~이 없다) | яблока (생격) | 부정 → 생격 |

예1 **У тебя́ есть** друго́е **я́блоко**. 너한테는 다른 사과가 있다.
**У тебя́ нет** друго́го **я́блока**. 너한테는 다른 사과가 없다.

➾ 형용사는 수식하는 명사와 격을 맞추어 변화한다. 명사가 주격 (**яблоко**)에서 생격 (**яблока**)으로 바뀌었으므로, 형용사도 주격 (**другое**)에서 생격 (**другого**)으로 변화하여야 한다.

✐ **другое, <u>другого</u>, другому, другое, другим, другом.**

예2 **У меня́ есть** бе́лая **руба́шка**. 나한테는 흰색 루바쉬까가 있다.
**У меня́ нет** бе́лой **руба́шки**. 나한테는 흰색 루바쉬까가 없다.
✐ **белая, <u>белой</u>, белой, белую, белой, белой.**

예3 **У тебя́ есть** зелёное **пла́тье**. 너한테는 녹색 원피스가 있다.
**У меня́ нет** зелёного **пла́тья**. 나한테는 녹색 원피스가 없다.
✐ **зелёное, <u>зелёного</u>, зелёному, зелёное, зелёным, зелёном.**

## ⊙ 생활러시아어 구문 2

ЛЕ́НА: Ма́ма, в чём мне идти́ на день рожде́ния к Бори́су? У меня́ нет бе́лой руба́шки.
МА́МА: Мо́жет быть, ты наде́нешь голубу́ю?
ЛЕ́НА: Да. У тебя́ есть зелёное пла́тье?
МА́МА: Нет, зелёного пла́тья у меня́ нет.
ЛЕ́НА: Ма́ма, хо́чешь, я подарю́ тебе́ э́тот значо́к?
МА́МА: Спаси́бо. В моéй колле́кции нет ещё тако́го спорти́вного значка́.

레나: 엄마, 보리스 생일에 나 뭐 입고 가지? 나한테는 하얀색 셔츠가 없어.
엄마: 혹시, 너는 하늘색 셔츠를 입을 거니?
레나: 네. 엄마한테 녹색 원피스 있어?
엄마: 아니, 녹색 원피스는 나한테 없어.
레나: 엄마, 내가 엄마한테 이 뺏지 선물로 줄까?
엄마: 고마워. 내 콜렉션에 아직 그런 스포츠 뺏지는 없단다.

➾ день рождения (생일)은 **<u>명사(день)+명사(рождение)</u>**의 구문에서 뒤에 오는 명사가 생격이 되어 앞의 명사를 수식하게 되는 경우이다. 즉, 직역을 하면 '출생의 날', '탄생의 날' 과 같이 나타낼 수 있다. 그리고 **-ие** 로 끝나는 중성 명사 **рождение**의 격은 다음과 같이 변화한다.

рождение, рождения, рождению, рождение, рождением, рождении.

➾ коллекция (-ия로 끝나는 여성명사)의 격은 다음과 같이 변화한다.
коллекция, коллекции, коллекции, коллекцию, коллекцией, коллекции,

위에서와 같이 -ия 로 끝나는 여성 명사(단수)에서는 생격(коллекции), 여격 (коллекции), 전치격(коллекции)이 동일하게 -ии로 끝난다. 그러므로, 상기 <생활러시아어 구문 2>에서 моя коллекция (나의 콜렉션)이 전치사 В + 전치격이 되어 'В моей коллекции'가 되는 것이다.

➾ такой спортивный значок (주격) → такого спортивного значка (생격)
такой, такого, такому, такой, таким, таком.
спортивный, спортивного, -тивному, -тивный, -тивным, -тивном.
значок, значка, значку, значок, значком, значке.

## ◉ 생활러시아어 구문 3

ТА́НЯ: Почему́ ты всегда́ берёшь мой зелёный каранда́ш?
ПЕ́ТЯ: Я люблю́ рисова́ть зелёным карандашо́м.

타냐: 어째서 너는 항상 내 녹색 연필을 빌려가는 거니?
빼쨔: 나는 녹색 연필로 그리는 것을 좋아해.

➾ '소유대명사 + 형용사 + 명사'의 어순.
мой зелёный каранда́ш (나의 녹색 연필)

➾ 동사(люблю́) + 동사원형(рисова́ть) : люблю́ ~을 좋아하다.

➾ 동사(рисова́ть)가 조격(도구격)을 요구하므로 зелёный каранда́ш(주격)이 зелёным карандашо́м(조격)으로 바뀌게 된다.

## 연습문제 1

1. 다음 형용사격변화표의 빈칸을 채우시오.

| | 남성 | 중성 | 여성 | 복수 | 남성 | 중성 | 여성 | 복수 |
|---|---|---|---|---|---|---|---|---|
| 주격 | новый | новое | новая | новые | синий | синее | синяя | синие |
| 생격 | | | | новых | синего | | | синих |
| 여격 | новому | | | новым | | | | синим |
| 대격 | -ый,<br>-ого | новое | новую | -ые,-ых | -ий,<br>-его | синее | синюю | -ие,-их |
| 조격 | | | | новыми | синим | | | |
| 전치격 | новом | | | новых | синем | | | синих |

2. 다음 보기의 ( ) 속에 들어갈 적당한 형용사를 하나 고르시오.

| 보기 | Я прочитáл ( ) кни́гу. 나는 재미있는 책을 다 읽었다.

(1) интерéсная (2) интерéсный

(3) интерéсную (4) интерéсной

3. 다음 왼쪽 문장의 ( )속에 들어갈 적당한 형용사를 오른쪽에서 찾아 이으시오.

(1) Вчерá я получи́л ( ) журнáл. • • нового

(2) Вы знáете назвáние ( ) журнáла? • • новый

(3) Сегóдня мы получи́ли ( ) газéту. • • новом

(4) В ( ) журнáле есть расскáз писáтеля. • • новую

4. 다음에서 문법적으로 틀린 것을 하나 고르시오.

(1) интерéсная кни́га (2) нóвый дом

(3) молодóй дéвушка (4) зелёный костю́м

5. 다음의 문장들을 우리말로 옮기시오.

(1) Вчерá я получи́л нóвый журнáл.

______________________________

(2) Вы зна́ете назва́ние но́вого журна́ла?

______________________________

(3) Сего́дня мы получи́ли но́вую газе́ту.

______________________________

(4) В но́вом журна́ле есть расска́з писа́теля.

______________________________

## 연습문제 2

1. 다음에서 틀린 문장을 하나 고르시오.

(1) У меня́ нет друго́го я́блока.
(2) У меня́ нет бе́лой руба́шки.
(3) У меня́ нет зелёного пла́тья.
(4) У меня́ нет но́вая газе́та.

2. 다음 왼쪽 문장의 (　　) 속에 들어갈 적당한 형용사를 오른쪽에서 찾아 이으시오.

| | | |
|---|---|---|
| (1) Я прочита́ла (　　) газе́ту. • | | • но́выми |
| (2) Я прочита́ла э́ти (　　) кни́ги. • | | • но́вых |
| (3) Я интересу́юсь (　　) кни́гами. • | | • но́вые |
| (4) Мы лю́бим говори́ть о (　　) кни́гах. • | | • но́вую |

3. 다음 (　　) 속에 **новый**를 변화시켜 적어 넣으시오.

(1) Вот (　　) кни́ги.
(2) Я люблю́ (　　) дом.
(3) Он живёт в (　　) до́ме.
(4) Она́ говори́ла о (　　) кни́гах.

4. 다음의 문장들을 우리말로 옮기시오.

(1) У меня́ мно́го но́вых книг.

______________________________

(2) Я прочита́ла э́ти но́вые кни́ги.

______________________________

(3) Я интересу́юсь но́выми кни́гами.

______________________________

(4) Мы лю́бим говори́ть о но́вых кни́гах.

______________________________

5. 다음 (　　　) 속에 형용사를 적당한 격으로 변화 시키시오.

(1) Мы говори́ли о (англи́йский) му́зыке.
(2) Она́ лю́бит рисова́ть (зелёный) карандашо́м.
(3) У тебя́ нет (друго́й) я́блока.

6. 다음 (　　) 속에 형용사: русский의 적당한 격을 써 넣고, 우리말로 옮기시오.

(1) Они́ хотя́т изуча́ть (　　　　) литерату́ру.

______________________________

(2) Вы интересу́етесь (　　　　) литерату́рой?

______________________________

(3) Мы чита́ем газе́ты на (　　　　) языке́.

______________________________

(4) Вы занима́етесь (　　　　) языко́м?

______________________________

(5) Я перевожу́ с (　　) языка́ на коре́йский.

______________________________

7. 다음을 러시아어로 옮기시오.

(1) 나는 재미있는 책을 다 읽었다.

______________________________

(2) 나는 러시아어를 배우고 싶다.

______________________________

(3) 그녀는 새로운 신문을 읽고 있다.

______________________________

(4) 그는 최근에 러시아어를 공부하기 시작했다.

______________________________

# 2 5주 러시아어 대명사의 격변화

### 학습목표 소개

소유대명사 + 명사 구문과 소유대명사의 격변화를 이해할 수 있다.
지시대명사 + 명사 구문과 지시대명사의 격변화를 이해할 수 있다.
인칭대명사의 격변화를 이해하고 활용할 수 있다.

### ◉ 중요단어 익히기

**благодари́ть** 명사 감사하다. 사의를 표하다.
**бои́тся** 동사 боя́ться: 무서워하다, 걱정하다,
**бра́тьев** 명사 брат-братья: 형제, бра́тья, бра́тьев, бра́тьям,...
☞ ста́рший брат 형용사, мла́дший брат: (동생).
**внима́ние** 명사 주의, 배려.
**гита́ра** 명사 기타.
**гостеприи́мство** 명사 손님의 환대, 접대.
**гостя́м** 명사 гость: 손님. го́сти-госте́й-тя́м-те́й-тя́ми-тя́х.
**друзья́м** 명사 друг-друзья́:친구. друзья́-зе́й-зья́м-...-зья́ми-зья́х.
**интересу́ются** 동사 интересова́ться кем-чем: 흥미, 관심을 가지다.
**ко́шка** 명사 고양이
**ожида́ть** 동사 기다리다, 기대하다.
**отца́** 명사 아버지. оте́ц, отца́, отцу́, отца́, отцо́м, отце́.
**переда́йте** 동사 передава́ть-переда́ть: 건네다, 인도하다, 전하다.
**подру́га** 명사 여자친구, друг: 남자친구.
**познако́миться** 동사 아는 사이가 되다, 가깝게 되다.
**приве́т** 명사 인사, 안부,
**пти́ца** 명사 새, 조류.
**расскажи́те** 동사 расска́зывать-рассказа́ть: 말하다, 이야기하다.
**семьёй** 명사 семья́: 가족, 가정,
**скри́пка** 명사 바이올린.
**собира́ют** 동사 собира́ть-собра́ть: 모으다, 채집하다, 수집하다.
**собра́ние** 명사 회합, 집회, 회의. 수집, (책)전집.
**удивля́ешься** 동사 удивля́ться: 놀라다, 경탄하다, 깜짝 놀라다.
**эта́ж** 명사 층. ☞'ж'는 [ш] 발음 (무성음화 현상)

## ◉ 문법기초설명

### ◎ 소유대명사의 격변화

이미 앞에서 학습한 바와 같이, 러시아어로 "**Что это?** (이것은 무엇입니까?)"라는 질문에 "이것은 **<u>나의</u>** 집입니다. (Это <u>мой</u> дом)"라고 대답할 때, '나의'에 해당하는 '**мой**'를 '**소유대명사**'라고 일컫는다. 즉, '나의', '너의', '우리들의', '당신들의'...등에 해당하는 **мой, твой, наш, ваш**,...등을 '소유대명사'라고 하는 것이다.

| 성, 수 / 인칭 | 단 수 | | | 복수 |
|---|---|---|---|---|
| | 남성 | 중 성 | 여 성 | 3성 공통 |
| 나의 | мой | моё | моя́ | мои́ |
| 너의 | твой | твоё | твоя́ | твои́ |
| 우리들의 | наш | на́ше | на́ша | на́ши |
| 당신(들)의 | ваш | ва́ше | ва́ша | ва́ши |
| 그의<br>그녀의<br>그들의 | **성. 수에 관계없이** → его́, её, их | | | |

위의 소유대명사 가운데, 3인칭 **его, её, их** 는 성, 수, 격에 상관없이 항상 **его, её, их**로서 변화하지 않지만, 1인칭, 2인칭 소유대명사 **мой, твой, наш, ваш**는 뒤에 오는 명사의 성, 수, 격에 따라 변화하며, 그에 맞추어 성, 수, 격을 일치시켜 주어야 한다.

### ◎ 소유대명사 'мой'의 변화

| | 남성 및 중성 | 여성 | 복수(3성공통) |
|---|---|---|---|
| 주격 | мой　　　моё | моя́ | мои́ |
| 생격 | моего́ | мое́й | мои́х |
| 여격 | моему́ | мое́й | мои́м |
| 대격 | мой　моего́　моё | мою́ | мои́, мои́х |
| 조격 | мои́м | мое́й | мои́ми |
| 전치격 | моём | мое́й | мои́х |

➾ 소유대명사는 형용사와 마찬가지로, **대격**(남성단수, 복수)에서 불활동체 명사와 함께 쓰일 때는 **<u>주격과 같은 대격</u>**이 되지만, 활동체 명사와 함께 쓰일 때는 **<u>생격과 같은 대격</u>**이 된다.

| 주어 + 동사 | 목적어(대격) |
|---|---|
| | 소유대명사 + 명사 |
| Он зна́ет | мой дом. |
| | **주격**과 같은 대격 + **불활동체명사** |
| Он зна́ет | моего́ отца́. |
| | **생격**과 같은 대격 + **활동체명사** |

예1 Он зна́ет <u>мой дом</u>. 그는 나의 집을 알고 있다

주격과 같은 **대격** + 불활동체명사

Он зна́ет <u>моего́ отца́</u>. 그는 나의 아버지를 알고 있다.

생격과 같은 **대격** + 활동체명사

예2 Вы ви́дели мои́ кни́ги. 당신은 나의 책들을 보았다.

Вы ви́дели мои́х бра́тьев. 당신은 나의 형제들을 보았다.

예3 У моего́ бра́та есть велосипе́д. 나의 형한테는 자전거가 있다.

У мое́й подру́ги есть мотоци́кл. 나의 여자친구에게는 오토바이가 있다.

예4 Я иду к мое́й сестре́. 나는 나의 누나한테 가고 있다.

Он говори́л о моём го́роде. 그는 나의 도시에 대하여 말하였다.

◎ 소유대명사 'твой'의 변화.

| | 남성 및 중성 | 여성 | 복수(3성공통) |
|---|---|---|---|
| 주격 | твой　　твоё | твоя́ | твои́ |
| 생격 | твоего́ | твое́й | твои́х |
| 여격 | твоему́ | твое́й | твои́м |
| 대격 | твой　твоего́　твоё | твою́ | твои́, твои́х |
| 조격 | твои́м | твое́й | твои́ми |
| 전치격 | твоём | твое́й | твои́х |

예1 У твоего́ дру́га есть журна́л. 너의 친구에게는 잡지가 있다.

У твое́й подру́ги есть газе́та. 너의 여자친구에게는 신문이 있다.

예2 Я зна́ю твоего́ отца́. 나는 너의 아버지를 알고 있다.

예3 Она́ получи́ла твоё письмо́. 그녀는 너의 편지를 받았다.

예4 Мы идём к твоему́ учи́телю. 우리는 너의 선생님한테로 가고 있다.

예5 Они́ интересу́ются твои́м журна́лом. 그들은 너의 잡지에 관심을 갖고 있다.

### ◎ 소유대명사 'наш'의 변화

| | 남성 및 중성 | 여성 | 복수(3성공통) |
|---|---|---|---|
| 주격 | наш　наше | наша | наши |
| 생격 | нашего | нашей | наших |
| 여격 | нашему | нашей | нашим |
| 대격 | наш　нашего　наше | нашу | наши, наших |
| 조격 | нашим | нашей | нашими |
| 전치격 | нашем | нашей | наших |

예1 У нашего дру́га есть маши́на. 우리들의 친구한테는 자동차가 있다.
У нашей подру́ги есть матрёшка. 우리들의 여자친구에게는 인형이 있다

예2 Мы идём к нашему учи́телю. 우리는 우리의 선생님한테로 가고 있다.

예3 В нашем до́ме всегда́ ра́ды гостя́м. 우리 집에서는 항상 손님을 환영합니다.

### ◎ 소유대명사 'ваш'의 변화.

| | 남성 및 중성 | 여성 | 복수(3성공통) |
|---|---|---|---|
| 주격 | ваш　ваше | ваша | ваши |
| 생격 | вашего | вашей | ваших |
| 여격 | вашему | вашей | вашим |
| 대격 | ваш　вашего　ваше | вашу | ваши, ваших |
| 조격 | вашим | вашей | вашими |
| 전치격 | вашем | вашей | ваших |

예1 Я зна́ю ваш го́род. 나는 당신의 도시를 알고 있다.
Я зна́ю вашего отца́. 나는 당신의 아버지를 알고 있다.

예2 У вашего дру́га есть гита́ра. 당신의 친구한테는 기타가 있다.
У вашей подру́ги есть скри́пка. 당신의 여자친구에게 바이올린이 있다.

예3 Я получи́л ваше письмо́. 나는 당신의 편지를 받았습니다.

예4 Я рад познако́миться с вашей семьёй. 나는 당신의 가족과 알게 되어 기쁩니다.

예5 Благодарю́ вас за ваше гостеприи́мство. 당신의 환대에 대하여 감사드립니다.

예6 Переда́йте приве́т вашим друзья́м. 당신의 친구들에게 안부를 전해주십시오.

## ◉ 생활러시아어 구문 1

ОЛЕ́Г : Я о́чень люблю́ соба́к. У меня́ больша́я краси́вая соба́ка.

И́ГОРЬ : Моя́ ко́шка бои́тся твое́й соба́ки.

НАТА́ША : Я то́же люблю́ соба́к. А моя́ пти́ца не лю́бит ко́шек и соба́к. Удиви́тельно!

올레그 : 나는 개들을 아주 좋아해. 나한테는 크고 아름다운 개가 있어.

이고리 : 나의 고양이는 너의 개를 무서워 해.

나타샤 : 나 또한 개들을 좋아해. 그런데 나의 새는 개와 고양이들을 좋아하지 않아. 놀라워!

### 지시대명사의 격변화

앞서 학습한 바와 같이, 우리말에서 '이 학교' 또는 '저 공장' 등과 같이, '이' 혹은 '저' 등으로 특정한 물건이나 사람 등을 가리킬 때 사용하는 대명사를 **'지시대명사'**라 하며, 이러한 지시대명사는 수식하는 명사의 **성**, **수**, **격**에 맞추어 사용하여야 한다.

| | | | | | | |
|---|---|---|---|---|---|---|
| 남성 | этот | дом | 이 집 | тот | дом | 저 집 |
| 여성 | эта | школа | 이 학교 | та | школа | 저 학교 |
| 중성 | это | пальто | 이 외투 | то | пальто | 저 외투 |
| 복수 | эти | книги | 이 책들 | те | книги | 저 책들 |

➾ 중성형 '**это**'는 성, 수에 관계없이 사용할 수 있다.

### 지시대명사 '**этот**'의 변화

| | 남성 및 중성 | 여성 | 복수(3성공통) |
|---|---|---|---|
| 주격 | э́тот э́то | э́та | э́ти |
| 생격 | э́того | э́той | э́тих |
| 여격 | э́тому | э́той | э́тим |
| 대격 | э́тот э́того э́то | э́ту | э́ти, э́тих |
| 조격 | э́тим | э́той | э́тими |
| 전치격 | э́том | э́той | э́тих |

예1 Он э́того не писа́л. 그는 이것을 쓰지 않았다.

예2 Вы чита́ли э́ти кни́ги? 당신은 이 책들을 읽었습니까?

예3 Мы живём в э́том до́ме. 우리는 이 집에서 살고 있다.

예4 Иди́те да́льше по э́той у́лице. 이 거리를 따라 더 가세요.

예5 Прочита́йте э́ту статью́. 이 기사를 읽어 보세요.

예6 Об э́том на́до поду́мать. 이 일에 대해서 생각해 보아야 한다.

예7 Я э́того не ожида́л. 나는 이 일을 예상하지 않았다.

예8 Ско́лько челове́к бы́ло на э́том собра́нии? 그 집회에 몇 사람이 출석했습니까?

◎ 지시대명사 'тот'의 변화

| | 남성 및 중성 | | | 여성 | 복수(3성공통) |
|---|---|---|---|---|---|
| 주격 | тот | | то | та | те |
| 생격 | | того́ | | той | тех |
| 여격 | | тому́ | | той | тем |
| 대격 | тот | того́ | то | ту | те, тех |
| 조격 | | тем | | той | те́ми |
| 전치격 | | том | | той | тех |

예1 Спаси́бо за то, что вы для меня́ сде́лали. 나를 위해 해주신 일에 대하여 고맙게 생각합니다.

예2 Расскажи́те мне о тех, кто был там. 거기에 있었던 사람들에 대하여 나에게 말해 주세요.

예3 С тех пор прошло́ мно́го вре́мени. 그 때부터 많은 시간이 흘렀다.

예4 Я не ви́дел его с того́ дня. 그 날 이후로 나는 그를 보지 못했다.

## ⊙ 생활러시아어 구문 2

СУХО : Где ты живёшь?
МИНСУ : Я живу́ в э́том до́ме.
СУХО : Кто живёт в э́той кварти́ре?
МИНСУ : Мой дя́дя живёт в э́той кварти́ре.
СУХО : Тебе́ нра́вится э́тот го́род?
МИНСУ : Да, коне́чно.

수호: 너는 어디에 살고 있니?

민수: 나는 이 동(집)에 살고 있어.

수호: 누가 이 아파트에 살고 있니?

민수: 나의 아저씨가 이 아파트에 살고 있어.

수호: 너는 이 도시가 마음에 드니?

민수: 그럼, 물론이지.

### ◎ 인칭대명사의 격변화

| 주격 | я | ты | он, оно | она | мы | вы | они |
|---|---|---|---|---|---|---|---|
| 생격 | меня | тебя | его | её | нас | вас | их |
| 여격 | мне | тебе | ему | ей | нам | вам | им |
| 대격 | меня | тебя | его | её | нас | вас | их |
| 조격 | мной | тобой | им | ей | нами | вами | ими |
| 전치격 | мне | тебе | нём | ней | нас | вас | них |

예1 **Я о́чень рад** вас **ви́деть**. 나는 당신을 만나서 대단히 기쁩니다.

예2 **Приходи́те** к нам. 우리 집에 오십시오.

예3 **Благодарю́** вас **за внима́ние**. 당신의 배려에 감사드립니다.

예4 **Извини́те** меня́. 죄송합니다. (저를 용서하십시오.)

예5 **Как** тебя́ **зову́т**? 너의 이름은 무엇이냐?

예6 **Мо́жно** мне **войти**? 제가 들어가도 좋습니까?

예7 Вам **нельзя́ мно́го кури́ть**. 당신은 담배를 너무 많이 피워서는 안됩니다.

### ◉ 생활러시아어 구문 3

И́РА : Ви́ктор, И́горь, познако́мьтесь.

ВИ́КТОР : Ви́ктор. О́чень прия́тно.

И́ГОРЬ : И́горь.

Мне то́же о́чень прия́тно познако́миться с тобо́й.

이라: 빅토르, 이고리, 인사들 해라.

빅토르: 빅토르 라고 해. 매우 반갑다.

이고리: 이고리 라고 해.

나 또한 너와 인사하게 되어 매우 반갑구나.

## нра́вится (마음에 들다)의 표현

동사 нра́виться-понра́виться를 사용하여 "~마음에 들다, ~좋아하다" 등의 뜻을 표현할 수 있다. 이 때,의미상의 주어로서 인칭대명사의 '**여격**'이 사용된다.

| 의미상의 **주어** | **동사** | 형식상의 **주어** | 해석 |
|---|---|---|---|
| Мне | нра́вится | э́та кварти́ра | 나는 이 아파트가 마음에 든다 |
| Тебе | | | 너는 이 아파트가 마음에 든다 |
| Ему | | | 그는 이 아파트가 마음에 든다 |
| Ей | | | 그녀는 이 아파트가 마음에 든다. |
| Нам | | | 우리들은 이 아파트가 마음에 든다 |
| Вам | | | 당신(들)은 이 아파트가 마음에 든다 |
| Им | | | 그들은 이 아파트가 마음에 든다 |

➾ 위와 같이 뒤에 오는 형식상의 주어가 '**단수**'이면, нра́вится가 사용되지만, '**복수**'가 오게 되면 нра́вятся가 사용된다.

예1 Мне нра́вится э́та рабо́та. 나는 이 일이 마음에 든다.

예2 Мне нра́вится она́. 나는 그녀가 마음에 든다.

예3 Вам нра́вится он? 당신은 그 남자가 마음에 듭니까?

예4 Нам нра́вятся ша́хматы. 우리들은 장기가 마음에 든다.

예5 Мне нра́вятся э́ти арбу́зы. 나는 이 수박들이 마음에 든다.

예6 Профе́ссору понра́вился мой рефера́т. 교수는 나의 리포트가 마음에 들었다.

예7 Нам о́чень понра́вилась э́та пье́са. 우리들은 이 희곡이 매우 마음에 들었다.

## 연습문제 1

1. 다음 (　　) 속에 오른쪽 (　　)속의 소유대명사를 적당한 형태로 고쳐 넣으시오.

(1) Пéред (　　　) óкнами большóй сад. (наш)

(2) В (　　) кóмнате мнóго свéта. (мой)

(3) Газéта лежи́т на (　　　) столé. (твой)

(4) Недáвно я ви́дел (　　　) сестрý. (ваш)

2. 다음 보기 문장의 (　　　) 속에 들어갈 적당한 형태의 소유대명사를 고르시오.

| 보기 | Я хочý поговорить с (　　　) учительницей.

(1) твоя́　　(2) твоегó　　(3) твоéй　　(4) твою́

3. 위 2번 문장을 우리말로 옮기시오.

______________________________________________

4. 다음 (　　) 속에 들어갈 적당한 소유대명사를 오른쪽에서 찾아 서로 이으시오.

| | | |
|---|---|---|
| (1) Передáйте привéт (　　　) сестрé. | • | • нáшем |
| (2) В (　　) гóроде хорóший теáтр. | • | • вáшей |
| (3) Я получи́л письмó от (　　　) ученикóв. | • | • мои́х |
| (4) У (　　　) учи́теля мнóго книг? | • | • вáшего |

5. 다음 (　　) 속에 오른쪽 (　　)속의 지시대명사를 적당한 형태로 고쳐 넣으시오.

(1) В (　　) пáрке всегдá мнóго людéй. (этот)

(2) На (　　　) горé лежи́т снег. (та)

(3) Мы учи́лись в (　　　) шкóле. (эта)

(4) Дáйте мне (　　　) кни́гу. (та)

6. 다음 (　) 속에 오른쪽 (　　)속의 인칭대명사를 적당한 형태로 고쳐 넣으시오.

(1) Дáйте (　　　), пожáлуйста, э́тот журнáл. (я)

(2) В срéду у (　　　) бы́ли гóсти. (мы)

(3) Когдá я уви́жусь с (　　　)? (ты)

(4) Лéна приготóвила кни́ги для (　　　). (вы)

(5) Мой брат хо́чет говори́ть с (          ). (она)

## 연습문제 2

1. 다음 (  ) 속에 오른쪽 (  )속의 소유대명사를 적당한 형태로 고쳐 넣으시오.

(1) На́до поговори́ть с (        ) учи́телем. (наш)
(2) У (        ) дру́га ско́ро бу́дет о́тпуск. (мой)
(3) Мы пойдём в го́сти к (        ) роди́телям. (твой)
(4) Они́ говори́ли о (        ) семье́. (ваш)

2. 다음 보기 문장의 (    )속에 들어갈 적당한 형태의 소유대명사를 고르시오.

| 보기 | Пе́ред (        ) окнами расту́т цветы́.

(1) на́ши    (2) на́ших    (3) на́шим    (4) на́шими

3. 위 2번 문장을 우리말로 옮기시오.

______________________________________________

4. 다음 (      ) 속에 오른쪽 (      )속의 지시대명사를 적당한 형태로 고쳐 넣으시오.

(1) В (        ) пе́снях хоро́шие слова́. (эти)
(2) Повтори́те (          ) фра́зу. (эта)
(3) Поговори́те с (          ) студе́нтом. (тот)
(4) Я не ви́дел её с (        ) дня. (тот)

5. 다음 (      ) 속에 오른쪽 (  )속의 인칭대명사를 적당한 형태로 고쳐 넣으시오.

(1) Я мно́го слы́шал о (        ). (вы)
(2) Приходи́те ко (        ). (я)
(3) (          ) ну́жно е́хать на юг. (мы)
(4) Мо́жно (          ) войти́? (я)
(5) (          ) нра́вится э́та карти́на? (вы)

6. 다음 (　　) 속의 인칭대명사를 적당한 형태로 고치시오.

(1) ( Я ) нра́вится э́та карти́на.

(2) (Он) нра́вится она́.

(3) (Мы) нра́вятся те кни́ги.

(4) (Вы) нра́вится э́тот журна́л?

7. 다음 문장들 가운데 틀린 문장을 하나 고르시오.

(1) На́до поговори́ть с нашим учи́телем.

(2) Ле́на пригото́вила кни́ги для вас.

(3) Мне нра́вится э́ти цветы́.

(4) В э́том па́рке всегда́ мно́го людей́.

8. 다음 (　　　) 속에 '**нра́виться**'동사의 적당한 형태를 써 넣으시오.

(1) Вам (　　　　　) э́та шко́ла?

(2) Им (　　　　　) э́ти ко́мнаты.

(3) Мне (　　　　　) э́тот дом.

(4) Ей (　　　　　) э́ти цветы́.

9. 다음의 문장들을 우리말로 옮기시오.

(1) На́до поговори́ть с нашим учи́телем.

____________________________________

(2) Ле́на пригото́вила кни́ги для вас.

____________________________________

(3) Мне нра́вятся э́ти цветы́.

____________________________________

(4) В э́том па́рке всегда́ мно́го людей́.

____________________________________

# 2 6주 러시아어 부사 및 형용사 - 부사의 비교급

### 학습목표 소개

러시아어 형용사의 파생 부사 형성을 이해할 수 있다.
러시아어 형용사를 보고 부사를 파생시킬 수 있다.
러시아어 형용사의 비교급의 종류를 이해하고 비교급을 만들 수 있다.
러시아어 형용사의 최상급의 종류를 이해하고 최상급을 만들 수 있다.
러시아어 형용사, 부사의 원급을 비교급, 최상급으로 변화시킬 수 있다.
러시아어 형용사, 부사의 비교급을 보고 원급을 찾아낼 수 있다.
~비교급, чем~의 구문을 이해할 수 있다.

### ◉ 중요단어 익히기

**бои́тся** 동사 боя́ться: 무서워하다, 걱정하다.
**бы́стро** 부사 빠르게.
**до́лго** 부사 오랫동안.
**ме́дленно** 부사 느리게.
**недо́лго** 부사 얼마동안.
**некраси́вый** 형용사 추한.
**неприя́тно** 부사 불쾌하게.
**неприя́тный** 형용사 불쾌한.
**пло́хо** 부사 나쁘게.
**прия́тный** 형용사 유쾌한.
**семьёй** 명사 семья́: 가족, 가정.
**собира́ют** 동사 собира́ть-собра́ть: 모으다, 채집하다, 수집하다.
**стро́ить** 동사 건축하다, 건설하다, 축조하다, 만들다.
**ти́хо** 부사 조용하게.
**тру́дно** 부사 어렵게.
**удиви́тельно** 부사 놀랍게.
**удивля́ешься** 동사 удивля́ться: 놀라다, 경탄하다, 감짝 놀라다.
**хорошо́** 부사 좋게, 잘.
**цвето́к** 명사 꽃(한송이), 꽃이 피는 식물.
☞ 복수형: цветы́. (꽃)
**чем** (접) (비교급과 함께) ~ 보다.
**широ́ко** 부사 넓게.
**эта́ж** 명사 층.

## ◎ 문법기초설명

### ◎ 파생 부사

형용사에서 파생되어 만들어지는 부사를 **'파생부사'**라 말하며, 대부분의 많은 형용사들에서 형용사 기본형 어미(-ый)를 떼어내고 그 대신에 어미 '-о'를 붙여 파생부사를 만든다.

| 형용사 | 부사 |
|---|---|
| интере́сный<br>(재미있는) | интере́сно<br>(재미있게) |

예1 тру́дный 어려운 → тру́дно 어렵게

예2 ме́дленный 느린 → ме́дленно 느리게

예3 бы́стрый 빠른 → бы́стро 빠르게

예4 плохо́й 나쁜 → пло́хо 나쁘게

예5 хоро́ший 좋은 → хорошо́ 좋게, 잘

예6 широ́кий 넓은 → широ́ко 넓게

예7 ти́хий 조용한 → ти́хо 조용하게

➾ 형용사는 명사를 수식하고, 부사는 동사를 수식한다.

예 Э́то интере́сная кни́га. 이것은 **재미있는** 책입니다.
Он говори́т интере́сно. 그는 **재미있게** 말을 합니다.

➾ 접두사 не-가 형용사-부사에 붙으면, 반대의 의미를 갖는 별개의 형용사-부사가 된다.

예1 прия́тный 유쾌한　　неприя́тный 불쾌한

예2 краси́вый 아름다운　　некраси́вый 추한

예3 прия́тно 유쾌하게　　неприя́тно 불쾌하게

예4 до́лго 오랫동안　　недо́лго 얼마동안

## ◉ 생활러시아어 구문 1

МА́ША: Как бы́стро стро́ят дом! Вчера́ был то́лько оди́н эта́ж, а сего́дня уже́ два. Удиви́тельно!

АНТО́Н: Чему́ ты удивля́ешься? Дом де́лают на заво́де, а здесь его́ то́лько собира́ют.

마샤: 아주 빠르게 집을 짓는구나! 어제는 단지 1층만 있었는데, 오늘은 벌써 2층이야. 놀랍구나!

안톤: 뭘 그렇게 너는 놀라니? 집은 공장에서 만들어져, 그리고 여기서는 그것이 모아지기만 하는 거야.

➾ **удивля́ться чему** (여격) ~ 에 놀라다, 경탄하다.
재귀동사: **удивля́ться**는 '여격'을 요구한다.

➾ "**Дом де́лают на заво́де.**"에서 **Дом**은 '목적어'이며, '주어': **Они**는 생략되어 있다. 즉, 이 문장을 본래의 어순대로 다시 써 보면, "Они делают дом на заводе."(그들은 공장에서 집을 만든다)가 될 수 있다. 이와 같이 주어가 불특정 다수 이거나 혹은 일반인들을 가리키는 경우, 주어: Они (**일반주어**)는 생략될 수 있으며, 이때의 우리말 번역은 '**피동적**'으로 해석 해 주어야 한다. 즉, "집을 만든다"( 능동적 해석) → "집이 만들어 진다" (피동적 해석)

➾ 마찬가지로 **собирают** (3인칭 복수)의 주어 **Они** (일반주어)도 생략되어 있다.
**собирают** (모으다) → **собирают** (모아지다, 모여지다)

➾ 형용사와 부사의 비교급
형용사와 부사의 비교급에는 '**단일비교급**'과 '**합성비교급**'의 2가지 형태가 있다. 단일비교급은 형용사 기본형 어미 '**-ый**'를 떼어내고 '**-ee**'를 붙여서 만들며, 합성비교급은 'более' 또는 'менее'를 합성시켜 만든다.

| | 단일비교급 | 합성비교급 |
|---|---|---|
| 형용사 | **интересный→интереснee** 더 재미있는 | более **интересный** 더 재미있는<br>менее **интересный** 덜 재미있는 |
| 부사 | **интересный→ интереснo** 재미있게 | более **интересно** 더 재미있게<br>менее **интересно** 덜 재미있게 |

➾ 형용사와 거기서 파생된 부사의 비교급은 대부분의 경우, 그 형태가 같으며, -ee 또는 -ей 어미(주로, 시에서 사용됨)를 붙여 비교급을 만든다 (단일비교급).

**예1** **интере́сный** 재미있는 → **интере́снee** 더 재미있는
**интере́снo** 재미있게 → **интере́снee** 더 재미있게

예2 я́сный 밝은, 명백한 → я́снее 보다 밝은, 보다 명백한
я́сно 밝게 → я́снее 보다 밝게

➾ 형용사의 비교급에는 -е로 끝나는 것이 있으며, 비교급에서 어간의 자음이 변화하는 경우가 있다.

예1 большо́й 큰, 많은 → бо́льше 더 큰, 더 많은

예2 широ́кий 넓은 → ши́ре 보다 넓은
широ́ко 넓게 → ши́ре 보다 넓게

예3 гро́мкий 큰 소리의 → гро́мче 보다 큰 소리의
гро́мко 큰 소리로 → гро́мче 보다 큰 소리로

예4 ти́хий 조용한 → ти́ше 보다 조용한
ти́хо 조용하게 → ти́ше 보다 조용하게

예5 дорогой 값비싼 → доро́же 더 비싼

예6 молодо́й 젊은 → моло́же 더 젊은

예7 высо́кий 높은 → вы́ше 더 높은

예8 кре́пкий 견고한 → кре́пче 더 견고한

예9 я́ркий 선명한 → я́рче 더 선명한

| | 원급 | 단일 비교급 | |
|---|---|---|---|
| 형용사<br>부사 | бы́стрый (-ая, -ое, -ые)<br>бы́стро | быстре́е | 더 빠른<br>더 빠르게 |
| 형용사<br>부사 | краси́вый (-ая, -ое, -ые)<br>краси́во | краси́вее | 더 아름다운<br>더 아름답게 |

## ◉ 생활러시아어 구문 2

НИ́НА: Как бы́стро е́дет зелёная маши́на!
О́ЛЯ: Но посмотри́те, кра́сная маши́на е́дет быстре́е, чем зелёная.
НИ́НА: А тепе́рь голуба́я маши́на е́дет быстре́е всех!

니나: 어머, 저 녹색의 자동차가 아주 빨리 달리네!
올랴: 아니야, 저기 봐,
빨간색 자동차가 녹색 자동차 보다 더 빨리 달리고 있어

니나: 그런데 지금은 하늘색 자동차가 모든 자동차보다도 더 빨리 달려.

➾ **смотреть - посмотреть** (불완료체 - 완료체)
**посмотреть** (посмотрят) + **ите** → **посмотрите** (명령형)

➾ **быстрее, чем** ~ 보다 빨리. (~비교급, **чем**~ : ~ 보다 더)

➾ 형용사와 부사의 비교급에는 원급과 전혀 다른 형태의 어근을 갖는 비교급이 있다.

**예1** хоро́ший 좋은 → лу́чше 보다 좋은
хорошо́ 좋게 → лу́чше 보다 좋게

**예2** плохо́й 나쁜 → ху́же 보다 나쁜
плохо 나쁘게 → хуже 보다 나쁘게

**예3** ма́ленький 작은 → ме́ньше 더 작은

## ◉ 생활러시아어 구문 3

ПО́ЛЯ : Ма́ша, како́й цвето́к тебе́ нра́вится?
МА́ША : Сейча́с скажу́. Пе́рвый цвето́к краси́вый. Второ́й цвето́к краси́вее, чем пе́рвый. Но тре́тий цвето́к са́мый краси́вый.
ПО́ЛЯ : И я так думаю.

뽈랴 : 마샤, 어떤 꽃이 네 마음에 드니?
마샤 : 지금 말할게. 첫 번째 꽃은 아름다워. 두 번째 꽃은 첫 번째 꽃 보다 더 아름다워. 하지만, 세 번째 꽃이 가장 아름답다.
뽈랴 : 그래, 나도 그렇게 생각해.

✐ **тебе́ нра́вится~** : 너한테 ~ 이 마음에 들다.
여격(의미상 주어) + **нравится** ~ 이 마음에 들다. (2-5주 참조)

✐ **скажу**: **сказать** (말하다) 동사의 1인칭 단수 현재.
**сказа́ть - скажу́, ска́жешь, ска́жет, ска́жем, ска́жете, ска́жут.**

✐ **пе́рвый, второ́й, тре́тий...** (순서수사) : 첫 번째의, 두 번째의, 세 번째의...

✐ **са́мый~** : (정대명사) 가장 ~한. (형용사의 최상급을 만든다).

➾ 형용사의 최상급
형용사의 최상급에는 접미사 '-**ейш**-', '-**айш**-', '-**ш**-'가 있는 **단일최상급**의 형태와 정대명사 **самый** (가장, 제일)를 이용한 **합성최상급**의 형태가 있다.

| | 단일 최상급 | 합성 최상급 |
|---|---|---|
| 형용사 | интересный → интереснейший<br>красивый → красивейший<br>высокий → высочайший<br>хороший → лучший<br>плохой → худший | самый интересный 가장 재미있는<br>самый красивый 가장 아름다운<br>самый высокий 가장 높은<br>самый хороший 가장 좋은<br>самый плохой 가장 나쁜 |

➾ 형용사 'краси́вый'의 원급, 비교급, 최상급의 정리

| | 원급 | 비교급 | 최상급 |
|---|---|---|---|
| 남성 | краси́вый | краси́вее | са́мый краси́вый |
| 여성 | краси́вая | | са́мая краси́вая |
| 중성 | краси́вое | | са́мое краси́вое |
| 복수 | краси́вые | | са́мые краси́вые |

🔍 형용사 단일비교급은 접속사 чем을 동반하여 비교의 문장을 만들 수가 있으며, 이 때, 대상이 되는 명사 또는 대명사를 **생격**으로 만들면 чем을 사용하지 않아도 동일한 의미의 문장이 된다. 즉, ~чем을 없애고 대신에 명사(대명사)를 **생격**으로 만든다.

예1 Земля́ бо́льше, чем луна́. 지구는 달보다 더 크다.
Земля́ бо́льше луны́. 지구는 달보다 더 크다.

예2 Ле́тний день дли́ннее, чем зи́мний. 여름 낮은 겨울 낮보다 더 길다.
Ле́тний день дли́ннее зи́мнего. 여름 낮은 겨울 낮보다 더 길다.

예3 Со́лнце бо́льше, чем луна́. 태양은 달보다 더 크다.
Со́лнце бо́льше луны́. 태양은 달보다 더 크다.

예4 Он чита́ет лу́чше, чем А́нна. 그는 안나보다 더 잘 읽는다.
Он чита́ет лу́чше А́нны. 그는 안나보다 더 잘 읽는다.

예5 Москва́ бо́льше, чем Ленингра́д. 모스크바는 레닌그라드 보다 더 크다.
Москва́ бо́льше Ленингра́да. 모스크바는 레닌그라드 보다 더 크다.

➾ 원급과 전혀 다른 형태의 어근을 갖는 비교급, 최상급의 정리.

| | 원급 | 비교급 | 최상급 |
|---|---|---|---|
| 좋은 | хоро́ший | лу́чше | са́мый хоро́ший |
| 나쁜 | плохо́й | ху́же | са́мый плохо́й |
| 작은 | ма́ленький | ме́ньше | са́мый ма́ленький |

## 연습문제 1

1. 다음의 형용사에서 파생되는 부사를 ( ) 속에 적어 넣으시오.

(1) тру́дный → ( )

(2) ме́дленный → ( )

(3) бы́стрый → ( )

(4) плохо́й → ( )

2. 다음 형용사의 단일비교급을 만든 것 중에서 틀린 것을 하나 고르시오.

(1) чуде́сный → чуде́снее (2) интере́сный → интере́снее

(3) коро́ткий → коро́че (4) тру́дный → тру́дне

3. 다음 형용사의 원급을 ( ) 속에 써 넣으시오.

(1) сильне́е ( ) (2) светле́е ( )

(3) прия́тнее ( ) (4) важне́е ( )

4. 다음 형용사의 최상급 가운데 틀린 것을 하나 고르시오.

(1) са́мая интере́сная кни́га (2) са́мый большо́й дом

(3) са́мое краси́вая де́вушка (4) са́мый высо́кий этаж

5. 다음 최상급 형용사의 원급을 쓰시오.

(1) сильне́йший → ( ) (2) важне́йший → ( )

(3) ярча́йший → ( ) (4) крепча́йший → ( )

6. 다음 서로 관계있는 것끼리 이으시오.

| | | | |
|---|---|---|---|
| (1) хоро́ший | • | • | ху́же |
| (2) плохо́й | • | • | лу́чше |
| (3) ма́ленький | • | • | бо́льше |
| (4) большо́й | • | • | ме́ньше |

7. 다음을 우리말로 옮기시오.

(1) Нóвая газéта интерéснее, чем стáрая.

______________________________

(2) Пéрвое упражнéние труднée, чем послéднее.

______________________________

## 연습문제 2

1. 다음의 형용사에서 파생되는 부사를 (      ) 속에 적어 넣으시오.

(1) дóбрый→ (      )
(2) приятный → (      )
(3) интерéсный → (      )
(4) грубóкий → (      )

2. 다음 형용사의 원급을 (      ) 속에 써 넣으시오.

(1) дорóже (      )　　(2) молóже (      )
(3) крéпче (      )　　(4) ширe (      )

3. 다음 형용사의 비교급을 쓰시오. (단일 비교급으로)

(1) интерéсный → (      )
(2) хорóший → (      )
(3) грóмкий → (      )
(4) ясный → (      )

4. 다음의 접속사 **чем**을 사용한 구문을 생격에 의한 비교문으로 고치시오.

(1) Тáня молóже, чем Лéна.

______________________________

(2) Нóвая газéта интерéснее, чем стáрая.

______________________________

(3) Пéрвое упражнéние труднéе, чем послéднее.

______________________________

5. 다음을 러시아어로 옮기시오.

(1) 대구는 인천보다도 더 작다.

______________________________

(2) 도시는 농촌보다 더 크다.

______________________________

(3) 타냐는 올랴보다 더 아름답다.

______________________________

# 2 7주 러시아어 수사

## 학습목표 소개

러시아어 수사 1~100 까지를 셀 수 있다.
러시아어 수사의 종류(개수사, 순서수사)를 알 수 있다.
러시아어 개수사(단일수사, 합성수사, 복합수사)의 구성을 이해할 수 있다.
러시아어 수사를 활용하여 시간을 묻고 답하는 표현을 할 수 있다.
러시아어 수사를 활용하여 나이를 묻고 답하는 표현을 할 수 있다.
러시아어 수사를 활용하여 년, 월, 일을 묻고 답하는 표현을 할 수 있다.
러시아어 수사를 활용하여 물건 값을 묻고 답하는 표현을 할 수 있다.

## ◉ 중요단어 익히기

**арбу́з** 명사 수박. ☞ 'з'는 무성음화 현상에 의하여 [с] 발음됨.
**вре́мени** 명사 вре́мя-вре́мени-вре́мени-вре́мя-вре́менем-вре́мени; 시간.
**встре́титься** 동사 встреча́ться(불)-встре́титься(완) с кем-чем; ~와 만나다.
**второ́й** 형용사 두 번째의.
**вчера́** 명사 어제.
**двадца́тый** 형용사 20번째의.
**девяно́сто** 명사 90.
**девяно́стый** 형용사 90번째의.
**за́втра** 명사 내일.
**како́е** 형용사 어떠한,
**мину́та** 명사 분, 잠깐사이, 순간. / одну́ мину́ту: 잠깐(기다려).
**моло́же** 형용사 молодо́й의 비교급 / молодо́й: 젊은, 어린, 새로운, 미완성의.
**пе́рвый** 형용사 첫 번째의.
**полови́на** 명사 절반, 중앙, 한가운데,
**по́чта** 명사 우체국.
**роди́ться** 동사 태어나다, 탄생하다.
**рожде́ние** 명사 낳는 것, 분만, 탄생, 출생. / день рожде́ния: 생일.
**сего́дня** 명사 오늘. ☞ 'г'는 [в]로 발음됨.
**ско́лько** 부사 [의문, 관계대] 얼마, 어느 정도, 어느 만큼.
**со́рок** 명사 40.
**сорокво́й** 형용사 40번째의.
**со́тый** 형용사 100번째의.

**стадио́н** 명사 옥외경기장, 스타디움.
**тре́тий** 형용사 세 번째의.
**тридца́тый** 형용사 30번째의.
**ты́сяча** 명사 1000.
**час** 명사 시, 시간.
**часы́** 명사 시계
**четвёртый** 형용사 네 번째의.
**че́тверть** 명사 4분의 1, 4분의 1년, 3개월. (음)사분음표.
**число́** 명사 일, 날짜.

## ◉ 문법기초설명

러시아어 수사에는 2가지 종류의 수사가 있다. 우리가 흔히 "일, 이, 삼,..." 또는 "하나, 둘, 셋,..."과 같이 셈을 셀 때의 수사를 '**개수사**'라 칭하고, "첫번째의, 두 번째의, 세 번째의,..." 등과 같이 순서를 매길 때의 수사를 '**순서수사**'라 한다.

| 수사 | | | | | | |
|---|---|---|---|---|---|---|
| 수사 | 개수사 | 1 | 2 | 3 | .... | 10 |
| | | оди́н | два | три | .... | де́сять |
| | 순서수사 | 첫 번째의 | 두 번째의 | 세 번째의 | .... | 열 번째의 |
| | | пе́рвый | второ́й | тре́тий | .... | де́сятый |

🔍 그러므로, 순서수사는 '형용사'에 해당한다. 개수사는 1에서부터 10까지의 '**단일수사**'와 '**합성수사**', 그리고 '**복합수사**'로 구성되어 있다.

**개수사: ① 단일수사 (1-10) :**
**оди́н, два(две), три, четы́ре, пять, шесть, семь, во́семь, де́вять, де́сять.**

🔍 '**два**'는 뒤에 오는 명사가 남성(or 중성)일 때, '**две**'는 여성일 때 사용.

**개수사: ② 합성수사:**
**단일수사 + на + дцать (10)**

🔍 '**дцать**'는 '**де́сять**'의 고어임.

11 = 1 + 10 = один + на + дцать = оди́ннадцать.

12 = 2 + 10 = две + на + дцать = двена́дцать.

13 = 3 + 10 = три + на + дцать = трина́дцать.

14 = 4 + 10 = четы́ре + на + дцать = четы́рнадцать.

(четы́ре에서 -е를 떼어낸 후에 합성)

15 = 5 + 10 = пять + на + дцать = пятна́дцать.

(пять에서 -ь를 떼어낸 후에 합성)

16 = 6 + 10 = шесть + на + дцать = шестна́дцать.

(шесть에서 -ь를 떼어낸 후에 합성)

17 = 7 + 10 = семь + на + дцать = семна́дцать.

(семь에서 -ь를 떼어낸 후에 합성)

18 = 8 + 10 = во́семь + на + дцать = восемна́дцать.

(восемь에서 -ь를 떼어낸 후에 합성)

19 = 9 + 10 = де́вять + на + дцать = девятна́дцать.

(девять에서 -ь를 떼어낸 후에 합성)

20 = 2x10 = два × дцать = два́дцать.

30 = 3x10 = три × дцать = три́дцать.

40 со́рок,

50 = 5x10 = пять × десять = пятьдеся́т.

(десять에서 -ь를 떼어낸 후에 합성)

60, 70, 80,: шестьдеся́т, се́мьдесят, во́семьдесят.

(주의) Ударение의 **위치**

| | | | |
|---|---|---|---|
| 50, 60 | ▶ | пятьдеся́т, шестьдеся́т. | 뒤에 |
| 70, 80 | | се́мьдесят, во́семьдесят. | 앞에 |

90 девяно́сто,

100 сто.

200, 300, 400 две́сти, три́ста, четы́реста.

500,......900 пятьсо́т, шестьсо́т,......девятьсо́т.

1000 ты́сяча.

## 개수사: ③ 복합수사
## 두 개 이상의 숫자로 구성되며, 각 구성분자는 떼어서 쓴다.

21 = два́дцать оди́н, 22 = два́дцать два, .......

31 = три́дцать оди́н, 32 = три́дцать два, ........

91 = девяно́сто оди́н,........99 = девяно́сто де́вять.

예1 123 = сто два́дцать три.

예2 645 = шестьсо́т со́рок пять.

예3 789 = семьсо́т во́семьдесят де́вять.

'ты́сяча'(1000)는 여성명사이며 단수주격 형태이다. 수사와 명사(**수사 + 명사**)가 결합을 할 때, 1~다음에는 **주격**, 2, 3, 4~다음에는 **단수생격**이 쓰이며, 5~이상의 숫자 다음에서는 **복수생격**이 쓰인다. 그러므로 1000 이상의 숫자를 셀 때, 1천 다음에는 **ты́сяча**(단수주격), 2천, 3천, 4천 다음에는 **ты́сячи** (단수생격), 5천 이상의 숫자에서는 **ты́сяч**(복수생격)이 쓰인다.

| 수사 + 명사 | 1~ 명사 (단수주격) | 1 + ты́сяча | 1천 = **ты́сяча** |
|---|---|---|---|
| | 2, 3, 4~ 명사 (단수생격) | 2, 3, 4 + ты́сячи | 2천 = **две ты́сячи** |
| | 5 이상 ~ 명사 (복수생격) | 5~ + ты́сяч | 5천 = **пять ты́сяч** |

예1 1988 = ты́сяча девятьсо́т во́семьдесят во́семь.

예2 4789 = четы́ре ты́сячи семьсо́т во́семьдесят де́вять.

예3 5462 = пять ты́сяч четы́реста шестьдеся́т два.

예4 154,000 루블 = сто пятьдеся́т четы́ре ты́сяч рубле́й.

예5 868,000 루블 = восемьсо́т шестьдеся́т во́семь ты́сяч рубле́й.

러시아 돈은 'рубль'(루블)이다. рубль (남, 명)의 복수생격은 рубле́й 이다.

### 순서수사:

(첫 번째의 ~ 열 번째의): **пе́рвый, второ́й, тре́тий, четвёртый, пя́тый, шесто́й, седьмо́й, восьмо́й, девя́тый, деся́тый.**

➾ 순서수사는 개수사에서 -ь을 떼어내고 -ый를 붙여 만든다.

| 순서수사 | 개수사 + ~ь → 개수사 + ~ый== 순서수사 |
|---|---|

**11번째의=개수사(-ь을 떼어내고) + ый** → оди́ннадцатый,
**12번째의, 13번째의**.......... → двена́дцатый, трина́дцатый.....
**20번째의**→ двадца́тый,
**21번째의, 22번째의** ... → два́дцать пе́рвый, два́дцать второ́й, ....
**28번째의, 29번째의** ... → два́дцать восьмо́й, два́дцать девя́тый,....
**30번째의**→ тридца́тый.

**40번째의** → сороково́й,
**50번째의, 60번째의...** → пятидеся́тый, шестидеся́тый,....
**90번째의** → девяно́стый,
**100번째의** → со́тый,
**135번째의** → сто три́дцать пя́тый.
**1439번째의** → ты́сяча четы́реста три́дцать девя́тый,

**주의1** ударе́ние의 위치 변동:
два́дцать→двадца́тый. /три́дцать→тридца́тый.

**주의2** 제50~제80의 순서수사를 만들 때 중간에 -и-가 들어간다.
пятьдеся́т→ пятидеся́тый./ шестьдеся́т→ шестидеся́тый.
се́мьдесят→ семидеся́тый./ во́семьдесят→ восемидеся́тый.

**→ 복합수사의 순서수사는 마지막 숫자만 순서수사로 바꾸면, 전체가 순서수사가 된다.**

**예1** 123 → сто два́дцать три.
123번째의 → сто два́дцать тре́тий.

**예2** 645 → шестьсо́т со́рок пять.
645번째의 → шестьсо́т со́рок пя́тый.

**예3** 1988 → ты́сяча девятьсо́т во́семьдесят во́семь.
1988번째의 → ты́сяча девятьсо́т во́семьдесят восьмо́й.

**예4** 4789 → четы́ре ты́сячи семьсо́т во́семьдесят де́вять.
4789번째의 → четы́ре ты́сячи семьсо́т во́семьдесят девя́тый.

| 5 | 15 | 50 | 5번째의 | 15번째의 | 50번째의 |
|---|---|---|---|---|---|
| пять | пятна́дцать | пятьдеся́т | пя́тый | пятна́дцатый | пятидеся́тый |
| | 'пять'에서 'ь'를 떼어내고 합성 | десять에서 ь를 떼어내고 합성 | ь → ый | | ь → и |

© пятьдеся́т(50) → пятидеся́тый(50번째의)에서 'ь'가 'и'로 변함에 주의

앞서 설명한 바와 같이, 수사와 명사가 결합을 할 때, 즉 **개수사 + 명사**의 구조에서, 수사 1 다음에는 **단수주격**, 2~4까지는 **단수생격**, 5~이상은 **복수생격**이 사용된다.

| 개수사 | 명사 | 루블 | 1000(천) |
|---|---|---|---|
| 1 | **단수주격** | один рубль. | тысяча |
| 2 ~ 4 | **단수생격** | два, три, четы́ре рубля, | две, три, четы́ре тысячи |
| 5 ~ | **복수생격** | пять рубле́й ~ | пять ты́сяч ~ |

개수사 оди́н은 그것이 한정하는 명사와 성, 수가 일치된다.

| | 수사 | 수사 + 명사 |
|---|---|---|
| 남성 | оди́н | оди́н заво́д (하나의 공장) |
| 여성 | одна́ | одна́ ко́мната (하나의 방) |
| 중성 | одно́ | одно́ сло́во (하나의 단어) |
| 복수 | одни́ | одни́ часы́ (한 개의 시계) |

➾ 복수형 **одни́**는 단수가 없는 복수명사와 함께 쓰인다.

예 **одни́ но́жницы** (한 개의 가위), **одни́ часы́** (한 개의 시계)

➾ 개수사 два, три, четы́ре와 함께 쓰이는 명사는 **단수생격**이 된다.

개수사 'два'는 남성, 중성명사에 쓰이며, 여성명사에 대해서는 'две'를 사용한다.

| | 수사 | 수사 + 명사 | 수사 | 수사 + 명사 | 수사 | 수사 + 명사 |
|---|---|---|---|---|---|---|
| 남성 | два | два завода | три | три завода | четыре | четыре завода |
| 여성 | две | две комнаты | три | три комнаты | четыре | четыре комнаты |
| 중성 | два | два слова | три | три слова | четыре | четыре слова |

➾ 개수사 пять, ~ (5 이상의 수사)와 함께 쓰이는 명사는 **복수생격**이 된다.

| | 수사 | 수사 + 명사 | 수사 | 수사 + 명사 |
|---|---|---|---|---|
| 남성 | пять | пять заводов (다섯 개의 공장) | пятнадцать | пятнадцать заводов |
| 여성 | пять | пять комнат (다섯 개의 방) | пятнадцать | пятнадцать комнат |
| 중성 | пять | пять слов (다섯 개의 단어) | пятнадцать | пятнадцать слов |

➾ 복합수사와 함께 쓰이는 명사의 수, 격은 복합수사의 **마지막 수사에 따라 결정된다**.

예1 21시, 시간. два́дцать оди́н час (단수 주격)

예2 22시, 시간. два́дцать два часа́ (단수 생격)

예3 23시, 시간. два́дцать три часа́ (단수 생격)

예4 24시, 시간. два́дцать четы́ре часа́ (단수 생격)

예5 25시간. два́дцать пять часо́в (복수 생격)

| 1: 단수주격 | 1시 | оди́н час |
|---|---|---|
| 2~4 : 단수생격 | 2~4시 | два, три, четы́ре часа́ |
| 5~ : 복수생격 | 5시~ | пять ~ двена́дцать часо́в |

## ⊙ 생활러시아어 구문 1

ПÉТЯ : Где ты был в два часа́?
ВÓВА : На по́чте.
ПÉТЯ : А я в два часа́ был на стадио́не.
빼쨔: 너 2시에 어디에 있었니?
보바: 우체국에 있었어.
빼쨔: 하지만, 나는 2시에 옥외경기장에 있었어.

### ⇒ 시간을 묻는 표현들

Скажи́те, ско́лько сейча́с вре́мени? 지금 몇 시인지 말씀해 주십시오
Ско́лько вре́мени сейча́с? 지금 몇 시 입니까?
Кото́рый час? 몇 시?
Ско́лько часо́в? 몇 시간?
Ско́лько вре́мени? 몇 시에요?

| 1: 단수주격 | 1분 | одна́ мину́та |
|---|---|---|
| 2~4 : 단수생격 | 2~4분 | две, три, четы́ре мину́ты |
| 5~ : 복수생격 | 5분~ | пять ~ шестьдесят мину́т |

Сейча́с три часа́ одна́ мину́та. 지금은 3시 1분입니다.
Сейча́с три часа́ три мину́ты. 지금은 3시 3분입니다.
Сейча́с три часа́ пять мину́т. 지금은 3시 5분입니다.
Сейча́с три часа́ два́дцать мину́т. 지금은 3시 20분입니다.
Сейча́с два́дцать мину́т четвёртого. 지금은 3시 20분입니다.

**Сейча́с три часа́ три́дцать мину́т.** 지금은 3시 30분입니다.
**Сейча́с полови́на четвёртого.** 지금은 3시 반입니다.
**В полови́не четвёртого.** 3시 반에, 3시 30분에
**Сейча́с три часа́ со́рок пять мину́т.** 지금은 3시 45분입니다.
**Сейча́с без че́тверти четы́ре.** 지금은 15분전 4시입니다.
**Сейча́с три часа́ пятьдеся́т пять мину́т.** 지금은 3시 55분입니다.
**Сейча́с без пяти́ четы́ре.** 지금은 5분전 4시 입니다.

**시간**을 개수사를 사용하여, 17 **часов** 10 **минут** 등과 같이 나타내는 표현은 철도나 교통기관의 시간표, 극장이나 영화관의 상영 시간표, 또는 시간을 공적으로 전달하는 경우에 흔히 사용된다. 그러나, 보통 '생활러시아어'에서는 **순서수사**를 사용하는 경우가 많다. 예를 들면, "**три часа́ два́дцать мину́т.** (3 **часа** 20 **минут**)"로 표현하는 경우보다,
"**два́дцать мину́т четвёртого.** (20 **минут** четвёртого)"로 표현하는 경우가 더 많다.

## ⊙ 생활러시아어 구문 2

ВРАЧ : Как твоя́ фами́лия?
ВО́ВА : Дени́сов.
ВРАЧ : И́мя?
ВО́ВА : Влади́мир.
ВРАЧ : Ско́лько тебе́ лет?
ВО́ВА : Мне двена́дцать лет.
의사: 너의 성은 무엇이냐?
보바: 제니소프 입니다.
의사: 이름은?
보바: 블라지미르 입니다.
의사: 너의 나이는 몇 살이냐?
보바: 저는 12살 입니다.

**⇨ 나이를 묻는 표현들**

Ско́лько вам лет? (당신은 몇 살입니까?)

Ско́лько тебе́ лет? (너는 몇 살이냐?)

| 1살 | 단수**주격** | 1 год |
|---|---|---|
| 2~4 살 | **단수생**격 | 2, 3, 4 го́да |
| 5~살 | **복수생**격 | 5 ~лет |

예1 나는 1살이다. Мне оди́н год.

예2 나는 3살이다. Мне три го́да.

예3 나는 5살이다. Мне пять лет.

예4 그는 31세이다. Ему три́дцать оди́н год.

예5 그는 33세이다. Ему три́дцать три го́да.

이와 같이, 나이를 나타내는 표현에서는 **'여격주어'**가 사용된다. 즉, 나이가 표시되는 사람을 나타내는 명사(대명사)는 **여격**이 되고, 그 문장은 **무인칭문**이 된다.

<table>
<tr><td rowspan="5">Сколько</td><td>тебе́</td><td rowspan="5">лет?</td><td>너는 몇 살이니?</td><td>Мне</td><td rowspan="5">1 год,<br>2~4 го́да,<br>5~20 лет,<br>22~24 го́да,<br>25~ лет,<br>30-три́дцать,<br>40-со́рок,<br>50-пятьдеся́т,<br>60-шестьдеся́т,<br>70-се́мьдесят,<br>80-во́семьдесят,<br>90-девяно́сто,<br>100-сто</td></tr>
<tr><td>ему́</td><td>그는 몇 살입니까?</td><td>Ему́</td></tr>
<tr><td>ей</td><td>그녀는 몇 살입니까?</td><td>Ей</td></tr>
<tr><td>бра́ту</td><td>동생은 몇 살입니까?</td><td>Бра́ту</td></tr>
<tr><td>сестре́</td><td>누나는 몇 살입니까?</td><td>Сестре́</td></tr>
</table>

예1 Ей со́рок семь лет. 그녀의 나이는 47세이다.

예2 Мое́й сестре́ со́рок семь лет. 나의 누나는 47세이다.
(Моя́ сестра́ → Мое́й сестре́)

예3 Моему́ отцу́ со́рок семь лет. 나의 아버지는 47세이다.
(Мой оте́ц → Моему́ отцу́)

➾ 나이를 나타내는 무인칭문의 **과거**는 было를 사용하고, **미래**는 бу́дет을 사용한다.

예 Тогда́ моему́ отцу́ бы́ло со́рок семь лет. 그 때, 나의 아버지는 47세였다.
Ско́ро моему́ отцу́ бу́дет со́рок семь лет. 곧, 나의 아버지는 47세가 되실 것이다.

➾ го́да 또는 лет가 수사 앞에 놓이게 되면, '대강, 약'의 뜻이 된다.

예 Моему́ отцу́ со́рок семь лет. 나의 아버지는 47세이다.
Моему́ отцу́ лет со́рок семь. 나의 아버지는 약 47세이다.

## ◉ 생활러시아어 구문 3

ИНХО : Ско́лько вам лет?
СУХО : Мне 23 (два́дцать три) го́да. А ско́лько тебе́ лет?
ИНХО : Мне 19 (девятна́дцать) лет.
СУХО : Ско́лько лет твоему́ бра́ту?
ИНХО : Ему 21 (два́дцать оди́н) год.
СУХО : Он два го́да моло́же, чем я.

인호: 당신은 몇 살입니까?
수호: 나는 23세야. 그런데, 너는 몇 살이냐?
인호: 저는 19세 입니다.
수호: 너의 형은 몇 살이지?
인호: 그는 21세 입니다.
수호: 그는 나 보다 2살 어리구나.

➾ **년, 월, 일을 묻는 표현들**
**날짜**를 묻는 표현들.
Како́е сего́дня число́? (오늘은 며칠입니까?)
Како́е число́ бы́ло вчера́? (어제는 며칠이었습니까?)
Како́е число́ бу́дет за́втра? (내일은 며칠입니까?)

날짜를 표시할 때는 **순서수사**를 사용하며, '~일'을 뜻하는 명사 число́가 **단수중성**이므로, 순서수사의 **단수중성형**이 사용된다. (보통 число는 생략되는 경우가 많다.)

| | | | |
|---|---|---|---|
| 1일 | Сегодня пе́рвое (число) | 6일 | Сегодня шесто́е (число) |
| 2일 | Сегодня второ́е (число) | 7일 | Сегодня седьмо́е (число) |
| 3일 | Сегодня тре́тье (число) | 8일 | Сегодня восьмо́е (число) |
| 4일 | Сегодня четвёртое (число) | 9일 | Сегодня девя́тое (число) |
| 5일 | Сегодня пя́тое (число) | 10일 | Сегодня деся́тое (число) |

예 오늘은 17일이다. Сего́дня семна́дцатое.
오늘은 21일이다. Сего́дня два́дцать пе́рвое.
오늘은 23일이다. Сего́дня два́дцать тре́тье.

➩ <월, 일>을 표시할 때, **월**을 나타내는 명사는 **생격**이 된다.

| 일 (순서수사: **중성**) | + | 월 (생격) |
|---|---|---|

| | | | |
|---|---|---|---|
| 1월 | янва́рь | 7월 | июль |
| 2월 | февра́ль | 8월 | а́вгуст |
| 3월 | март | 9월 | сентя́брь |
| 4월 | апре́ль | 10월 | октя́брь |
| 5월 | май | 11월 | ноя́брь |
| 6월 | июнь | 12월 | дека́брь |

예1 1월 1일 → пе́рвое янва́ря.
1월 1일에 → пе́рвого янва́ря.

예2 5월 8일 → восьмо́е ма́я.
5월 8일에 → восьмо́го ма́я.

예3 9월 15일 → пятна́дцатое сентя́бря.
9월 15일에 → пятна́дцатого сентя́бря.

예4 11월 6일 → шесто́е ноя́бря.
11월 6일에 → шесто́го ноя́бря.

➩ <년, 월, 일>을 표시할 때, **년도**를 나타내는 명사는 **생격**이 된다.

| 일 (순서수사: **중성**) | + | 월 (생격) | + | 년 (생격) |
|---|---|---|---|---|

예1 1988년 1월 1일:
пе́рвое янва́ря ты́сяча девятьсо́т во́семьдесят восьмо́го го́да.

예2 2014년 5월 8일:
**восьмóе мáя две ты́сячи** четы́рнадцатого <u>гóда</u>.

예3 2014년 5월 8일에:
восьмóго **мáя две ты́сячи** четы́рнадцатого <u>гóда</u>.

➾ <년도>만을 표시할 때, 순서수사는 **<u>주격</u>**이 된다.

예 1988년 → **ты́сяча девятьсóт вóсемьдесят** восьмóй <u>год</u>.

➾ <~년도에>를 표시할 때, 순서수사는 **<u>전치격</u>**이 된다.

예1 나는 1988년도에 태어났다.
→ **Я роди́лся** в **ты́сяча девятьсóт вóсемьдесят** восьмóм <u>годý</u>.

예2 나는 1988년에 대하여 생각했다.
→ **Я дýмал** о **ты́сяча девятьсóт вóсемьдесят** восьмóм <u>гóде</u>.

➾ <~년도에>를 나타낼 때는 전치격 <u>годý</u>가 사용되며(예1 의 경우), <~년도에 대하여>를 나타낼 때는 전치격 <u>гóде</u>가 사용된다. (예2 의 경우)

## ◉ 생활러시아어 구문 4

ИНХО : Какóе сегóдня числó?
СУХО : Сегóдня шéстое.
ИНХО : Когдá твой день рождéния?
СУХО : Восьмóго áвгуста. А ты?
ИНХО : Я роди́лся вторóго февраля́.
СУХО : Какóго гóда?
ИНХО : Я роди́лся в ты́сяча девятьсóт вóсемьдесят девя́том годý.

인호: 오늘이 며칠이지?
수호: 오늘은 6일이야.
인호: 너의 생일은 언제니?
수호: 8월 8일. 그런데, 너는?
인호: 나는 2월 2일에 태어났어.
수호: 몇 년도에?
인호: 나는 1989년도에 태어났어.

### ✧ 요일을 나타내는 표현들

| | 주격 | | в + 대격 |
|---|---|---|---|
| 월요일 | понеде́льник | 월요일에 | в понеде́льник |
| 화요일 | вто́рник | 화요일에 | во вто́рник |
| 수요일 | среда́ | 수요일에 | в сре́ду |
| 목요일 | четве́рг | 목요일에 | в четве́рг |
| 금요일 | пя́тница | 금요일에 | в пя́тницу |
| 토요일 | суббо́та | 토요일에 | в суббо́ту |
| 일요일 | воскресе́нье | 일요일에 | в воскресе́нье |

◎ 일요일 воскресе́нье, воскресе́ние 부활.

예1 За́втра суббо́та. 내일은 토요일이다.
Я бу́ду в суббо́ту. 내가 토요일**에** 갈께.

예2 За́втра среда́. 내일은 수요일이다.
Мы встре́тимся в сре́ду. 우리 수요일**에** 만납시다.

### ◉ 생활러시아어 구문 5

НАТА́ЛИЯ : Ско́лько сто́ит моро́женое?
ПРОДАВЩИ́ЦА : Э́то сто́ит 35 (три́дцать пять) рубле́й.
НАТА́ЛИЯ : Ско́лько сто́ит арбу́з?
ПРОДАВЩИ́ЦА : Э́то сто́ит 260 (две́сти шестьдеся́т) рубле́й.
НАТА́ЛИЯ : Ско́лько сто́ит телеско́п?
ПРОДАВЩИ́ЦА : Э́то сто́ит 2,400(две ты́сячи четы́реста) рубле́й.

나탈리야 : 아이스크림이 얼마입니까?
판매원 : 그것은 35 루불입니다.
나탈리야 : 수박은 얼마 입니까?
판매원 : 그것은 260 루불입니다.
나탈리야 : 망원경은 얼마입니까?
판매원 : 그것은 2400 루불입니다.

## 연습문제 1

1. 다음에서 관계있는 개수사와 순서수사를 서로 이으시오.

| | | | |
|---|---|---|---|
| (1) оди́н | • | • | тре́тий |
| (2) три | • | • | пя́тый |
| (3) пять | • | • | пе́рвый |
| (4) два | • | • | четвёртый |
| (5) четы́ре | • | • | второ́й |

2. 다음에서 합성수사가 아닌 것을 하나 고르시오.

(1) оди́ннадцать (2) трина́дцать (3) три́дцать (4) де́сять

3. 다음 수사들 중에서 틀린 것을 하나 고르시오.

(1) две́сти (2) три́ста (3) два́ста (4) четы́реста.

4. 다음 수사들의 Ударение (액센트)의 위치가 잘못된 것을 하나 고르시오.

(1) оди́ннадцать (2) двена́дцать

(3) трина́дцать (4) четырна́дцать.

5. 다음에서 개수사와 명사의 결합이 틀린 것을 하나 고르시오.

(1) три́дцать оди́н рубль (2) две ты́сяча

(3) пять рубле́й (4) два часа́

6. 다음에서 틀린 문장을 하나 고르시오.

(1) Мне два́дцать лет. (2) Ему два́дцать лет.

(3) Вам два́дцать лет. (4) Она два́дцать лет.

7. 다음에서 순서수사가 아닌 것을 하나 고르시오.

(1) ты́сяча девятьсо́т се́мьдесят восьмо́й.

(2) четы́ре ты́сячи семьсо́т пятьдеся́т шесть.

(3) ты́сяча семьсо́т во́семьдесят девя́тый.

(4) пять ты́сяч четы́реста шестьдеся́т седьмо́й

8. 다음에서 시간이 다른 것을 하나 고르시오.

(1) семь часо́в со́рок пять мину́т.

(2) со́рок пять мину́т восьмо́го.

(3) без че́тверти во́семь часо́в.

(4) пятна́дцать мину́т восьмо́го.

## 연습문제 2

1. 다음 요일을 나타내는 표현 중에서 틀린 것을 하나 고르시오.

(1) в понеде́льник (2) во вто́рник

(3) в четве́ргу (4) в пя́тницу

2. 다음에서 개수사와 명사의 결합이 틀린 것을 하나 고르시오.

(1) тринадцать часов (2) три часа

(3) пять часов (4) двадцать один часов

3. 다음 순서수사들 중에서 틀린 것을 하나 고르시오.

(1) пятидеся́тый (2) шестьдеся́тый

(3) семидеся́тый (4) восемидеся́тый

4. 다음 수사들의 Ударение (액센트)의 위치가 잘못된 것을 하나 고르시오.

(1) пятьдеся́т (2) шестьдеся́т (3) семьдеся́т (4) во́семьдесят

5. 다음 보기의 문장에서 (　　) 속에 들어갈 적당한 말이 아닌 것은?

| 보기 | Я встретился с ним (　　) : 나는 ~월 ~일에 그를 만났다.

(1) восьмо́го а́вгуста (2) второ́го февраля́

(3) пе́рвое ма́я (4) седьмо́го сентя́бря.

6. 다음 순서수사의 Ударе́ние (액센트) 위치가 모두 올바른 것을 하나 고르시오.

(1) ты́сяча де́вятьсот се́мьдесят восьмо́й.

(2) четы́ре ты́сячи семьсо́т пятьдеся́т де́сятый.

(3) ты́сяча семьсо́т во́семьдесят девя́тый.

(4) пять ты́сяч четыре́ста шестьдеся́т седьмо́й

7. 다음의 <월, 일>을 러시아어로 쓰시오.

(1) 4월 5일

(2) 10월 1일

(3) 6월 6일

(4) 7월 17일

8. 다음의 수사를 러시아어로 쓰시오.

(1) 46번째의 →

(2) 279번째의 →

(3) 110번째의 →

(4) 1998번째의 →

(5) 706번째의 →

(6) 2016번째의 →

9. 다음의 문장을 러시아어로 옮기시오.

(1) 나는 1992년에 태어났다.

→

(2) 나는 1988년에 대하여 생각했다.

→

(3) 나는 24세이고, 그는 25세이다.

→

10. 다음의 수를 러시아어로 쓰시오.

(1) 46 →

(2) 89 →

(3) 72 →

(4) 249 →

(5) 2457 →

11. 다음의 러시아어를 아라비아 숫자로 표기하시오.

(1) ты́сяча девятьсо́т се́мьдесят во́семь.→ (          )

(2) четы́ре ты́сячи семьсо́т пятьдеся́т де́вять.→ (          )

(3) ты́сяча семьсо́т во́семьдесят четы́ре.→ (          )

(4) пять ты́сяч четы́реста шестьдеся́т семь.→ (          )

# 2

# 8주 중간(1주~7주) 총정리 및 연습문제 풀이

### 학습목표 소개

러시아어 불완료체 동사와 완료체 동사를 이해하고 올바르게 활용할 수 있다.
러시아어 동사의 미래형을 이해하고 올바르게 활용할 수 있다.
러시아어 동사의 시제(과거, 현재, 미래)를 이해하고 올바르게 활용할 수 있다.
러시아어 동사의 명령형을 이해하고 올바르게 활용할 수 있다.
러시아어 형용사의 격변화를 이해하고 활용할 수 있다.
소유대명사, 지시대명사, 인칭대명사의 격변화를 이해하고 활용할 수 있다.
러시아어 파생 부사의 형성을 이해하고 활용할 수 있다.
러시아어 형용사의 비교급과 최상급을 이해하고 활용할 수 있다.
러시아어 수사의 종류를 이해하고 활용할 수 있다.
러시아어 수사를 활용하여 여러 가지 표현(시간, 나이, 년-월-일, 물건 값 등을 묻고 답하는 표현)을 할 수 있다.

## 연습문제 풀이

1. 다음의 상응하는 불완료체동사-완료체동사의 짝과 동사의 의미를 연결하시오.

| | | |
|---|---|---|
| (1) гуля́ть • | • поигра́ть • | • 놀이하다. |
| (2) игра́ть • | • погуля́ть • | • 방문하다. |
| (3) встреча́ть • | • встре́тить • | • 산책하다. |
| (4) навеща́ть • | • навести́ть • | • 만나다. |

2. 다음의 동사들을 서로 관계있는 것끼리 이으시오.

| | |
|---|---|
| (1) брать • | • пое́хать |
| (2) е́хать • | • пойти́ |
| (3) идти́ • | • взять |
| (4) нести́ • | • принести́ |

3. 다음의 동사들 가운데 불완료체 동사에만 밑줄을 그으시오.

(1) говори́ть сказа́ть (2) писа́ть написа́ть

(3) изучи́ть изуча́ть (4) взять брать

4. 다음의 동사들 가운데 동사의 체(體)가 다른 것을 하나 고르시오.

(1) сказа́ть (2) сыгра́ть (3) суме́ть (4) слы́шать

5. 다음의 동사들 가운데 동사의 체(體)가 다른 것을 하나 고르시오.

(1) оставля́ть (2) рассказа́ть (3) соверша́ть (4) расска́зывать

6. 다음에서 동사의 체(體)가 잘못 쓰여진 문장을 하나 고르시오.

(1) Он всегда́ мно́го писа́л.

(2) Она́ обы́чно написа́ла ве́чером.

(3) Вчера́ он до́лго писа́л.

(4) Ка́ждый день она́ писа́ла.

7. 다음 보기에서 적당한 동사의 과거형을 골라 (　　　) 속에 써 넣으시오.

| 보기 | **писа́ть** - писа́ла, **написа́ть** - написа́ла.

(1) Вчера́ она́ до́лго (　　　) письмо́. 제 그녀는 오랫동안 편지를 썼습니다.

(2) Она́ уже́ (　　　) э́то письмо́? 그녀는 이미 그 편지를 다 썼습니까?

8. 다음의 문장들에서 완료의 의미가 없는 문장을 하나 고르시오.

(1) Во́ва прочита́л журна́л <Пионе́р>.

(2) Ма́ша нарисова́ла цветы́.

(3) Пе́тя сде́лал телеско́п.

(4) Ни́на реша́ла зада́чу оди́н час.

9. 다음의 상응하는 동사의 짝을 서로 연결하시오.

| | |
|---|---|
| (1) стро́ить • | • собра́ть |
| (2) собира́ть • | • постро́ить |
| (3) рассказа́ть • | • повтори́ть |
| (4) повторя́ть • | • расска́зывать |

10. 다음의 (　　　) 속에 상응하는 불완료체 동사를 써 넣으시오.

(1) прочита́ть → (　　　)　　(2) сде́лать → (　　　)

(3) нарисова́ть → (　　　)　　(4) выучи́ть → (　　　)

(5) посмотре́ть → (　　　)　　(6) суме́ть → (　　　)

(7) послу́шать → (　　　)　　(8) уви́деть → (　　　)

11. 다음의 (　　　) 속에 상응하는 완료체 동사를 써 넣으시오.

(1) изуча́ть → (　　　)　　(2) отвеча́ть → (　　　)

(3) соверша́ть → (　　　)　　(4) повторя́ть → (　　　)

(5) направля́ть → (　　　)　　(6) отменя́ть → (　　　)

(7) покупа́ть → (　　　)　　(8) спра́шивать → (　　　)

12. 다음에서 불완료체-완료체 동사의 짝이 잘 못 짝지어진 것은?

(1) оставля́ть → оста́вить (2) добавля́ть → доба́вить
(3) говоря́ть → говори́ть (4) отменя́ть → отмени́ть

13. 다음 (  ) 속에 동사 'строить-построить'의 적당한 과거형을 써 넣으시오.

(1) Э́то зда́ние (  ) це́лый ме́сяц.
(2) Э́то зда́ние (  ) бы́стро.

14. 다음 보기의 문장들에서 자신의 일을 끝까지 완성한 사람은 누구인가?

| 보기 | Во́ва чита́л журна́л. Ма́ша рисова́ла цветы́.
Пе́тя де́лал телеско́п. Ни́на реши́ла зада́чу.

(1) Во́ва (2) Ма́ша (3) Пе́тя (4) Ни́на

15. 다음의 두 문장을 차이점을 두고 해석해 보시오.

(1) Студе́нт чита́л интере́сную кни́гу.

______________________________

(2) Студе́нт прочита́л интере́сную кни́гу.

______________________________

16. 다음의 미래형 문장을 읽고, 오른 쪽의 ( ) 속에 합성미래이면 (합), 단순미래이면 (단)을 써 넣으시오.

(1) Она́ прочита́ет газе́ту. (  )
(2) Я бу́ду чита́ть журна́л. (  )
(3) Что вы бу́дете де́лать? (  )
(4) Мы посмо́трим телеви́зор. (  )
(5) Она́ бу́дет гуля́ть ве́чером. (  )
(6) Ты погуля́ешь за́втра у́тром. (  )

17. 다음의 문장들을 서로 뜻이 같은 문장끼리 이으시오.

| | | |
|---|---|---|
| (1) Я бу́ду фотографи́ровать. • | | • Мы посмо́трим телеви́зор. |
| (2) Он бу́дет реша́ть зада́чу. • | | • Они́ поигра́ют в те́ннис. |
| (3) Они́ бу́дут игра́ть в те́ннис. • | | • Он реши́т зада́чу. |
| (4) Мы бу́дем смотре́ть телеви́зор. • | | • Я сфотографи́рую. |

18. 다음의 합성미래형 문장을 (  )속의 동사를 사용하여 단순미래형으로 바꾸시오.

(1) Я бу́ду соверша́ть. (соверши́ть) → Я (                    ).

(2) Он бу́дет спра́шивать. (спроси́ть) → Он (                    ).

(3) Мы бу́дем ви́деть. (уви́деть) → Мы (                    ).

(4) Ты бу́дешь слы́шать. (услы́шать) → Ты (                    ).

19. 다음 (  ) 속에 'быть'동사의 적당한 형태를 써 넣으시오.

(1) У неё (          ) цветы́.

(2) У него́ (          )кани́кулы.

(3) У вас (          ) но́вая кварти́ра.

(4) У тебя́ (          ) но́вый журна́л.

20. 다음의 문장들을 보기와 같이 미래시제로 바꾸시오.

| 보기 | У меня́ есть велосипе́д. → У меня́ будет велосипе́д.

(1) У вас есть мотоци́кл. → ______________________________

(2) У неё есть тетра́ди. → ______________________________

(3) У нас есть сту́лья. → ______________________________

(4) У меня́ есть уче́бник. → ______________________________

21. 다음의 과거시제의 문장들을 미래(합성미래형) 시제로 바꾸시오.

(1) Она́ нарисова́ла ве́чером. → ______________________________

(2) Мы отдыха́ли в па́рке. → ______________________________

(3) Они́ направля́ли внима́ние. → ______________________________

(4) Он ку́пил но́вую маши́ну. → ______________________________

22. 다음의 왼쪽의 문장과 그에 알맞은 해석을 서로 이으시오.

| | | |
|---|---|---|
| (1) У меня́ бу́дет о́тпуск. • | | • 언제 당신한테 휴가가 있어요? |
| (2) Когда́ у вас бу́дет о́тпуск? • | | • 나한테는 휴가가 있을 거야. |
| (3) Это бу́дет о́чень хорошо́. • | | • 이 일은 아주 잘 될 거야. |
| (4) Когда́ мы бу́дем гуля́ть? • | | • 언제 우리는 산책할 것 입니까? |
| (5) Когда́ бу́дет рабо́тать? • | | • 저기서 담배 피워서는 안 될 거야. |
| (6) Там нельзя́ бу́дет кури́ть. • | | • 언제 일하게 됩니까? |

23. 다음의 단순미래형 문장을 (　　　　)속의 동사를 사용하여 합성미래형으로 바꾸시오.

(1) Мы пригото́вим обе́д. (гото́вить)

______________________________

(2) Я прочита́ю интере́сную кни́гу. (чита́ть)

______________________________

(3) Они соверша́т путеше́ствие по Росси́и. (соверша́ть)

______________________________

(4) Что ты сде́лаешь сего́дня ве́чером? (де́лать)

______________________________

24. 다음의 (　　　　) 속에 들어갈 적당한 동사를 보기에서 골라 써 넣으시오.

| 보기 | игра́ть, пла́вать, отдыха́ть, соверша́ть, провожа́ть.

(1) Ле́том бу́дут кани́кулы, и я бу́ду (　　　).

(2) Мы бу́дем (　　　　) его́ на вокза́л.

(3) Вы бу́дете (　　　) в те́ннис.

(4) Моя́ сестра́ бу́дет (　　　　) похо́ды.

(5) Кто бу́дет (　　　　　)?

25. 다음의 문장들을 미래시제의 문장으로 바꾸시오.

(1) У нас бы́л ребёнок. ________________

(2) Мы соверши́ли путеше́ствие. ________________

(3) У меня́ есть кора́бль. → ________________

(4) Что вы де́лали на кварти́ре. → ________________

26. 다음의 우리말을 러시아어로 작문하시오.

(1) 우리한테는 아이가 생길 거야. → ________________

(2) 우리들은 여름에 여행을 할 것입니다. → ________________

(3) 나는 자전거를 한대 갖게 될 거야. → ________________

(4) 당신은 어제 무엇을 하였습니까? → ________________

27. 다음 동사의 부정형어간(과거어간)에 보기와 같이 밑줄을 긋고, 오른쪽의 (　　) 속에 과거여성형을 써 넣으시오.

| 보기 | <u>прочита́</u>ть → (прочитала)

(1) смотре́ть → (　　)　(2) взять → (　　)

(3) говори́ть → (　　)　(4) слу́шать → (　　)

28. 다음 동사의 현재어간을 (　　) 속에 써 넣으시오.

(1) дава́ть → (　　)　(2) прости́ть → (　　)

(3) купи́ть → (　　)　(4) фотографи́ровать → (　　)

29. 다음 동사들 가운데 현재어간과 과거어간이 동일한 것을 하나 고르시오.

(1) танцева́ть　(2) говори́ть　(3) смотре́ть　(4) слу́шать

30. 다음 동사들 가운데 현재어간과 과거어간이 다른 것을 하나 고르시오.

(1) переменя́ть　(2) сде́лать　(3) покупа́ть　(4) изучи́ть

31. 다음 동사들의 명령형을 만드시오. (단수형으로)

(1) говоря́т → (          )

(2) смо́трят → (          )

(3) пою́т → (          )

(4) ку́пят → (          )

32. 다음 동사들의 명령형을 만드시오. (복수형으로)

(1) чу́вствовать → (          )

(2) узна́ть → (          )

(3) изучи́ть → (          )

(4) идти́ → (          )

33. 다음에서 틀리게 설명한 문장을 하나 고르시오.

(1) 부정형어간을 과거어간이라고도 이야기한다.

(2) 어간에는 현재어간과 부정형어간이 있다.

(3) 과거어간에서 단수명령형이, 현재어간에서 복수명령형이 만들어진다.

(4) 현재어간은 3인칭 복수 현재형에서 어미를 떼어낸 것이다.

(5) 어간이 자음으로 끝나면 모음인 'и' 또는 'ите'를 붙여 명령형을 만든다.

34. 다음은 동사들의 명령형을 만든 것이다. 틀린 것을 하나 고르시오.

(1) слу́шать → слу́шай, слу́шайте.

(2) петь → пой, по́йте.

(3) рисова́ть → рису́й, рису́йте.

(4) писа́ть → писа́й, писа́йте.

(5) показа́ть → покажи́, покажи́те.

35. 다음 동사 변화의 단수 1인칭에서 어간에 '-л'이 추가되는 동사가 아닌 것은?

(1) шуме́ть (2) купи́ть (3) показа́ть (4) люби́ть

36. 다음에서 3인칭 복수 현재의 어미가 같은 것 끼리 서로 이으시오.

| | |
|---|---|
| (1) писа́ть • | • изуча́ть |
| (2) стро́ить • | • купи́ть |
| (3) изучи́ть • | • молча́ть |
| (4) ду́мать • | • сказа́ть |

37. 다음 동사의 현재어간을 (　　) 속에 써 넣으시오.

(1) рассказа́ть (　　　)　(2) щуме́ть → (　　　)

(3) везти́ (　　)　(4) идти́ → (　　　)

(5) взять (　　)　(6) купи́ть → (　　　)

38. 다음 동사의 명령형을 만드시오. (복수형으로)

(1) спроси́ть → (　　)

(2) чу́вствовать → (　　　)

(3) приходи́ть → (　　　)

(4) встре́тить → (　　　)

39. 다음 동사의 명령형이 틀리게 짝지어진 것을 고르시오.

(1) слу́шала　слу́шайте

(2) написа́ла　напиши́те

(3) приходи́ла　приходи́те

(4) танцева́ла　танцева́йте

40. 다음에서 틀린 문장을 하나 찾아내어 올바르게 고쳐 보시오.

(1) Прочита́йте э́ту кни́гу гро́мко.

(2) Переда́йте мне стака́н.

(3) Купи́те интере́сную газе́ту.

(4) Покази́те мне ваш мотоци́кл.

41. 다음 형용사의 비교급을 만든 것 중에서 틀린 것을 하나 고르시오.

(1) чуде́сный → чуде́снее　(2) краси́вый → краси́вее

(3) коро́ткий → коро́тке　(4) тру́дный → тру́днее

42. 다음 형용사 격변화표의 빈칸을 채우시오.

| | 남성 | 중성 | 여성 | 복수 | 남성 | 중성 | 여성 | 복수 |
|---|---|---|---|---|---|---|---|---|
| 주격 | новый | новое | новая | новые | синий | синее | синяя | синие |
| 생격 | нового | | | | синего | | | |
| 여격 | | | | новым | | | | синим |
| 대격 | -ый,-ого | новое | новую | -ые,-ых | -ий,-его | синее | синюю | -ие, -их |
| 조격 | | | | | синим | | | |
| 전치격 | новом | | | новых | | | | синих |

43. 다음 보기의 (　　) 속에 들어갈 적당한 형용사를 하나 고르시오.

| 보기 | Я прочита́л (　　) журна́л.나는 재미있는 잡지를 다 읽었다.

(1) интере́сная　(2) интере́сный　(3) интере́сную　(4) интере́сной

44. 왼쪽 문장의 (　　)속에 들어갈 적당한 형용사를 오른쪽에서 찾아 이으시오.

(1) Вчера́ она получи́ла (　　) газе́ту. • • новой
(2) Вы зна́ете назва́ние (　　) газе́ты? • • новую
(3) Сего́дня я получи́л (　　) журна́л. • • новый
(4) В (　　) журна́ле есть интере́сный расска́з • • новом

45. 다음 형용사의 원급을 (　　) 속에 써 넣으시오.

(1) гро́мче (　　)　(2) лу́чше (　　)
(3) прия́тнее (　　)　(4) я́снее (　　)

46. 다음에서 문법적으로 틀린 것을 하나 고르시오.

(1) но́вая газе́та.　(2) интере́сный журна́л
(3) си́няя костю́м　(4) молода́я де́вушка

47. 다음 형용사의 최상급 가운데 틀린 것을 하나 고르시오.

(1) са́мый интере́сный журна́л　(2) са́мая большо́й кварти́ра
(3) са́мая краси́вая де́вушка　(4) са́мый высо́кий этаж

48. 다음 최상급 형용사의 원급을 쓰시오.

(1) лучший → (                ) (2) интереснейший → (                )
(3) худший → (                ) (4) красивейший → (                )

49. 다음 서로 관계있는 것끼리 이으시오.

(1) хоро́ший • • ши́ре
(2) широ́кий • • лу́чше
(3) высо́кий • • бо́льше
(4) большо́й • • вы́ше

50. 다음에서 틀린 문장을 하나 고르시오.

(1) У меня́ нет друго́го я́блока.
(2) У меня́ нет бе́лая руба́шка.
(3) У меня́ нет зелёного пла́тья.
(4) У меня́ нет но́вой газе́ты.

51. 왼쪽 문장의 (          ) 속에 들어갈 적당한 형용사를 오른쪽에서 찾아 이으시오.

(1) У меня́ мно́го (          ) книг. • • интере́сные
(2) Я чита́ла э́ти (          ) кни́ги. • • интере́сных
(3) Я интересу́юсь (          ) журна́лом. • • но́вым
(4) Вчера́ она́ купи́ла (          ) кни́гу • • но́вую

52. 다음 형용사의 (단일)비교급을 (     ) 속에 써 넣으시오.

(1) дорогой (          ) (2) молодо́й (          )
(3) кре́пкий (          ) (4) широ́кий (          )

53. 다음 형용사의 비교급을 쓰시오. (단일 비교급으로)

(1) краси́вый → (          )
(2) плохо́й → (          )
(3) высо́кий → (          )
(4) у́мный → (          )

54. 다음 ( ) 속에 **но́вый**를 알맞게 변화시켜 써 넣으시오.

(1) Мне нра́вится ( ) кни́га.
(2) Я люблю́ ( ) газе́ту.
(3) Она́ живёт в ( ) кварти́ре.
(4) Он говори́л о ( ) ро́мане.

55. 다음의 접속사 **чем**을 사용한 구문을 생격에 의한 비교문으로 고치시오.

(1) Ле́на ста́рше, чем Та́ня.

→ ____________________

(2) Ста́рый журна́л интере́снее, чем но́вый.

→ ________________________________

(3) После́днее упражне́ние трудне́е, чем пе́рвое.3

→ ______________________________________

56. 다음을 러시아어로 옮기시오.

(1) 나는 새로운 신문을 다 읽지 못하였다.

____________________________

(2) 부산은 대구 보다 더 크다.

____________________

(3) 까쨔는 마리나 보다도 더 아름답다.

__________________________

(4) 서울은 우리나라에서 가장 큰 도시이다.

____________________________

57. 다음의 형용사에서 파생되는 부사를 ( ) 속에 적어 넣으시오.

(1) хоро́ший → ( )
(2) широ́кий → ( )
(3) ти́хий → ( )
(4) удиви́тельный → ( )

58. 다음 ( ) 속에 오른쪽 ( )속의 소유대명사를 적당한 형태로 고쳐 넣으시오.

(1) Пéред ( ) óкнами большóй сад. (наш)
(2) В ( ) кóмнате мнóго свéта. (твой)
(3) Газéта лежи́т на ( ) столé. (мой)
(4) Недáвно я ви́дел ( ) бáбушку. (ваш)

59. 다음 보기 문장의 ( ) 속에 들어갈 적당한 형태의 소유대명사를 고르시오.

| 보기 | Я хочý говорить с ( ) учи́телем.

(1) твоя́ (2) твоегó (3) твоéй (4) твои́м

60. 다음 ( ) 속에 들어갈 적당한 소유대명사를 오른쪽에서 찾아 서로 이으시오.

| | | |
|---|---|---|
| (1) Передáйте привéт ( ) брáту | • | • вáшей |
| (2) В ( ) кóмнате хорóший журнáл. | • | • вáшему |
| (3) Мне нрáвится ( ) ученики. | • | • вáшего |
| (4) У ( ) учи́теля мнóго книг? | • | • вáши |

61. 다음 ( ) 속에 오른쪽 ( )속의 지시대명사를 적당한 형태로 고쳐 넣으시오.

(1) В ( ) пáрке всегдá мнóго людéй. (тот)
(2) На ( ) горé лежи́т снег. (этот)
(3) Мы учи́лись в ( ) шкóле. (тот)
(4) Дáйте мне ( ) кни́гу. (этот)

62. 다음 ( ) 속에 오른쪽 ( ) 속의 인칭대명사를 적당한 형태로 고쳐 넣으시오.

(1) Передáйте ( ), пожáлуйста, тот журнáл. (мы)
(2) В воскресéнье у ( ) бы́ли гóсти. (я)
(3) Когдá я уви́жусь с ( )? (вы)
(4) Лéна приготóвила кни́ги для ( ). (ты)
(5) Моя́ сестрá хóчет говори́ть с ( ). (он)

63. 다음 ( ) 속에 'нрáвиться'동사의 적당한 형태를 써 넣으시오.

(1) Мне ( ) э́ти дéвушки.
(2) Ей ( ) тот цветóк.

(3) Вам (          ) э́та кварти́ра?
(4) Им (     ) те матрёшки.

64. 다음의 형용사에서 파생되는 부사를 (     ) 속에 적어 넣으시오.

(1) тру́дный→ (          )
(2) прия́тный → (          )
(3) бы́стрый → (          )
(4) стра́нный → (          )

65. 다음 (     ) 속에 오른쪽 (     ) 속의 소유대명사를 적당한 형태로 고쳐 넣으시오.

(1) На́до поговори́ть с (          ) профе́ссором. (наш)
(2) У (          ) дру́га ско́ро бу́дут кани́кулы. (твой)
(3) Я пойду́ в го́сти к (          ) дру́гу. (мой)
(4) Они́ говори́ли о (          ) ро́дине. (ваш)

66. 다음 보기 문장의 (   ) 속에 들어갈 적당한 형태의 소유대명사를 고르시오.

| 보기 | Пе́ред (          ) окнами расту́т цветы́.

(1) ва́ши    (2) ва́ших    (3) ва́шим    (4) ва́шими

67. 다음 (     ) 속에 오른쪽 (     ) 속의 지시대명사를 적당한 형태로 고쳐 넣으시오.

(1) В (     ) кни́ге хоро́шие слова́. (этот)
(2) Повтори́те (     ) фра́зу. (этот)
(3) Поговори́те с (     ) студе́нткой. (тот)
(4) Я не ви́дел его с (     ) дня. (тот)

68. 다음 (   ) 속에 오른쪽 (   ) 속의 인칭대명사를 적당한 형태로 고쳐 넣으시오.

(1) Я мно́го слы́шал о (     ). (они)
(2) Приходи́те к (     ). (мы)
(3) (     ) ну́жно е́хать на се́вер. (вы)
(4) (     ) нра́вится э́та ко́мната? (ты)

69. 다음 (  ) 속의 인칭대명사를 적당한 형태로 고치시오.

(1) (Он) нра́вится э́та карти́на.
(2) (Я) нра́вится она́.
(3) (Она) нра́вятся те кни́ги.
(4) (Вы) нра́вится э́тот журна́л?

70. 다음 문장들 가운데 틀린 문장을 하나 고르시오.

(1) На́до поговори́ть с на́шей учи́телем.
(2) Та́ня пригото́вила кни́ги для вас.
(3) Мне нра́вятся э́ти цветы́.
(4) В э́том па́рке всегда́ мно́го люде́й.

71. 다음에서 관계있는 개수사와 순서수사를 서로 이으시오.

| | | |
|---|---|---|
| (1) шесть | • | • тре́тий |
| (2) три | • | • пя́тый |
| (3) де́вять | • | • шесто́й |
| (4) пять | • | • четвёртый |
| (5) четы́ре | • | • девя́тый |

72. 다음에서 합성수사가 아닌 것을 하나 고르시오.

(1) оди́ннадцать (2) трина́дцать (3) два́дцать (4) де́вять

73. 다음 수사들 중에서 틀린 것을 하나 고르시오.

(1) две́ста (2) три́ста (3) девяно́сто (4) четы́реста.

74. 다음 수사들의 Ударе́ние (액센트)의 위치가 잘못된 것을 하나 고르시오.

(1) одинна́дцать (2) двена́дцать
(3) трина́дцать (4) четы́рнадцать.

75. 다음에서 개수사와 명사의 결합이 틀린 것을 하나 고르시오.

(1) три́дцать оди́н рубле́й (2) три ты́сячи
(3) три рубля́ (4) два часа́

76. 다음에서 틀린 문장을 하나 고르시오.

(1) Мне двáдцать оди́н год. (2) Ему двáдцать пять лет.
(3) Вам двáдцать три год. (4) Ей двáдцать лет.

77. 다음에서 순서수사가 아닌 것을 하나 고르시오.

(1) ты́сяча девятьсóт сéмьдесят восьмóй.
(2) четы́ре ты́сячи семьсóт пятьдеся́т девя́тый.
(3) ты́сяча семьсóт вóсемьдесят дéвять.
(4) пять ты́сяч четы́реста шестьдеся́т седьмóй

78. 다음의 수를 (　　　) 속에 아라비아 숫자로 써 넣으시오.

(1) ты́сяча девятьсóт сéмьдесят вóсемь. (　　　　　)
(2) четы́ре ты́сячи семьсóт пятьдеся́т дéвять. (　　　　　)

79. 다음에서 시간이 다른 것을 하나 고르시오.

(1) шесть часóв сóрок пять минýт.
(2) сóрок пять минýт седьмóго.
(3) без чéтверти семь часóв.
(4) пятнáдцать минýт седьмóго.

80. 다음에서 같은 시간끼리 서로 이으시오.

(1) вóсемь часóв сóрок пять минýт. • • сóрок пять минýт седьмóго.
(2) без чéтверти семь часóв. • • сóрок пять минýт девя́того.
(3) семь часóв пятнáдцать минýт. • • пятнáдцать минýт восьмóго.
(4) без чéтверти шесть часóв. • • пять часóв сóрок пять минýт

81. 다음 보기의 시간을 잘 못 표현한 것은?

| 보기 | 7시 45분 (15분전 8시)

(1) семь часóв сóрок пять минýт.
(2) сóрок пять минýт восьмóго.
(3) без чéтверти вóсемь часóв.
(4) пятнáдцать минýт восьмóго.

82. 다음의 수를 러시아어로 쓰시오.

(1) 47 → (                    )

(2) 88 → (                    )

(3) 359 → (                    )

(4) 1467 → (                    )

83. 다음 요일을 나타내는 표현 중에서 틀린 것을 하나 고르시오.

(1) в понедéльник (2) во втóрник (3) в четвéрг (4) в субóту

84. 다음에서 개수사와 명사의 결합이 틀린 것을 하나 고르시오.

(1) тринáдцать часóв (2) три часá
(3) пять часóв (4) двáдцать оди́н часóв

85. 다음 순서수사들 중에서 틀린 것을 하나 고르시오.

(1) пятидеся́тый (2) шестьдеся́тый
(3) семидеся́тый (4) восемидеся́тый

86. 다음 수사들의 Ударение (액센트)의 위치가 잘못된 것을 하나 고르시오.

(1) дéвять (2) девя́тый (3) дéсять (4) дéсятый

87. 다음 보기의 문장에서 (        ) 속에 들어갈 적당한 말이 아닌 것은?

| 보기 | Я встретился с ним (            ) : 나는 ~월 ~일에 그를 만났다.

(1) восьмóго áвгуста (2) вторóе февраля́
(3) пéрвого мáя (4) седьмóго сентя́бря.

88. 다음에서 순서수사의 Ударéние (액센트) 위치가 올바른 것을 하나 고르시오.

(1) ты́сяча дéвятьсот сéмьдесят восьмóй.
(2) четы́ре ты́сячи семьсóт пятьдеся́т дéвятый.
(3) ты́сяча семьсóт вóсемьдесят девя́тый.
(4) пять ты́сяч четырéста шестьдеся́т седьмóй

89. 다음 수사의 **Ударéние** (액센트)의 위치가 틀린 것을 하나 고르시오.

(1) **пятьдеся́т** (2) **шестьдеся́т** (3) **сéмьдесят** (4) **восемьдеся́т**

90. 다음의 <월, 일>을 러시아어로 쓰시오.

(1) 8월 15일 ______________________________

(2) 10월 3일 ______________________________

(3) 3월 1일 ______________________________

(4) 7월 17일 ______________________________

91. 다음의 수를 러시아어로 쓰시오.

(1) 56번째의 → ______________________________

(2) 219번째의 → ______________________________

(3) 120번째의 → ______________________________

(4) 2007번째의 → ______________________________

92. 다음 문장을 러시아어로 옮기시오.

(1) 나는 1998년에 태어났다.

→ ____________________________________________

(2) 나는 2014년에 대하여 생각했다.

→ ____________________________________________

(3) 나는 23세이고, 그는 26세이다.

→ ____________________________________________

93. 다음에서 계산된 수를 러시아어로 쓰시오.

(1) 200 + 400 = ____________________________

(2) 165 + 71 = ____________________________

(3) 510 + 105 = ____________________________

(4) 700 − 400 = ______________________________

(5) 536 − 368 = ______________________________

94. 다음을 러시아어로 옮기시오.

(1) 내일은 2007년 9월 17일이다. ______________________________

(2) 나는 1989년도에 태어났다. ______________________________

# 29주 러시아어 전치사+격의 용법

### 학습목표 소개

전치사 в(на) + 대격(전치격)의 차이를 이해하고 이를 활용할 수 있다.
정태동사와 부정태동사의 차이를 이해하고 그 용법을 알 수 있다.
전치사 с + 조격, о + 전치격을 이해하고 활용할 수 있다.
전치사 к, по + 여격, за, через + 대격, у + 생격을 이해하고 활용할 수 있다.
전치사 для, о́коло, ми́мо, от, до, из + 생격을 이해하고 활용할 수 있다.
전치사 с + 조격과 с + 생격의 차이를 이해하고 활용할 수 있다.
전치사 из + 생격과 с + 생격의 차이를 이해하고 활용할 수 있다.

### ◉ 중요단어 익히기

**а́рмия** 명사 군, 군대.
**борьба́** 명사 투쟁.
**вы́пить** 동사 마시다.
**доро́га** 명사 길.
**зоопа́рк** 동물원. (зоологи́ческий парк)
**милиционе́р** 명사 순경, 경찰. / мо́жет быть: 혹시, 아마도.
**нале́во** 부사 왼쪽, 왼쪽으로./ напра́во 부사 오른쪽, 오른쪽으로.
**остана́вливаться** 동사 멈추다, 정지하다, 중지하다.
**остано́вка** 명사 정류장.
**отдыха́ть** 동사 쉬다, 휴식하다. отдыха́ть (불완)-отдохну́ть (완)
**пи́сьменный** 형용사 글로 쓴, 필기용의. ☞ пи́сьменный стол: 책상.
**по́лка** 명사 선반, 책꽂이, 서가./ шкаф 명사 책장, 옷장, 붙박이장.
**положи́ть** 동사 놓다, 설치하다, 넣다. класть (불완)-положи́ть (완)
**пра́вда** 명사 참, 진리, 진실, 정의.
**пройти́** 동사 통과해 가다. / пря́мо 부사 곧바로, 곧장.
**разгова́ривать** 동사 대화하다. 이야기하다.
**роди́тели** 명사 부모, 양친.
**спо́рт** 명사 스포츠.
**трамва́й** 명사 전차.
**учени́к** 명사 생도, 제자.
**экску́рсия** 명사 단체견학, 유람, 소풍.

## ◉ 문법기초설명

러시아어에서는 각각의 **전치사**가 일정한 격을 요구하고 지배함으로써 일정한 뜻을 나타낸다. 예를 들어, 전치사 в 또는 на 다음에 **전치격**이 오면, 사람이나 사물이 존재하는 **장소**를 나타내며, 전치사 в 또는 на 다음에 **대격**이 오면, 사람이나 사물이 움직이는 운동의 **방향**을 나타낸다.

**в (на) + 전치격 ⇒ 장소**
**в (на) + 대격 ⇒ 방향**

예1 Где ты была́? (너 어디에 있었어?)
→ Я была́ в библиоте́ке. (나는 도서관에 있었어)

예2 Где бы́ли де́ти? (아이들은 어디에 있었니?)
→ Де́ти бы́ли в шко́ле. (아이들은 학교에 있었어)

예3 Где была́ кни́га? (책은 어디에 있었니?)
→ Кни́га была́ на столе́. (책은 탁자 위에 있었어)

예4 Где была́ она́? (그녀는 어디에 있었니?)
→ Она́ была́ на заво́де. (그녀는 공장에 있었어)

예5 Где он был? (그는 어디에 있었니?)
→ Он был в магази́не. (그는 상점에 있었어)

예6 Где профе́ссор? (교수님은 어디에 계시니?)
→ Профе́ссор на семина́ре (교수님은 세미나에 계셔)

예7 Где они́? (그들은 어디에 있니?)
→ Они в музе́е. (그들은 박물관에 있어)

위에서와 같이 장소를 나타내는 전치사 в와 на의 명확한 구분은 쉽지 않다. 즉, 어느 때 전치사 в를 사용하고 어느 때 전치사 на를 사용하여야 하는지에 대한 명확한 법칙은 없는 것이다. 그러므로 전치사들의 용법은 다음의 표에서와 같이 그 때 그 때 암기하는 수밖에 다른 방법이 없다.

| 전치사 в + **전치격** | 전치사 на + **전치격** |
|---|---|
| в шко́ле (학교에서) | на ку́рсе (강좌에서) |
| в кла́ссе (학급에서) | на уро́ке (학과에서) |
| в гру́ппе (그룹에서) | на заня́тии (수업에서) |
| в университе́те (대학교에서) | на факульте́те (학부에서) |
| в институ́те (연구소에서) | на экза́мене (시험에서) |
| | на семина́ре (세미나에서) |
| в магази́не (상점에서) | на заво́де (공장에서) |

| | |
|---|---|
| в дере́вне (시골에서)<br>в го́роде (도시에서)<br>в музе́е (박물관에서)<br>в теа́тре (극장에서)<br>в стране́(나라에서) | на фа́брике (공장에서)<br>на у́лице (거리에서)<br>на вы́ставке (전시회에서)<br>на бале́те (발레에서)<br>на ро́дине (조국에서)<br>на восто́ке (동쪽에서)<br>на за́паде (서쪽에서)<br>на ю́ге (남쪽에서)<br>на се́вере (북쪽에서) |
| в А́фрике (아프리카에서)<br>в Аме́рике (아메리카에서)<br>в А́нглии (영국에서)<br>в Коре́е (한국에서)<br>в Япо́нии (일본에서)<br>в Росси́и (러시아에서)<br>в Сиби́ри (시베리아에서)<br>в Белору́ссии (백러시아에서)<br>в Крыму́ (크림에서) | на по́чте (우체국에서)<br>на вокза́ле (역에서)<br>на ста́нции (정류장에서)<br><br>на Ура́ле (우랄에서)<br>на Укра́ине (국경지방)<br>на Украи́не (우크라이나에서)<br>на Кавка́зе (카프카즈에서) |

**예1** Куда́ вы идёте? (당신은 어디로 가고 있습니까?)
→ Я иду́ в библиоте́ку. (나는 도서관으로 가고 있습니다.)
Куда́ иду́т де́ти? (아이들은 어디로 가고 있습니까?)
→ Де́ти иду́т в шко́лу. (아이들은 학교로 가고 있습니다.)

**예2** Куда́ он положи́л кни́гу? (그는 책을 어디에 놓았는가?)
→ Он положи́л кни́гу на стол. (그는 책을 책상 위에 놓았다)

**예3** Он идёт в шко́лу. (그는 학교를 향하여 간다). (в + 대격 = **방향**)
Он игра́ет в шко́ле (그는 학교에서 놀고 있다). (в + 전치격 = **장소**)

**идти́~ / ходи́ть~ } в (на) + 대격 = 방향**

**идти́**, **ходи́ть**는 모두 우리말의 '걸어가다'의 뜻을 나타낸다. 하지만, **идти́**는 '지금 가고 있다' 또는 '지금 가고 있는 중이다'와 같이 **진행 중인 동작**이나, '~로 갔다' 또는 '~가 왔다'와 같이 **1회성 동작이나 그 결과**를 나타내는 반면에, **ходи́ть**는 '다니다' 또는 '왔다 갔다 하다'와 같이 **습관적인 동작**이나 **반복되는 행위** 등을 나타낸다.

**예** Мать идёт в шко́лу. (어머니가 학교에 가신다.)
Де́ти хо́дят в шко́лу. (아이들이 학교에 다닌다.)

상기의 예에서와 같이, 어머니가 학교에 가는 것은 습관적인 동작이나 반복되는 행위가 아니므로 **идти́(идёт)** 동사를 사용하며, 아이들이 학교에 가는 것은 매일 같이 반복되는 습관적인 동작이므로 **ходи́ть (хо́дят)** 동사를 사용한다.

이와 같이, 운동 또는 움직임을 나타내는 동사들 가운데, **идти́**와 같은 동사를 '**정태동사**'라 부르며, **ходи́ть**와 같은 동사를 '**부정태 동사**'라 부른다.

| | 정태 동사 | 부정태 동사 |
|---|---|---|
| | **идти́** | **ходи́ть** |
| **я** | **иду́** | **хожу́** |
| **ты** | **идёшь** | **хо́дишь** |
| **он (она)** | **идёт** | **хо́дит** |
| **мы** | **идём** | **хо́дим** |
| **вы** | **идёте** | **хо́дите** |
| **они** | **иду́т** | **хо́дят** |

예1 Мы сейча́с идём в теа́тр. 우리는 지금 극장에 가고 있는 중이다.
Мы ча́сто хо́дим в теа́тр. 우리는 자주 극장에 다닌다.

예2 Сейча́с де́ти иду́т в шко́лу. 지금 어린이들이 학교로 가고 있는 중이다.
Все де́ти хо́дят в шко́лу. 모든 어린이들이 학교에 다닌다.

## ◉ 생활러시아어 구문 1

МИША : Где Анто́н Петро́вич?
ТАНЯ : Он на заво́де.
МИША : А Пётр то́же на заво́де?
ТАНЯ : Нет. Он в шко́ле.
МИША : Куда́ ты идёшь сейча́с?
ТАНЯ : Я иду́ в библиоте́ку.

미샤: 안톤 뻬뜨로비치는 어디에 계셔?
타냐: 그는 공장에 계셔.
미샤: 그럼, 뾰뜨르도 공장에 있니?
타냐: 아니, 그는 학교에 있어.
미샤: 너는 지금 어디에 가는 중이니?

타냐: 나는 지금 도서관에 가고 있어.

**с +조격 = ~ 와 함께**
**о+전치격 = ~ 에 대하여**

전치사 'с'는 명사의 조격과 함께 쓰여 **'~와 함께'**의 의미를 나타내며, 전치사 'о'는 명사의 전치격과 함께 쓰여 **'~에 대하여'**라는 의미를 나타낸다.

**예1** **Я шёл с бра́том в кино́.** 나는 동생과 함께 영화관에 갔다.
**Я ду́мал о сестре́.** 나는 누이에 대하여 생각했다.

**예2** **Он игра́ет в те́ннис со студе́нтом.** 그는 대학생과 함께 테니스를 친다.
➾ **со студе́нтом: с** 다음에 자음이 오면 출몰모음 о가 들어가 со가 된다.

**예3** **Она́ говори́ла об уро́ке.** 그녀는 수업에 대하여 말하였다.
➾ **об уро́ке: о** 다음에 모음으로 시작되는 명사가 오면, 보통 об로 된다.

## ⊙ 생활러시아어 구문 2

МА́ША : Ни́на, ты меня́ слы́шишь?
НИНА : Слы́шу.
МА́ША : За́втра мы с Ната́шей не пойдём на стадио́н.
НИ́НА : Почему́?
МА́ША : Потому́ что за́втра у нас экску́рсия на заво́д.

마샤 : 니나, 너 내 말 들려?
니나 : 들려.
마샤 : 내일 우리들은 나타샤와 함께 스타디움에 가지 못하게 됐어.
니나 : 왜?
마샤 : 왜냐하면, 내일 우리들한테는 공장 견학이 있기 때문이야.

✐ **слы́шать** (불완) 들리다. **'-ать'**로 끝났지만 2식 변화한다. (1-9주 참조)
**слы́шу, слы́шишь, слы́шит, слы́шим, слы́шите, слы́шат.**

## ◉ 생활러시아어 구문 3

НАТА́ША : Ви́ктор, о чём ты разгова́ривал с на́шим учи́телем?

ВИ́КТОР : О спо́рте. Он о́чень лю́бит футбо́л.

НАТА́ША : Пра́вда? А я не зна́ла э́того.

나타샤 : 빅토르, 너는 무엇에 관하여 우리 선생님과 이야기를 나누었니?

빅토르 : 스포츠에 관해서. 그는 축구를 아주 좋아 하시더라고.

나타샤 : 정말이니? 그런데, 나는 그 사실을 모르고 있었어.

✐ что, чего́, чему́, что-чего́, чем, чём.

✐ э́то, э́того, э́тому, э́то, э́тим, э́том.

к + 여격 = ~에게로, ~쪽으로,
по + 여격 = ~마다,
за + 대격 = ~을 위하여.
че́рез + 대격 = ~지나서, ~경유하여, ~넘어서.
У + 생격 = ~에게 ~ 있다, ~의 옆에, ~집에.

예1 Я иду́ к бра́ту. 나는 형에게로 가고 있다.
Приходи́те ко мне́. 저한테로 오십시오.

✐ ко: 자음к과 자음м 사이의 출몰모음 'о'의 삽입.

예2 Я рабо́таю по утра́м. 나는 아침마다 일한다.
По суббо́там я хожу́ в теа́тр. 토요일마다 나는 극장에 다닌다.

예3 Это борьба́ за мир. 이것은 평화를 위한 투쟁입니다.
Дава́йте вы́пьем за на́шу а́рмию! 우리 군을 위하여 건배합시다!

예4 Мы пошли́ че́рез лес. 우리는 숲을 지나서 갔다.
Че́рез у́лицу есть магази́н. 길 건너편에 상점이 있다.
Мы прие́хали в Петербу́рг че́рез Москву́. 우리는 모스크바를 경유하여 뻬쩨르부르그에 왔다.
Я бу́ду в Москве́ че́рез неде́лю. 나는 일주일 후에 모스크바에 있을 거야.

예5 У меня́ есть интере́сная кни́га. 나에게는 재미있는 책이 있다.
Пи́сьменный стол стои́т у окна́. 책상은 창가에 있다.
Я жил ле́том у роди́телей. 나는 여름에 부모님 집에서 지냈다.

## ◉ 생활러시아어 구문 4

НАТА́ША : Скажи́те, пожа́луйста, как пройти́ к Эрмита́жу?
МИЛИЦИОНЕ́Р : Пря́мо и напра́во.
나타샤 : 에르미타즈로 어떻게 가는지 말씀해 주십시오.
경찰 : 곧장 가서 오른 쪽으로 가세요.

- Скажи́те: сказа́ть (동사)의 명령형. скажу́, ска́жешь,... ска́жут.
- пожа́луйста: 영어의 'please'에 해당됨, 'й'는 묵음으로 발음 안 됨.
- Эрмита́ж: 'ж'는 무성음화 현상에 의하여 [ш]로 발음. 에르미타즈(박물관)

## ◉ 생활러시아어 구문 5

ЛЕ́НА : И́горь, по э́той доро́ге так тру́дно е́хать.
Мо́жет быть, здесь есть друга́я доро́га?
И́ГОРЬ : Нет, здесь друго́й доро́ги нет. То́лько э́та.
레나 : 이고리야, 이 길을 따라 가는 게 이토록 어렵구나. 혹시, 이곳에 다른 길이 있니?
이고리 : 아니, 여기는 다른 길이 없어. 오로지 이 길 뿐이야.

- 'по + 여격'이므로 по + э́та доро́га → по + э́той доро́ге.
  э́та, э́той, э́той, э́ту, э́той, э́той.
  доро́га, доро́ги, доро́ге, доро́гу, доро́гой, доро́ге.
- "Нет, здесь друго́й доро́ги нет."에서 부정이 되는 대상은 생격.
  부정생격: друга́я доро́га → друго́й доро́ги (생격)
- То́лько э́та (доро́га): доро́га가 생략되어 있음.

> для + 생격 = ~ 을 위하여
> о́коло + 생격 = ~ 가까이에, 약
> ми́мо + 생격 = ~의 옆을 지나서.
> от + 생격~ до + 생격 = ~부터 ~까지.
> из + 생격 = ~안으로부터. ~ 출신이다.

예1 Вот кни́ги для ученико́в. 여기에 학생들을 위한 책들이 있다.

예2 Около заво́да большо́й магази́н. 공장 근처에 큰 상점이 있다.
Я жи́ла на кварти́ре о́коло го́да. 나는 아파트에서 약 1년간 살았다.

예3 Мы е́хали ми́мо теа́тра. 우리는 극장 옆으로 차를 타고 지나갔다.

예4 Я получи́л письмо́ от учи́теля. 나는 선생으로부터 편지를 받았다.
От Волгогра́да до Москвы́ далеко́. 볼고그라드에서 모스크바까지는 멀다.

예5 Я бу́ду до́ма до ве́чера. 나는 저녁때까지 집에 있겠다.
До уро́ка я бу́ду говори́ть об э́том. 수업 전까지 나는 그것에 대해 말할거야.

예6 Я взял кни́гу из шка́фа. 나는 책장 속에서 책을 꺼냈다.
Я вы́шел из ко́мнаты. 나는 방안에서 나왔다.
Он из Москвы́. 그는 모스크바 출신이다.

c + 조격 = ~와 함께, ~와 같이
c + 생격 = ~에서, ~(때)부터

예1 Я бу́ду с ней у вас. 나는 그녀와 함께 당신 집에 가겠소.
Он берёт кни́гу с по́лки. 그는 책장에서 책을 꺼낸다.

예2 Я шёл с сестро́й в теа́тр. 나는 누이와 같이 극장에 갔다.
С утра́ бы́ло со́лнце. 아침부터 해가 비치고 있었다.
Я отдыха́ю с утра́ до ве́чера. 나는 아침부터 저녁때까지 쉬고 있다.

### ◉ 생활러시아어 구문 6

ВИ́КТОР : Скажи́те, пожа́луйста, где остано́вка трамва́я но́мер семь?
ЖЕ́НЩИНА : Здесь. Ты стои́шь на остано́вке.
ВИ́КТОР : А седьмо́й трамва́й остана́вливается о́коло зоопа́рка?
ЖЕ́НЩИНА : Да, там есть остано́вка.

빅토르 : 말씀해 주시겠습니까, 7번 전차의 정거장은 어디 입니까?
여인 : 여기야. 너는 지금 그 정거장에 서 있는 거야.
빅토르 : 그러면, 7번 전차가 동물원 근처에 섭니까?
여인 : 그럼, 저기에 정거장이 있어.

✎ 명사 + 명사 (생격) → остано́вка трамва́я (трамвай)

✎ на + 명사 (전치격) → на остано́вке (остано́вка) : 장소(정거장)에서~

✎ пе́рвый, второ́й, тре́тий,... седьмо́й (трамва́й) : 7번의 전차.

✎ около + 명사 (생격) → около зоопарка (зоопарк).

## 연습문제 1

1. 다음 보기의 문장에 대한 대답이 잘못된 것을 하나 고르시오.

| 보기 | Где он был?

(1) Он был в шко́ле. (2) Он был в го́роде.
(3) Он был в теа́тр (4) Он был на у́лице.

2. 다음의 ( ) 속에 идти́, ходи́ть 중 하나를 골라서, 그 현재형을 써 넣으시오.

(1) Куда́ вы ( ) ка́ждый день? (2) Куда́ вы сейча́с ( )?
(3) Сейча́с мы ( ) в теа́тр. (4) Мы ча́сто ( ) в теа́тр.

3. 다음의 ( ) 속의 명사를 알맞은 격으로 격변화 시키시오.

(1) Я разгова́риваю с (оте́ц). (2) Мы ду́мали об (уро́к).
(3) Вы идёте с (брат) в кино́. (4) Мы говори́ли о (теа́тр).

4. 다음의 ( ) 속의 명사를 적당한 형태로 고치시오.

(1) Студе́нты иду́т к (профе́ссор).
(2) Мой друг е́здил по (города́) Росси́и.
(3) Он рассказа́л об (университе́ты) в Росси́и.
(4) У нас бу́дут ле́кции по (среда́).
(5) Тури́сты шли че́рез (лес)
(6) У (я) бы́ли мно́гие интере́сные кни́ги.
(7) У (стена́) стои́т пиани́но.
(8) Мо́жно ли я бу́ду у (вы)?

5. 다음의 ( ) 속에 보기의 전치사들 가운데 하나를 적어 넣으시오.

| 보기 | для, о́коло, ми́мо, от, до, из

(1) Мы живём недалеко́ ( ) шко́лы.
(2) Мы вы́шли ( ) ко́мнаты.
(3) Я чита́л кни́гу с утра́ ( ) ве́чера.
(4) Я ви́дел её ( ) до́ма.
(5) Мы е́хали ( ) теа́тра.
(6) Э́то уче́бник ( ) студе́нтов.

## 연습문제 2

1. 다음 보기의 문장에 대한 대답으로서 잘못된 문장을 하나 고르시오.

| 보기 | Где она́ была́?

(1) Она́ была́ в магази́не. (2) Она́ была́ на заво́де.
(3) Она́ была́ на заня́тии. (4) Она́ была́ на университе́те

2. 다음의 ( ) 속에 идти́, ходи́ть 중 하나를 골라서, 그 현재형을 써 넣으시오.

(1) Ве́ра ка́ждое у́тро ( ) в магази́н.
(2) Сейча́с Ве́ра ( ) в магази́н.
(3) Юрий всегда́ ( ) бы́стро.
(4) Сейча́с он то́же ( ) бы́стро.

3. 다음의 ( ) 속의 명사를 알맞은 격으로 격변화 시키시오.

(1) Газе́ты писа́ли о (мир). (2) Я уви́дел стол со (стул).
(3) Расскажи́те о (Москва́). (4) Я люблю́ ко́фе с (молоко́).

4. 다음의 ( ) 속의 명사를 적당한 형태로 고치시오.

(1) Сейча́с я зайду́ к (вы).
(2) Я смотрю́ телеви́зор по (вечер).
(3) Я хожу́ в теа́тр с (това́рищи).
(4) Мой оте́ц е́дет че́рез (неде́ля) в Се́ул.
(5) Вчера́ я ви́дел (Та́ня).
(6) С (Та́ня) был её брат.
(7) Мы пе́ли пе́сню о (ро́дина).
(8) Я люблю́ ко́фе с (са́хар).

5. 다음 ( ) 속의 명사의 격을 생격 또는 조격으로 고치시오.

(1) Я был в теа́тре с (брат).
(2) Сего́дня воскресе́нье, и я отдыха́ю с (у́тро) до ве́чера.
(3) На столе́ стои́т ва́за с (цветы́).
(4) Возьми́те кни́гу с (по́лка)

6. 다음의 (　　) 속에 보기의 전치사들 가운데 하나를 적어 넣으시오.

| 보기 | для, óколо, ми́мо, от, до, из

(1) (　　) дóма до шкóлы недалекó.

(2) Oнá бýдет дóма (　　) вéчера.

(3) Мы собрáлись (　　) учи́теля.

(4) Oнá вы́шла (　　) кóмнаты.

(5) Он прошёл (　　) моегó дóма.

(6) Э́то полéзно (　　) здорóвья.

7. 다음 (　) 속의 명사의 격을 적당하게 고친 후 우리말로 옮기시오.

(1) Мы спусти́лись с (горá).

________________________

(2) Мы пили с (ýтро) до (ночь).

________________________

(3) Он пригласи́л нас с (ты).

________________________

8. 다음을 러시아어로 옮기시오.

(1) 나는 어제 타냐와 함께 극장에 있었다.

________________________

(2) 그녀는 우유를 탄 커피를 좋아한다.

________________________

(3) 나는 1주일 후에 서울에 갈 것이다.

________________________

(4) 그는 아파트에서 약 1년간 살았다.

________________________

# 2 10주 러시아어 관계대명사

### 학습목표 소개

러시아어 관계대명사 который의 성, 수를 알 수 있다.
러시아어 관계대명사 который의 격변화를 알 수 있다.
2개의 문장을 который를 사용하여 1개의 문장으로 만들 수 있다.
관계대명사가 사용된 문장에서 который의 성, 수, 격을 이해할 수 있다.
관계대명사 который가 사용된 1개의 문장을 2개의 문장으로 분리할 수 있다.
관계대명사 который가 사용된 문장을 자유롭게 해석할 수 있다.

### ◉ 중요단어 익히기

**ви́дела** 동사 ви́деть (보다, 보이다, 알다, 깨닫다)의 과거형. ви́жу, ви́дишь, ви́дит, ви́дим, ви́дите, ви́дят.

**кото́рый** 관·대 кото́рый, кото́рая, кото́рое, кото́рые.의·대 Кото́рый час? (몇 시입니까?)

**лежа́ла** 동사 лежа́ть (놓여있다, 누워있다, 위치하고 있다)의 과거형. лежу́, лежи́шь, лежи́т, лежи́м, лежи́те, лежа́т.

**наде́ну** 동사 надева́ть (불완)-наде́ть (완)의 현재형./ 입다, 입히다. наде́ну, наде́нешь, наде́нет,... наде́нут.

**пи́сьменный** 형용사 글로 쓴, 문서의, 필기용의./ пи́сьменный стол: 책상.

**пла́тье** 명사 옷, 원피스, 부인복.

**подари́ла** 동사 дари́ть (불완) -подари́ть (완)의 과거형./ 주다, 선물하다.

**получи́ли** 동사 ~получать (불완) -получить (완)의 과거형./ 받다.

**сиди́т** 동사 сиде́ть (앉다)의 현재형./ сижу́, сиди́шь, сиди́т,...сидя́т.

**спра́шивает** 동사 спра́шивать (불완)-спроси́ть (완). / 질문하다, 묻다.

**стол** 명사 탁자, 식탁, 책상. стол, стола́, столу́, стол, столо́м, столе́. сиде́ть за столо́м~탁자에 앉아 있다.

**танцу́ет** 동사 танцева́ть (춤추다)의 3인칭, 단수, 현재형. -евать, -овать형. танцу́ю, танцу́ешь, танцу́ет, танцу́ем, танцу́ете, танцу́ют.

**учени́ца** 명사 女생도, 女제자, 女문하생, ↔ учени́к.

**фотогра́фия** 명사 사진.

**худо́жники** 명사 худо́жник(화가, 예술가, 미술가)의 복수형.

**шкату́лки** 명사 шкату́лка(귀중품함, 소지품함)의 복수형.

## ◉ 문법기초설명

러시아어 관계대명사 가운데 자주 쓰이는 관계대명사로써 'котóрый'가 있다. 'котóрый'는 다음과 같은 2개의 문장을 1개의 문장으로 결합시킬 때 쓰인다.

**문장A** Студéнт читáет кни́гу. 대학생은 책을 읽고 있다.

**문장B** Студéнт сиди́т за столóм. 대학생은 탁자에 앉아 있다.

상기에서 문장A와 문장B에 공통적으로 동일한 명사 'студéнт'가 주어로 씌여져 있다. 이 때, 동일한 명사 주어 2개 가운데 1개를 관계대명사 'котóрый'로 대신하여 다음과 같은 1개의 문장(문장C 또는 문장D)를 만들어 낼 수 있다.

**문장C** Студéнт, котóрый сиди́т за столóм, читáет кни́гу. 탁자에 앉아 있는 대학생은 책을 읽고 있다.

**문장D** Студéнт, котóрый читáет кни́гу, сиди́т за столóм.
책을 읽고 있는 대학생은 탁자에 앉아 있다.

상기의 문장C와 문장D에서 관계대명사 'котóрый'가 이끄는 밑줄 친 부분을 '**접속절**'이라 부르며, 관계대명사 'котóрый'가 수식하는 명사 'студéнт'는 '**선행사**'로서 문장의 주어가 된다.

상기 문장들에서 쓰인 남성 주어 'студéнт' 대신에 여성 주어 'студéнтка'가 쓰이게 되면, 관계대명사 'котóрый'(남성)도 여성으로 바뀌어 'котóрая'가 된다.

**문장A** Студéнтка читáет кни́гу. 여대생은 책을 읽고 있다.

**문장B** Студéнтка сиди́т за столóм. 여대생은 탁자에 앉아 있다.

상기에서 문장A와 문장B에 공통적으로 동일한 명사 'студéнтка'가 주어로 씌여져 있다. 이 때, 동일한 명사 주어 2개 가운데 1개를 관계대명사 'котóрая'로 대신하여 다음과 같은 1개의 문장(문장C 또는 문장D)를 만들어 낼 수 있다.

**문장C** Студéнтка, котóрая сиди́т за столóм, читáет кни́гу.
탁자에 앉아 있는 여대생은 책을 읽고 있다.

**문장D** Студéнтка, котóрая читáет кни́гу, сиди́т за столóм.
책을 읽고 있는 여대생은 탁자에 앉아 있다.

| 관계대명사 | 남성 | 여성 | 중성 | 복수 |
|---|---|---|---|---|
| | котóрый | котóрая | котóрое | котóрые |

다음 2개의 문장(문장A, 문장B)을 관계대명사를 사용하여 1개의 문장으로 만들어 보자.

문장A Вот <u>де́ти</u>. 여기에 아이들이 있다.

문장B <u>Де́ти</u> игра́ют в па́рке. 아이들은 공원에서 놀고 있다.

상기의 문장A와 문장B에 공통적으로 동일한 명사 'де́ти'(복수)가 씌여져 있으므로, 관계대명사 'которые'(복수)를 사용하여 다음의 문장C를 만들 수 있다.

문장C Вот де́ти, <u>кото́рые</u> игра́ют в па́рке. 여기에 공원에서 놀고 있는 아이들이 있다.

## ◉ 생활러시아어 구문 1

МА́ША : Ни́на, дай мне но́вый журна́л.
НИ́НА : Како́й?
МА́ША : Кото́рый мы вчера́ получи́ли.
마샤 : 니나, 내게 새로운 잡지를 다오.
니나 : 어떤 잡지?
마샤 : 우리들이 어제 받은 잡지 말이야.

문장A Ма́ша спра́шивает о журна́ле. 마샤는 잡지에 대하여 묻는다.
문장B Мы вчера́ получи́ли журна́л. 우리들은 어제 잡지를 받았다.

상기에서 지칭하는 잡지가 똑같은 잡지(журнал)이므로 'кото́рый'로 받는다.
문장C Ма́ша спра́шивает о журна́ле, <u>кото́рый</u> мы вчера́ получи́ли.
마샤는 어제 우리들이 받은 잡지에 대하여 묻고 있다.

또는 마샤의 질문을 그대로 원용하여 다음과 같은 문장을 만들 수도 있다.
문장D Дай мне но́вый журна́л, <u>кото́рый</u> мы вчера́ получи́ли.
나에게 어제 우리들이 받은 새로운 잡지를 다오.

다음의 'кото́рый'(**남성**), 'кото́рая'(**여성**), 'кото́рое'(**중성**), 'кото́рые'(**복수**)가 들어 있는 문장들을 비교하며 해석하여 보자.

예1 Э́то студе́нт, <u>кото́рый</u> изуча́ет ру́сский язы́к. 이 사람은 러시아어를 공부하는 대학생이다.

예2 Э́то балери́на, <u>кото́рая</u> танцу́ет на сце́не теа́тра.
이 사람은 극장 무대에서 춤을 추는 발레리나 이다.

예3 Э́то пла́тье, <u>кото́рое</u> вчера́ купи́ла Ни́на. 이것은 어제 니나가 산 원피스 이다.

예4 Э́то худо́жники, кото́рые де́лают краси́вые шкату́лки.
이들은 아름다운 귀중품함을 만드는 예술가들이다.

### ◉ 생활러시아어 구문 2

МА́ША : Ни́на, а где кни́га?
НИ́НА : Кака́я?
МА́ША : Кото́рая лежа́ла на столе́.
마샤 : 니나, 책은 어디에 있어?
니나 : 어떤 책?
마샤 : 탁자 위에 놓여 있던 책 말이야.

🔍 문장A Ма́ша спра́шивает о кни́ге. 마샤는 책에 대하여 묻는다.
문장B Кни́га лежа́ла на столе́. 책은 탁자 위에 놓여 있었다.

🔍 상기에서 지칭하는 책이 똑같은 책(кни́га)이므로 'кото́рая'로 받는다.
문장C Ма́ша спра́шивает о кни́ге, кото́рая лежа́ла на столе́.
마샤는 탁자 위에 놓여 있었던 책에 대하여 묻고 있다.

이상에서 살펴본 바와 같이, 관계대명사 'кото́рый'는 앞의 **선행사**가 남성이면 'кото́рый', 여성이면 'кото́рая', 중성이면 'кото́рое', 복수이면 'кото́рые'가 되는 것을 알 수 있다.

| | 선행사 | | 관계대명사 |
|---|---|---|---|
| кото́рый | журна́л (남성) | ⇒ | кото́рый |
| | кни́га (여성) | | кото́рая |
| | пла́тье (중성) | | кото́рое |
| | худо́жники (복수) | | кото́рые |

### ◎ 관계대명사 который의 격변화

| | 남성 | 중성 | 여성 | 복수 |
|---|---|---|---|---|
| 주격 | который | которое | которая | которые |
| 생격 | которого | | которой | которых |
| 여격 | которому | | которой | которым |

| 대격 | который | которое | которую | которые |
|---|---|---|---|---|
| 조격 | которым | | которой | которыми |
| 전치격 | котором | | которой | которых |

➾ 관계대명사 주격의 쓰임의 예.

문장A Ма́ша спра́шивает о кни́ге. 마샤는 책에 대하여 묻는다.

문장B Кни́га лежа́ла на столе́. 책은 탁자 위에 놓여 있었다.

주격

문장C Ма́ша спра́шивает о кни́ге, кото́рая лежа́ла на столе́.

주격

➾ 관계대명사 대격의 쓰임의 예.

문장A Ма́ша спра́шивает о кни́ге. 마샤는 책에 대하여 묻는다.

문장B Мы вчера́ получи́ли кни́гу. 우리들은 어제 책을 받았다.

대격

문장C Ма́ша спра́шивает о кни́ге, кото́рую мы вчера́ получи́ли.

대격

상기에서와 같이, 관계대명사 'кото́рый'는 앞의 **선행사**의 **성**, **수**와 성, 수가 일치하며, 격은 **접속절**에서의 격에 맞추어 변화한다.

그러므로 다음의 예문에서 형태가 똑같은 관계대명사 'кото́рый'도 하나는 '주격'으로 쓰였고, 또 다른 하나는 '대격'으로 쓰인 예가 된다.

예1 Ма́ша спра́шивает о журна́ле, кото́рый лежа́л на столе́.

주격

마샤는 탁자 위에 놓여 있었던 잡지에 대하여 묻고 있다.

예2 Ма́ша спра́шивает о журна́ле, кото́рый мы вчера́ получи́ли.

대격

마샤는 어제 우리들이 받은 잡지에 대하여 묻고 있다.

## ⦿ 생활러시아어 구문 3

МА́ША : Нина, ты ви́дела кни́гу?

НИ́НА : Каку́ю?

МА́ША : Кото́рую Мари́на мне подари́ла.

НИ́НА : Э́та кни́га лежи́т на пи́сьменном столе́.

마샤 : 니나, 너 책 보았니?

니나 : 어떤 책?

마샤 : 마리나가 나한테 선물한 책 말이야.

니나 : 그 책은 책상 위에 놓여 있어.

🔍 문장A Ты ви́дела книгу?

문장B Мари́на мне подари́ла кни́гу.

문장C Ты ви́дела кни́гу, которую Мари́на мне подари́ла?

너는 마리나가 나한테 선물한 책을 보았니?

🔍 형용사 + 명사 → на(전치사) + 형용사(전치격) + 명사(전치격)

пи́сьменный + стол → на + пи́сьменном + столе́.

в, 또는 на + 명사(전치격) → '장소'를 나타냄. (1-4주: 참조)

다음의 관계대명사가 씌여진 문장을 해석해 보고, 2개의 문장으로 나누어 보자.

문장C Я вам покажу́ фотогра́фии, кото́рые мы вчера́ сде́лали.

나는 당신한테 우리들이 어제 찍은 사진들을 보여 주겠습니다.

문장A Я вам покажу́ фотогра́фии. 나는 당신한테 사진들을 보여주겠습니다.

문장B Мы вчера́ сде́лали фотогра́фии. 우리들은 어제 사진들을 찍었습니다.

🔍 상기 '문장C'에서 선행사 'фотогра́фии'는 복수-대격이며, 따라서 관계대명사 'кото́рые' 또한 복수-대격으로 씌였다.

🔍 어미가 '-ия'로 끝나는 여성 명사 'фотогра́фия'(사진)는 특수하게 변화한다.

| | | 주격 | 생격 | 여격 | 대격 | 조격 | 전치격 |
|---|---|---|---|---|---|---|---|
| -ия | 단수 | фотогра́фия | -ии | -ии | фотогра́фию | -ией | -ии |
| | 복수 | фотогра́фии | -ий | -иям | фотогра́фии | -иями | -иях |

## ⊙ 생활러시아어 구문 4

МА́ША : Вот кни́га, о кото́рой я говори́л вчера́.

НИ́НА : Э́та кни́га интере́сная?

МА́ША : Да, о́чень.

НИ́НА : Ты прочита́л э́ту кни́гу?

МА́ША : Нет, я ещё не прочита́л.

마샤 : 이게 바로 내가 어제 얘기한 그 책 이야.

니나 : 이 책 재미있니?

마샤 : 그럼, 아주 재미있어.

니나 : 너는 이 책을 다 읽었니?

마샤 : 아니, 나는 아직 다 읽지 못했어.

문장C Вот кни́га, о кото́рой я говори́л вчера́.

문장A Вот кни́га.

문장B Я говори́л вчера́ о кни́ге. (여성-전치격)

## 연습문제 1

1. 다음 밑줄 친 관계대명사의 격이 나머지 것들과 다른 것은?
   (1) Ты ви́дела кни́гу, кото́рую Мари́на мне подари́ла?
   (2) Дай мне но́вый журна́л, кото́рый мы вчера́ получи́ли.
   (3) Ма́ша спра́шивает о журна́ле, кото́рый мы вчера́ получи́ли.
   (4) Вот ма́льчик, кото́рый чита́ет но́вый журна́л.

2. 다음 보기의 (　　) 속에 들어갈 적당한 관계대명사를 고르시오.

| 보기 | Дай мне но́вый журна́л, (　　) мы вчера́ получи́ли.

(1) кото́рый　(2) кото́рая　(3) кото́рое　(4) кото́рые

3. 다음의 (　　) 속에 적당한 관계대명사를 넣은 후, 우리말로 옮기시오.
   (1) Э́та кни́га, (　　) я прочита́л, о́чень интере́сная.
   ______________________________.
   (2) Та́ня спра́шивает о пальто́, (　　) вчера́ купи́ла Ни́на.
   ______________________________.

4. 다음 보기의 두 문장을 관계대명사를 사용하여 하나의 문장으로 만드시오.

| 보기 | Де́вушка смо́трит телеви́зор в ко́мнате.
Э́та де́вушка моя́ племя́нница.

→ ______________________________

5. 다음 보기의 문장을 2개의 문장으로 분리하여 보시오.

| 보기 | Ма́ша спра́шивает о журна́ле, кото́рый мы вчера́ получи́ли.

→ ______________________________

→ ______________________________

6. 다음 보기의 두 문장 속에 공통적으로 들어가는 관계대명사를 고르시오.

| 보기 | Э́та кни́га, (      ) я чита́л, о́чень интере́сная.
Де́вушка, (      ) вы хоти́те пригласи́ть, моя́ подру́га.

(1) который (2) которая (3) которую (4) которой

## 연습문제 2

1. 다음 중에서 밑줄 친 'который'의 쓰임이 나머지 것들과 다르게 쓰인 것은?

(1) Вот ма́льчик, кото́рый чита́ет но́вый журна́л.

(2) Вот студе́нт, кото́рый чита́ет но́вую газе́ту.

(3) Ма́льчик, кото́рый час?

(4) Э́тот журна́л, кото́рый я прочита́л, о́чень интере́сный.

2. 다음 보기의 (      ) 속에 들어갈 적당한 관계대명사를 고르시오.

| 보기 | Вот идёт но́вая учени́ца, (      ) прие́хала из Москвы́.

(1) кото́рый (2) кото́рая (3) кото́рое (4) кото́рые

3. 다음의 (      ) 속에 적당한 관계대명사를 넣은 후, 우리말로 옮기시오.

(1) Я наде́ну но́вое пла́тье, (      ) мне купи́ла ма́ма.

______________________________

(2) Бори́с спра́шивает о телегра́ммах, (      ) получи́ли вчера́.

______________________________

4. 다음 보기의 두 문장을 관계대명사를 사용하여 하나의 문장으로 만드시오.

| 보기 | Де́вочка у́чится в шко́ле.
Мы сего́дня познако́мились с де́вочкой.

→ ______________________________

5. 다음 보기의 문장을 2개의 문장으로 분리하여 보시오.

| 보기 | Лида спрашивает о значках, которые Вера показывала в классе.

→ ______________________________

→ ______________________________

6. 다음 밑줄 친 관계대명사의 격이 나머지 것들과 다른 것은?

(1) Вот ма́льчик, <u>кото́рый</u> чита́ет но́вый журна́л.

(2) Вот студе́нтка, <u>кото́рая</u> чита́ет но́вую газе́ту.

(3) Э́тот журна́л, <u>кото́рый</u> я прочита́л, о́чень интере́сный.

(4) Ма́ша спра́шивает о журна́ле, <u>кото́рый</u> лежа́л на столе́.

# 2 11주 러시아어 능동형동사

### 학습목표 소개

러시아어 형동사의 종류를 알 수 있다.
능동형동사와 피동형동사의 차이를 이해할 수 있다.
능동형동사 만드는 법을 알고 이해할 수 있다.
능동형동사 현재를 이해하고 이를 활용할 수 있다.
능동형동사 과거를 이해하고 이를 활용할 수 있다.

### ◉ 중요단어 익히기

**гекта́р** 명사 헥타르.
**главное** 형용사 주요한.
**госуда́рственный** 형용사 국립의.
**занима́ть** 동사 차지하다. 점유하다. 점령하다.
**зда́ние** 명사 건물.
**име́ть** 동사 소유하다. 갖다, 지니다. име́ющий, -щая, -щее, -щие.
**лежа́ть** 동사 누워있다, 위치하고 있다, 놓여있다.
**Моско́вский** 형용사 모스크바의.
**находи́ться** 동사 ~에 위치하다.
**пло́щадь** 명사 광장.
**подня́ться** 동사 поднима́ться(불완)-подня́ться(완): 오르다, 올라가다.
**посети́ть** 동사 방문하다, 찾아가다, 일어나다, 찾아들다.
**прие́хать** 동사 (타고) 도착하다. 오다. прие́хавший, -вшая, -вшее, -вшие.
**сквер** 명사 소공원, 네거리 공원.
**террито́рия** 명사 영토, 국토, 지구, 관할지역.
**тури́ст** 명사 여행가, 관광객, 유람객.
**умыва́ться** 동사 씻다, 세면하다.
**университе́т** 명사 대학교.
**ушёл** 동사 уйти́ (уйду́, уйдёшь,.../ ушёл, ушла́,) 떠나다, 가버리다.
**фонта́н** 명사 분수.
**худо́жник** 명사 화가, 예술가, 미술가.
**шкату́лка** 명사 귀중품함, 소집품함.
**эта́ж** 명사 층. ☞ ж는 [ш] 발음됨.

## ◉ 문법기초설명

러시아어 **형동사**(причáстие)는 모양은 형용사와 같이 생겼으나, 동사의 활용형으로 **동사**적 성질도 동시에 가지고 있는 러시아어 문법의 독특한 형태이다. 즉, **형용사**적 성질과 동사적 성질을 동시에 혼합하여 놓은 형태라고 볼 수 있다.

**형동사 = 형용사 + 동사**

이러한 형동사는 크게 나누어 능동형동사와 피동형동사로 나눌 수 있으며, 능동형동사는 다시 능동형동사현재와 능동형동사과거로 나뉘어지고, 피동형동사도 또한 피동형동사현재와 피동형동사과거로 나뉘어진다.

| 형동사 | 능동형동사 현재 |
|---|---|
| | 능동형동사 과거 |
| | 피동형동사 현재 |
| | 피동형동사 과거 |

### ◎ 능동형동사현재

능동형동사현재는 동사의 3인칭 복수 현재형에서 어미 -т 를 떼어내고 -щий를 붙여서 만들며, **'~하고 있는'**의 뜻이 된다. 즉, 'читать'동사를 예로 들면, 3인칭 복수 현재형 'читают'에서 어미 -т를 떼어내고 -щий 를 붙이면 'читающий'가 되며, '읽고 있는'의 뜻이 된다.

| 동사 | 3인칭 복수 현재 | | 능동형동사 현재 |
|---|---|---|---|
| читать | читают | читаю + щий | читающий |

그러므로 говорить 같은 동사는 3인칭 복수 현재가 говорят이므로 능동형동사 현재가 говорящий로서 어미가 -ящий가 되며, писать 같은 동사는 3인칭 복수 현재가 пишут 이므로 능동형동사 현재가 пишущий로서 어미가 -ущий가 되고, учить 같은 동사는 3인칭 복수 현재가 учат이므로 능동형동사 현재가 учащий 로서 어미가 -ащий가 된다. 즉, 능동형동사 현재의 어미로는 -ющий, -ящий, -ущий, -ащий의 4가지가 있게 된다.

читать ⇒ чита(ют) + щий → читающий : ~ющий
говорить ⇒ говор(ят) + щий → говорящий : ~ящий
писать ⇒ пиш(ут) + щий → пишущий : ~ущий
учать ⇒ уч(ат) + щий → учащий : ~ащий

**예1** чита́ть (ют) → чита́ющий (읽고 있는)
дéлать (ют) → дéлающий (만들고 있는)
знать (ют) → зна́ющий (알고 있는)
игра́ть (ют) → игра́ющий (놀고 있는)
рабо́тать (ют) → рабо́тающий (일하고 있는)
понима́ть (ют) → понима́ющий (이해하고 있는)
петь (пою́т) → пою́щий (노래하고 있는)

**예2** говори́ть (ят) → говоря́щий (말하고 있는)
летéть (ят) → летя́щий (날고 있는)
сидéть (ят) → сидя́щий (앉아 있는)
смотрéть (ят) → смо́трящий (보고 있는)

**예3** идти́(иду́т) → иду́щий (걸어가고 있는)
писа́ть (пи́шут) → пи́шущий (쓰고 있는)
сказа́ть (ска́жут) → ска́жущий (말하고 있는)

**예4** учи́ть (у́чат) → у́чащий (가르치는)
дыша́ть (ды́шат) → ды́шащий (쉬고 있는)

상기와 같이 어미가 **-щий**로 끝나는 능동형동사 현재는 어미가 **-ий**로 끝나는 형용사 연변화와 그 형태가 비슷하다. 그러므로 능동형동사 현재는 형용사 연변화와 같이 격변화 한다.

| 형용사(연변화) | 능동형동사 (현재) |
|---|---|
| -ий, -яя, -ее, -ие | -щий, -щая, -щее, -щие |
| синий, синяя, синее, синие | читающий, читающая, читающее, читающие |

형용사 연변화 여성: **-яя** → **-щяя** (능동형동사 여성) 로 되지 못하고, **-щая** 로 되는 것은, 철자법 규칙에 의하여 **ж, ч, ш, щ** 다음에 **'я'**가 오지 못하고 대신에 **'а'**가 오기 때문이다.

그러므로, 상기에서 어미가 **-щий** 로 끝나는 모든 능동형동사 현재는 형용사(연변화)와 같이 남성(**-щий**), 여성(**-щая**), 중성(**-щее**), 복수(**-щие**)의 어미로 변화한다.

**예** читающий, читающая, читающее, читающие.
играющий, играющая, играющее, играющие.
говорящий, говорящая, говорящее, говорящие.
идущий, идущая, идущее, идущие.
учащий, учащая, учащее, учащие.

### ⊛ 형용사(연변화)와 능동형동사 현재의 격변화.

| | 형용사 (연변화) | | | | 능동형동사 현재 | | | |
|---|---|---|---|---|---|---|---|---|
| | синий | | | | читающий | | | |
| | 남성 | 중성 | 여성 | 복수 | 남성 | 중성 | 여성 | 복수 |
| 주 | синий | синее | синяя | синие | читающий | читающее | читающая | читающие |
| 생 | синего | | синей | синих | читающего | | читающей | читающих |
| 여 | синему | | синей | синим | читающему | | читающей | -ющим |
| 대 | -ий,<br>-его | синее | синюю | -ие,<br>-их | -ий,<br>-его | читающее | читающую | -ие,<br>-их |
| 조 | синим | | синей | синими | читающим | | читающей | -ющими |
| 전 | синем | | синей | синих | читающем | | читающей | читающих |

🔍 형용사(연변화)에서 남성단수 조격(синим)과 복수여격(синим)이 동일하였던 것처럼, 능동형동사 현재에서도 남성단수 조격(читающим)과 복수여격(читающим)은 동일하다.

🔍 능동형동사 현재 단수 여성(**читающую**)이 형용사(연변화) 단수 여성(**синюю**)에서의 어미 '-юю'와 같이 '**читающюю**' 되지 못하고 '**читающую**'로 된 것은 철자법 규칙에 의하여 **ж, ч, ш, щ** 다음에 'ю'가 오지 못하고 대신에 'у'가 오기 때문이다. (**читающюю → читающую**)

앞의 주 (2-10주)에서 우리는 문장A와 문장B에 공통적으로 쓰인 '**студе́нт**' 대신에 관계대명사 '**кото́рый**'를 사용하여, 하나의 문장으로써 문장C와 문장D를 만드는 과정을 공부하였다.

**문장A** Студе́нт читáет кни́гу. 대학생은 책을 읽고 있다.

**문장B** Студе́нт сиди́т за столо́м. 대학생은 탁자에 앉아 있다.

**문장C** Студе́нт, кото́рый сиди́т за столо́м, читáет кни́гу.
탁자에 앉아 있는 대학생은 책을 읽고 있다.

**문장D** Студе́нт, кото́рый читáет кни́гу, сиди́т за столо́м.
책을 읽고 있는 대학생은 탁자에 앉아 있다.

상기에서 관계대명사가 쓰인 문장C와 문장D는 **관계대명사**를 없애고 **동사**를 **능동형동사 현재**로 바꾸어서 똑같은 뜻의 문장으로 만들 수 있다.

| **관계대명사 + 동사(현재)**<br>(접속절) | → | **능동형동사현재**<br>(접속구) |
|---|---|---|

문장C Студе́нт, кото́рый сиди́т за столо́м, чита́ет кни́гу.
(관계대명사 + 동사)
Студе́нт, сидя́щий за столо́м, чита́ет кни́гу.
(능동형동사 현재)

문장C Студе́нт, кото́рый чита́ет кни́гу, сиди́т за столо́м.
(관계대명사 + 동사)
Студе́нт, чита́ющий кни́гу, сиди́т за столо́м.
(능동형동사 현재)

그러므로 다음과 같이 관계대명사(который)가 이끄는 접속절의 문장은 **능동형동사현재**로 연결되는 접속구의 문장으로 바꿀 수 있다.

예1 Вот ма́льчик, кото́рый чита́ет но́вый журна́л.
Вот ма́льчик, чита́ющий но́вый журна́л.
여기에 새로운 잡지를 읽고 있는 소년이 있다.

예2 Вот де́вочка, кото́рая чита́ет интере́сную кни́гу.
Вот де́вочка, чита́ющая интере́сную кни́гу.
여기에 재미있는 책을 읽고 있는 소녀가 있다.

예3 Вот де́ти, кото́рые игра́ют в па́рке.
Вот де́ти, игра́ющие в па́рке.
여기에 공원에서 놀고 있는 아이들이 있다.

예4 Студе́нтка, кото́рая сиди́т за столо́м, чита́ет кни́гу.
Студе́нтка, сидя́щая за столо́м, чита́ет кни́гу.
탁자에 앉아 있는 여대생은 책을 읽고 있다.

예5 Студе́нтка, кото́рая чита́ет кни́гу, сиди́т за столо́м.
Студе́нтка, чита́ющая кни́гу, сиди́т за столо́м.
책을 읽고 있는 여대생은 탁자에 앉아 있다.

예6 Э́то студе́нт, кото́рый изуча́ет ру́сский язы́к.
Э́то студе́нт, изуча́ющий ру́сский язы́к.
이 사람은 러시아어를 공부하는 대학생이다.

예7 Э́то балери́на, кото́рая танцу́ет на сце́не теа́тра.
Э́то балери́на, танцу́ющая на сце́не теа́тра.
이 사람은 극장 무대에서 춤을 추는 발레리나이다.

예8 Э́то худо́жники, кото́рые де́лают краси́вые шкату́лки.

Э́то худо́жники, <u>де́лающие</u> краси́вые шкату́лки.
이들은 아름다운 귀중품함을 만드는 예술가들이다.

## ◉ 생활러시아어 구문 1

МА́ША : Там Моско́вский госуда́рственный университе́т, занима́ющий террито́рию в 320 гекта́ров.

НИ́НА : О, о́чень большо́й!

МА́ША : Там Гла́вное зда́ние, име́ющее 32 этажа. И на большо́й пло́щади, находя́щейся пе́ред Гла́вным зда́нием, краси́вый сквер с фонта́нами.

마샤 : 저기 320 헥타르의 면적을 차지하고 있는 МГУ(모스크바 국립대학교)가 있단다.

니나 : 오오, 대단히 크구나!

마샤 : 저기에는 32층을 갖고 있는 본관 건물이 있어. 그리고 본관 건물 앞에 위치하고 있는 대광장에는 분수들이 있는 아름다운 소공원이 있지.

✐ Моско́вский госуда́рственный университе́т (МГУ): 모스크바국립대학교.

✐ занима́ть (ют) → занима́ющий, -ма́ющая, -ма́ющее, -ма́ющие.

✐ гла́вное зда́ние: 주요한 건물, 본관 건물.

✐ име́ть (ют) → име́ющий, име́ющая, име́ющее, име́ющие.

✐ больша́я пло́щадь → на + 전치격 (장소) → на большо́й пло́щади.
пло́щадь, пло́щади, пло́щади, пло́щадь, пло́щадью, пло́щади (전치격)

✐ находиться → находить (ят) → находят → находящий + ся.
находящийся, находящаяся, находящееся, находящиеся,

🔍 상기 생활 구문에서의 'находящийся'와 같이 재귀동사(~ся)의 능동형동사 현재는 -ся를 그대로 두고 변형시킨 후, 나중에 -ся를 붙이는 것과 같다.

예1 умыва́ться(ют) → умыва́<u>ющий</u>ся (씻고 있는)
-<u>щий</u>ся, -<u>щая</u>ся, -<u>щее</u>ся, -<u>щие</u>ся

예2 занима́ться(ют) → занима́<u>ющий</u>ся (공부하는)

예3 находи́ться(ят) → нахо́<u>дящий</u>ся (위치해 있는)

예4 учи́ться(ат) → уча́<u>щий</u>ся (배우는)

## ◎ 능동형동사과거

능동형동사과거는 동사의 남성과거형이 -л 로 끝나면 -л 을 떼어내고 -вший를 붙이며, -л 로 끝나지 않으면, 그대로 -ший를 붙여서 만들어, '~하고 있던'의 뜻으로 쓰인다. 즉, 'читать'동사를 예로 들면, 'читать'동사의 남성과거형은 'читал'로서 -л 로 끝나므로, -л 을 떼어내고 -вший 를 붙여 능동형동사과거'читавший'를 만들며, 뜻은 '읽고 있던'이 된다.

**능동형동사과거 == 남성과거형 (-л) + вший　читал → читавший**
**// == 남성과거형 (　) + ший　нёс → нёсший**

예1 чита́ть (чита́л) → чита́вший (읽고 있었던)
говори́ть (говори́л) → говори́вший (말하고 있었던)
петь (пел) → певший (노래하고 있었던)
лете́ть (лете́л) → лете́вший (날고 있었던)
де́лать (де́лал) → де́лавший (만들고 있었던)
знать (знал) → зна́вший (알고 있었던)
рабо́тать (рабо́тал) → рабо́тавший (일하고 있었던)
понима́ть (понима́л) → понима́вший (이해하였었던)
игра́ть (игра́л) → игра́вший (놀고 있었던)
сиде́ть (сиде́л) → сиде́вший (앉아 있었던)
писа́ть (писа́л) → писа́вший (쓰고 있었던)
учи́ть (учи́л) → учи́вший (가르쳤었던)

예2 нести́ (нёс) → нёсший, (가져왔던)
привы́кнуть (привы́к) → привы́кший, (익숙하였던)

🔍 상기와 같이 어미가 -ший로 끝나는 능동형동사 과거는 어미가 -ий로 끝나는 형용사 연변화와 그 형태가 비슷하다. 그러므로 능동형동사 과거도 능동형동사 현재처럼 형용사 연변화와 같이 변화한다.

| 형용사(연변화) | 능동형동사 (과거) |
|---|---|
| -ий, -яя, -ее, -ие | -ший, -шая, -шее, -шие |
| синий, синяя, синее, синие | читавший, читавшая, читавшее, читавшие |

🔍 형용사 연변화 여성: -яя → -шяя (능동형동사 여성)로 되지 못하고, -шая로 되는 것은, 철자법 규칙에 의하여 ж, ч, ш, щ 다음에 'я'가 오지 못하고 대신에 'а'가 오기 때문이다.

🔍 그러므로 상기에서 어미가 -ший 로 끝나는 모든 능동형동사 과거는 형용사(연변화)와

같이 남성(-ший), 여성(-шая), 중성(-шее), 복수(-шие)의 어미로 변화한다.

예 читавший, читавшая, читавшее, читавшие.
говоривший, говорившая, говорившее, говорившие.
певший, певшая, певшее, певшие.
летевший, летевшая, летевшее, летевшие.
игравший, игравшая, игравшее, игравшие.
нёсший, нёсшая, нёсшее, нёсшие.
привыкший, привыкшая, привыкшее, привыкшие.

### ◎ 형용사(연변화)와 능동형동사 과거의 격변화

| | 형용사 (연변화) | | | | 능동형동사 과거 | | | |
|---|---|---|---|---|---|---|---|---|
| | **синий** | | | | **читавший** | | | |
| | 남성 | 중성 | 여성 | 복수 | 남성 | 중성 | 여성 | 복수 |
| 주 | синий | синее | синяя | синие | читавший | читавшее | читавшая | читавшие |
| 생 | синего | | синей | синих | читавшего | | читавшей | читавших |
| 여 | синему | | синей | синим | читавшему | | читавшей | -вшим |
| 대 | -ий,<br>-его | синее | синюю | -ие,<br>-их | -ий,<br>-его | читавшее | читавшую | -ие,<br>-их |
| 조 | синим | | синей | синими | читавшим | | читавшей | -вшими |
| 전 | синем | | синей | синих | читавшем | | читавшей | читавших |

🔍 형용사(연변화)에서 남성단수 조격(синим)과 복수여격(синим)이 동일하였던 것처럼, 능동형동사 과거에서도 남성단수 조격(читавшим)과 복수여격(читавшим)은 동일하다.

🔍 능동형동사 과거 단수 여성(**читавшую**)이 형용사(연변화) 단수 여성(**синюю**)에서의 어미 '-юю'와 같이 '**читавшюю**' 되지 못하고 '**читавшую**'로 된 것은 철자법 규칙에 의하여 **ж, ч, ш, щ** 다음에 'ю'가 오지 못하고 대신에 'у'가 오기 때문이다. (**читавшюю** → **читавшую**)

앞의 주 (2-10주)에서 우리는 문장A와 문장B에 공통적으로 쓰인 'студе́нт' 대신에 관계대명사 'кото́рый'를 사용하여, 하나의 문장으로써 문장C와 문장D를 만드는 과정을 공부하였다.

문장A <u>Студе́нт</u> чита́л кни́гу. 대학생은 책을 읽고 있었다.

문장B <u>Студе́нт</u> сиде́л за столо́м. 대학생은 탁자에 앉아 있었다.

**문장C** Студе́нт, кото́рый сиде́л за столо́м, чита́л кни́гу.
탁자에 앉아 있던 대학생은 책을 읽고 있었다.

**문장D** Студе́нт, кото́рый чита́л кни́гу, сиде́л за столо́м.
책을 읽고 있던 대학생은 탁자에 앉아 있었다.

상기에서 관계대명사가 쓰인 문장C와 문장D는 **관계대명사**를 없애고 **동사**를 **능동형동사 과거**로 바꾸어서 똑같은 뜻의 문장으로 만들 수 있다.

| 관계대명사 + 동사(과거)<br>(접속절) | → | 능동형동사과거<br>(접속구) |
|---|---|---|

**문장C** Студе́нт, кото́рый сиде́л за столо́м, чита́л кни́гу.
(관계대명사 + 동사)
Студе́нт, сиде́вший за столо́м, чита́л кни́гу.
(능동형동사 과거)

**문장D** Студе́нт, кото́рый чита́л кни́гу, сиде́л за столо́м.
(관계대명사 + 동사)
Студе́нт, чита́вший кни́гу, сиде́л за столо́м.
(능동형동사 과거)

그러므로 다음과 같이 관계대명사(который)가 이끄는 접속절의 문장은 **능동형동사과거**로 연결되는 접속구의 문장으로 바꿀 수 있다.

**예1** Э́то ма́льчик, кото́рый чита́л но́вый журна́л.
Э́то ма́льчик, чита́вший но́вый журна́л.
이 아이가 새로운 잡지를 읽고 있던 소년이다.

**예2** Э́то де́вочка, кото́рая чита́ла интере́сную кни́гу.
Э́то де́вочка, чита́вшая интере́сную кни́гу.
이 아이가 재미있는 책을 읽고 있던 소녀이다.

**예3** Тури́сты, кото́рые прие́хали в Москву́, посети́ли Кремль.
Тури́сты, прие́хавшие в Москву́, посети́ли Кремль.
모스크바에 도착했던 여행객들은 크레믈린을 방문하였다.

**예4** Студе́нтка, кото́рая сиде́ла за столо́м, чита́ла кни́гу.
Студе́нтка, сиде́вшая за столо́м, чита́ла кни́гу.
탁자에 앉아 있던 여대생은 책을 읽고 있었다.

**예5** Студе́нтка, кото́рая чита́ла кни́гу, сиде́ла за столо́м.

Студе́нтка, читáвшая кни́гу, сидéла за столóм.
책을 읽고 있던 여대생은 탁자에 앉아 있었다.

예6 Э́то студéнт, котóрый изучáл рýсский язы́к.
Э́то студéнт, изучáвший рýсский язы́к.
이 사람은 러시아어를 공부하였던 대학생이다.

예7 Э́то балери́на, котóрая танцевáла на сцéне теáтра.
Э́то балери́на, танцевáвшая на сцéне теáтра.
이 사람이 극장 무대에서 춤을 추었던 발레리나이다.

예8 Мáша спрáшивает о журнáле, котóрый лежáл на столé.
Мáша спрáшивает о журнáле, лежáвшем на столé.
마샤는 탁자에 놓여 있었던 잡지에 대하여 묻고 있다.

예9 Мáша спрáшивает о кни́ге, котóрая лежáла на столé.
Мáша спрáшивает о кни́ге, лежáвшей на столé.
마샤는 탁자에 놓여 있었던 책에 대하여 묻고 있다.

## ◉ 생활러시아어 구문 2

МА́ША : Ни́на, ты не ви́дела журнáл?
НИ́НА : Какóй?
МА́ША : Я спрáшиваю о журнáле, получи́вшем я вчерá.
НИ́НА : Э́тот журнáл лежи́т на столé.
МА́ША : Спаси́бо.
НИ́НА : Нé за что.

마샤 : 니나야, 너 잡지 보지 못했니?
니나 : 어떤?
마샤 : 나는 내가 어제 받은 잡지에 대하여 묻고 있는 거야.
니나 : 그 잡지 탁자 위에 놓여 있던데.
마샤 : 고마워.
니나 : 천만에.

✐ спрáшивать (불완) - спроси́ть (완) : 묻다, 질문하다.

✐ Нé за что : 천만에, 천만에 말씀입니다. (감사의 말을 들었을 때의 인사)

🔍 재귀동사(~ся)의 능동형동사과거는 -ся를 그대로 두고 변형시킨 후, 나중에 -ся를 붙이

는 것과 같다.

예1 занима́ться(занима́лся) → занима́вшийся,
занима́вшийся, -вшаяся, -вшееся, -вшиеся

예2 подня́ться(подня́лся) → подня́вшийся,
подня́вшийся, -вшаяся, -вшееся, -вшиеся

## 연습문제 1

1. 다음 동사에서 보기와 같이 능동형동사현재를 만들어 보시오.

| 보기 | знать (зна́ют) → (зна́ющий, -ая, -ее, -ие)

(1) узнава́ть (узнаю́т) → (　　　　　　　　)
(2) украша́ть (украша́ют) → (　　　　　　　　)
(3) смотре́ть (смо́трят) → (　　　　　　　　)
(4) люби́ть (лю́бят) → (　　　　　　　　)

2. 다음 동사에서 보기와 같이 능동형동사과거를 만들어 보시오.

| 보기 | знать (знал) → (знавший, -ая, -ее, -ие)

(1) писа́ть (писа́л) → (　　　　　　　　)
(2) дружи́ть (дружи́л) → (　　　　　　　　)
(3) отве́тить (отве́тил) → (　　　　　　　　)
(4) переводи́ть (переводи́л) → (　　　　　　　　)

3. 다음의 문장을 바꿀 때, 적당한 능동형동사 현재를 (　　)속에 써 넣으시오.

(1) Вот студе́нт, кото́рый изуча́ет францу́зский язы́к.
→ Вот студе́нт, (　　　　) францу́зский язы́к.
(2) Вот худо́жники, кото́рые де́лают краси́вые шкату́лки.
→ Вот худо́жники, (　　　　) краси́вые шкату́лки.

4. 다음 보기와 같이 능동형동사를 사용하여 문장을 바꿔 보시오.

| 보기 | Вот студе́нт, кото́рый изуча́ет ру́сский язы́к.
→ Вот студе́нт, изуча́ющий ру́сский язы́к.

(1) Вот инжене́р, кото́рый рабо́тает недалеко́ от на́шего до́ма.

→ ______________________________

(2) Вот ма́льчик, кото́рый чита́ет но́вый журна́л.

→ ______________________________

(3) Студе́нтка, кото́рая сиди́т за столо́м, чита́ет кни́гу.

→ ______________________________

(4) Э́то балери́на, кото́рая танцу́ет на сце́не теа́тра.

→ ______________________________

## 연습문제 2

1. 다음 동사에서 보기와 같이 능동형동사현재를 만들어 보시오.

| 보기 | умыва́ться (умыва́ются) → умыва́ющийся

(1) развева́ться (раздева́ются) → (　　　　　)

(2) открыва́ться (открыва́ются) → (　　　　　)

(3) одева́ться (одева́ются) → (　　　　　)

(4) стро́иться (стро́ятся) → (　　　　　)

2. 다음 동사를 능동형동사 과거로 만드시오.

(1) лете́ть (лете́л) → (　　　)

(2) находи́ться (находи́лся) → (　　　)

(3) отвеча́ть (отвеча́л) → (　　　)

(4) собра́ться (собра́лся) → (　　　)

3. 다음의 문장을 바꿀 때, 적당한 능동형동사를 (　　　) 속에 써 넣으시오.

(1) Тури́сты, кото́рые прие́хали в Москву́, посети́ли Кремль.

→ Тури́сты, (　　　) в Москву́, посети́ли Кремль.

(2) Ма́ша спра́шивает о кни́ге, кото́рая лежа́ла на столе́.

→ Ма́ша спра́шивает о кни́ге, (　　　) на столе́.

4. 다음의 문장을 우리말로 옮겨 보시오.

(1) Э́то го́род, занима́ющий террито́рию в 320 гекта́ров.

→

(2) Э́то гла́вное зда́ние, име́ющее 32 этажа́.

→

5. 다음의 문장을 능동형동사 과거를 사용하여 적당히 바꿔 써 보시오.

(1) Ма́льчик, кото́рый чита́л кни́гу в библиоте́ке, ушёл домо́й.

→

(2) Ма́льчик, кото́рый прочита́л кни́гу в библиоте́ке, ушёл домо́й.

→

# 2 12주 러시아어 피동형동사

### 학습목표 소개

러시아어 형동사의 종류를 이해할 수 있다.
피동형동사 현재를 만드는 법을 알 수 있다.
피동형동사 과거를 만드는 법을 알 수 있다.
피동형동사 현재를 이해하고 이를 활용할 수 있다.
피동형동사 과거를 이해하고 이를 활용할 수 있다.

### ◎ 중요단어 익히기

**буке́т** 명사 꽃다발
**ви́дно** 형용사 'ви́дный'의 단어미형(ви́ден, видна́, ви́дно, ви́дны) 보이다.
**виногра́д** 명사 포도.
**гру́ппа** 명사 그룹, 학급, 반, 부대./ заниматься~ами: 집단을 이루어 공부하다
**доли́на** 명사 계곡, 골짜기, 분지.
**зреть** 동사 익다(과일이), 성숙하다. 성장하다.
**изве́стный** 형용사 유명한, 저명한.
**иностра́нный** 형용사 외국의.
**конце́рт** 명사 음악회, 콘서트.
**краси́в** 형용사 'краси́вый'의 단어미형(краси́в, краси́ва, краси́во, краси́вы)
**луны́** 명사 луна́ (여:명)의 생격, 달, 달빛.
**наро́дный** 형용사 인민의, 민족의, 민속의./ наро́дный хор: 민속합창단.
**о́блако** 명사 구름
**освети́ть** 동사 비추다, 밝게 하다, 조명하다. освещённый, -ая, -ое, -ые.
**передава́ть** 동사 건네다, 전하다, 방송하다. передава́емый, -ая, -ое, -ые.
**покры́ть** 동사 покрыва́ть (불)-покры́ть (완): 덮다, 덮어씌우다.
**ра́дио** 명사 라디오. (불변화 명사)
**ро́за** 명사 장미(나무 or 꽃),
**руководи́ть** 동사 지도하다, 주관하다. руководи́мый, -ая, -ое, -ые.
**сад** 명사 정원. / в саду́: 정원에서, о са́де: 정원에 대하여.
**со́лнце** 명사 태양. ☞ 'л'은 묵음으로 발음되지 않음.
**сре́зать** 동사 잘라내다, 떼어내다, 낙제시키다. сре́занный, -ая, -ое, -ые.
**уча́ствовать** 동사 참가하다. уча́ствую, уча́ствуешь, -вует, ...-вуют.
**хор** 명사 합창, 합창단.

## ◉ 문법기초설명

러시아어 **형동사**(**прича́стие**)는 모양은 형용사와 같이 생겼으나, 동사의 활용형으로 **동사**적 성질도 동시에 가지고 있는 러시아어 문법의 독특한 형태이다. 즉, **형용사**적 성질과 동사적 성질을 동시에 혼합하여 놓은 형태라고 볼 수 있다.

**형동사 = 형용사 + 동사**

이러한 형동사는 크게 나누어 능동형동사와 피동형동사로 나눌 수 있으며, 능동형동사는 다시 능동형동사현재와 능동형동사과거로 나뉘어지고, 피동형동사도 또한 피동형동사현재와 피동형동사과거로 나뉘어진다.

| 형동사 | 능동형동사 현재 |
|---|---|
| | 능동형동사 과거 |
| | 피동형동사 현재 |
| | 피동형동사 과거 |

### ◎ 피동형동사 현재

피동형동사 현재는 동사의 **1인칭 복수형** 어미에 **-ый**를 붙여서 만들며, '~행하여지는' 또는 '~행하여지고 있는' 등의 피동의 의미를 지닌다. 즉, '**читать**'동사를 예로 들면, '**читать**'동사의 1인칭 복수형은 '**читаем**'이 되고, 여기에 형용사 기본형 어미 **-ый** 를 붙여 능동형동사 '**читаемый**'가 만들어지며, '읽혀지고 있는'의 뜻이 된다.

**피동형동사현재 == 1인칭복수현재형 (-ем) + ый → -емый**
**// == 1인칭복수현재형 (-им) + ый → -имый**

**예1** чита́ть → чита́ем → чита́емый (읽혀지고 있는)
занима́ть → занима́ем → занима́емый (차지되고 있는)
изуча́ть → изуча́ем → изуча́емый (연구되어지고 있는)
освеща́ть → освеща́ем → освеща́емый (비추어지고 있는)
собира́ть → собира́ем → собира́емый (모여지고 있는)

**예2** ви́деть → ви́дим → ви́димый (눈에 보이는)
люби́ть → лю́бим → люби́мый (사랑받고 있는)

🔍 1인칭복수형과 피동형동사현재의 역점의 위치가 다를 때가 있다.

🔍 상기와 같이 어미가 **-емый**또는 **-имый**로 끝나는 피동형동사 현재는 어미가 **-ый** 로 끝나는 형용사 경변화와 그 형태가 비슷하다. 그러므로, 피동형동사 현재는 형용사 경변화와 같이 격변화 한다.

| 형용사 (경변화) | 피동형동사 (현재) |
|---|---|
| -ый, -ая, -ое, -ые | -емый, -емая, -емое, -емые |
| новый, новая, новое, новые | читаемый, читаемая, читаемое, читаемые |

🔍 그러므로 상기에서 어미가 **-ый** 로 끝나는 모든 피동형동사 현재는 형용사(경변화)와 같이 남성(**-ый**), 여성(**-ая**), 중성(**-ое**), 복수(**-ые**)의 어미로 변화한다.

**예** **чита́**емый, **чита́**емая, **чита́**емое, **чита́**емые,
**занима́**емый, **занима́**емая, **занима́**емое, **занима́**емые,
**изуча́**емый, **изуча́**емая, **изуча́**емое, **изуча́**емые,
**ви́д**имый, **ви́д**имая, **ви́д**имое, **ви́д**имые,
люби́мый, люби́мая, люби́мое, люби́мые,

### ◎ 형용사(경변화)와 피동형동사현재의 격변화.

| | 형용사 (경변화) | | | | 피동형동사 현재 | | | |
|---|---|---|---|---|---|---|---|---|
| | новый | | | | читаемый | | | |
| | 남성 | 중성 | 여성 | 복수 | 남성 | 중성 | 여성 | 복수 |
| 주 | новый | новое | новая | новые | читаемый | читаемое | читаемая | читаемые |
| 생 | нового | | новой | новых | читаемого | | читаемой | читаемых |
| 여 | новому | | новой | новым | читаемому | | читаемой | -емым |
| 대 | -ый, -ого | новое | новую | -ые, -ых | -ый, -ого | читаемое | читаемую | -ые, -ых |
| 조 | новым | | новой | -ыми | читаемым | | читаемой | -емыми |
| 전 | новом | | новой | новых | читаемом | | читаемой | читаемых |

➾ 형용사(경변화)에서 남성단수 조격(новым)과 복수여격(новым)이 동일하였던 것처럼, 피동형동사현재에서도 남성단수 조격(читаемым)과 복수여격(читаемым)은 동일하다. 다음의 문장A를 살펴보자.

**문장A** Студе́нт чита́ет журна́л. 대학생은 잡지를 읽고 있다.
**주어** **동사** **목적어**

상기 문장에서 '대학생'의 입장에서 보면 잡지를 읽고 있는 경우가 되지만, '잡지'의 입장에서 보면 반대로 읽히어 지는 경우가 된다. 즉, '영어'에서의 '수동태' 문장과 유사하게,

주어와 목적어의 위치를 바꾸어, "잡지가 대학생에 의하여 읽히어 지고 있다." 혹은 "대학생에 의하여 읽히어 지고 있는 잡지"와 같이, '피동적'인 문장을 나타내고자 할 때, '피동형동사현재'가 쓰인다.

문장A Студе́нт чита́ет журна́л. 대학생이 잡지를 읽고 있다.
**주어 동사 목적어**

문장B Журна́л, чита́емый студе́нтом. 대학생에 의하여 읽혀지고 있는 잡지.
**주어 피동형동사현재 보어(조격)**

🔍 **피동형동사현재**가 나타내는 동작의 주체는 **조격**(명사, 대명사)이 된다.

다음 인칭대명사의 격변화표 가운데 **조격**에 유의하자.

| 주격 | я | ты | он, оно | она | мы | вы | они |
|---|---|---|---|---|---|---|---|
| 생격 | меня | тебя | его | её | нас | вас | их |
| 여격 | мне | тебе | ему | ей | нам | вам | им |
| 대격 | меня | тебя | его | её | нас | вас | их |
| 조격 | мной | тобой | им | ей | нами | вами | ими |
| 전치격 | мне | тебе | нём | ней | нас | вас | них |

다음의 문장을 피동형 문장으로 바꿀 때, **피동형동사현재**가 사용될 수 있다. 피동형동사현재는 앞의 선행사에 **성**, **수**, **격**을 일치시켜야 한다.

예1 Мы изуча́ем ру́сский язы́к. 우리들은 러시아어를 연구한다.
Ру́сский язы́к, изуча́емый на́ми. 우리들에 의하여 **연구되고 있는** 러시아어.

예2 Оте́ц лю́бит сы́на. 아버지는 아들을 사랑한다.
Сын, люби́мый отцо́м. 아버지에 의해서 **사랑받고 있는** 아들.

예3 Все лю́бят арти́ста. 모든 사람이 그 배우를 좋아한다.
Арти́ст, люби́мый все́ми. 모든 사람에 의하여 **사랑받는** 배우.

예4 Я чита́ю журна́л. 나는 책을 읽고 있다.
Журна́л, чита́емый мной. 나에 의하여 **읽히어 지고 있는** 책.

예5 Профе́ссор руководи́т гру́ппу. 교수가 그룹을 지도하고 있다.
Гру́ппа, руководи́мая профе́ссором. 교수에 의하여 **지도받는** 그룹.

예6 Они́ передаю́т конце́рт. 그들은 음악회를 방송하고 있다.
Конце́рт, передаваемый ими. 그들에 의하여 **방송되고 있는** 음악회.

예7 Она́ лю́бит му́зыку. 그녀는 음악을 사랑한다.
Му́зыка, <u>люби́мая</u> **ей**. 그녀에 의하여 **사랑받는** 음악.

## ◉ 생활러시아어 구문 1

В конце́рте, передава́емом по ра́дио, уча́ствует ру́сский наро́дный хор.
В э́той гру́ппе, руководи́мой изве́стным профе́ссором, мно́го иностра́нных студе́нтов.

라디오로 방송되고 있는 연주회에 러시아 민속합창단이 참가하고 있다.
저명한 교수에 의하여 지도되는 이 그룹에는 많은 외국인 학생들이 있다.

✐ передава́ть → передава́ем → передава́емый → передава́емом.

✐ уча́ствовать → уча́ствую, уча́ствуешь, уча́ствует,... уча́ствуют.

✐ э́та гру́ппа → в + 전치격 → в э́той гру́ппе.

✐ руководи́ть → руководи́м → руководи́мый → руководи́мая(ой)

### ◎ 피동형동사과거

피동형동사과거는 동사의 남성과거형이 -л 로 끝나고, -л 앞에 -и 모음 이외의 모음 (-а, -я)이 있을 때는(-ал, -ял), -л 을 떼어내고 -нный (또는 -тый)를 붙이며, 동사의 남성과거형이 -л 로 끝나지 않았거나, 혹은 -ил 로 끝나면, -ил 을 떼어내고 -енный (또는 -ённый)를 붙여서 만들고, 이때의 뜻은 '~행하여 졌던'의 뜻이 된다. 예를 들어, 'прочитать' 동사의 경우, 남성과거형이 'прочит<u>ал</u>'로서 어미가'-ал'로 끝났으므로, 능동형동사과거는 'прочитанный'가 된다.

| | | | | | |
|---|---|---|---|---|---|
| **피동형동사과거** | == | **남성과거형** | (-ал) | → | -(а)нный |
| | | | (-ял) | → | -тый |
| // | == | **남성과거형** | (-ил) | → | -енный |
| | | | (一) | → | -ённый |

예1 прочита́ть → прочит<u>а́</u>л → прочита́нный (읽혀졌던)
сказа́ть → сказ<u>а́</u>л → ска́занный (말해졌던)

예2 получи́ть → получ<u>и́</u>л → полу́ченный (받아졌던)
вы́учить → вы́уч<u>и</u>л → вы́ученный (배워졌던)
принести́ → принёс → принесённый (가져 왔었던)

**예3** взять → взял → взя́тый 쥐어 졌던
открыть → открыл → откры́тый 열려 졌던

이따금, 어근에서 자음교체가 행하여질 때가 있다.
осветить → осветил → освещённый (т → щ )
бросить → бросил → брошенный (с → ш )
купить → купил → ку́пленный (п → пл )

상기와 같이 어미가 -нный , -енный , -ённый 또는 -тый 로 끝나는 피동형동사 과거는 어미가 -ый 로 끝나는 형용사 경변화와 그 형태가 비슷하다. 그러므로 피동형동사 과거는 형용사 경변화와 같이 격변화 한다.

| 형용사(경변화) | 피동형동사 (과거) |
|---|---|
| -ый, -ая, -ое, -ые | -нный, -нная, -нное, -нные |
| новый, новая, новое, новые | прочитанный, -читанная, -читанное, -читанные |

그러므로, 상기에서 어미가 -ый 로 끝나는 모든 피동형동사과거는 형용사(경변화)와 같이 남성(-ый), 여성(-ая), 중성(-ое), 복수(-ые)의 어미로 변화한다.

**예** прочита́нный, прочита́нная, прочита́нное, прочита́нные,
ска́занный, ска́занная, ска́занное, ска́занные,
полу́ченный, полу́ченная, полу́ченное, полу́ченные,
вы́ученный, вы́ученная, вы́ученное, вы́ученные,
принесённый, принесённая, принесённое, принесённые,
взя́тый, взя́тая, взя́тое, взя́тые,
откры́тый, откры́тая, откры́тое, откры́тые,

## 형용사(경변화)와 피동형동사 과거의 격변화.

| | 형용사 (경변화) | | | | 피동형동사 과거 | | | |
|---|---|---|---|---|---|---|---|---|
| | новый | | | | прочитанный | | | |
| | 남성 | 중성 | 여성 | 복수 | 남성 | 중성 | 여성 | 복수 |
| 주 | новый | новое | новая | новые | -анный | -анное | -анная | -анные |
| 생 | нового | | новой | новых | прочитанного | | -анной | -анных |
| 여 | новому | | новой | новым | прочитанному | | -анной | -анным |
| 대 | -ый, -ого | новое | новую | -ые, -ых | -ый, -ого | -танное | -анную | -ые, -ых |
| 조 | новым | | новой | -ыми | прочитанным | | -анной | -анными |
| 전 | новом | | новой | новых | прочитанном | | -анной | -анных |

🔍 형용사(경변화)에서 남성단수 조격(**новым**)과 복수여격(**новым**)이 동일하였던 것처럼, 피동형동사과거에서도 남성단수 조격(**прочитанным**)과 복수여격(**прочитанным**)은 동일하다.

다음의 문장A를 살펴보자.

문장A Студе́нт прочита́л журна́л. 대학생은 잡지를 다 읽었다.
**주어 동사 목적어**

상기 문장에서 '대학생'의 입장에서 보면 잡지를 다 읽은 경우가 되지만, '잡지'의 입장에서 보면 반대로 다 읽히어진 경우가 된다. 즉, '영어'에서의 '수동태' 문장과 유사하게, 주어와 목적어의 위치를 바꾸어, "잡지가 대학생에 의하여 다 읽히어 졌다." 혹은 "대학생에 의하여 다 읽히어진 잡지"와 같이, '피동적'인 문장을 나타내고자 할 때, **'피동형동사과거'**가 쓰인다.

문장A Студе́нт прочита́л журна́л. 대학생이 잡지를 다 읽었다.
**주어 동사 목적어**

문장B Журна́л, прочи́та́нный студе́нтом. 대학생에 의하여 다 읽혀진 잡지.
**주어 피동형동사과거 보어(조격)**

🔍 **피동형동사과거**가 나타내는 동작의 주체는 **조격**(명사, 대명사)이 된다.

다음의 문장을 피동형 문장으로 바꿀 때, **피동형동사과거**가 사용될 수 있다. 피동형동사과거는 앞의 선행사에 **성, 수, 격**을 일치시켜야 한다.

예1 Я прочита́л журна́л. 나는 잡지를 다 읽었다.
Журна́л, прочита́нный мной. 나에 의하여 다 읽혀진 잡지.

예2 Он получи́л письмо́. 그는 편지를 받았다.
Письмо́, полу́ченное им. 그에 의하여 받아진 편지.

예3 Она́ откры́ла окно́. 그녀는 창문을 열었다.
Окно́, откры́тое ей. 그녀에 의하여 열려진 창문.

예4 Я написа́л письмо́. 나는 편지를 다 썼다.
Письмо́, напи́санное мной. 나에 의하여 다 씌여진 편지.

예5 Она́ купи́ла кни́гу. 그녀는 책을 구입하였다.
Кни́га, ку́пленная ей. 그녀에 의하여 구입된 책.

예6 Со́лнце освети́л землю́. 태양이 대지를 비추었다.

Земля́, <u>освещённая</u> со́лнцем. 태양에 의하여 비추어진 대지.

예7 Они́ бро́сили кни́ги. 그들은 책들을 내 버렸다.

Кни́ги, <u>бро́шенные</u> и́ми. 그들에 의하여 내 버려졌던 책들

예8 Он постро́ил но́вый дом. 그는 새 집을 건축하였다.

Но́вый дом, <u>постро́енный</u> им. 그에 의하여 건축된 새 집.

예9 Учи́тель рассказа́л исто́рию. 선생님이 역사를 이야기 하였다.

Исто́рия, <u>расска́занная</u> учи́телем. 선생님에 의하여 이야기 된 역사.

예1 Он взял кни́гу. 그는 책을 집었다.

Кни́га, <u>взя́тая</u> им. 그에 의하여 집어진 책.

## ◉ 생활러시아어 구문 2

В доли́не, освещённой со́лнцем, зрел виногра́д.
На не́бе, покры́том облака́ми, не́ было ви́дно луны́.
Буке́т из роз, сре́занных в саду́, был о́чень краси́в.
태양에 의해 비추어진 골짜기에는 포도가 익어가고 있었다.
구름에 의하여 뒤덮여진 하늘에는 달이 보이지 않았다.
정원에서 잘라내어진 장미 꽃다발은 매우 아름다웠다.

- доли́на → в + 전치격 → в доли́не (장소) 골짜기에는.
- освети́л → освещённый → освещённая → освещённой
- не́бо → в + 전치격 → в не́бе (장소) 하늘에는.
- покры́тил → покры́тый → покры́том
- ро́за (여성:명사) → 복수생격 → роз. 'з'는 [с] 발음: 무성음화 현상.
- сре́зал → сре́занный → сре́занных (복.생)
- краси́в: (형) 'краси́вый'의 단어미.

### ❁ 피동형동사과거 단어미형

지금까지 살펴본 피동형동사과거의 어미들은 -(а)нный, -тый, -енный, -ённый 와 같이 어미의 형태가 긴어미들로서, 형용사에서와 같이 **<u>피동형동사과거 '장어미형</u>**'이라 부르며, 이를 간략하게 줄인 어미를 **<u>피동형동사과거 '단어미형</u>**'이라 부른다. 피동형동사과거의

단어미형을 만드는 방법은 우선 장어미형에서의 어미-нн-에서 'н'을 하나 떼어내어 -н-을 만든 다음, 나머지는 형용사에서의 단어미형을 만드는 방법과 똑같다.

| | 형용사 단어미형 | 피동형동사과거 단어미형 |
|---|---|---|
| 남성 | красивый → красив | прочитанный → прочитан |
| 여성 | красивая → красива | прочитанная → прочитана |
| 중성 | красивое → красиво | прочитанное → прочитано |
| 복수 | красивые → красивы | прочитанные → прочитаны |

그러므로, 앞서 살펴본 피동형동사과거 장어미형들을 단어미형으로 바꾸면 다음과 같은 피동형동사과거 단어미형들이 된다.

| 피동형동사과거 장어미형 | 피동형동사과거 단어미형 |
|---|---|
| -нный, -нная, -нное, -нные | -н, -на, -но, -ны. |
| ска́занный, -нная, -нное, -нные | ска́зан, ска́зана, ска́зано, ска́заны |
| полу́ченный, -нная, -нное, -ые | полу́чен, полу́чена, полу́чено, -ны |
| взя́тый, взя́тая, взя́тое, взя́тые | взят, взята́, взя́то, взя́ты. |
| откры́тый, откры́тая, -тое, -тые | открыт, открыта, открыто, открыты |

상기에 쓰인 피동형동사과거 장어미형의 문장들(**문장A**)에서 **콤마**(,)를 없애고 문장의 순서를 바꾸어도 똑같은 뜻의 문장(**문장B**)이 될 수 있다.

**문장A** Журна́л, прочита́нный мной. 나에 의하여 읽히어진 잡지.

**문장B** прочита́нный мной журна́л. 나에 의하여 읽히어진 잡지.
**형동사** **명사**

상기의 '문장B'에서와 같이 피동형동사과거 장어미형은 형용사 장어미형과 유사하게 명사 앞에서 명사를 수식하는 '**정어**'로써 사용될 수 있지만, 피동형동사과거 단어미형은 오로지 '**술어**'로서만 사용된다.

| 피동형동사과거 장어미형 | 피동형동사과거 **단어미형** |
|---|---|
| прочитанный | прочитан |
| прочита́нный мной журна́л.<br>**형동사** **명사**<br>(나에 의하여 읽히어진 잡지) | журна́л прочита́н.<br>**명사** **형동사**<br>(잡지는 읽히어 졌다) |
| **정 어** | **술 어** |

예1 полу́ченное им письмо́. 그에 의하여 받아진 편지.
письмо́ полу́чено. 편지는 받아져 있다.

예2 постро́енный им но́вый дом. 그에 의하여 건축된 새 집.
но́вый дом постро́ен. 새 집은 건축되어져 있다.

예3 ку́пленная ей кни́га. 그녀에 의하여 구입된 책
кни́га ку́плена. 책은 구입되어져 있다.

예4 бро́шенные и́ми кни́ги, 그들에 의하여 버려진 책들
кни́ги бро́шены. 책들은 버려져 있다.

상기와 같이 피동형동사과거 단어미형은 오로지 **술어**로만 쓰이거나, **быть**의 과거형(был, была, было, были) 또는 미래형(буду, будешь, будет,...)과 함께 사용되어 과거 또는 미래를 나타낸다.

예1 Письмо́ полу́чено сего́дня. 편지는 오늘 받아져 있다.
Письмо́ бы́ло полу́чено вчера́. 편지는 어제 받아 졌다.
Письмо́ бу́дет полу́чено за́втра. 편지는 내일 받아 질 것이다.

예2 Но́вый дом постро́ен. 새 집이 건축되어 있다.
Но́вый дом бы́л постро́ен. 새 집이 건축되었다.
Но́вый дом бу́дет постро́ен бы́стро. 새 집이 빨리 건축될 것이다.

## 연습문제 1

1. 다음의 형동사들 가운데 형태가 나머지 것과 다른 것을 하나 고르시오.

(1) занима́емый (2) ви́димый (3) люби́мый (4) прочита́нный

2. 다음에서 형태가 같은 형동사끼리 서로 이으시오.

| | | |
|---|---|---|
| (1) изуча́емый • | | • расска́занная |
| (2) игра́вший • | | • де́лающие |
| (3) танцу́ющая • | | • привы́кший |
| (4) постро́енный • | | • люби́мый |

3. 다음 동사의 피동형동사현재 남성형을 만들어 보시오.

(1) собира́ть → (  )
(2) занима́ть → (  )
(3) освеща́ть → (  )
(4) издава́ть → (  )

4. 다음 동사의 피동형동사과거 여성형을 만들어 보시오.

(1) рассказа́ть → (  )
(2) откры́ть → (  )
(3) купи́ть → (  )
(4) покры́ть → (  )

5. 다음의 문장을 피동형동사 현재를 사용하여 바꿔 쓰시오.

(1) Она́ чита́ет журна́л.

______________________________

(2) Они́ изуча́ют ру́сский язы́к.

______________________________

6. 다음의 문장을 피동형동사 과거를 사용하여 바꿔 쓰시오.

(1) Онá купи́ла кни́гу.

______________________________

(2) Он постро́ил но́вый дом.

______________________________

## 연습문제 2

1. 다음의 형동사들 가운데 형태가 나머지 것과 다른 것을 하나 고르시오.

(1) полу́ченный (2) собирáемый (3) принесённый (4) вы́ученный

2. 다음에서 틀린 문장을 하나 고르시오.

(1) Кни́ги бро́шены.

(2) Письмо́ полу́чено.

(3) Кни́га ку́пленная.

(4) Но́вый дом постро́ен.

3. 다음의 문장을 보기와 같이 피동형동사 과거를 사용하여 변형시키시오.

| 보기 | Вот ко́мнаты, кото́рые закáзал мой оте́ц.
→ Вот ко́мнаты, закáзанные мои́м отцо́м.

(1) Вот такси́, кото́рое закáзал де́душка.

→ ______________________________

(2) Вот ры́ба, кото́рую пригото́вила мáма.

→ ______________________________

4. 다음의 문장을 피동형동사 현재를 사용하여 바꿔 쓰시오.

(1) Онá лю́бит му́зыку.

______________________________

(2) Профе́ссор руководи́т гру́ппу.

______________________________

5. 다음의 문장을 피동형동사 과거를 사용하여 바꿔 쓰시오.

(1) Учи́тель рассказа́л исто́рию.

______________________________

(2) Она́ написа́ла письмо́.

______________________________

6. 다음의 피동형동사과거형을 단어미형으로 바꾸시오.

(1) ска́занная → (　　　　　)

(2) бро́шенные → (　　　　　)

(3) откры́тое → (　　　　　)

# 2 13주 러시아어 부동사

## 학습목표 소개

러시아어 부동사의 종류를 알 수 있다.
부동사 만드는 법을 알고 이해할 수 있다.
부동사 현재와 부동사 과거의 차이를 이해할 수 있다.
불완료부동사(부동사현재)를 이해하고 이를 활용할 수 있다.
완료부동사(부동사과거)를 이해하고 이를 활용할 수 있다.

## ◉ 중요단어 익히기

**внима́ние** 명사 관심. 주의.
**возвраща́ться** 동사 возврати́ться (완) 돌아오다, 되돌아오다, -ща́ясь.
**вста́ть** 동사 встава́ть (불완) 일어서다, 기상하다, 일어나다.
**встре́титься** 동사 встреча́ться (불완) 만나다. встре́тившись.
**гото́виться** 동사 пригото́виться 준비하다, 채비하다, 마련하다.
**занима́ться** 동사 заня́ться (완) 종사하다, 일하다, 공부하다.
**из-за** (전치) + 생격 ~의 뒤로부터, ~ 때문에.
**любова́ться** 동사 по~ (완) 도취되어 보다, 재미있게 보다, 듣다.
**обраща́ть** 동사 обрати́ть (완) (방향을) 돌리다. (주의를) 기울이다. обраща́я.
**одева́ться** 동사 оде́ться (완) (의복을)입다, 복장을 하다.
**отдохну́ть** 동사 (완) 쉬다, 휴식하다. отдохну́, отдохнёшь, .... отдохну́т.
**отдыха́ть** 동사 (불완) 쉬다, 휴식하다. отдыха́ю, отдыха́ешь, ... отдыха́ют.
**отправля́ться** 동사 отпра́виться (완) 나가다, 출발하다, 향하다, 가다.
**переводи́ть** 동사 перевести́ (완) 이동시키다, 번역하다, 옮기다.
**поблагодари́ть** 동사 благодари́ть (불완) 사의를 표하다, 감사하다.
**поднима́ться** 동사 подня́ться (완) 오르다, 올라가다, 높아지다. подня́вшись.
**пообе́дать** 동사 обе́дать (불완) 식사하다, 점심 식사하다. пообе́дав.
**поу́жинать** 동사 у́жинать (불완) 저녁을 먹다, 밤참을 먹다.
**смотре́ть** 동사 보다. смотрю́, смо́тришь, ,... смо́трят. 명령형 смотри́те.
**снача́ла** 부사 처음에, 최초에, 우선.
**тури́ст** 명사 여행객, 관광객.
**удово́льствие** 명사 만족, 희열, 쾌락, 오락. **с удово́льствием** 기꺼이.
**улыбну́ться** 동사 미소짓다, 빙그레 웃다.
**ша́хматы** 명사 서양장기.

## ◉ 문법기초설명

러시아어의 동사는 동사의 성질과 부사의 성질을 동시에 지닌 활용형을 가지고 있는데, 이를 **부동사**(деепричáстие)라 한다.

**부동사 = 부사 + 동사**

이러한 부동사는 크게 나누어 **불완료부동사**(부동사현재)와 **완료부동사**(부동사과거)로 나뉘어지며, 불완료부동사(부동사현재)는 오직 불완료체동사에서만 만들어지고 완료부동사(부동사과거)는 오로지 완료체동사에서만 만들어진다.

| | |
|---|---|
| 부동사 | 불완료부동사 (부동사현재) |
| | 완료부동사 (부동사과거) |

그러므로, '부동사'를 다룰 때, 제일 먼저 간과하지 말아야 할 것은, 그 동사가 불완료체동사 인지 아니면 완료체동사 인지를 우선 파악하는 일이다. 여기서, 잠시 예전에 학습한 러시아어 동사의 체(2-1주)에 대하여 잠깐 복습하여 보자.

불완료체동사와 완료체동사는 그 형태상에서 다음과 같은 3종류로 나누어진다.

| 형태상의 차이 | 불완료체동사 | 완료체동사 |
|---|---|---|
| **접두사 + 불완료체동사 ⇒ 완료체동사**<br>(с на по до за등의 접두사를 붙이는 경우) | делать<br>писать<br>строить | с + делать = сделать<br>на + писать = написать<br>по + строить = построить |
| **(중간의 접미사가 변화하는 경우)**<br>а → и<br>я → и<br>ыва → а | изучать<br>повторять<br>рассказывать | (а → и) ⇒ изучить<br>(я → и) ⇒ повторить<br>(ыва → а) ⇒ рассказать |
| **완전히 어근이 다른 경우** | говорить<br>брать | сказать<br>взять |

예 불완료체동사 (**불완**) 완료체동사 (**완**)

| | |
|---|---|
| **возвращáться** (불완) | **возврати́ться** (완) |
| **вставáть** (불완) | **встáть**: (완) |
| **встречáться** (불완) | **встрéтиться**: (완) |
| **готóвиться** (불완) | **приготóвиться** (완) |
| **занимáться** (불완) | **заня́ться** (완) |
| **любовáться** (불완) | **полюбовáться** (완) |

| | |
|---|---|
| обраща́ть (불완) | обрати́ть (완) |
| одева́ться (불완) | оде́ться (완) |
| отдыха́ть (불완) | отдохну́ть (완) |
| отправля́ться (불완) | отпра́виться (완) |
| переводи́ть (불완) | перевести́ (완) |
| благодари́ть (불완) | поблагодари́ть (완) |
| поднима́ться (불완) | подня́ться (완) |
| обе́дать (불완) | пообе́дать (완) |
| у́жинать (불완) | поу́жинать (완) |
| улыба́ться (불완) | улыбну́ться (완) |

### (1) 불완료부동사 (부동사현재)

불완료부동사는 불완료체동사의 3인칭 복수현재형에서 어미(-ют, -ят, -ут, -ат)를 떼어낸 **현재어간**에 접미사 –я (또는 –а)를 덧붙여서 만들며, 뜻은 **'~하면서'**와 같이 주절과 **동시에 이루어지는 행위**를 나타낸다.

**불완료부동사 == 3인칭 복수 현재형** (ют, ят) **+ я → ~я**
**(부동사현재) //** (ут, ат) **+ а → ~а**

**예1** чита́ть → чита(ют) → чита + я → чита́я (~읽으면서)
кури́ть → кур(ят) → кур + я → куря́ (~담배 피우면서)
слу́шать → слуша(ют) → слуша + я → слу́шая (~들으면서)
понима́ть → понима(ют) → понима + я → понима́я (~이해하면서)
игра́ть → игра(ют) → игра + я → игра́я (~놀이 하면서)
изуча́ть → изуча(ют) → изуча + я → изуча́я (~연구하면서)
ду́мать → дума(ют) → дума + я → ду́мая (~생각하면서)
смотре́ть → смотр(ят) → смотр + я → смотря́ (~보면서)
говори́ть → говор(ят) → говор + я → говоря́ (~말하면서)
люби́ть → люб(ят) → люб + я → любя́ (~사랑하면서)
ви́деть → вид(ят) → вид + я → ви́дя (~보면서)
получа́ть → получа(ют) → получа + я → получа́я (~받으면서)
прийти́ → прид(ут) → прид + я → придя́ (~오면서)
гуля́ть → гуля(ют) → гуля + я → гуля́я (~산책하면서)

ж, ч, ш, щ 다음에는 ~я가 올 자리에 ~а 가 온다(**철자법 규칙**).

**예2** держа́ть → де́рж(ат) → держ + а → де́ржа (~쥐고 있으면서)
слы́шать → слы́ш(ат) → слыш + а → слы́ша (~들으면서)

дыша́ть → ды́ш(ат) → дыш + а → ды́ша (~숨 쉬면서)

재귀동사(~ся)의 불완료부동사(부동사현재)는 -ся를 떼어내고 변형시킨 후, 나중에 -сь를 붙이는 것과 같다.

예 занима́ться → занима́(ют) + я → занима́ясь (종사하면서)
гото́виться → гото́в(ят) + я → гото́вясь (~을 준비하면서)
одева́ться → одева́(ют) + я → одева́ясь (옷을 입으면서)
отправля́ться → отправля́(ют) + я → отправля́ясь (~로 향하면서)

불완료부동사(부동사현재)는 주절의 행위와 **동시에 이루어지는 행위**를 나타낼 때 사용된다. 즉, 다음의 '**문장**A'는 동시에 이루어지는 행위를 나타내는 2개의 문장으로 구성되어 있으며, '**문장**B'는 종속절에서 이루어지는 행위와 주절에서 이루어지는 행위가 동시에 이루어지고 있다. 이와 같이 주절에서 이루어지는 행위와 **동시에 이루어지는 행위**를 나타내고자 할 때, '**문장**C'에서와 같이 **불완료부동사(부동사현재)**가 사용된다.

문장A Подру́ги гуля́ют в па́рке и говоря́т о му́зыке.
여자친구들은 공원에서 산책을 한다. 그리고 음악에 대하여 이야기를 한다.

문장B Когда́ подру́ги гуля́ют в па́рке, они́ говоря́т о му́зыке.
여자친구들이 공원에서 산책을 할 때, 그들은 음악에 대하여 이야기한다.
(종 속 절) (주 절)

문장C Гуля́я в па́рке, подру́ги говоря́т о му́зыке.
**공원을 산책 하면서**, 여자친구들은 음악에 대하여 이야기한다.
(불완료부동사) (주 절)

상기의 예문들은 **현재**에 동시에 이루어지는 행위를 나타내었다. 이번에는 **과거**에 동시에 이루어진 행위에 대하여 나타낸 문장들의 예를 살펴보자.

문장A' Подру́ги гуля́ли в па́рке и говори́ли о му́зыке.
여자친구들은 공원에서 산책을 하였고 음악에 대하여 이야기하였다.

문장B' Когда́ подру́ги гуля́ли в па́рке, они́ говори́ли о му́зыке.
여자친구들이 공원에서 산책을 하였을 때, 그들은 음악에 대하여 이야기하였다.
(종 속 절) (주 절)

문장C' Гуля́я в па́рке, подру́ги говори́ли о му́зыке.
**공원을 산책하면서**, 여자친구들은 음악에 대하여 이야기하였다.
(불완료부동사) (주 절)

🔍 상기의 **문장C**와 **문장C⁻**에서는 똑같은 불완료부동사 구문(Гуля́я в па́рке)이 사용되었다. 하지만, **문장C**의 불완료부동사(Гуля́я)는 '현재'를 나타내는 반면에 **문장C⁻**의 불완료부동사(Гуля́я)는 '과거'를 나타낸다. 즉, 불완료부동사는 주절에서 이루어지는 행위와 동시에 이루어지는 행위를 나타내기 때문에, **불완료부동사의 시제는 항상 주절의 시제와 일치한다**.

| 불완료부동사 | 주 절 |
|---|---|
| Гуля́я в па́рке,<br>**현재** | подру́ги говоря́т о му́зыке.<br>**현재** |
| Гуля́я в па́рке,<br>**과거** | подру́ги говори́ли о му́зыке.<br>**과거** |

### ◉ 생활러시아어 구문 1

Он чита́л, не обраща́я внима́ния на шум.
Возвраща́ясь с конце́рта, мы говори́ли о му́зыке.
Не говоря́ ни сло́ва, она́ улыбну́лась.
그는 소음에 관심을 갖지 않으면서, 독서하고 있었다.
연주회에서 돌아오면서, 우리는 음악에 관해서 이야기하였다.
아무 말도 하지 않으면서, 그녀는 생긋 웃었다.

✐ обраща́ть → обраща́(ют) → обраща́ + я → обраща́я

✐ возвраща́ться -> возвраща́(ют) -> возвраща́ + я → возвраща́ясь

✐ говори́ть → говор(я́т) → говор + я → говоря́

### (2) 완료부동사 (부동사과거)

완료부동사(부동사과거)는 완료체동사의 과거형에서 접미사 -л을 떼어낸 **과거어간**에 접미사 -в (또는 -вши)를 덧붙여서 만들며, 뜻은 **'~하고 나서'**와 같이 **주절 보다 먼저 이루어진 행위**를 나타낸다.

| | | | | |
|---|---|---|---|---|
| **완료부동사** | **= 동사의 과거형** | **(-л) + в** | **→** | **~в** |
| **(부동사과거)** | **//** | **( ) + вши** | **→** | **~вши** |

**예** прочита́ть (прочита́-л) → прочита + в → прочита́в (~읽고 나서)
покури́ть (покури́-л) → покури + в → покури́в (~담배 피고 나서)
послу́шать (послу́ша-л) → послуша + в → послу́шав (~듣고 나서)
поигра́ть (поигра́-л) → поигра + в → поигра́в (~놀고 나서)
изучи́ть (изучи́-л) → изучи + в → изучи́в (~연구하고 나서)
поду́мать (поду́ма-л) → подума + в → поду́мав (~생각하고 나서)
посмотре́ть (посмотре́-л)-> посмотре + в -> посмотре́в (~보고 나서)
поговори́ть (поговори́-л)-> поговори + в -> поговори́в (~말하고 나서)
полюби́ть (полюби́-л) → полюби + в → полюби́в (사랑하고 나서)
уви́деть (уви́де-л) → увиде + в → уви́дев (~보고 나서)
получи́ть (получи́-л) → получи + в → получи́в (~받고 나서)
сказа́ть (сказа́-л) → сказа + в → сказа́в (~말하고 나서)
положи́ть (положи́-л) → положи + в → положи́в (~놓고 나서)
услы́шать (услы́ша-л) → услыша + в → услы́шав (~듣고 나서)
око́нчить (око́нчи-л) → окончи + в → око́нчив (~마치고 나서)
узна́ть (узна́-л) → узна + в → узна́в (~알고 나서)
поня́ть (по́ня-л) → поня + в → по́нявши (이해하고 나서)

🔍 ~в 대신에 ~вши를 붙이는 경우는 주로 문어체나 재귀동사에서 많이 쓰인다.

🔍 재귀동사(~ся)의 완료부동사(부동사과거)는 -ся를 떼어내고 변형시킨 후, 나중에 -сь를 붙이는 것과 같다.

**예2** оде́ться (оде́-л-ся) → оде + вши → оде́вшись (옷을 입고 나서)
отпра́виться (отпра́ви-л-ся) → + в(ши) → отпра́вивсь (~향하고 나서)
пригото́виться (пригото́ви-л) → + в(ши) → пригото́вивсь (준비한 후)

완료부동사(부동사과거)는 주절의 행위 **보다 먼저 이루어진 행위**를 나타낼 때 사용된다. 즉, 다음 예문의 **'문장A'**와 **'문장B'**와 같이 한 문장이 다른 문장 보다 한 발 앞서서 이루어진 행위를 나타낼 때, **'문장C'**에서와 같은 **완료부동사 (부동사과거)**가 사용된다.

**예1**

**문장A** Они́ пообе́дали и <u>на́чали смотре́ть</u> телеви́зор.
그들은 점심을 먹었다, 그리고 텔레비전을 보기 시작하였다.

**문장B** Снача́ла они́ пообе́дали, пото́м <u>на́чали смотре́ть</u> телеви́зор.
그들은 먼저 점심을 먹었고, 그 다음에 텔레비전을 보기 시작하였다.

**문장C** Пообе́дав, они́ <u>на́чали смотре́ть</u> телеви́зор.
**<u>점심을 먹고 나서</u>**, 그들은 텔레비전을 보기 시작하였다.
(완료부동사) (주 절)

예2

문장A Студéнт написáл письмó дрýгу и пошёл на пóчту.
대학생은 친구에게 편지를 썼다, 그리고 우체국에 갔다.

문장B Сначáла студéнт написáл письмó дрýгу, потóм пошёл на пóчту.
대학생은 먼저 친구에게 편지를 썼고, 그 다음에 우체국에 갔다.

문장C Написáв письмó дрýгу, студéнт пошёл на пóчту.
**친구에게 편지를 쓰고 나서**, 대학생은 우체국에 갔다.
(완료부동사) (주 절)

예3

문장A Ивáн Ивáнович поýжинал и нáчал читáть газéту.
이반 이바노비치는 저녁을 다 먹었다, 그리고 신문을 읽기 시작하였다.

문장B Сначáла Ивáн Ивáнович поýжинал, потóм нáчал читáть газéту.
이반 이바노비치는 먼저 저녁을 다 먹었고, 그 다음에 신문을 읽기 시작하였다.

문장C Поужинáв, Ивáн Ивáнович нáчал читáть газéту.
**저녁을 다 먹고 나서**, 이반 이바노비치는 신문을 읽기 시작하였다.
(완료부동사) (주 절)

## ◉ 생활러시아어 구문 2

Поблагодарив мою́ мать, гóсти встáли из-за столá.
Поднявшись на гóру, туристы отдохнýли.
Пообéдав, он нáчал смотрéть телевизор.
어머니께 감사를 드리고 나서, 손님들은 테이블에서 일어섰다.
산에 다 오르고 나서, 여행객들은 휴식을 취하였다.
식사를 하고 나서, 그는 텔레비전을 보기 시작하였다.

- поблагодарить (поблагодари-л) → поблагодари + в
- подняться (подня - л) → подня + вши → поднявши + сь
- пообéдать (пообéда-л) → пообéда + в → пообéдав
- моя, моéй, моéй, мою́, моéй, моéй.
- мать, мáтери, мáтери, мать, мáтерью, мáтери.
- гость (손님) → (복수) гóсти (손님들)
- горá (산) → на + 대격 (방향) → на гóру.
- отдыхáть (불완) отдохнýть (완)

## 연습문제 1

1. 다음의 동사에서 불완료부동사(부동사현재)를 만드시오.

(1) читать → ( )

(2) думать → ( )

(3) играть → ( )

(4) слушать → ( )

2. 다음의 동사에서 완료부동사(부동사과거)를 만드시오.

(1) прочитать → ( )

(2) подумать → ( )

(3) проиграть → ( )

(4) послушать → ( )

3. 다음 문장의 해석이 올바르도록 ()속에 적당한 부동사 형태를 적어 넣으시오.

(1) Он читал, не ( ) внимания на шум. (обращать)

그는 소음에 개의치 않고 독서하고 있었다.

(2) ( ) мою мать, гости встали из-за стола. (поблагодарить)

손님들은 어머니께 감사의 말을 하고 나서, 테이블에서 일어섰다.

4. 다음의 문장을 보기와 같이 변형시키시오.

| 보기 | Мои́ друзья́ отдыха́ют и смо́трят телеви́зор.
→ Отдыха́я, мои́ друзья́ смо́трят телеви́зор.

(1) Ви́ктор обе́дает и чита́ет газе́ту.

→ ______________________

(2) Анто́н игра́ет в ша́хматы и ку́рит.

→ ______________________

5. 다음의 문장을 보기와 같이 변형시키시오.

| 보기 | Студе́нт написа́л письмо́ дру́гу и пошёл на по́чту.
→ Написа́в письмо́ дру́гу, студе́нт пошёл на по́чту.

(1) Профе́ссор ко́нчил чита́ть ле́кцию и пошёл домо́й.

→ ____________________________________________

(2) Анто́н купи́л газе́ты и пошёл в те́хникум.

→ ____________________________________________

## 연습문제 2

1. 다음의 동사에서 불완료부동사(부동사현재)를 만드시오.

(1) отдыхать → (                )

(2) одеваться → (                )

(3) гулять → (                )

(4) отправляться → (                )

2. 다음의 동사에서 완료부동사(부동사과거)를 만드시오.

(1) отдохнуть → (                )

(2) одеться → (                )

(3) увидеть → (                )

(4) приготовиться → (                )

3. 다음 문장의 해석이 올바르도록 (          )속에 적당한 부동사 형태를 적어 넣으시오.

(1) (__________) с концерта, мы говорили о музыке. (возвращаться)

연주회에서 돌아오면서 우리는 음악에 대해서 이야기하였다.

(2) Не (________) ни слова, она улыбнулась. (говорить)

한 마디도 말하지 않으면서, 그녀는 생긋 웃었다.

4. 다음의 문장을 보기와 같이 변형시키시오.

| 보기 | Мои́ друзья́ отдыха́ли и смотре́ли телеви́зор.
→ Отдыха́я, мои́ друзья́ смотре́ли телеви́зор.

(1) Ви́ктор обе́дал и чита́л газе́ту.

→ ______________________________

(2) Анто́н игра́л в ша́хматы и кури́л.

→ ______________________________

5. 다음 (　　　　) 속에 들어갈 적당한 부동사를 오른 쪽에서 골라 서로 이으시오.

(1) (　　　) на́ гору, тури́сты отдохну́ли. •　　　• поднима́ясь

(2) (　　　) на́ гору, тури́сты любова́лись •　　　• подня́вшись
красі́выми ви́дами.

6. 다음의 문장을 우리말로 옮기시오.

(1) Я получи́л большо́е удово́льствие, слу́шая хоро́шую му́зыку.

→ ____________________________________________________________

(2) Не понима́я всех слов те́кста, нельзя́ его́ переводи́ть.

→ ____________________________________________________

(3) Встре́тившись че́рез не́сколько лет, мы бы́ли ра́ды друг дру́гу.

→ ______________________________________________________________

7. 다음의 문장을 해석하시오.

(1) Обе́дая, они́ на́чали смотре́ть телеви́зор.

(　　　　　　　　　　　　　　　　　　　　　)

(2) Пообе́дав, они́ на́чали смотре́ть телеви́зор.

(　　　　　　　　　　　　　　　　　　　　　)

# 2 14주 러시아어 구문 활용

## 학습목표 소개

러시아어 복문의 구성과 어순을 이해할 수 있다.
У меня́ боли́т~의 생활러시아어 구문을 이해할 수 있다.
Мне нра́вится~의 생활러시아어 구문을 이해할 수 있다.
여러 가지 상황에서의 생활러시아어 구문을 이해할 수 있다.
전화를 걸고 받을 때의 생활러시아어 구문을 이해할 수 있다.

## ◉ 중요단어 익히기

**благодари́ть** 동사 사의를 표하다, 감사하다.
**ваго́н** 명사 객차, 차량.
**ведь** 소사 (접) 바로~이 아닌가, 정말로, 틀림없이, 과연.
**ве́чер** 명사 저녁, 야회.
**внима́ние** 명사 주의, 관심.
**встре́тить** 동사 встреча́ть (불완)-встре́тить (완) 만나다, 마중 나가다.
**дыша́ть** 동사 호흡하다, 숨쉬다.
**жа́луетесь:** жа́ловаться на кого́-что ~고통(불평)을 말하다, 호소하다.
**желу́док** 명사 위, 배, 위장.
**коле́но** 명사 무릎.
**коне́ц** 명사 끝, коне́ц, конца́, концу́, коне́ц, концо́м, конце́.
**нра́вится** 동사 нра́виться ~ 이 마음에 들다.
**оши́бка** 명사 실수, 오류, 잘못.
**по́езда** 명사 기차, 열차.
**полчаса́** 명사 반시간, 30분.
**почти́** 명사 거의.
**прие́хала** 동사 прие́хать ~을 타고 도착하다.
**рефера́т** 명사 리포트, 보고(서), 연구보고서.
**реши́ть** 동사 реша́ть (불완)-реши́ть (완) 풀다, 해결하다, 결정(결심)하다.
**роди́лся** 동사 роди́ться(출생하다, 탄생하다)의 과거형.
**смог** 동사 смочь의 과거형. мочь-смочь + 동사원형 ~할 수 있다.
**телегра́мма** 명사 전보, 전신.
**у́хо** 명사 (복) у́ши 귀, 청각.
**чу́вствовать** 동사 느끼다, 깨닫다.

## ◎ 문법기초설명

다음의 '문장A'와 같이 우리들이 지금까지 배운 대부분의 문장들은 '**단문**'이라 부르고, '문장B'와 같이 목적어가 하나의 종속절로 이루어진 문장을 '**복문**'이라 부른다.

**문장A**: Я зна́ю его́. 단문
목적어
나는 그를 알고 있다.
**문장B**: Я зна́ю, что он хорошо́ рабо́тает. 복문
목적어 (종속절)
나는 그가 일을 잘 한다는 것을 알고 있다.

상기의 '문장B'에서와 같이 'что'는 접속사로써 종속절을 주절에 접속시키고 있다. 이와 같이 что, где, когда́, как, почему́ 등이 **접속사**로 쓰임으로써 복문이 만들어지는 예들을 살펴보자.

**예1** Я зна́ю, что он хорошо́ говори́т по-ру́сски.
나는 그가 러시아어를 잘 말하는 것을 알고 있다.

**예2** Я зна́ю, где он живёт.
나는 그가 어디에 사는지를 알고 있다.

**예3** Я зна́ю, когда́ он роди́лся.
나는 그가 언제 태어났는지를 알고 있다.

**예4** Я зна́ю, как он лю́бит чита́ть.
나는 그가 얼마나 독서를 좋아하는지를 알고 있다.

**예5** Я зна́ю, почему́ он не́ был на ве́чере.
나는 그가 왜 저녁파티에 없었는지를 알고 있다.

이미 앞(1-2주)에서 언급한 바와 같이 러시아어의 어순은 다른 언어, 특히 영어와 쉽게 비교하여 비교적 매우 자유로웠다. 그러나 러시아어 **복문**의 경우, 종속절에서 주어가 **대명사**일 때 주어는 술어동사의 앞에 위치하지만, 주어가 **명사**일 때에는 동사 다음에 위치한다. 즉, '**문장A**'에서와 같이 종속절에서의 주어가 **대명사** 일 경우에는 주어가 술어동사의 앞에 위치하지만(주어+동사), '**문장B**'에서와 같이 종속절에서 주어가 **명사**로 바뀌게 되면 주어와 술어동사의 위치도 바뀌어 동사가 주어 앞에 놓이게 된다. (동사 + 주어)

**문장A**: Э́то шко́ла, где я рабо́таю. (주어 = **대명사**)
주어 + 동사
이것이 내가 일하는 학교이다.

**문장 B**: Э́то заво́д, где рабо́тает брат. (주어 = **명사**)
동사 + 주어
이것이 형이 일하는 공장이다.

➾ 이와 같이 **복문의 종속절**에서 '주어 + 동사'의 위치가 뒤바뀌는 예는 **의문문**의 경우에서도 똑같이 적용됨을 참고로 알아두자.

**문장 A**: Где он живёт? (주어 = **대명사**)
**주어** + 동사
그는 어디에 삽니까?

**문장 B**: Где живёт Оле́г? (주어 = **명사**)
동사 + **주어**
올레그는 어디에 삽니까?

## ◉ 생활러시아어 구문 1

МА́ША : Ни́на, до́брый день! Я ду́мал, что ты ещё не прие́хала.

НИ́НА : Ма́ша! А я реши́ла, что ты не смог встре́тить меня́. Я почти́ полчаса́ ждала́ тебя́ о́коло ваго́на.

МА́ША : Я то́же ждал, но в конце́ по́езда, ведь ты написа́ла в телегра́мме ваго́н No 12.

НИ́НА : Что ты говори́шь? Это кака́я-то оши́бка. Ваго́н No 2.

마샤 : 니나야, 안녕! 나는 네가 아직 도착하지 않았다고 생각했어.

니나 : 마샤! 나는 네가 나를 마중 나올 수 없는 줄로 단정 했었는데. 나는 거의 반시간 동안이나 객차 주위에서 너를 기다렸다고.

마샤 : 나 또한 기다렸어, 하지만 열차 끝머리에서, 틀림없이 네가 전보에 객차 번호 12번이라고 썼는데.

니나 : 너 무슨 소리야? 이건 어떤-뭔가의 착오이구나. 2번 객차라고.

🔍 Я ду́мал, что ты ещё не прие́хала. (**복문**)
주절 종속절

🔍 Я реши́ла, что ты не смог встре́тить меня́. (**복문**)
주절 종속절

🔍 о́коло + 생격 (~주위에서) → около + ваго́на (객차 주위에서)

🔍 **коне́ц** (주격) → **конце́** (전치격) → **в** + 전치격 → **в конце́**
**в конце́** + **по́езда** (생격) → **в конце́ по́езда** (열차 끝머리에서)

🔍 **телегра́мма** (전보) → **в** + 전치격 → **в телегра́мме**

### ◎ 생활러시아어 구문 (У + **생격** + болит~)

**У + 생격(주어) + боли́т ~ 주격 : ~(생격)은 ~(주격)이 아프다.**

У меня́ **боли́т голова́** : 나는 머리가 아프다.
У нас **боли́т голова́** : 우리들은 머리가 아프다.
У тебя́ **боли́т голова** : 너는 머리가 아프다.
У вас **боли́т голова́** : 당신은 머리가 아프다.
У него́ **боли́т голова́** : 그는 머리가 아프다.
У неё **боли́т голова́** : 그녀는 머리가 아프다.
У них **боли́т голова́** : 그들은 머리가 아프다.

예1 **У неё боли́т желу́док.** 그녀는 배가 아프다.

예2 **У меня́ боли́т у́хо.** 나는 귀가 아프다.

예3 **У него́ боли́т нос.** 그는 코가 아프다.

예4 **У меня́ боли́т нога́.** 나는 다리가 아프다.

예5 **У неё боли́т рука́.** 그녀는 팔이 아프다.

예6 **У него́ боли́т коле́но.** 그는 무릎이 아프다.

예7 **У них боли́т зуб.** 그들은 이가 아프다.

🔍 У + **생격** + боли́т ~ (**주격**)의 생활러시아어 구문에서 뒤에 오는 '주격'이 **단수**일 경우에는 '**боли́т**'이 되지만, **복수**가 될 때에는 '**боля́т**'이 된다.

| У + 생격 + **боли́т** ~ (단수) | | | У + 생격 + **боля́т** ~ (복수) | | |
|---|---|---|---|---|---|
| у меня́ | боли́т | рука́ | у меня́ | боля́т | ру́ки |
| У Ви́ктора | | нога́ | У Ви́ктора | | но́ги |
| У И́ры | | зуб | У И́ры | | зу́бы |
| У де́душки | | глаз | У де́душки | | глаза́ |
| У бра́та | | у́хо | У брата | | у́ши |

## ◉ 생활러시아어 구문 2

Ма́ша : Здра́вствуйте!

Врач : Здра́вствуйте! Сади́тесь, пожа́луйста. На что жа́луетесь?

Ма́ша : Я пло́хо себя́ чу́вствую: у меня́ боли́т голова́, мне тру́дно дыша́ть.

Врач: Давно́ вы почу́вствовали себя́ пло́хо?

Ма́ша: То́лько сего́дня.

마샤 안녕하십니까!

의사 안녕하세요! 앉으십시요. 어디가 불편하십니까?

마샤 몸이 불편한데요, 머리가 아파서, 숨쉬기가 어렵습니다.

의사 오랫동안 불편하셨습니까?

마샤 오늘만 그렇습니다.

- жа́ловаться: жа́луюсь, жа́луешься, ... жа́луетесь, жа́луются.
- пло́хо себя́ чу́вствовать~ : 자기 자신을 좋지 않게 느끼다, 몸이 불편하다.
- У меня́ боли́т голова́ : 나에게 있어 머리가 아프다, 나는 머리가 아프다.
- мне тру́дно дыша́ть : 여격(주어) + 술어부사 + 동사원형.

### ◎ 생활러시아어 구문 (여격 + нра́вится~)

**여격(주어) + нра́вится~ 주격 : ~(여격)은 ~(주격)이 마음에 든다.**

| 주격 | я | ты | он, оно | она | мы | вы | они |
|---|---|---|---|---|---|---|---|
| 생격 | меня | тебя | его | её | нас | вас | их |
| 여격 | мне | тебе | ему | ей | нам | вам | им |
| 대격 | меня | тебя | его | её | нас | вас | их |
| 조격 | мной | тобой | им | ей | нами | вами | ими |
| 전치격 | мне | тебе | нём | ней | нас | вас | них |

Мне нра́вится э́та кни́га. 나는 이 책이 마음에 든다.
Тебе нра́вится э́та кни́га. 너는 이 책이 마음에 든다.
Ему нра́вится э́та кни́га. 그는 이 책이 마음에 든다.
Ей нра́вится э́та кни́га. 그녀는 이 책이 마음에 든다.
Нам нра́вится э́та кни́га. 우리들은 이 책이 마음에 든다.

Вам **нра́вится э́та кни́га**. 당신(들)은 이 책이 마음에 든다.
Им **нра́вится э́та кни́га**. 그들은 이 책이 마음에 든다.

**нра́виться(불완) понра́виться(완) : ~이 마음에 들다.**

예1 Мне **нра́вится э́та рабо́та**. 나는 이 일이 마음에 든다.

예2 Ему **нра́вится она́**. 그는 그녀가 마음에 든다.

예3 Ей **нра́вится он**. 그녀는 그 남자가 마음에 든다.

예4 Как вам **э́то нра́вится**? 당신은 이것이 마음에 드십니까?

예5 Ви́ктору **нра́вится э́тот журна́л**. 빅토르는 이 잡지가 마음에 든다.

예6 Профе́ссору **понра́вился рефера́т**. 교수는 리포트가 마음에 들었다.

예7 Нам **понра́вилась э́та пье́са**. 우리들은 이 희곡이 마음에 들었다.

**여격** + нра́вится~ (**주격**)의 생활러시아어 구문에서 뒤에 오는 '주격'이 **단수**일 경우에는 '**нра́вится**'가 되지만, **복수**가 될 때에는 '**нра́вятся**'가 된다.

| 여격 + нра́вится ~ (단수) | | | 여격 + нра́вятся ~ (복수) | | |
|---|---|---|---|---|---|
| Мне | нра́вится | студе́нт | Мне | нра́вятся | студе́нты |
| Вам | | шко́ла | Вам | | шко́лы |
| Ему | | заво́д | Ему | | заво́ды |
| Ей | | сло́во | Ей | | слова́ |
| Им | | кни́га | Им | | кни́ги |

참고로 '**нра́виться**' 동사는 'II식 변화'하는 재귀동사로서, 다음과 같이 변화한다. (재귀동사의 변화: ~자음 + **ся**, ~모음 + **сь**)
**нра́влюсь, нра́вишься, нра́вится, нра́вимся, нра́витесь, нра́вятся.**

## ◉ 생활러시아어 구문 3

Ната́ша Мари́на, тебе́ нра́вится э́та кни́га?
Мари́на Да, о́чень.
Ната́ша Мне то́же понра́вилась э́та кни́га.

Мари́на Я хочу́ прочита́ть э́ту кни́гу.
Ната́ша Да. Я ду́маю, что э́та кни́га о́чень интере́сная.
나타샤 마리나, 너 이 책 마음에 드니?
마리나 그럼, 아주 마음에 들어.
나타샤 나 또한 이 책 마음에 들었어.
마리나 나는 이 책을 끝까지 다 읽어 보고 싶어.
나타샤 그래. 나는 이 책이 아주 재미있는 책이라고 생각해.

✐ **хочу́ прочита́ть** : 동사 + 동사원형.
**хочу́, хо́чешь, хо́чет, хоти́м, хоти́те, хотя́т.**

✐ **Я ду́маю, что~** : 주어 + 동사 + **что~** (접속절)

➾ 생활러시아어 및 회화체에서 자주 사용할 수 있는 문장과 구문들을 익혀보자.

예1 Что у вас боли́т? 당신은 어디가 아픕니까?

예2 Я чу́вствую себя́ хорошо́. 나는 기분이 좋습니다, 나는 건강합니다.

예3 Приходи́те ко мне́. 저한테 오십시오.

예4 Я о́чень рад(ра́да) вас ви́деть. 나는 당신을 만나서 대단히 기쁩니다.

예5 Благодарю́ вас за внима́ние. 당신의 배려에 감사드립니다.

예6 Извини́те меня́. 죄송합니다.

예7 Переда́йте ему́ приве́т. 그에게 안부 전해 주십시오.

예8 Не́ за что. 천만에요.

## ◉ 생활러시아어 구문 4

Ната́ша Алло́!
Мари́на Бу́дьте добры́, попроси́те Ната́шу!
Ната́ша Я слу́шаю. Это ты, Мари́на?
Мари́на Да, до́брый день! Ты свобо́дна сего́дня?
Ната́ша Да. А что?
Мари́на Я хочу́ купи́ть Оле́гу пода́рок. Пойдём вме́сте в ГУМ?
Ната́ша Хорошо́.

나타샤　여보세요!
마리나　부탁합니다만, 나타샤 좀 불러주세요!
나타샤　알겠습니다. 그런데, 너 마리나 아니니?
마리나　그래, 안녕! 너 오늘 한가하니?
나타샤　그럼. 그런데, 왜? (무슨 일인데?)
마리나　내가 올레그한테 선물을 하나 사주고 싶거든. 굼(백화점)에 같이 안갈래?
나타샤　좋아.

- **бу́дьте добры́** : 부탁드립니다. (또는 **бу́дьте любе́зны**)
- **попроси́те** : **попроси́ть** (요청, 부탁, 초청하다)의 명령형.
- **до́брый день** : 점심 또는 오후 때의 인사./ **до́брое у́тро, до́брый ве́чер.**
- **свобо́дна** : (형) **свобо́дная** (자유로운, 한가로운)의 단어미형.
- **хочу́ купи́ть** : **хочу́** + 동사원형 ~ 사고 싶다.
- **пойдём** : (동) **пойти́ пойду́, пойдёшь,...** пойдём, **пойдёте, пойду́т.**
- **ГУМ** : 굼 (국영백화점), **Госуда́рственный Универса́льный Магази́н.**
  **госуда́рственный** : (형) 국립의, 국영의, 국가의, 나라의.
  **универса́льный** : (형) 일반적인, 보편적인.
  **универса́льный магази́н** : 백화점(=**универма́г**)

### 연습문제 1

1. 다음 보기의 (　　　) 속에 들어갈 적당한 접속사를 하나 고르시오.

| 보기 | Я зна́ю, (　　　) он лю́бит меня́.
나는 그가 나를 좋아한다는 것을 알고 있다.

(1) что　　(2) где　　(3) как　　(4) когда

2. 다음 러시아어의 어순이 틀린 문장을 하나 고르시오.

(1) Э́то шко́ла, где он рабо́тает.
(2) Я зна́ю, когда́ она́ придёт.
(3) Э́то заво́д, где рабо́тает моя́ сестра́.
(4) Я зна́ю, где мой брат живёт.

3. 다음 보기의 문장에서 (　　　) 속에 들어갈 말로 적당치 않은 것은?

| 보기 | У (　　　) боли́т голова́?

(1) вас　　(2) тебя́　　(3) неё　　(4) ней

4. 다음 보기의 문장에서 (　　　) 속에 들어갈 말로 적당치 않은 것은?

| 보기 | (　　　) нра́вится э́та кни́га?

(1) Вас　　(2) Вам　　(3) Ему　　(4) Ей

5. 다음에서 문법적으로 틀린 문장을 하나 고르시오.

(1) У меня́ боли́т зуб.
(2) У Ви́ктора боли́т голова́.
(3) У него́ боля́т глаз.
(4) У неё боля́т у́ши.

6. 다음 문장의 물음에 긍정으로 답하고 (　　　　) 속에 해석을 써 넣으시오.

(1) У вас есть де́ньги?
Да, ______________ (　　　　　　　　　　)

(2) У вас боли́т голова́?

Да, ________________ (                              )

(3) У вас боля́т глаза́?

Да, ________________ (                              )

### 연습문제 2

1. 다음 보기에서 적당한 접속사를 골라 아래 문장들의 ( ) 속에 써 넣으시오.

| 보기 | где, кото́рый, когда́, что

(1) Э́то шко́ла, (          ) я рабо́таю.
(2) Студе́нт, (          ) сиди́т за столо́м, чита́ет кни́гу.
(3) Я зна́ю, (          ) он живёт.
(4) Я зна́ю, (          ) он роди́лся.
(5) Я зна́ю, (          ) он хорошо́ говори́т по-ру́сски.

2. 다음 러시아어의 어순이 틀린 문장을 하나 고르시오.

(1) Э́то заво́д, где рабо́тает мой брат.
(2) Где она́ живёт?
(3) Где Ви́ктор живёт?
(4) Э́то шко́ла, где рабо́тает сестра́.

3. 다음의 문장들을 우리말로 옮기시오.

(1) Мне нра́вится э́та рабо́та.

________________________________

(2) У него́ боли́т коле́но.

________________________________

(3) Мне нра́вятся э́ти де́ти.

________________________________

(4) Как вам э́то нра́вится?

________________________________

4. 다음 보기의 문장에서 (　　　) 속에 들어갈 말로 적당한 것을 고르시오.

| 보기 | У меня́ (　　　) ру́ки.

(1) боли́т　(2) нра́вится　(3) нра́вятся　(4) боля́т

5. 다음 보기의 문장에서 (　　　) 속에 들어갈 말로 적당한 것을 고르시오.

| 보기 | Мне (　　　) э́ти кни́ги.

(1) боли́т　(2) нра́вится　(3) нра́вятся　(4) боля́т

6. 다음 문장의 (　　) 속에 적당한 접속사를 써 넣은 후 아래에 해석하시오.

(1) Я зна́ю, (　　　) он лю́бит рисова́ть.

______________________________

(2) Я зна́ю, (　　　) он не́ был на ве́чере.

______________________________

7. 다음의 우리말을 러시아어로 작문해 보시오.

(1) 당신은 어디가 아픕니까?

______________________________

(2) 나는 당신을 만나서 대단히 기쁩니다.

______________________________

(3) 당신의 배려에 감사드립니다.

______________________________

(4) 나는 기분이 좋습니다,

______________________________

(5) 그에게 안부 전해 주십시오.

______________________________

(6) 나는 그 남자가 그녀를 무척 좋아한다는 것을 알고 있다.

______________________________

# 2
# 15주 기말(9~14주) 총정리 및 연습문제 풀이

### 학습목표 소개

**전치사 + 격**의 용법을 이해하고 이를 활용할 수 있다.
정태동사와 부정태동사의 차이를 이해하고 그 용법을 알 수 있다.
러시아어 관계대명사 **который**의 성, 수, 격을 이해할 수 있다.
관계대명사 **который**의 용법을 이해하고 이를 활용할 수 있다.
러시아어 형동사의 종류 및 능동-피동 형동사의 차이를 이해할 수 있다.
능동형동사 현재와 과거를 이해하고 이를 활용할 수 있다.
피동형동사 현재와 과거를 이해하고 이를 활용할 수 있다.
러시아어 부동사의 종류를 이해하고 현재와 과거의 차이를 이해할 수 있다.
불완료부동사와 완료부동사를 이해하고 이를 활용할 수 있다.
러시아어 복문의 구성과 어순을 이해할 수 있다.
**У меня́ боли́т~** 의 생활러시아어 구문을 이해할 수 있다.
**Мне нра́вится~** 의 생활러시아어 구문을 이해할 수 있다.
여러 가지 상황에서의 생활러시아어 구문을 이해할 수 있다.

## 종합 연습문제

1. 다음 보기의 문장에 대한 대답이 잘 못된 것을 하나 고르시오.

| 보기 | Где она была́?

(1) Она была́ в магази́не. (2) Она была́ в библиоте́ке.

(3) Она была́ в го́рода. (4) Она была́ в музе́е.

2. 다음 (　　) 속에 е́хать, е́здить 중 하나를 골라서, 그 현재형을 적어 넣으시오.

(1) Куда́ вы (　　　) ка́ждый день?

(2) Куда́ вы сейча́с (　　　)?

(3) Сейча́с мы (　　　) в теа́тр.

(4) Мы ча́сто (　　　) в теа́тр.

3. 다음의 (　　) 속의 명사를 알맞은 격으로 격변화 시키시오.

(1) Я разгова́риваю с (мать). (2) Мы ду́мали о (война́).

(3) Вы идёте со (сестра́) в кино́. (4) Мы говори́ли о (зоопа́рк).

4. 다음의 (　　) 속의 명사를 적당한 형태로 고치시오.

(1) Студе́нты иду́т к (преподава́тель).

(2) Мой друг е́здил по (города́) Росси́и.

(3) Он рассказа́л о (институ́ты) в А́нглии.

(4) У нас бу́дут ле́кции по (воскресе́нье).

(5) Тури́сты шли че́рез (мост)

(6) У (он) бы́ли мно́гие интере́сные кни́ги.

(7) Мы сиде́ли у (окно́).

(8) Мо́жно ли я бу́ду у (ты)?

(9) Дом стои́т у са́мого (о́зеро).

(10) Приходи́те ко (я).

5. 다음의 ( ) 속에 보기의 전치사들 가운데 하나를 적어 넣으시오.

| 보기 | для, о́коло, ми́мо, от, до,из,

(1) Он живёт недалеко́ ( ) теа́тра.
(2) Мы вы́шли ( ) ко́мнаты.
(3) Она́ чита́ла кни́гу с утра́ ( ) ве́чера.
(4) Я ви́дел его́ ( ) заво́да.
(5) Он прошёл ( ) моего́ до́ма.
(6) Э́то уче́бник ( ) шко́льников.

6. 다음 ( ) 속의 명사의 격을 생격 또는 조격으로 고치시오.

(1) Я была́ в теа́тре со (сестра́).
(2) Сего́дня воскресе́нье, и я отдыха́ю с у́тра до (ве́чер).
(3) На столе́ стои́т ва́за с (цветы́).
(4) Он пригласи́л нас с (ты).
(5) Возьми́те кни́гу с (по́лка)
(6) Мы спусти́лись с (гора́).

7. 다음 보기의 문장에 대한 대답으로서 전치사가 잘 못 씌여진 것은?

| 보기 | Где она́ была́?

(1) Она́ была́ в кла́ссе. (2) Она́ была́ на у́лице.
(3) Она́ была́ в Аме́рике. (4) Она́ была́ на дере́вне.

8. 다음의 ( ) 속에 идти́, ходи́ть 중 하나를 골라, 그 현재형을 적어 넣으시오.

(1) Ве́ра ка́ждый день ( ) в стадио́н.
(2) Сейча́с Ве́ра ( ) на по́чту.
(3) Юрий всегда́ ( ) ме́дленно.
(4) Сейча́с он то́же ( ) ме́дленно.

9. 다음의 ( ) 속의 명사를 알맞은 격으로 격변화 시키시오.

(1) Газе́ты писа́ли о (война́). (2) Я уви́дел стол со (стул).
(3) Расскажи́те о (дере́вня). (4) Я люблю́ ко́фе с (молоко́)

10. 다음의 (　　　) 속의 명사를 적당한 형태로 고치시오.

(1) Сейча́с я зайду́ к (ты).

(2) Она смо́трит телеви́зор по (вечера́)

(3) Я хожу́ в теа́тр с (друзья́).

(4) Они́ лю́бят друг с (друг).

(5) Мой оте́ц е́дет че́рез (ме́сяц) в Се́ул.

(6) Позавчера́ я ви́дел (Ната́ша).

(7) С (Ната́ша) был её брат.

(8) Мы пе́ли пе́сню о (мир)

(9) Она́ о́чень лю́бит ко́фе с (молоко́)

(10) Я хочу́ вы́пить за ва́ше (здоро́вье).

11. 다음 (　　　) 속의 명사의 격을 적당하게 고친 후 우리말로 옮기시오.

(1) Мы вы́пили с (у́тро) до (ве́чер).

________________________________

(2) Она пригласи́ла нас с (вы).

________________________________

12. 다음을 러시아어로 옮기시오.

(1) 그녀는 어제 빅토르와 함께 극장에 갔었다.

________________________________

(2) 그는 우유를 탄 커피를 아주 좋아한다.

________________________________

(3) 나는 한 달 후에 미국에 갈 것이다.

________________________________

(4) 그들은 아파트에서 약 1년간 살았다.

________________________________

13. 다음의 (        ) 속에 보기의 전치사들 가운데 하나를 적어 넣으시오.

| 보기 | для, о́коло, ми́мо, от, до, из

(1) (      ) шко́лы до университе́та недалеко́.
(2) Он бу́дет на рабо́те (          ) ве́чера.
(3) Мы собра́лись (          ) трёх часо́в.
(4) Они́ вы́шли (          ) ко́мнаты.
(5) Она́ прошла́ (          ) твоего́ до́ма.
(6) Э́то о́чень поле́зно (          ) здоро́вья.

14. 다음 (    ) 속의 단어의 격을 생격 또는 조격으로 고치시오.

(1) Мы с (он) научи́лись в одно́м университе́те.
(2) Мы рабо́тали с (у́тро) до (ве́чер).
(3) Он игра́ет в те́ннис со (студе́нты).
(4) Он берёт кни́гу с (по́лка).
(5) Он мо́жет прие́хать со (день) на день.
(6) Я начина́л рабо́тать с (пе́рвый) января́.

15. 다음 보기의 (      ) 속에 들어갈 적당한 관계대명사를 하나 고르시오.

| 보기 | Дай мне но́вую газе́ту, (      ) мы вчера́ получи́ли.

(1) кото́рый　　(2) кото́рая　　(3) кото́рую　　(4) кото́рой

16. 다음 밑줄 친 관계대명사의 격이 나머지 것들과 다른 것은?

(1) Э́то балери́на, <u>кото́рая</u> танцу́ет на сце́не теа́тра.
(2) Дай мне но́вый журна́л, <u>кото́рый</u> мы вчера́ получи́ли.
(3) Э́то худо́жники, <u>кото́рые</u> де́лают краси́вые шкату́лки.
(4) Вот ма́льчик, <u>кото́рый</u> чита́ет но́вый журна́л.

17. 다음의 (      ) 속에 적당한 관계대명사를 넣은 후, 우리말로 옮기시오.

(1) Э́тот журна́л, (      ) я прочита́л, о́чень интере́сный.

______________________________

(2) Та́ня спра́шивает о кни́ге, (      ) вчера́ купи́ла Ни́на.

______________________________

18. 다음 보기의 두 문장을 관계대명사를 사용하여 하나의 문장으로 만드시오.

| 보기 | Ма́льчик смо́трит телеви́зор в ко́мнате.
Э́тот ма́льчик мой племя́ник.

→ ______________________________

19. 다음 보기의 문장을 2개의 문장으로 분리하여 보시오.

| 보기 | Ма́ша спра́шивает о письме́, кото́рое я вчера́ получи́ла.

→ ______________________________

→ ______________________________

20. 다음 보기의 두 문장 속에 공통적으로 들어가는 관계대명사를 고르시오.

| 보기 | Э́тот журна́л, (        ) я чита́л, о́чень интере́сный.
Это но́вый журна́л, (        ) мы вчера́ получи́ли.

(1) кото́рый (2) кото́рая (3) кото́рую (4) кото́рой

21. 다음 보기의 (        ) 속에 들어갈 적당한 관계대명사를 고르시오.

| 보기 | Вот идёт но́вый студе́нт, (        ) прие́хал из Москвы́.

(1) кото́рый (2) кото́рая (3) кото́рое (4) кото́рые

22. 다음 중에서 밑줄 친 'кото́рый'의 쓰임이 나머지 것들과 다르게 쓰인 것은?

(1) Дай мне но́вый журна́л, <u>кото́рый</u> мы вчера́ получи́ли.
(2) Э́тот журна́л, <u>кото́рый</u> я прочита́л, о́чень интере́сный.
(3) Вот студе́нт, <u>кото́рый</u> чита́ет но́вую газе́ту.
(4) Де́вушка, <u>кото́рый</u> час?

23. 다음의 (        ) 속에 적당한 관계대명사를 넣은 후, 우리말로 옮기시오.

(1) Я наде́ну но́вое пла́тье, (        ) мне купи́л па́па.

______________________________

(2) Я купи́л кни́гу, о (        ) ты говори́л вчера́.

______________________________

24. 다음 보기의 두 문장을 관계대명사를 사용하여 하나의 문장으로 만드시오.

| 보기 | Ма́льчик у́чится в шко́ле.
Мы сего́дня познако́мились с ма́льчиком.

→ ______________________________

25. 다음 보기의 문장을 2개의 문장으로 분리하여 보시오.

| 보기 | Вера спрашивает о учебнике, который Таня показывала в классе.

→ ______________________________

→ ______________________________

26. 다음 밑줄 친 관계대명사의 격이 나머지 것들과 다른 것은?

(1) Дай мне но́вый журна́л, кото́рый мы вчера́ получи́ли.

(2) Ма́ша спра́шивает о письме́, кото́рое я вчера́ получи́ла.

(3) Э́тот журна́л, кото́рый я прочита́л, о́чень интере́сный.

(4) Ма́ша спра́шивает о журна́ле, кото́рый лежа́л на столе́.

27. 다음 동사에서 보기와 같이 능동형동사현재를 만들어 보시오.

| 보기 | знать (зна́ют) → (зна́ющий, -ая, -ее, -ие)

(1) петь (пою́т) → ( )

(2) идти́ (иду́т) → ( )

(3) сде́ть (сидя́т) → ( )

(4) писа́ть (пи́шут) → ( )

(5) де́лать (де́лают) → ( )

(6) знать (зна́ют) → ( )

28. 다음 동사에서 보기와 같이 능동형동사과거를 만들어 보시오.

| 보기 | знать (знал) → (знавший, -ая, -ее, -ие)

(1) говори́ть (говори́л) → ( )

(2) идти́ (шёл) → ( )

(3) сиде́ть (сиде́л) → ( )

(4) нести́ (нёс) → ( )
(5) занима́ть (занима́л) → ( )
(6) прие́хать (прие́хал) → ( )

29. 다음 동사의 피동형동사현재를 만들어 보시오.

(1) изуча́ть → ( )
(2) ви́деть → ( )
(3) занима́ть → ( )
(4) люби́ть → ( )
(5) руководи́ть → ( )
(6) чита́ть → ( )

30. 다음 동사에서 보기와 같이 능동형동사현재를 만들어 보시오.

| 보기 | умыва́ться (умыва́ются) → умыва́ющийся

(1) занима́ться (занима́ются) → ( )
(2) закрыва́ться (закрыва́ются) → ( )
(3) раздева́ться (раздева́ются) → ( )
(4) учи́ться (у́чатся) → ( )

31. 다음 동사의 피동형동사과거를 만들어 보시오.

(1) прочита́ть → ( )
(2) вы́учить → ( )
(3) принести́ → ( )
(4) получи́ть → ( )
(5) пригото́вить → ( )
(6) купи́ть → ( )
(7) бро́сить → ( )
(8) покры́ть → ( )
(9) сре́зать → ( )
(10) изучи́ть → ( )

32. 다음의 문장을 바꿀 때, 적당한 능동형동사 현재를 (     ) 속에 써 넣으시오.

(1) Вот студéнтка, котóрая изучáет испáнский язы́к.
→ Вот студéнтка, (          ) испáнский язы́к.

(2) Вот рабóтники, котóрые рабóтают на завóде.
→ Вот рабóтники, (          ) на завóде.

(3) Студéнт, котóрый читáет кни́гу, мой племя́нник.
→ Студéнт, (          ) кни́гу, мой племя́нник.

(4) Студéнтка, котóрая сиди́т за столóм, моя́ племя́нница.
→ Студéнтка, (          ) за столóм, моя́ племя́нница.

33. 다음의 문장을 우리말로 옮겨 보시오.

(1) Вот городок, занимающий территорию в 320 гектаров.
(                                        )

(2) Это главное здание, имеющее 32 этажа.
(                                        )

(3) Мне нрáвится моя́ учи́тельница, у́чащая меня́ пéнию.
(                                        )

(4) Студéнтка, сидя́щая за столóм, моя́ племя́нница.
(                                        )

34. 다음 동사를 능동형동사 과거로 만드시오.

(1) прочитáть (прочитáл) → (          )
(2) находи́ться (находи́лся) → (          )
(3) привы́кнуть (привы́к) → (          )
(4) подня́ться (подня́лся) → (          )

35. 다음 보기와 같이 능동형동사를 사용하여 문장을 바꿔 보시오.

| 보기 | Вот студéнт, котóрый изучáет францу́зский язы́к.
→ Вот студéнт, изучáющий францу́зский язы́к.

(1) Вот дéвочка, котóрая игрáет недалекó от нáшего дóма.
→ ____________________

(2) Де́ти, кото́рые игра́ют в саду́, хо́дят в шко́лу.

→ ______________________________

(3) Мне нра́вится моя́ учи́тельница, кото́рая у́чит меня́ пе́нию.

→ ______________________________

(4) Там Гла́вное зда́ние, кото́рое име́ет три этажа́.

→ ______________________________

36. 다음의 문장을 보기와 같이 피동형동사 과거를 사용하여 변형시키시오.

| 보기 | Вот ко́мнаты, кото́рые зака́зал мой оте́ц.
→ Вот ко́мнаты, зака́занные мои́м отцо́м.

(1) Вот такси́, кото́рое зака́зал мой оте́ц.

→ ______________________________

(2) Вот ры́ба, кото́рую пригото́вила моя́ ма́ма.

→ ______________________________

(3) Э́то письмо́, кото́рое он получи́л.

→ ______________________________

(4) Э́то журна́л, кото́рый я прочита́л.

→ ______________________________

(5) Э́то газе́та, кото́рую я прочита́л.

→ ______________________________

37. 다음의 문장을 바꿀 때, 적당한 능동형동사 현재를 (　　　)속에 써 넣으시오.

(1) Вот де́ти, кото́рые танцу́ют на сце́не теа́тра.

→ Вот де́ти, (　　　) на сце́не теа́тра.

(2) Молода́я де́вушка, кото́рая танцу́ет на сце́не, моя́ до́чка.

→ Молода́я де́вушка, (　　　) на сце́не, моя́ до́чка.

38. 다음의 문장을 능동형동사 과거를 사용하여 적당히 바꿔 써 보시오.

(1) Де́вушка, кото́рая чита́ла кни́гу в библиоте́ке, ушла́ домо́й.

(　　　　　　　　　　　　　　　　　　)

(2) Де́вушка, кото́рая прочита́ла кни́гу в библиоте́ке, ушла́ домо́й.

(　　　　　　　　　　　　　　　　　　)

39. 다음의 문장을 피동형동사 현재를 사용하여 변형시키시오.

(1) Э́то сын, кото́рый его оте́ц лю́бит.

→ ________________________________

(2) Э́то до́чка, кото́рую её оте́ц лю́бит.

→ ________________________________

(3) Ёнсама изве́стный арти́ст, кото́рый мно́гие Япо́нки лю́бят.

→ ________________________________

(4) Она́ о́чень изве́стная певи́ца, кото́рую мно́гие лю́ди лю́бят.

→ ________________________________

(5) Э́та гру́ппа, кото́рую руководи́т изве́стный профе́ссор, моя́.

→ ________________________________

40. 다음의 러시아어 문장을 우리말로 옮겨 보시오.

(1) Вот ры́ба, приготовленная мое́й ма́мой.

(                                        )

(2) Ёнсама изве́стный арти́ст, любимый мно́гими Япо́нками.

(                                        )

(3) Де́вушка, прочита́вшая кни́гу в библиоте́ке, ушла́ домо́й.

(                                        )

(4) Молода́я де́вушка, танцу́ющая на сце́не, моя́ до́чка.

(                                        )

(5) В конце́рте, передава́емом по ра́дио, уча́ствует наро́дный хор.

(                                        )

41. 다음의 러시아어 문장을 우리말로 옮겨 보시오.

(1) Иностра́нные студе́нты, находя́щиеся в Москве́, изуча́ют ру́сский язы́к.

(                                        )

(2) Мой друг чита́ет газе́ту <Пра́вда>, выходя́щую в Москве́.

(                                        )

42. 다음 보기와 같이 능동형동사를 사용하여 문장을 바꿔 보시오.

| 보기 | Вот студéнт, котóрый изучáет францýзский язы́к.
→ Вот студéнт, изучáющий францýзский язы́к

(1) Вот худóжник, котóрый дéлает краси́вые шкатýлки.

→ ____________________

(2) Молоды́е лю́ди, котóрые игрáют в тéннис, студéнты.

→ ____________________

(3) Студéнт, котóрый приглашáет Тáню танцевáть, ýчится в МГУ.

→ ____________________

(4) Дéвушка, котóрая продаёт билéты в кáссе, моя́ знакóмая.

→ ____________________

(5) Мáльчик, котóрый покупáет вáзу в магази́не, мой брат. 4(3)

→ ____________________

43. 다음의 동사에서 불완료부동사(부동사현재)를 만드시오.

(1) кури́ть → (　　　　　)

(2) смотрéть → (　　　　　)

(3) изучáть → (　　　　　)

(4) получáть → (　　　　　)

44. 다음의 문장을 보기와 같이 피동형동사 과거를 사용하여 변형시키시오.

| 보기 | Вот кóмнаты, котóрые закáзал мой отéц.
→ Вот кóмнаты, закáзанные мои́м отцóм.

(1) Э́то мýзыка, котóрую написáл извéстный компози́тор.

→ ____________________

(2) Э́то фильм, котóрый сдéлал извéстный режиссёр.

→ ____________________

(3) Э́то пальто́, кото́рое купи́ла моя́ ма́ма.

→ ______________________________

(4) Э́то ва́за, кото́рую подари́л тебе́ мой муж.

→ ______________________________

45. 다음의 동사에서 완료부동사(부동사과거)를 만드시오.

(1) покури́ть → (                )

(2) посмотре́ть → (                )

(3) изучи́ть → (                )

(4) получи́ть → (                )

46. 다음 문장의 해석이 올바르도록 (          )속에 적당한 부동사 형태를 써 넣으시오.

(1) Он чита́л, не (                ) внима́ния на шум. (обраща́ть)
그는 소음에 개의치 않고 독서하고 있었다.

(2) (                ) мою́ мать, го́сти вста́ли из−за стола́. (поблагодари́ть)
손님들은 어머니에게 감사의 말을 하고나서, 테이블에서 일어섰다.

(3) (                ) с конце́рта, мы говори́ли о му́зыке. (возвраща́ться)
연주회에서 돌아오면서, 우리는 음악에 관해서 이야기 하였다.

(4) (                ) на́ гору, тури́сты отдохну́ли. (подня́ться)
산에 다 오르고 나서, 여행객들은 휴식을 취하였다.

47. 다음의 문장을 적당한 부동사 형태를 사용하여 부동사구문으로 변형시키시오.

(1) Он одева́лся и смотре́л телеви́зор.

→ ______________________________

(2) Он оде́лся и вышёл из ко́мнаты.

→ ______________________________

48. 다음의 문장을 보기와 같이 변형시키시오.

| 보기 | Мои́ друзья́ отдыха́ют и смо́трят телеви́зор.
→ Отдыха́я, мои́ друзья́ смо́трят телеви́зор.

(1) Ви́ктор обе́дает и чита́ет газе́ту.

→ ______________________________

(2) Анто́н ку́рит и смо́трит телеви́зор.

→ ______________________________

(3) Ната́ша гуля́ла и говори́ла о му́зыке.

→ ______________________________

(4) Та́ня слу́шала му́зыку и танцева́ла.

→ ______________________________

49. 다음의 문장을 보기와 같이 변형시키시오.

| 보기 | Студе́нт написа́л письмо́ дру́гу и пошёл на по́чту.
→ Написа́в письмо́ дру́гу, студе́нт пошёл на по́чту.

(1) Профе́ссор ко́нчил чита́ть ле́кцию и пошёл в кабине́т.

→ ______________________________

(2) Анто́н купи́л газе́ты и пошёл в столо́вую.

→ ______________________________

(3) Они́ пообе́дали, пото́м на́чали смотре́ть телеви́зор.

→ ______________________________

50. 다음의 문장을 해석하시오.

(1) Гуля́я в па́рке, подру́ги говори́ли о му́зыке.

(                                        )

(2) Пообе́дав, они́ на́чали смотре́ть телеви́зор.

(                                        )

(3) Подня́вшись на́ гору, тури́сты отдохну́ли.

(                                        )

(4) Поднима́ясь на́ гору, тури́сты любова́лись краси́выми ви́дами.

(                                        )

51. 다음의 동사에서 불완료부동사(부동사현재)를 만드시오.

(1) слы́шать → (                )
(2) занима́ться → (                )
(3) ви́деть → (                )
(4) гото́виться → (                )

52. 다음의 동사에서 완료부동사(부동사과거)를 만드시오.

(1) положи́ть → (                )
(2) полюби́ть → (                )
(3) услы́шать → (                )
(4) подня́ться → (                )

53. 다음 문장의 해석이 올바르도록 (          )속에 적당한 부동사 형태를 써 넣으시오.

(1) (__________) с заво́да, мы говори́ли о рабо́те. (возвраща́ться)
공장에서 돌아오면서, 우리는 일에 대하여 이야기하였다.

(2) Не (__________) ни слова, она́ улыбну́лась. (говорить)
한 마디도 말하지 않으면서, 그녀는 생긋 웃었다.

54. 다음의 문장을 보기와 같이 변형시키시오.

| 보기 | Мои́ друзья́ отдыха́ли и смотре́ли телеви́зор.
→ Отдыха́я, мои́ друзья́ смотре́ли телеви́зор.

(1) Ви́ктор за́втракал и слу́шал му́зыку.

→ ______________________________

(2) Ната́ша слу́шала му́зыку и игра́ла в ша́хматы.

→ ______________________________

55. 다음 ( ) 속의 동사를 아래의 번역에 맞게 적당한 형태로 바꾸시오.

(1) Я (получить) письмó вчерá.

나는 어제 편지를 받았다.

(2) Э́то письмó, котóрое я (получить) вчерá.

이것은 내가 어제 받은 편지이다.

(3) Э́то письмó, (получить) мной вчерá.

이것은 어제 나에 의해서 받아진 편지이다.

(4) Э́то письмó былó (получить) вчерá.

이 편지는 어제 받아졌다.

56. 다음 ( ) 속의 동사를 적당한 형태의 형동사, 부동사로 바꾸시오.

(1) Э́тот мáльчик, (читать) кни́гу у окнá, мой сын.

(2) Студéнт, (читать) кни́гу у окнá, пошёл домóй.

(3) Студéнтка, (прочитать) кни́гу у окнá, вышлá из кóмнаты.

(4) Э́та кни́га, (читать) мной, óчень интерéсный рóман.

(5) Э́та кни́га, (прочитать) мной, óчень интерéсный рóман.

(6) (Читать) кни́гу, онá слýшала мýзыку в своéй кóмнате.

(7) (Прочитать) кни́гу, онá вышлá из своéй кóмнаты.

57. 다음의 러시아어 문장을 우리말로 번역하시오.

(1) Э́тот мáльчик, читáющий кни́гу у окнá, мой сын.

________________________________________

(2) Студéнт, читáвший кни́гу у окнá, пошёл домóй.

________________________________________

(3) Студéнтка, прочитáвшая кни́гу у окнá, вышлá из кóмнаты.

________________________________________

(4) Э́та кни́га, чита́емая мной, о́чень интере́сный ро́ман.

__________________________________________

(5) Э́та кни́га, прочита́нная мной, о́чень интере́сный ро́ман.

__________________________________________

(6) Чита́я кни́гу, она́ слу́шала му́зыку в свое́й ко́мнате.

__________________________________________

(7) Прочита́в кни́гу, она́ вышла́ из свое́й ко́мнаты.

__________________________________________

58. 다음 (  ) 속에 **идти, ходить** 중 하나를 골라 그 현재형을 적어 넣으시오.

(1) Сейчас мы (  ) в театр.

(2) Мы часто (  ) в театр.

(3) Вера каждое утро (  ) в магазин.

(4) Сейчас Вера (  ) в магазин.

59. 다음의 말이 맞으면 (O)표, 틀리면 (X)표 하시오.

(1) 러시아어에는 관사가 없다. (  )

(2) г, к, х 다음에는 ы가 올 수 없다. (  )

(3) **-жь,-чь,-шь,-щь**로 끝나는 명사는 모두 남성 명사이다. (  )

(4) 동사에는 부정사어간과 현재어간이 있다. (  )

60. 다음 보기의 (  ) 속에 들어갈 적당한 접속사를 하나 고르시오.

| 보기 | Я зна́ю, (  ) он не́ был на ве́чере.
나는 그가 왜 저녁파티에 없었는지를 알고 있다.

(1) что (2) где (3) почему́ (4) когда́

61. 다음 러시아어의 어순이 틀린 문장을 하나 고르시오.

(1) Э́то шко́ла, где она́ рабо́тает.

(2) Я зна́ю, когда́ прие́дет он.

(3) Э́то теа́тр, где рабо́тает моя́ сестра́.

(4) Где он живёт?

62. 다음 보기의 문장에서 (      ) 속에 들어갈 말로 적당치 않은 것은?

| 보기 | У (      ) боля́т зу́бы.

(1) вам (2) тебя́ (3) него́ (4) меня́

63. 다음 보기의 문장에서 (      ) 속에 들어갈 말로 적당치 않은 것은?

| 보기 | (      ) нра́вятся э́ти кни́ги?

(1) Ему́ (2) Вам (3) меня́ (4) Тебе́

64. 다음에서 문법적으로 틀린 문장을 하나 고르시오.

(1) У меня́ боля́т зуб.

(2) У Ви́ктора боли́т голова́.

(3) У него́ боли́т глаз.

(4) У неё боля́т у́ши.

65. 다음 보기의 문장에서 (      ) 속에 들어갈 말로 적당한 것을 고르시오.

| 보기 | У меня́ (      ) глаза́.

(1) боли́т (2) нра́вится (3) боли́шь (4) боля́т

66. 다음 문장의 물음에 긍정으로 답하고 (      ) 속에 해석을 써 넣으시오.

(1) У вас есть велосипе́д?

Да, ____________________ (                                        )

(2) У вас боли́т желу́док?

Да, ____________________ (                                        )

(3) У вас боля́т но́ги?

Да, ____________________ (                                        )

67. 다음 보기에서 적당한 접속사를 골라 아래 문장들의 (    ) 속에 써 넣으시오.

| 보기 | где, кото́рый, когда́, что

(1) Студе́нт, (          ) сиди́т за столо́м, чита́ет кни́гу.

(2) Я зна́ю, (          ) они́ живу́т.

(3) Я зна́ю, (          ) она́ роди́лась.

(4) Я зна́ю, (          ) он хорошо́ говори́т по-коре́йски.

68. 다음 러시아어의 어순이 틀린 문장을 하나 고르시오.

(1) Где они́ рабо́тают?

(2) Где Влади́мир живёт?

(3) Это шко́ла, где рабо́тает Оля.

(4) Это заво́д, где рабо́тает мой брат.

69. 다음의 문장들을 우리말로 옮기시오.

(1) Мне нра́вятся э́ти рабо́ты.

______________________________

(2) У него́ боли́т рука́.

______________________________

(3) Ему́ нра́вятся э́ти де́ти.

______________________________

(4) Как тебе́ э́то нра́вится?

______________________________

70. 다음 보기의 문장에서 (          ) 속에 들어갈 말로 적당한 것을 고르시오.

| 보기 | Мне (          ) э́та рабо́та.

(1) боли́т (2) нра́вится (3) нра́вятся (4) боля́т

71. 다음 문장의 (　　　) 속에 적당한 접속사를 써 넣은 후 아래에 해석하시오.

(1) Я ду́маю, (　　　　) он ско́ро придёт.

______________________________

(2) Он зна́ет, (　　　　) она́ не была́ на ве́чере.

______________________________

72. 다음의 우리말을 러시아어로 작문해 보시오.

(1) 너는 어디가 아프니?

______________________________

(2) 그녀는 그를 만나서 대단히 기쁘다.

______________________________

(3) 당신이 저를 도와주신 것에 대해 깊이 감사드립니다.

______________________________

(4) 나는 기분이 아주 나쁩니다.

______________________________

(5) 그녀에게 안부를 꼭 전해 주십시오.

______________________________

(6) 나는 그 여자가 그 남자를 무척 좋아한다고 생각한다.

______________________________

# 연습문제 풀이 및 정답

### 1-1주: 러시아어 알파비트 및 러시아어 발음기초.

**<연습문제 1>**

1. А(Б)ВГДЕЁЖЗИ(Й)КЛМНОПРС(Т)УФХЦЧ(Ш)ЩъыьЭЮЯ
2. (1) Анто́н (2) Ма́ма (3) журна́л (4) здра́вствуйте
3. (1) Здра́вствуй (안녕) (2) До свида́ния (안녕히)
   (3) Как вас зову́т? (당신의 이름은 무엇입니까?)
   (4) Меня́ зову́т Ми́нсу. (나의 이름은 민수입니다.)
4. 기본모음→ (А, Э, И, О, У, ы)
5. (1) Я (2) Е (3) Ё (4) Ю
6. БВГДЖЗЙ К ЛМН П Р СТФХъьЦЧШЩ
7. (1) брат (2) бу́ква (3) бума́га (4) вода́ (5) вопро́с
   (6) го́род (7) доска́ (8) друг (9) дом (10) доро́га
8. г → ( х )
9. (1) каранда́ш (2) ка́рта (3) ко́мната (4) ла́мпа (5) ло́жка
   (6) ма́рка (7) ма́сло (8) маши́на (9) нога́ (10) откры́тка
10. здравствуйте
11. (1) библиоте́кавто́рник
    (2) ма́слосыр
    (3) журна́лзвук
    (4) каранда́шже́нщинаматро́с

**<연습문제 2>**

1. (1) Б • • Ф
   (2) В • • П
   (3) Г • • К
   (4) З • • Т
   (5) Д • • С

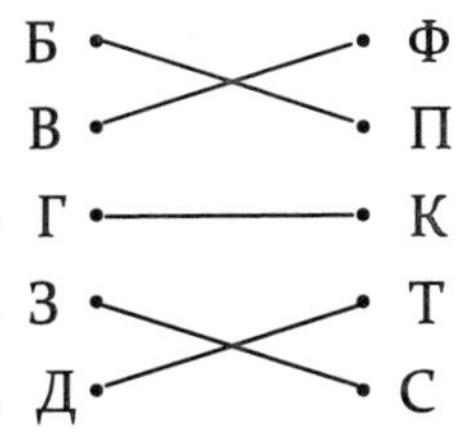

2. (1) Наташа (2) Оля (3) Володя (4) Витя
3. (1) Иван Иванович Петров (O)
   (2) Сергей Николаевич Достоевский (O)
   (3) Наталия Ивановна Петров (X) ☞ Петрова(여성)
   (4) Ольга Николаевна Достоевская (O)
4. (1) Спаси́бо (감사합니다.) (2) Здра́вствуйте (안녕하세요)

(3) Москвá (모스크바) (4) брáт (형제)
(5) сестрá (자매) (6) Футбóл (축구)
(7) Альбóм (앨범). (8) самолёт (비행기)
(9) красúвая (아름다운). (10) до свидáния! (안녕)

## 1-2주: 러시아어의 어순 및 모음 'o'와 'e'의 발음.

**<연습문제 1>**

1. (2) ☞ рукá
2. (1) странá (2) кóмната (3) книга (4) студéнтка
   (5) онá. (6) онó. (7) э́то. (8) егó.
3. 다음 단어들의 우다레니예 위치를 잘 생각하여 모음 'O'를 발음하여 보시오.
   (1) Москвá (모스크바) (2) отéц (아버지)
   (3) горá (산) (4) столúца (수도)
   (5) ногá (다리) (6) товáрищ (동무, 동지, 동료)
   (7) онó (그것은) (8) онá (그녀는)
   (9) самолёт (비행기) (10) домóй (집으로)
4. (4) Москвá
5. (4) э́то
6. 다음 단어들의 우다레니예 위치를 잘 생각하여 모음 'e'를 발음하여 보시오.
   (1) певúца (여가수) (2) теплó (따뜻하게) (3) семья́ (가족)
   (4) летúт (날고 있다) (5) стенá (벽) (6) недéля (1주일)
   (7) сестрá (자매, 누나) (8) веснá (봄) (9) рекá (강)
7. (4) сестрá
8. (3) тéкст
9. (1) 책상 (2)의자 (3) 이것 (4) 연필 (5) 책 (6) 공책
   (7) 여대생 (8) 교수 (9) 기사 (10) 선생님

**<연습문제 2>**

1. (3) ☞ нож → нож[ш]
2. (4) хóлодно
3. (4) проéкт
4. (4) товарищ
5. 

| | |
|---|---|
| (1) англичанин | китаянка |
| (2) кореянка | по-русски |
| (3) русский язык | корейский язык |
| (4) китаец | по-английски |

6. (3) я́блоко
7. Это перо

## 1-3주: 러시아어 명사의 성, 수.

<연습문제 1>

1. (1) студент — дочь
   (2) школа — товарищ
   (3) место — море
2. (1) дом (남) (2) книга (여) (3) мост (남) (4) страна (여)
   (5) комната (여) (6) окно (중) (7) картина (여) (8) место (중)
   (9) неделя (여) (10) Володя (남) (11) упражнение (중)
3. (1) кра́й (남) (2) страна́ (여) (3) мо́ре (중) (4) кора́бль (남)
   (5) дя́дя (남) (6) ве́щь (여) (7) мо́ст (남). (8) окно́ (중)
4. (1) комнаты (2) столы (3) окна (4) страны (5) недели
   (6) поля (7) земли (8) тени (9) города (10) фамилии
5. (4) ☞ 철자법규칙에 의하여 г,к,х 다음에 ы가 오지 못한다.
6. (3)
7. (1) костюмы (2) учебники (3) дома (4) магазины
   (5) ручки (6) студентки (7) картины (8) заводы

<연습문제 2>

1. (1) кора́бль — мать
   (2) тетра́дь — слова́рь
   (3) ма́сло — зда́ние
2. (1) брат (남) (2) бума́га (여) (3) ло́жка (여) (4) по́чта (여)
   (5) Москва́ (여) (6) звук (남) (7) авто́бус (남) (8) музе́й (남)
   (9) кафе́ (중) (10) дя́дя (남) (11) рестора́н (남) (12) кот (남)
3. (1) Нет, это не карандаш, это ручка.
   (2) Нет, это не газета, это журнал.
   (3) Нет, это не магазин, это музей.
   (4) Нет, это не кафе, это ресторан.
   (5) Нет, Антон не инженер, это врач.
4. (4)
5. (3)
6. (1) вилки (2) автобусы (3) чашки (4) собаки (5) театры
   (6) музеи (7) марки (8) бабушки (9) вопросы (10) упражнения

7. (1) нога́ (다리) → (но́ги)
   (2) рука́ ( 팔 ) → (ру́ки)
   (3) врач (의사) → (врача́)
8. (1) Что это?  (2) Кто это?  (3) Кто это?
   (4) Что это?  (5) Что это?  (6) Кто это?
9. (1) музей (남)  (2) трамваи (복)  (3) тетрадь (여)  (4) корабль (남)
   (5) огонь (남)  (6) мать (여)  (7) вещь (여)  (8) радость (여)
   (9) врачи (복)  (10) конь (남)  (11) словарь (남)  (12) товарищ (남)
10. (2)
11. (4)
12. (4)

### 1-4주: 러시아어 명사의 격,격변화.

**<연습문제 1>**

1. 다음격변화표의 빈칸을 채우시오.

| | | 제 1 식 변화 | | | | | 제 2 식 변화 | | 제3식변화 |
|---|---|---|---|---|---|---|---|---|---|
| | 격 | 남성명사 | | 중성명사 | | -ь로 끝나는 남성명사 | 여성명사 | | -ь로 끝나는 여성명사 |
| 단수 | 주 | студе́нт | заво́д | сло́во | по́ле | го́сть | шко́ла | неде́ля | ночь |
| | 생 | студе́нта | заво́да | сло́ва | по́ля | го́стя | шко́лы | неде́ли | но́чи |
| | 여 | студе́нту | заво́ду | сло́ву | по́лю | го́стю | шко́ле | неде́ле | но́чи |
| | 대 | студе́нта | заво́д | сло́во | по́ле | го́стя | шко́лу | неде́лю | ночь |
| | 조 | студе́нтом | заво́дом | сло́вом | по́лем | го́стем | шко́лой | неде́лей | но́чью |
| | 전 | студе́нте | заво́де | сло́ве | по́ле | го́сте | шко́ле | неде́ле | но́чи |
| 복수 | 주 | студе́нты | заво́ды | слова́ | поля́ | гости́ | шко́лы | неде́ли | но́чи |
| | 생 | студе́нтов | заво́дов | слов | поле́й | госте́й | шко́л | неде́ль | ноче́й |
| | 여 | студе́нтам | заво́дам | слова́м | поля́м | гостя́м | шко́лам | неде́лям | ноча́м |
| | 대 | студе́нтов | заво́ды | слова́ | поля́ | госте́й | шко́лы | неде́ли | но́чи |
| | 조 | студе́нтами | заво́дами | слова́ми | поля́ми | гостя́ми | шко́лами | неде́лями | ноча́ми |
| | 전 | студе́нтах | заво́дах | слова́х | поля́х | гостя́х | шко́лах | неде́лях | ноча́х |

2. (1)  3. (4)

4. (1) 도서관에서 — в теа́тре
   (2) 별장에서 — на да́че
   (3) 극장에서 — в библиоте́ке
   (4) 영화관에서 — в па́рке
   (5) 공원에서 — в аудито́рии
   (6) 강의실에서 — в кино-теа́тре

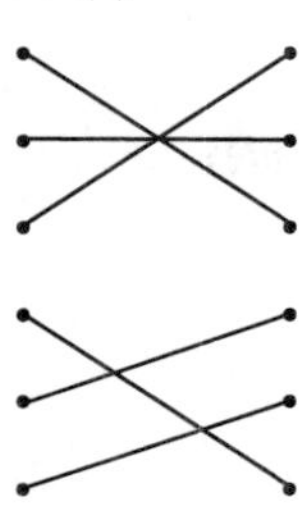

5. (1) зда́ние  (2) спекта́кль  (3) выста́вку

(4) гру́ппу (5) институ́т (6) тетра́дь

6. (1) зда́нии (2) спекта́кле (3) выста́вке

(4) гру́ппе (5) институ́те (6) тетра́ди

7. (1)

8. (4)

9. (1)

10. (4)

11. (4)

12. (3)

**<연습문제 2>**

1. (4)

2. (2)

3. **단수**:주격: (ру́бль ) **복수**:주격: (рубли́)

생격: (рубля ) 생격: (рубле́й)

여격: (рублю) 여격: (рубля́м)

대격: (ру́бль ) 대격: (рубли́)

조격: (рублём ) 조격: (рубля́ми)

전치격: (рубле ) 전치격: (рубля́х)

4. (2)

5. (1) в школе (학교에서)

(2) на площади (광장에서)

(3) в парке (공원에서)

(4) на занятии (수업에서)

(5) в аудитории (강의실에서)

6. (4)

7. (1) Я люблю Наташу.

. (2) Саша в школе.

. (3) Он на улице.

. (4) Меня зовут Минсу.

### 1-5주: 러시아어 명사의 격변화 활용 I.

**<연습문제 1>**

1. (3) 2. (3) 3. (3) 4. (2)

5. (4) 6. (2) 7. (4)

8. (1) воды́ (2) заво́да, библиоте́ки

(3) вокза́ла (4) обе́да

9. (2)
10. (1) в (2) на (3) в (4) на (5) в (6) на (7) на

**<연습문제 2>**

1. (2) 2. (4) 3. (4) 4. (3)
5. (4) 6. (2) 7. (3) 8. (2)
9. (1) в (2) на (3) на (4) в (5) на
10. (1) рожде́ния (2) упражне́ния (3) общежи́тия
11. Я сейча́с в библиоте́ке.

## 1-6주: 러시아어 명사의 격변화 활용 II.

**<연습문제 1>**

1. (4) 2. (4)
3. (4) 4. (4)
5. (3) 6. (4)
7. (3)
8. (1) брату (2) сестре (3) неделе (4) Марии (5) музею
   (6) учителю
9. (1) братом (2) сестрой (3) неделей (4) Марией (5) музеем
   (6) учителем
10. 생격 여격 대격 조격전치격
    (1) па́па(아빠) (папы) (папе) (папу) (папой)(папе)
    (2) ма́ма(엄마) (мамы) (маме) (маму) (мамой) (маме)
    (3) оте́ц(아버지) (отца) (отцу) (отец) (отцом)(отце)
    (4) мать (어머니) (матери) (матери) (мать) (матерью) (матери)

**<연습문제 2>**

1. (4) 2. (3)
3. (3) 4. (2)
5. (1) библиотеку (2) профессору (3) вокзал (4) матери (5) папе
6. (1) И́горем (2) дру́гом (3) сы́ном, до́черью (4) преподава́телем
   (5) вра́чом
7. (1) 우유를 탄 커피 (2) 소시지를 넣은 샌드위치
   (3) 쌀밥에 고기 (4) 설탕을 넣은 커피
8. Я вчера́ ве́чером с Ната́шей был(была́) в теа́тре.88

## 1-7주: 러시아어 대명사 + 명사.

**<연습문제 1>**

1. (1) мой • • книга
   (2) моя • • перо
   (3) моё • • дом
   (4) мои • • студенты
2. (3)
3. (2)
4. (4)
5. (1) этот • • комнаты
   (2) эта • • велосипед
   (3) это • • машина
   (4) эти • • место
6.

| 주격 | я | ты | он оно она | мы | вы | они |
|---|---|---|---|---|---|---|
| 생격 | меня | тебя | егоеё | нас | вас | их |
| 여격 | мне | тебе | емуей | нам | вам | им |
| 대격 | меня | тебя | егоеё | нас | вас | их |
| 조격 | мной | тобой | им ей | нами | вами | ими |
| 전치격 | мне | тебе | нём ней | нас | вас | них |

7. (2)
8. (3)

**<연습문제 2>**

1. (4)
2. (1) мой (2) моё (3) моя (4) мои
3. (1) её (2) его (3) их
4. (1) её (2) его (3) их (4) ваши (5) моя
5. (1) тот • • газета
   (2) та • • огонь
   (3) то • • школы
   (4) те • • слово
6. (1) Этот, тот (2) Эта, та
7. (1) ней (2) её (3) нами
8. (3)

## 1-8주: 중간(1주~7주) 총정리 및 연습문제풀이.

**<연습문제풀이>**

1. (4) ☞ се́стра → сестра́
2. (3)
3. (4) ☞ '-ие'로 끝나는 중성명사의 복수형 → '-ия'
4. (3) ☞ 'Михаил'의 애칭(지소체)는 → Миша.
5. (4)
6. (3) ☞ 자음(й, щ)으로 끝나면 → 남성, '-щь'로 끝나면 → 여성.
7. (3)
8. (3)
9. (1) ☞ нож → 'ж'는 [ш] 발음.
10. (3)
11. (2)
12. (3) ☞ красива́я → краси́вая
13. (4) ☞ мягкий знак → 'г'는 [х] 발음됨.
14. 

| | |
|---|---|
| (1) его | стих |
| (2) нож | студент |
| (3) мягкий | водка |
| (4) неделя | карандаш |

15. (2)
16. (3) ☞ книга́ → кни́га
17. (4)
18. (1) 여가수 (2) 따뜻하게 (3) 가족 (4) 비행기 (5) 방 (6) 주일 (7) 자매 (8) 봄 (9) 강 (10) 공책, 노트
19. (3)
20. (3)
21. (4)
22. (4)
23. (3) ☞ 액센트 앞에 오는 'я'는 [И] 발음됨.
24. (2)
25. 

| | |
|---|---|
| (1) Я люблю вас. | 이것은 무엇입니까? |
| (2) Что это? | 나는 당신을 사랑합니다. |
| (3) Как вас зовут? | 나의 이름은 민호입니다. |
| (4) Меня зовут Мин-Хо. | 당신의 이름은 무엇입니까? |

26. (1) ☞ край (남성명사'й'로 끝나는 명사는 모두 남성)
27. (4)
28. (3) ☞ город → города. (복수)

29. (3) ☞ ‘г, к, х’ 다음에 ‘ы’가 올 자리에 ‘и’가 온다.

30. (4) ☞ ‘ь’로 끝나는 명사의 복수는 ‘ь’를 → ‘и’로 바꾼다.

31. (4)

32. (1) 도서관에서 • • в теáтре
(2) 별장에서 • • на дáче
(3) 극장에서 • • в библиотéке
(4) 영화관에서 • • в пáрке
(5) 공원에서 • • в аудитóрии
(6) 강의실에서 • • в кино-теáтре

33. (3) ☞ брат брата. (활동체 명사의 대격은 생격과 같다)

34. (1)

35.

| | | 제 1 식 변화 | | | | | 제 2 식 변화 | | 제3식 변화 |
|---|---|---|---|---|---|---|---|---|---|
| | 격 | 남성명사 | | 중성명사 | | -ь로 끝나는 남성명사 | 여성명사 | | -ь로 끝나는 여성명사 |
| 단수 | 주 | студéнт | завóд | слóво | пóле | гóсть | шкóла | недéля | ночь |
| | 생 | студента | завóда | слова | поля | гостя | школы | недели | нóчи |
| | 여 | студéнту | завóду | слову | полю | гостю | школе | недéле | ночи |
| | 대 | студента | завод | слóво | поле | гóстя | школу | неделю | ночь |
| | 조 | студéнтом | завóдом | слóвом | полем | гостем | шкóлой | недéлей | ночью |
| | 전 | студенте | заводе | слóве | поле | гóсте | школе | неделе | нóчи |
| 복수 | 주 | студéнты | завóды | слова | поля́ | гости́ | шкóлы | недéли | нóчи |
| | 생 | студентов | заводов | слов | полéй | гостей | школ | недель | ночéй |
| | 여 | студентам | завóдам | словам | полям | гостя́м | школам | недéлям | ночáм |
| | 대 | студéнтов | заводы | слова | поля́ | гостéй | школы | недели | ночи |
| | 조 | студентами | заводами | словáми | полями | гостя́ми | шкóлами | неделями | ночами |
| | 전 | студéнтах | завóдах | словах | поля́х | гостях | шкóлах | недéлях | ночах |

36. (4)

37. (3) ☞ ‘ж, ч, ш, щ’ 다음에 ‘ы’가 올 자리에 → ‘и’가 옴.

38. (1) студент • • вещь
(2) женщина • • огонь
(3) слово • • трамваи
(4) школы • • упражнение

39. (2) ☞ мать → матери

40. (4)

41. (4) ☞ ‘-ия’ → (복수) ‘-ии’ / ‘-ие’ → (복수) ‘-ия’

42. (4)

43. (1) брату (2) театре (3) книгу (4) молоком (5) телевизор

44. (3)

45. (3)

46. (2)

47. (1) мой • • карта
(2) моя • • место
(3) моё • • студент
(4) мои • • слова

48. (2)

49. (4)

50. (1) этот • • комната
(2) эта • • самолёт
(3) это • • заводы
(4) эти • • слово

51. (4)

52.

| 주격 | я | ты | он | она | мы | вы | они |
|---|---|---|---|---|---|---|---|
| 생격 | меня | тебя | его | её | нас | вас | их |
| 여격 | мне | тебе | ему | ей | нам | вам | им |
| 대격 | меня | тебя | его | её | нас | вас | их |
| 조격 | мной | тобой | им | ей | нами | вами | ими |
| 전치격 | мне | тебе | нём | ней | нас | вас | них |

53. (4) ☞ (부정생격) комната. → комнаты.

54. (3)

55. (1) мой (2) моё (3) моя (4) мои

56. (1) её (2) его (3) их

57. (1) её (2) его (3) их (4) ваши (5) моя

58. (1) тот • • библиотека
(2) та • • конь
(3) то • • книги
(4) те • • письмо

59. (1) нему (2) её (3) нами (4) ней

60. (3)

61. (2)

62. (2)

63. (2)

64. (4)

65. (4)

66. (2)
67. (3) ☞ Móсква → Москвá
68. (3) ☞ мáть → 단음절에서는 우다레니예(액센트)를 표시하지 않음.
69. (2)
70. (4)
71. (3)
72. (1) 책상 (2)의자 (3) 이것은 (4) 연필 (5) 책 (6) 공책 (7) 여대생
(8) 교수 (9) 기사 (10) 선생님
73. (4)
74. (3)
75. (2)
76. (3) ☞ 'г, к, х' 다음에 'ы' → 'и'
77. (3)
78. (4)
79. (3)
80. (1) библиотеке (2) кровати (3) университетах, институтах
(4) университет, студентов
81. (1) студентам (2) товарищам (3) городах, сёлах (4) гостей
(5) героев (6) иностранцев (7) неделю, деревню
(8) детстве, юности
82. (1) Инхо сейчас в школе. (2) Я люблю вас.
(3) Это мой брат. (4) Они её ученики.
83. (1) 샌드위치 (2) 부활 (3) 작가 (4) 기숙사 (5) 연구소
(6) 전시회 (7) 교과서 (8) 교수 (9) 여배우 (10) 부칭
84. (1) 도서관 (2) 도서관 (3) 형제

## 1-9주: 러시아어 동사의 변화.

**<연습문제 1>**

1. (4)
2. 

| | |
|---|---|
| (1) Я | пишет |
| (2) Ты | пишешь |
| (3) Он | пишу |
| (4) Мы | пишут |
| (5) Вы | пишете |
| (6) Они | пишем |

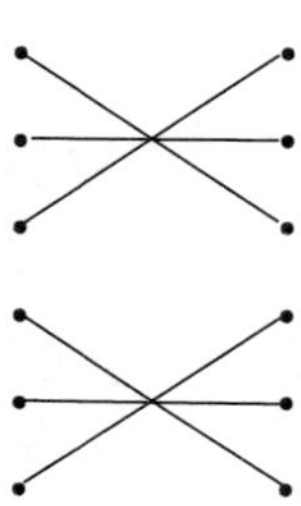

3.

| | знать | делать | менять | гулять | иметь | уметь |
|---|---|---|---|---|---|---|
| я | знаю | делаю | меняю | гуляю | имею | умею |
| ты | знаешь | делаешь | меняешь | гуляешь | имеешь | умеешь |
| он, она | знает | делает | меняет | гуляет | имеет | умеет |
| мы | знаем | делаем | меняем | гуляем | имеем | умеем |
| вы | знаете | делаете | меняете | гуляете | имеете | умеете |
| они | знают | делают | меняют | гуляют | имеют | умеют |

4.

| | курить | изучить | строить | любить | готовить | садить |
|---|---|---|---|---|---|---|
| я | курю | изучу | строю | люблю | готовлю | сажу |
| ты | куришь | изучишь | строишь | любишь | готовишь | садишь |
| он, она | курит | изучит | строит | любит | готовит | садит |
| мы | курим | изучим | строим | любим | готовим | садим |
| вы | курите | изучите | строите | любите | готовите | садите |
| они | курят | изучат | строят | любят | готовят | сажат |

5. (3)

6. (3)

**<연습문제 2>**

1. (2)

2. (1) Я — говоришь
(2) Ты — работаю
(3) Он — делает
(4) Мы — читают
(5) Вы — слушаете
(6) Они — смотрим

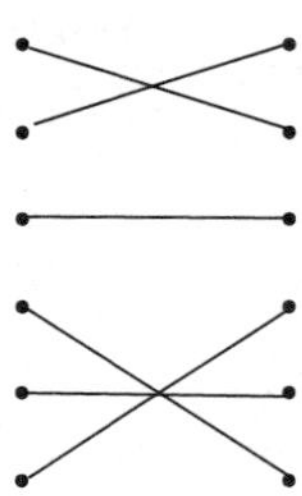

3.

| | понимать | изучать | изучить | видеть | смотреть | петь |
|---|---|---|---|---|---|---|
| я | понимаю | изучаю | изучу | вижу | смотрю | пою |
| ты | понимаешь | изучаешь | изучишь | видишь | смотришь | поёшь |
| он, она | понимает | изучает | изучит | видит | смотрит | поёт |
| мы | понимаем | изучаем | изучим | видим | смотрим | поём |
| вы | понимаете | изучаете | изучите | видите | смотрите | поёте |
| они | понимают | изучают | изучат | видят | смотрят | поют |

4. (1) читает (2) читаем, читают (3) читаю, читаете
(4) читаю, читает

5. (3) 6. (3)

## 1-10주: 러시아어 동사의 변화.

**<연습문제 1>**

1. (1) иду — едет
   (2) идёт — едете
   (3) идёте — едут
   (4) идут — еду
2. (1) Я — может
   (2) Ты — можешь
   (3) Он — могу
   (4) Мы — могут
   (5) Вы — можете
   (6) Они — можем
3. (1) 나는 학교에 걸어간다. — я еду на машине.
   (2) 나는 학교에 타고 간다. — я еду в школу на машине.
   (3) 나는 자동차를 타고 간다. — я иду в школу.
   (4) 나는 학교에 자동차를 타고 간다. — я еду в школу.
4.

| | жить | хоте́ть | мочь |
|---|---|---|---|
| я | живу | хочу́ | могу |
| ты | живёшь | хочешь | мо́жешь |
| он, она́ | живёт | хо́чет | может |
| мы | живём | хотим | мо́жем |
| вы | живёте | хотите | мо́жете |
| они́ | живут | хотя́т | могут |

5. (1) Куда вы идёте? — Я еду в школу.
   (2) Куда вы едете? — Я иду в школу.

**<연습문제 2>**

1. (2)
2. (1) я — даст
   (2) ты — дашь
   (3) он — дам
   (4) мы — дадут
   (5) вы — дадите
   (6) они — дадим

3.

| | изучать | изучить | хотеть | дать | петь | взять |
|---|---|---|---|---|---|---|
| я | изучаю | изучу | хочу | дам | пою | возьму |
| ты | изучаешь | изучишь | хочешь | дашь | поёшь | возьмёшь |
| он | изучает | изучит | хочет | даст | поёт | возьмёт |
| мы | изучаем | изучим | хотим | дадим | поём | возьмём |
| вы | изучаете | изучите | хотите | дадите | поёте | возьмёте |
| они | изучают | изучат | хотят | дадут | поют | возьмут |

4. (1) Куда вы идёте? • • Он идёт в театр.
   (2) Где вы живёте? • • Он живёт в Киеве.
   (3) Куда он идёт? • • Я иду в библиотеку.
   (4) Где он живёт? • • Я живу в Москве.

5.

| | петь | зва́ть | взять |
|---|---|---|---|
| я | пою | зову́ | возьму |
| ты | поёшь | зовёшь | возьмёшь |
| он, она́ | поёт | зовёт | возьмёт |
| мы | поём | зовём | возьмём |
| вы | поёте | зовёте | возьмёте |
| они́ | поют | зову́т | возьмут |

6. (1) Да, я изучаю русский язык.
   (2) Да, я люблю его.
   (3) Да, я живу на квартире.
   (4) Да, я понимаю английскую газету.
   (5) Да, я хочу смотреть телевизор.

7. (1) выМы (2) Выя
   (3) Тыя (4) Выя

8. (1) хочу (2) хочет (3) хотите (4) хотим (5) хочешь (6) хотят

9. (1) Я хочу говорить по-русски.
   (2) Я хочу любить его.

### 1-11주: 러시아어 구문 (동사 + 동사원형).

**<연습문제 1>**

1. могу
2. (3)

3. (1) хочет (2) хотите (3) хочешь (4) хочу
4. (1) могу (2) можем (3) можете (4) может
5. (1) любим (2) любят (3) люблю (4) любите
6. (1) должен (2) должна (3) должны (4) должны (5) должно
7. (3)

**<연습문제 2>**

1. хоте́тьлюби́ть
   я( хочу́) (люблю́)
   ты хо́чешьлю́бишь
   он хо́чет лю́бит
   мы (хоти́м ) лю́бим
   вы (хоти́те) лю́бите
   онихотя́т (лю́бят)
2. (2) 3. (3)
4. (1) 5. (3)
6. (3) 7. (4)
8. (1) должен (2) любит (3) нельзя (4) хочет (5) учусь
9. (1) Да, я люблю играть в футбол. / Нет, я не люблю ~
   (2) Да, я люблю читать. / Нет, я не люблю ~
   (3) Я учусь. / Я работаю.
   (4) Да, я могу играть в бейсбол. / Нет, я не могу~
   (5) Да, я могу играть на пианино. / Нет, я не могу~
   (6) Да, я хочу слушать музыку. / Нет, я не хочу~
10. (1) Я учусь в университете.
   (2) Я учусь русскому языку. / Я изучаю русский язык.
   (3) Я могу говорить по-русски.
   (4) Я люблю выпить Водку.
   (5) Я люблю читать.
   (6) Вы можете говорить по-русски или по-английски?

## 1-12주: 러시아어 동사의 과거형.

**<연습문제 1>**

1. (1) слушал, слушала, слушало, слушали.
   (2) рисовал, рисовала, рисовало, рисовали.

(3) изучал, изучала, изучало, изучали.
(4) гулял, гуляла, гуляло, гуляли.
(5) играл, играла, играло, играли.

2. (1) он • • танцевали
(2) она • • танцевала
(3) мы • • танцевал

3. (4) 4. (2)

5. (1) делали (2) работал (3) сказала (4) писало

**<연습문제 2>**

1. (1) Они гуляли. (2) Он обедал (3) Мы ужинали.
(4) Она писала (5) Они смотрели.

2. (3)

3. (4)

4. (1) любил (2) смотрели (3) купила (4) думали

5. (1) было (2) был (3) был (4) была (5) были

## 1-13주: 러시아어 형용사.

**<연습문제 1>**

1. (1) 2. (3)

3. (4) 4. (2)

5. (1) большие • • площадь
(2) красная • • улицы
(3) голубое • • школа
(4) маленькая • • озеро

6. (3)

7. (5)

8. (1)

**<연습문제 2>**

1. (2)

2. (4)

3. (1) (красивая) девушка • • 작은 건물
(2) (маленькое) здание • • 아름다운 처녀
(3) (красная) площадь • • 재미있는 책들
(4) (интересные) книги • • 붉은 광장.

4. (1) молодой • • место
   (2) красивая • • девушка
   (3) хорошее • • человек
   (4) большие • • школы
5. (1)
6. (1) новый, новая, новое, новые. (2) белый, белая, белое, белые.

## 1-14주: 러시아어 형용사의 장어미-단어미형.

**<연습문제 1>**

1. (1) интересный • • интересны
   (2) интересная • • интересно
   (3) интересное • • интересна
   (4) интересные • • интересен
2. (형용사) 건강한 → здоро́вый(형용사) 아픈 → больно́й
   남성 단어미형→ (здоро́в)남성 단어미형→ (бо́лен )
   여성 단어미형→ (здоро́ва )여성 단어미형→ (больна́)
   중성 단어미형→ (здоро́во )중성 단어미형→ (больно́)
   복수 단어미형→ (здоро́вы )복수 단어미형→ (больны́)
3. (4)
4. краси́вый → 남성 단어미형: краси́в
   중성 단어미형: краси́во
   여성 단어미형: краси́ва
   복수 단어미형: краси́вы
5. (1) 6. (3)

**<연습문제 2>**

1. (3) 2. (1)
3. (1) (кра́сное) я́блоко • • 청색 양복
   (2) (голубо́е) не́бо • • 검은 장미(흑장미)
   (3) (чёрная ) ро́за • • 푸른 하늘
   (4) (си́ний) костю́м • • 빨간 사과.
4. (3) 5. (2) 6. (3)
7. согла́сный → 남성 단어미형: согласен
   중성 단어미형: согласно
   여성 단어미형: согласна
   복수 단어미형: согласны

## 1-15주: 기말(9주~14주) 총정리 및 연습문제풀이.

**<연습문제풀이>**

1. (1) я — едет
   (2) он — едете
   (3) вы — едут
   (4) они — еду
2. (1)
3. (3)
4. (3)
5. (1) 나는 도서관에 걸어간다. — я еду на машине.
   (2) 나는 도서관에 타고 간다. — я еду на автобусе.
   (3) 나는 자동차를 타고 간다. — я иду в библиотеку.
   (4) 나는 버스를 타고 간다. — я еду в библиотеку.

6.

| | жить | хоте́ть | мочь |
|---|---|---|---|
| я | живу́ | хочу́ | могу́ |
| ты | живёшь | хо́чешь | мо́жешь |
| он, она́ | живёт | хо́чет | мо́жет |
| мы | живём | хоти́м | мо́жем |
| вы | живёте | хоти́те | мо́жете |
| они́ | живу́т | хотя́т | мо́гут |

7. (1) Куда ты идёшь? — Она идёт в театр.
   (2) Где вы живёте? — Она живёт в Москве.
   (3) Куда она идёт? — Я иду в школу.
   (4) Где она живёт? — Я живу в Петербурге.

8.

| | петь | зва́ть | взять |
|---|---|---|---|
| я | пою́ | зову́ | возьму́ |
| ты | поёшь | зовёшь | возьмёшь |
| он, она́ | поёт | зовёт | возьмёт |
| мы | поём | зовём | возьмём |
| вы | поёте | зовёте | возьмёте |
| они́ | поют | зову́т | возьму́т |

9. (1) 읽다 (2) 노래하다 (3) 걸어가다 (4) 타고가다 (5) 원하다
   (6) 말하다 (7) 부르다 (8) 살다 (9) 잡다 (10) ~할 수 있다, 가능하다.
10. (1) 생각하다 (2) 보다 (3) 쓰다 (4) 듣다 (5) 놀다, 연기하다

(6) 말하다 (7) 이해하다 (8) 하다 (9) 산책하다 (10) ~할 수 있다

11. (2)

12. (2)

13. (2)

14.

| | изучать | изучить | хотеть | дать | петь | взять |
|---|---|---|---|---|---|---|
| я | изуча́ю | изучу́ | хочу́ | дам | пою́ | возьму́ |
| ты | изуча́ешь | изучи́шь | хо́чешь | дашь | поёшь | возьмёшь |
| он | изуча́ет | изучи́т | хо́чет | даст | поёт | возьмёт |
| мы | изуча́ем | изучи́м | хоти́м | дади́м | поём | возьмём |
| вы | изуча́ете | изучи́те | хоти́те | дади́те | поёте | возьмёте |
| они | изуча́ют | изуча́т | хотя́т | даду́т | пою́т | возьму́т |

15. (1) Я — танцует
(2) Ты — танцуешь
(3) Он — танцую
(4) Мы — танцуют
(5) Вы — танцуете
(6) Они — танцуем

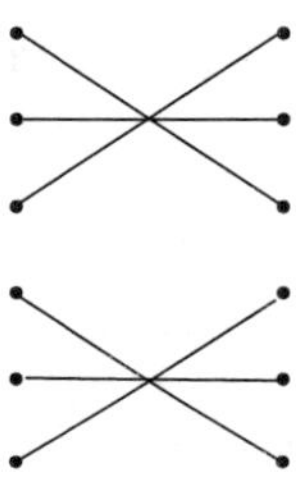

16. (3)

17.

| | слушать | думать | менять | гулять | смотреть | успеть |
|---|---|---|---|---|---|---|
| я | слушаю | думаю | меняю | гуляю | смотрю | успею |
| ты | слушаешь | думаешь | меняешь | гуляешь | смотришь | успеешь |
| он, она | слушает | думает | меняет | гуляет | смотрит | успеет |
| мы | слушаем | думаем | меняем | гуляем | смотрим | успеем |
| вы | слушаете | думаете | меняете | гуляете | смотрите | успеете |
| они | слушают | думают | меняют | гуляют | смотрят | успеют |

18.

| | курить | решить | строить | любить | готовить | садить |
|---|---|---|---|---|---|---|
| я | курю | решу | строю | люблю | готовлю | сажу |
| ты | куришь | решишь | строишь | любишь | готовишь | садишь |
| он, она | курит | решит | строит | любит | готовит | садит |
| мы | курим | решим | строим | любим | готовим | садим |
| вы | курите | решите | строите | любите | готовите | садите |
| они | курят | решат | строят | любят | готовят | сажат |

19. (3) 20. (2)

21.

| | понимать | изучать | изучить | видеть | смотреть | петь |
|---|---|---|---|---|---|---|
| я | понимаю | изучаю | изучу | вижу | смотрю | пою |
| ты | понимаешь | изучаешь | изучишь | видишь | смотришь | поёшь |
| он, она | понимает | изучает | изучит | видит | смотрит | поёт |
| мы | понимаем | изучаем | изучим | видим | смотрим | поём |
| вы | понимаете | изучаете | изучите | видите | смотрите | поёте |
| они | понимают | изучают | изучат | видят | смотрят | поют |

22. (2)

23. (1) читает (2) читаем, читают (3) читаю, читаете
(4) читаю, читает

24. (1) Я — делаю
(2) Ты — читаешь
(3) Он — говорит
(4) Мы — работаем
(5) Вы — смотрите
(6) Они — слушают

25. (3) 26. (3)

27. (1) Нет, я не изучаю русский язык.
(2) Нет, я не люблю его.
(3) Нет, я не живу на квартире.
(4) Нет, я не понимаю английскую газету.
(5) Нет, я не хочу смотреть телевизор.

28. (1) ты, Я(2) Он, он(3) Вы, мы(4) Вы, я

29. (1) Я (хочу) говорить по-русски.
해석: <u>나는 러시아어로 말하고 싶다.</u>
(2) Она (хочет) идти дамой.
해석: <u>그녀는 집으로 가기를 원한다.</u>
(3) Вы (хотите) петь песню?
해석: <u>당신은 노래 부르기를 원하십니까?</u>
(4) Мы (хотим) ехать в Москву.
해석: <u>우리들은 모스크바로 가기를 원한다.</u>
(5) Ты (хочешь) писать письмо?
해석: <u>너는 편지 쓰기를 원하니?</u>
(6) Они (хотят) смотреть телевизор.
해석: <u>그들은 텔레비전을 보기를 원한다.</u>

30. (3)

31. (1) Она (хочет) говорить по-русски.
해석: <u>그녀는 러시아어로 말하기를 원한다.</u>
(2) Вы (хотите) выпить до дна?
해석: <u>당신은 바닥까지 다 마시기(원-샷)를 원하십니까?</u>
(3) Что ты (хочешь) сегодня делать?
해석: <u>너는 오늘 무엇하기를 원하니?</u>
(4) Я (хочу) отдыхать дома.
해석: <u>나는 집에서 쉬기를 원한다.</u>
32. (1) Сегодня я не (могу) отвечать урок.
해석: <u>오늘 나는 학과수업에 대답할 수가 없다.</u>
(2) Мы не (можем) работать сегодня вечером.
해석: <u>우리들은 오늘 저녁에 일을 할 수 없다.</u>
(3) Вы (можете) решить эти задачи?
해석: <u>당신은 이 과제들을 해결할 수 있습니까?</u>
(4) Он (может) писать быстро.
해석: <u>그는 빨리 쓸 수 있다.</u>
33. (1) Мы (любим) смотреть телевизор.
해석: <u>우리들은 텔레비전 보는 것을 좋아한다.</u>
(2) Они не (любят) работать вечером.
해석: <u>그들은 저녁에 일하는 것을 좋아하지 않는다.</u>
(3) Я (люблю) читать газеты.
해석: <u>나는 신문 읽는 것을 좋아한다.</u>
(4) Вы (любите) танцевать? Да, я (люблю).
해석: <u>당신은 춤추기를 좋아합니까? 네, 저는 좋아합니다.</u>
34. (1) должен (2) должна (3) должны (4) должны (5) должно
35. (3) 36. (3)
37. (4) 38. (3)
39. (3)
40.

| | хоте́ть | люби́ть | мочь | жить |
|---|---|---|---|---|
| я | хочу́ | люблю́ | могу́ | живу́ |
| ты | хо́чешь | лю́бишь | мо́жешь | живёшь |
| он | хо́чет | лю́бит | мо́жет | живёт |
| мы | хоти́м | лю́бим | мо́жем | живём |
| вы | хоти́те | лю́бите | мо́жете | живёте |
| они | хотя́т | лю́бят | мо́гут | живу́т |

41.

| | идти́ | е́хать | чита́ть | говори́ть |
|---|---|---|---|---|
| я | иду́ | е́ду | чита́ю | говорю́ |
| ты | идёшь | е́дешь | чита́ешь | говори́шь |
| он | идёт | е́дет | чита́ет | говори́т |
| мы | идём | е́дем | чита́ем | говори́м |
| вы | идёте | е́дете | чита́ете | говори́те |
| они | иду́т | е́дут | чита́ют | говоря́т |

42. (4) 43. (3)

44. (3) 45. (1)

46. (4) 47. (1)

48. (1) должна (2) любит (3) нельзя (4) любят (5) учусь
(6) учит

49. (1) Нет, я не люблю играть в футбол.
(2) Нет, я не люблю читать.
(3) Нет, я не могу играть в бейсбол.
(4) Нет, я не могу играть на пианино.
(5) Нет, я не хочу слушать музыку.

50. (1) Они учатся в университете.
(2) Он учится корейскому языку.
(3) Она может говорить по-английски.
(4) Мы любим выпить Водку.
(5) Я люблю выпить Корейскую Водку.
(6) Вы можете говорить по-корейски или по-английски?

51. (1) жил, жила, жило, жили.
(2) пел, пела, пело, пели.
(3) мог, могла, могло, могли.
(4) шёл, шла, шло, шли.
(5) ехал, ехала, ехало, ехали.

52. (1) он — могла
(2) она — мог
(3) мы — могли
(4) оно — могло

53. (4) 54. (4)

55. (1) делала (2) работали (3) сказало (4) писал

56. (1) любила (2) смотрели (3) купил (4) думали

57. (1) Она гуляла. (2) Мы обедали. (3) Он ужинал.

(4) Я писал. / Я писала. (5) Ты смотрел. / Ты смотрела.

58. (3) 59. (1)

60. (1) было (2) были (3) было (4) была (5) был

61. (3)

62. (1) понедельник — 화요일
(2) пятница — 금요일
(3) вторник — 월요일
(4) четверг — 목요일
(5) среда — 일요일
(6) суббота — 토요일
(7) воскресенье — 수요일

63. (3)

64. (1) любила (2) могли (3) была (4) играл

65. (1) любили (2) мог (3) был (4) играла

66. (2) 67. (2) 68. (1) 69. (2) 70. (3)

71. (1) большой — площадь
(2) красная — театр
(3) голубое — квартиры
(4) новые — озеро

72. (1) молодая — место
(2) красивое — девушка
(3) хорошие — город
(4) большой — книги

73. (2)

74. (1) <u>старый</u>(старый) дом, (старая) книга,
(старое) здание, (старые) журналы.
(2) <u>чёрный</u>(чёрный) костюм, (чёрная) бумага,
(чёрное) пальто, (чёрные) машины.

75. (3)

76. (1) (красивая) девушка — 볼쇼이 극장
(2) (большой) театр — 아름다운 처녀
(3) (красная) площадь — 재미있는 책들
(4) (интересные) книги — 붉은 광장.

77. <u>интересный</u> → <u>남성형 단어미: интересен</u>
<u>중성형 단어미: интересно</u>
<u>여성형 단어미: интересна</u>
<u>복수형 단어미: интересны</u>

78. <u>**(형용사) 건강한** → здоровый　**(형용사) 아픈** → больной</u>

| | | | |
|---|---|---|---|
| 남성 단어미 → | (здоров) | 남성 단어미 → | (болен) |
| 여성 단어미 → | (здорова) | 여성 단어미 → | (больна) |
| 중성 단어미 → | (здорово) | 중성 단어미 → | (больно) |
| 복수 단어미 → | (здоровы) | 복수 단어미 → | (больны) |

79. (2)　　80. (2)

81. (1) знает　(2) работает　(3) изучает　(4) гуляет

82.

| | |
|---|---|
| (1) короткий | коротка |
| (2) короткая | коротко |
| (3) короткое | коротки |
| (4) короткие | короток |

83. (2)

84. (1) читаю　(2) люблю　(3) говорю　(4) смотрит

## 2-1주: 러시아어 동사의 체.

**<연습문제 1>**

1.

| | | |
|---|---|---|
| (1) делать | написать | ~을 해결하다. |
| (2) писать | сделать | ~을 가르치다. |
| (3) учить | решить | ~을 쓰다. |
| (4) решать | выучить | ~을 만들다. |

2.

| | |
|---|---|
| (1) гулять | приготовить |
| (2) готовить | погулять |
| (3) изучать | сказать |
| (4) говорить | изучить |

3. (1) видеть <u>увидеть</u>　(2) <u>сделать</u>делать
(3) <u>совершить</u>совершать　(4) брать<u>взять</u>

4. (4)　5. (3)　6. (3)

7. (1) читал　(2) прочитал

**<연습문제 2>**

1.

| | |
|---|---|
| (1) рисовать | собрать |
| (2) собирать | нарисовать |
| (3) рассказывать | сфотографировать |
| (4) фотографировать | рассказать |

2. (1) прочитать　(2) сделать　(3) нарисовать　(4) выучить
(5) посмотреть　(6) суметь　(7) послушать.　(8) увидеть

3. (1) изучать (2) отвечать (3) совершать (4) вторить
   (5) направлять (6) отменять (7) покупать (8) спрашивать
4. (3)
5. (1) строили (2) построили
6. (1) (на) + писать → (на)писать
   (2) (про) + читать → (про)читать
   (3) (по) + смотреть → (по)смотреть
7. (4)
8. (1) 보바는 <공산소년단원> 잡지를 읽었다. 그는 두 시간 동안 잡지를 읽었다.
   (2) 마샤는 오랫동안 그림을 그렸다.
   (3) 뻬쨔는 망원경을 만들었다.
   (4) 니나는 과제를 다 해결하였다.
9. (4)
10. (1) 노동자들은 집을 지었다. (2) 노동자들은 집을 다 지었다.

## 2-2주: 러시아어 동사의 미래형.

**<연습문제 1>**

1. (1) 단 (2) 합 (3) 합 (4) 단 (5) 합 (6) 단
2. (1) Я буду читать книгу. — Я прочитаю книгу.
   (2) Ты будешь решать задачу. — Мы посмотрим телевизор.
   (3) Она будет играть в теннис. — Она поиграет в теннис.
   (4) Мы будем смотреть телевизор. — Ты решишь задачу.
3. (1) прочитаю (2) погуляет (3) поиграем (4) узнаешь
4. (1) будут / были (2) будет / был (3) будет/ был
   (4) будут/ были
5. (1) У вас будет велосипе́д.
   (2) У неё будет маши́на.
   (3) У нас будут друзья́.

**<연습문제 2>**

1. (1) У меня́ бу́дут кани́кулы. — 언제 그녀한테 휴가가 있니?
. (2) Когда́ у неё бу́дет о́тпуск? — 나한테는 방학이 있을 거야.
. (3) Это бу́дет о́чень хорошо́. — 이 일은 아주 잘 될 거야.
. (4) Когда́ мы бу́дем игра́ть? — 언제 우리는 놀 것입니까?
. (5) Когда́ бу́дет пла́вать? — 저기서 담배 피워서는 안될거야.
. (6) Там нельзя́ бу́дет кури́ть — 언제 수영하게 됩니까?

2. (1) Мы будем видеть много интересного.
   (2) Мы будем смотреть интересный фильм.
   (3) Он будет совершать путешествие по России.
   (4) Что ты будешь делать сегодня вечером?
3. (1) отдыха́ть (2) проводи́ть (3) игра́ть (4) соверша́ть
   (5) пла́вать
4. (1) У нас бу́дут де́ти.
   (2) Они́ бу́дут соверша́ть (соверша́т) путеше́ствие.
   (3) У меня́ бу́дет мотоци́кл.
   (4) Что вы бу́дете де́лать (сде́лаете) на кварти́ре?
5. 다음의 우리말을 러시아어로 작문하시오.
   (1) У нас бу́дут де́ти.
   (2) Они́ бу́дут соверша́ть (соверша́т) путеше́ствие ле́том.
   (3) У меня́ бу́дет мотоци́кл.
   (4) Что вы бу́дете де́лать (сде́лаете) за́втра?
6. (1) Она будет танцевать вечером.
   (2) Мы будем гулять в парке.
   (3) Они будут смотреть телевизор.
   (4) Он будет писать письмо.
7. (1) 그녀는 저녁에 춤을 다 추었다.
   (2) 우리들은 공원에서 산책을 마쳤다.
   (3) 그들은 텔레비전을 다 보았다.
   (4) 그는 편지를 다 썼다.

### 2-3주: 러시아어 동사의 명령형.

**<연습문제 1>**

1. (1) смотре́ть → (смотрел) (2) взять → (взял)
   (3) говори́ть → (говорил) (4) слу́шать → (слушал)
2. (1) танцу (2) рису (3) пиш (4) прост
3. (4) 4. (3)
5. (1) курите (2) смотрите (3) пойте (4) пишите
6. (1) работай (2) знай (3) играй (4) строй
7. (4)

**<연습문제 2>**

1. (3)

2. (1) писáть — танцевáть
   (2) стрóить — смотрéть
   (3) изучи́ть — молчáть
   (4) гуля́ть — сказáть
3. (1) скаж (2) покаж (3) принес (4) ид (5) возьм (6) куп
4. (1) пострóйте (2) пригласи́те (3) фотографи́руйте
   (4) здрáвствуйте
5. они да(ют) → (3)인칭 (**복수**) 현재 → (дайте)
6. (3)
7. (2) Передáите → Передáйте
8. (3)

## 2-4주: 러시아어 형용사의격변화.

**<연습문제 1>**

1.

| | 남성 | 중성 | 여성 | 복수 | 남성 | 중성 | 여성 | 복수 |
|---|---|---|---|---|---|---|---|---|
| 주격 | новый | новое | новая | новые | синий | синее | синяя | синие |
| 생격 | нового | | новой | новых | синего | | синей | синих |
| 여격 | новому | | новой | новым | синему | | синей | синим |
| 대격 | -ый,<br>-ого | новое | новую | -ые,-ых | -ий,<br>-его | синее | синюю | -ие,-их |
| 조격 | новым | | новой | новыми | синим | | синей | синими |
| 전치격 | новом | | новой | новых | синем | | синей | синих |

2. (3)
3. (1) Вчерá я получи́л ( ) журнáл. — нового
   (2) Вы знáете назвáние ( ) журнáла? — новый
   (3) Сегóдня мы получи́ли ( ) газéту. — новом
   (4) В ( ) журнáле есть расскáз писáтеля. — новую
4. (3)
5. (1) 어제 나는 새로운 잡지를 받았다.
   (2) 당신은 새로운 잡지의 이름(명칭)을 아십니까?
   (3) 오늘 우리들은 새로운 신문을 받았다.
   (4) 새로운 잡지에 작가의 단편소설이 있다.

**<연습문제 2>**

1. (4) ☞ 부정생격

2. (1) Я прочита́ла (　　　) газе́ту.
   (2) Я прочита́ла э́ти (　　　) кни́ги.
   (3) Я интересу́юсь (　　　) кни́гами.
   (4) Мы лю́бим говори́ть о (　　　) кни́гах.

   но́выми
   но́вых
   но́вые
   но́вую
3. (1) новые (2) новый(3) новом (4) новых
4. (1) 나한테는 새로운 책들이 많다.
   (2) 나는 이 새로운 책들을 다 읽었다.
   (3) 나는 새로운 책들에 흥미가 있다.
   (4) 우리들은 새로운 책들에 대하여 말하기를 좋아한다.
5. (1) англи́йской(2) зелёным (3) другого
6. (1) Они́ хотя́т изуча́ть (русскую) литерату́ру.
   그들은 러시아 문학을 연구하기를 원한다.
   (2) Вы интересу́етесь (русской) литерату́рой?
   당신은 러시아 문학에 흥미가 있습니까?
   (3) Мы чита́ем газе́ты на (русском) языке́.
   우리들은 러시아어로 된 신문들을 읽는다.
   (4) Вы занима́етесь (русским) языко́м?
   당신은 러시아어를 공부하고 있습니까?
   (5) Я перевожу́ с (русского) языка́ на коре́йский.
   나는 러시아어에서 한국어로 번역한다.
7. (1) Я прочитал(а) интересную книгу.
   (2) Я хочу учиться русскому языку. / Я хочу изучать русский язык.
   (3) Она читает новую газету.
   (4) Он начинал изучать русский язык недавно (в последнее время).

## 2-5주: 러시아어 대명사의 격변화.

**<연습문제 1>**

1. (1) нашими　(2) моей　(3) твоём　(4) вашу
2. (3)
3. 나는 너의 여선생님과 함께 말하고 싶다. (대화하고 싶다).
4. (1) Переда́йте приве́т (　　) сестре́.
   (2) В (　　) го́роде хоро́ший теа́тр.
   (3) Я получи́л письмо́ от (　　) ученико́в.
   (4) У (　　) учи́теля мно́го книг?

   на́шем
   ва́шей
   мои́х
   ва́шего
5. (1) этом　(2) той　(3) этой　(4) ту
6. (1) мне　(2) нас　(3) тобой　(4) вас　(5) ней

**<연습문제 2>**

1. (1) нашим (2) моего (3) твоим (4) вашей
2. (4)
3. 우리 창문들 앞에는 꽃들이 자란다. (자라고 있다).
4. (1) этих (2) эту (3) тем (4) того
5. (1) вас (2) мне (3) нам (4) мне (5) Вам
6. (1) Мне (2) Ему (3) Нам (4) Вам
7. (3)
8. (1) нравится (2) нравятся (3) нравится (4) нравятся
9. (1) 우리들의 선생님과 함께 이야기해야 한다.
   (2) 레나는 당신을 위하여 책들을 준비하였다.
   (3) 이 꽃들은 내 마음에 든다.
   (4) 이 공원에는 항상 많은 사람들이 있다.

## 2-6주: 러시아어 부사 및 형용사-부사의 비교급.

**<연습문제 1>**

1. (1) трудно (2) медленно (3) быстро (4) плохо
2. (4)
3. (1) сильный (2) светлый (3) приятный (4) важный
4. (3)
5. (1) сильный (2) важный (3) яркий (4) крепкий
6. (1) хоро́ший • • ху́же
   (2) плохо́й • • лу́чше
   (3) ма́ленький • • бо́льше
   (4) большо́й • • ме́ньше
7. (1) 새로운 신문은 옛날 신문 보다 더 재미있다.
   (2) 첫 번째 연습문제는 마지막 연습문제 보다 더 어렵다.

**<연습문제 2>**

1. (1) добро (2) приятно (3) интересно (4) грубоко
2. (1) дорогой (2) молодой (3) крепкий (4) широкий
3. (1) интереснее (2) лучше (3) громче (4) яснее
4. (1) Та́ня моло́же Ле́ны.
   (2) Но́вая газе́та интере́снее ста́рой.
   (3) Пе́рвое упражне́ние трудне́е после́днего.

5. (1) Дэгу меньше, чем Инчон.
   (2) Город больше, чем деревня.
   (3) Таня более красивая, чем Оля.

## 2-7주: 러시아어 수사.

**<연습문제 1>**

1.

| | |
|---|---|
| (1) оди́н | тре́тий |
| (2) три | пя́тый |
| (3) пять | пе́рвый |
| (4) два | четвёртый |
| (5) четы́ре | второ́й |

2. (4)　3. (3)　4. (4)　5. (2)　6. (4)　7. (2)　8. (4)

**<연습문제 2>**

1. (3)　2. (4)　3. (2)
4. (3)　5. (3)　6. (3)
7. (1) пятое апреля　(2) первое октября
   (3) шестое июня　(4) семнадцатое июля
8. (1) сорок шестой　(2) двести семьдесят девятый
   (3) сто десятый　(4) тысяча девятьсот девяносто восьмой
   (5) семьсот шестой　(6) две тысячи шестнадцатый
9. (1) Я родился (родилась) тысяча девятьсот девяносто втором году.
   (2) Я думал(а) о тысяча девятьсот восемьдесят восьмом годе.
   (3) Мне двадцать четыре(года), а ему двадцать пять.(лет)
10. (1) сорок шесть　(2) восемьдесят девять
    (3) семьдесят два　(4) двести сорок девять
    (5) две тысячи четыреста пятьдесят семь
11. (1) 1978　(2) 4759　(3) 1784　(4) 5467

## 2-8주: 중간(1주~7주) 총정리 및 연습문제 풀이.

**<연습문제풀이>**

1.

| | | |
|---|---|---|
| (1) гуля́ть | поигра́ть | 놀이하다. |
| (2) игра́ть | погуля́ть | 방문하다. |
| (3) встреча́ть | встре́тить | 산책하다. |

(4) навещáть • ——— • навестúть • • 만나다.

2. (1) брать • • поéхать
(2) éхать • • пойтú
(3) идтú • • взять
(4) нестú • ——— • принестú

3. (1) говорúтьсказáть (2) писáтьнаписáть
(3) изучúть изучáть (4) взять брать

4. (4)

5. (2)

6. (2)

7. (1) писáла(2) написáла

8. (4)

9. (1) стрóить • • собрáть
(2) собирáть • • пострóить
(3) рассказáть • • повторúть
(4) повторя́ть • • расскáзывать

10. (1) читать (2) делать (3) рисовать (4) учить
(5) смотреть (6) уметь (7) слушать (8) видеть

11. (1) изучить (2) ответить (3) совершить (4) повторить
(5) направить (6) отменить (7) купить (8) спросить

12. (3)

13. (1) строили (2) построили

14. (4)

15. (1) 대학생은 재미있는 책을 읽었다. (2) 대학생은 재미있는 책을 (끝까지) 다 읽었다.

16. (1) 단 (2) 합 (3) 합 (4) 단 (5) 합 (6) 단

17. (1) Я бýду фотографúровать. • • Мы посмóтрим телевúзор.
(2) Он бýдет решáть задáчу. • • Онú поигрáют в тéннис.
(3) Онú бýдут игрáть в тéннис. • • Он решúт задáчу.
(4) Мы бýдем смотрéть телевúзор. • • Я сфотографúрую.

18. (1) совершу (2) спросит (3) увидим (4) услышишь

19. (1) будут / были (2) будут / были
(3) будет / была (4) будет / был

20. (1) У вас будет мотоцúкл. (2) У неё будут тетрáди.
(3) У нас будут стýлья. (4) У меня́ будет учéбник.

21. (1) Она будет рисовать вечером.
(2) Мы будем отдыхать в парке.
(3) Они будут направлять внимание.

(4) Он будет покупать новую машину.

22. (1) У меня́ бу́дет о́тпуск. — 언제 당신한테 휴가가 있어요?
(2) Когда́ у вас бу́дет о́тпуск? — 나한테는 휴가가 있을 거야.
(3) Это бу́дет о́чень хорошо́. — 이 일은 아주 잘 될 거야.
(4) Когда́ мы бу́дем гуля́ть? — 언제 우리는 산책할 것 입니까?
(5) Когда́ бу́дет рабо́тать? — 저기서 담배 피워서는 안 될거야.
(6) Там нельзя́ бу́дет кури́ть. — 언제 일하게 됩니까?

23. (1) Мы будем готовить обед.
(2) Я буду читать интересную книгу.
(3) Они будут совершать путешествие по России.
(4) Что ты будешь делать сегодня вечером?

24. (1) пла́вать / отдыха́ть (2) провожа́ть (3) игра́ть (4) соверша́ть
(5) отдыха́ть / пла́вать

25. (1) У нас будет ребёнок.
(2) Мы будем совершать (совершим) путеше́ствие.
(3) У меня́ будет кора́бль.
(4) Что вы будете делать (сделаете) на кварти́ре.

26. (1) У нас будет ребёнок.
(2) Мы будем совершать (совершим) путеше́ствие летом.
(3) У меня будет велосипед. (4) Что вы делали вчера?

27. (1) смотре́ть → (смотрела) (2) взять → (взяла)
(3) говори́ть → (говорила) (4) слу́шать → (слушала)

28. (1) да (2) прост (3) куп (4) фотографиру

29. (4)

30. (4)

31. (1) говори (2) смотри (3) пой (4) купи

32. (1) чувствуйте (2) узнайте (3) изучите (4) идите

33. (3) 34. (4) 35. (3)

36. (1) писа́ть — изуча́ть
(2) стро́ить — купи́ть
(3) изучи́ть — молча́ть
(4) ду́мать — сказа́ть

37. (1) расскажу (2) щум (3) вез (4) ид (5) возьм (6) куп

38. (1) спросите (2) чувствуйте (3) приходите (4) встретите

39. (4)

40. (4) Покази́те мне ваш мотоци́кл. → Покажи́те

41. (3)

42. 다음 형용사격변화표의 빈칸을 채우시오.

| | 남성 | 중성 | 여성 | 복수 | 남성 | 중성 | 여성 | 복수 |
|---|---|---|---|---|---|---|---|---|
| 주격 | новый | новое | новая | новые | синий | синее | синяя | синие |
| 생격 | нового | | новой | новых | синего | | синей | синих |
| 여격 | новому | | новой | новым | синему | | синей | синим |
| 대격 | -ый, -ого | новое | новую | -ые, -ых | -ий, -его | синее | синюю | -ие, -их |
| 조격 | новым | | новой | новыми | синим | | синей | синими |
| 전치격 | новом | | новой | новых | синем | | синей | синих |

43. (2)

44. (1) Вчера́ она получи́ла ( ) газе́ту. — новой
(2) Вы зна́ете назва́ние ( ) газе́ты? — новую
(3) Сего́дня я получи́л ( ) журна́л. — новый
(4) В ( ) журна́ле есть интере́сный расска́з — новом

45. (1) громкий (2) хороший (3) приятный (4) ясный

46. (3)

47. (2)

48. (1) хороший (2) интересный (3) плохой (4) красивый

49. (1) хоро́ший — ши́ре
(2) широ́кий — лу́чше
(3) высо́кий — бо́льше
(4) большо́й — вы́ше

50. (2)

51. (1) У меня́ мно́го ( ) книг. — интере́сные
(2) Я чита́ла э́ти ( ) кни́ги. — интере́сных
(3) Я интересу́юсь ( ) журна́лом. — но́вым
(4) Вчера́ она́ купи́ла ( ) кни́гу. — но́вую

52. (1) дороже (2) моложе (3) крепче (4) шире

53. (1) красивее (2) хуже (3) выше (4) умнее

54. (1) новая (2) новую (3) новой (4) новом

55. (1) Ле́на ста́рше Та́ни.
(2) Ста́рый журна́л интере́снее но́вого.
(3) После́днее упражне́ние трудне́е пе́рвого.

56. (1) Я не прочитал(а) новую газету.
(2) Бусан больше, чем Дэгу.
(3) Катя красивее, чем Марина.
(4) Сеул самый большой город в нашей стране.

57. (1) хорошо (2) широко (3) тихо (4) удивительно

58. (1) нашими (2) твоей (3) моём (4) вашу

59. (4)

60. (1) Переда́йте приве́т (　　) бра́ту — ва́шей

(2) В (　　) ко́мнате хоро́ший журна́л. — ва́шему

(3) Мне нра́вится (　　) ученики. — ва́шего

(4) У (　　) учи́теля мно́го книг? — ва́ши

61. (1) том (2) этой (3) той (4) эту

62. (1) нам (2) меня (3) вами (4) тебя (5) ним

63. (1) нравятся (2) нравится (3) нравится (4) нравятся

64. (1) трудно (2) приятно (3) быстро (4) странно

65. (1) нашим (2) твоего (3) моему (4) вашей

66. (4)

67. (1) этой (2) эту (3) той (4) того

68. (1) них (2) нам (3) Вам (4) Тебе

69. (1) Ему (2) Мне (3) Ей (4) Вам

70. (1)

71. (1) шесть — тре́тий

(2) три — пя́тый

(3) де́вять — шесто́й

(4) пять — четвёртый

(5) четы́ре — девя́тый

72. (4) 73. (1) 74. (1) 75. (1)

76. (3) 77. (3) 78. (1) 1978 (2) 4759

79. (4)

80. (1) во́семь часо́в со́рок пять мину́т. — со́рок пять мину́т седьмо́го.

(2) без че́тверти семь часо́в. — со́рок пять мину́т девя́того.

(3) семь часо́в пятна́дцать мину́т. — пятна́дцать мину́т восьмо́го.

(4) без че́тверти шесть часо́в. — пять часо́в со́рок пять мину́т

81. (4)

82. (1) сорок семь (2) восемьдесят восемь

(3) триста пятьдесят девять

(4) тысяча четыреста шестьдесят семь

83. (4) ☞ в субо́ту → в суббо́ту

84. (4)

85. (2) ☞ 제50~제80의 순서수사를 만들 때, 중간에 -и-가 들어간다.

шестьдесят (60) → шестидесятый (60번째의)

86. (4)

87. (2) ☞ второ́е (2일) → 2일**에** ~второго (생격)
88. (3)
☞ (1) де́вятьсот (x) → девятьсо́т
(2) де́вятый (x) → девя́тый
(4) четыре́ста (x) → четы́реста
89. (4)
90. (1) пятнадцатое августа (2) третье октября
(3) первое марта (4) семнадцатое июля
91. (1) пятьдесят шестой (2) двести девятнадцатый
(3) сто двадцатый (4) две тысячи седьмой
92. (1) Я родился(-лась) в тысяча девятьсот девяносто восьмом году.
(2) Я думал(а) о две тысячи четырнадцатом годе.
(3) Мне двадцать три года, а ему двадцать шесть лет.
93. (1) шестьсот (2) двести тридцать шесть
(3) шестьсот пятнадцать
(4) триста. (5) сто шестьдесят восемь
94. (1) Завтра (будет) семнадцатое сентября две тысячи седьмого года.
(2) Я родился(-лась) в тысяча девятьсот восемьдесят девятом году.

## 2-9주: 러시아어 전치사 + 격의 용법

<연습문제 1>

1. (3)
2. (1) ходите (2) идёте (3) идём (4) ходим
3. (1) отцо́м (2) уро́ке (3) бра́том (4) теа́тре
4. (1) профе́ссору (2) города́м (3) университе́тах (4) среда́м
(5) лес (6) меня́ (7) стены (8) вас
5. (1) от (2) из (3) до (4) о́коло (5) ми́мо (6) для

<연습문제 2>

1. (4)
2. (1) ходит (2) идёт (3) ходит (4) идёт
3. (1) мире (2) стулом (3) Москве́ (4) молоко́м
4. (1) вам (2) вечера́м (3) това́рищами (4) неде́лю
(5) Та́ню (6) Та́ней (7) ро́дине (8) са́харом
5. (1) братом (2) у́тра (3) цветами (4) по́лки
6. (1) От (2) до (3) о́коло (4) из (5) ми́мо (6) для

7. (1) Мы спусти́лись с (горы).
   <u>우리들은 산에서 내려왔다.</u>
   (2) Мы вы́пили с (у́тра) до (ночи).
   <u>우리들은 아침부터 밤까지 마셨다.</u>
   (3) Он пригласи́л нас с (тобой).
   <u>그는 너와 함께 우리들을 초대하였다.</u>
8. (1) Я был(а) в театре с Таней вчера.
   (2) Она любит кофе с молоком.
   (3) Я поеду (буду) в Сеул (в Сеуле) через неделю.
   (4) Он жил в квартире около года.

## 2-10주: 러시아어 관계대명사

**<연습문제 1>**

1. (4)　　　2. (1)
3. (1) Э́та кни́га, (которую) я прочита́л, о́чень интере́сная.
   <u>내가 다 읽은 이 책은 아주 재미있다.</u>
   (2) Та́ня спра́шивает о пальто́, (которое) вчера́ купи́ла Ни́на.
   <u>타냐는 어제 니나가 구입한 외투에 대하여 묻고 있다.</u>
4. Э́та де́вушка, которая смо́трит телеви́зор в ко́мнате, моя́ племя́ница.
5. Ма́ша спра́шивает о журна́ле. / Мы вчера́ получи́ли журна́л.
6. (3)

**<연습문제 2>**

1. (3)　　　2. (2)
3. (1) Я наде́ну но́вое пла́тье, (которое) мне купи́ла ма́ма.
   <u>나는 엄마가 나에게 사주신 새 옷을 입을 꺼야.</u>
   (2) Бори́с спра́шивает о телегра́ммах, (которые) получи́ли вчера́.
   <u>보리스는 어제 받은 전보들에 대하여 묻고 있다.</u>
4. Мы сего́дня познако́мились с де́вочкой, которая у́чится в шко́ле.
5. Лида спрашивает о значках. / Вера показывала значки в классе.
6. (3)

## 2-11주: 러시아어 능동형동사

**<연습문제 1>**

1. (1) узнающий, -ая, -ее, -ие　　(2) украшающий, -ая, -ее, -ие

(3) смотрящий, -ая, -ее, -ие (4) любящий, -ая, -ее, -ие

2. (1) писавший, -ая, -ее, -ие (2) друживший, -ая, -ее, -ие

(3) ответивший, -ая, -ее, -ие (4) переводивший, -ая, -ее, -ие

3. (1) изучающий(2) делающие

4. (1) Вот инжене́р, работающий недалеко́ от на́шего до́ма.

(2) Вот ма́льчик, читающий но́вый журна́л.

(3) Студе́нтка, сидящая за столо́м, чита́ет кни́гу.

(4) Э́то балери́на, танцующая на сце́не теа́тра.

**<연습문제 2>**

1. (1) развева́ющийся (2) открыва́ющийся

(3) одева́ющийся (4) стро́ящийся

2. (1) летевший (2) находившийс

(3) отвечавший (4) собравшийся

3. (1) приехавшие (2) лежавшейя

4. (1) 이는 320 헥타르의 면적을 차지하고 있는 도시이다.

(2) 이는 32층을 소유하고 있는 본관 건물이다.

5. (1) Ма́льчик, читавший кни́гу в библиоте́ке, ушёл домо́й.

(2) Ма́льчик, прочитавший кни́гу в библиоте́ке, ушёл домо́й.

## 2-12주: 러시아어 피동형동사

**<연습문제 1>**

1. (4)

2. (1) изуча́емый • • расска́занная

(2) игра́вший • • де́лающие

(3) танцу́ющая • • привы́кший

(4) постро́енный • • люби́мый

3. (1) собираемый (2) занимаемый (3) освещаемый (4) издаваемый

4. (1) рассказанная (2) открытая (3) купленная(4) покрытая

5. (1) Журнал, читаемый ей. (2) Русский язык, изучаемый ими.

6. (1) Книга, купленная ей. (2) Новый дом, построенный им.

**<연습문제 2>**

1. (2)

2. (3)

3. (1) Вот такси́, зака́занное де́душкой.

(2) Вот ры́ба, пригото́вленная ма́мой.

4. (1) Музыка, любимая ей.  (2) Группа, руководимая профессором.

5. (1) История, рассказанная учителем.  (2) Письмо, написанное ей.

6. (1) ска́зана  (2) бро́шены  (3) откры́то

## 2-13주: 러시아어 부동사

**<연습문제 1>**

1. (1) читая  (2) думая  (3) играя  (4) слушая
2. (1) прочитав (2) подумав  (3) проиграв  (4) послушав
3. (1) обращая  (2) Поблагодарив
4. (1) Обедая, Виктор читает газету. / Читая газету, Виктор обедает.
   (2) Играя в шахматы, Антон курит. / Куря, Антон играет в шахматы.
5. (1) Кончив чита́ть ле́кцию, профе́ссор пошёл домо́й.
   (2) Купив газе́ты, Анто́н пошёл в те́хникум.

**<연습문제 2>**

1. (1) отдыхая  (2) одеваясь  (3) гуляя  (4) отправляясь
2. (1) отдохнув (2) одевсь  (3) увидев  (4) приготовивсь
3. (1) возвращаясь  (2) говоря
4. (1) Обе́дая, Ви́ктор чита́л газе́ту. / Чита́я газе́ту, Ви́ктор обе́дал.
   (2) Игра́я в ша́хматы, Анто́н кури́л. / Куря, Анто́н игра́л в ша́хматы.
5. (1) (  ) на́ гору, тури́сты отдохну́ли. — подними́ясь
   (2) (  ) на́ гору, тури́сты любова́лись. — подня́вшись краси́выми ви́дами.
6. (1) 나는 좋은 음악을 들으면서, 커다란 만족을 얻었다.
   (2) 텍스트의 모든 단어들을 이해하지 못하면서, 그것을 번역하는 것은 불가능하다.
   (3) 몇 년 지난 후 돌아오고 나서, 우리들은 서로서로 기뻐하였다.
7. (1) 점심을 먹으면서, 그들은 텔레비전을 보기 시작하였다.
   (2) 점심을 먹고 나서, 그들은 텔레비전을 보기 시작하였다.

## 2-14주: 생활러시아어 구문 활용

**<연습문제 1>**

1. (1)  2. (4)  3. (4)

4. (1)  5. (3)

6. (1) Да, у меня есть де́ньги. 네, 나한테는 돈이 있습니다.
   (2) Да, у меня боли́т голова́. 네, 나는 머리가 아픕니다.

(3) Да, у меня боля́т глаза́. 네, 나는 눈이 아픕니다.

**<연습문제 2>**

1. (1) где (2) кото́рый (3) где (4) когда́ (5) что
2. (3)
3. (1) 나(한테)는 이 일이 마음에 든다. (2) 그는 무릎이 아프다.
(3) 나(한테)는 이 아이들이 마음이 든다.
(4) 얼마나 당신은 이것이 마음에 듭니까?
4. (4) 5. (3)
6. (1) Я зна́ю, (что) он лю́бит рисова́ть.
<u>나는 그가 그림 그리기를 좋아하는 것을 알고 있다.</u>
(2) Я зна́ю, (почему) он не́ был на ве́чере.
<u>나는 그가 왜 야회(파티)에 없었는지를 알고 있다.</u>
7. (1) Что у вас болит?
(2) Я очень рад(а) вас видеть.
(3) Благодарю вас за внимание.
(4) Я чувствую себя хорошо.
(5) Передайте ему привет.
(6) Я знаю, что он очень любит её.

**2-15주: 기말(9과~14주) 총정리 및 연습문제 풀이.**

1. (3) ☞ Где (어디에~?) 묻는 질문에 **장소**(в + **전치격**)로 답해야 하며,
Куда(어디로~?) 묻는 질문에는 **방향**(в + **대격**)으로 답해야 한다.
2.

| е́хатье́ду, е́дешь, е́дет, е́дем, е́дете, е́дут.<br>е́здить е́зжу, е́здишь, е́здит, е́здим, е́здите, е́здят |
|---|

(1) е́здите (2) е́дете (3) е́дем (4) е́здим
3. (1) ма́терью (2) войне́ (3) сестро́й (4) зоопа́рке
4. (1) преподава́телю (2) города́м (3) институ́тах (4) воскресе́ньям
(5) мост (6) него́ (7) окна́ (8) тебя́ (9) о́зера (10) мне
5. (1) от (2) из (3) до (4) о́коло (5) ми́мо (6) для
6. (1) сестро́й (2) ве́чера (3) цвета́ми (4) тобо́й (5) по́лки
(6) горы́
7. (4)
8.

| идт: и́иду́, идёшь, идёт, идём, идёте, иду́т. |
|---|
| ходи́ть: хожу́, хо́дишь, хо́дит, хо́дим, хо́дите, хо́дят. |

(1) хо́дит (2) идёт (3) хо́дит (4) идёт

9. (1) войне́ (2) стулом (3) дере́вне (4) молоко́м

10. (1) тебе (2) вечера́м (3) друзья́ми (4) другом (5) ме́сяц
(6) Ната́шу (7) Ната́шей (8) мире (9) молоко́м (10) здоро́вье

11. (1) Мы вы́пили с (у́тра) до (ве́чера).
우리들은 아침부터 저녁까지 마셨다.
(2) Она пригласи́ла нас с (вами).
그녀는 우리들을 당신(들)과 함께 초대하였다.

12. (1) Она вчера была в театре с Витором.
(2) Он очень любит кофе с молоком.
(3) Я буду в Америке через месяц.
(4) Они жили на квартире около года.

13. (1) От (2) до (3) о́коло (4) из (5) ми́мо (6) для

14. (1) ним (2) у́тра, ве́чера (3) студе́нтами (4) по́лки
(5) дня (6) пе́рвого

15. (3)

16. (2)

17. (1) Э́тот журна́л, (который) я прочита́л, о́чень интере́сный.
내가 읽은 이 잡지는 매우 재미있다.
(2) Та́ня спра́шивает о кни́ге, (которую) вчера́ купи́ла Ни́на.
타냐는 어제 니나가 산 책에 대하여 묻고 있다.

18. Э́тот ма́льчик, кото́рый смо́трит телеви́зор в ко́мнате, мой племя́ник.

19. Ма́ша спра́шивает о письме́.
Я вчера́ получи́ла письмо́.

20. (1) 21. (1) 22. (4)

23. (1) Я наде́ну но́вое пла́тье, (кото́рое) мне купи́л па́па.
나는 아빠가 나에게 사 준 새로운 옷을 입을 거야.
(2) Я купи́л кни́гу, о (кото́рой) ты говори́л вчера́.
나는 네가 어제 이야기한 책을 샀다.

24. Мы сего́дня познако́мились с ма́льчиком, кото́рый у́чится в шко́ле

25. Вера спрашивает о учебнике.
Таня показывала учебник в классе.

26. (4)

27. (1) пою́щий, -ая, -ее, -ие. (2) иду́щий, -ая, -ее, -ие.

(3) сидя́щий, -ая, -ее, -ие. (4) пи́шущий, -ая, -ее, -ие.
(5) де́лающий, -ая, -ее, -ие. (6) зна́ющий, -ая, -ее, -ие.
28. (1) говори́вший, -ая, -ее, -ие. (2) ше́дший, -ая, -ее, -ие.
(3) сиде́вший, -ая, -ее, -ие. (4) нёсший, -ая, -ее, -ие.
(5) занима́вший, -ая, -ее, -ие. (6) прие́хавший, -ая, -ее, -ие.
29. (1) изуча́емый, -ая, -ое, -ые. (2) ви́димый, -ая, -ое, -ые.
(3) занима́емый, -ая, -ое, -ые. (4) люби́мый, -ая, -ое, -ые.
(5) руководи́мый, -ая, -ое, -ые. (6) чита́емый, -ая, -ое, -ые.
30. (1) занима́ющийся (2) закрыва́ющийся
(3) раздева́ющийся (4) у́чащийся
31. (1) прочита́нный, -ая, -ое, -ые. (2) вы́ученный, -ая, -ое, -ые.
(3) принесённый, -ая, -ое, -ые. (4) полу́ченный, -ая, -ое, -ые.
(5) пригото́вленный, -ая, -ое, -ые. (6) ку́пленный, -ая, -ое, -ые.
(7) бро́шенный, -ая, -ое, -ые. (8) покры́тый, -ая, -ое, -ые.
(9) сре́занный, -ая, -ое, -ые. (10) изу́ченный, -ая, -ое, -ые.
32. (1) изуча́ющая (2) рабо́тающие (3) чита́ющий (4) сидя́щая
33. (1) 여기에 320 헥타르의 면적을 차지하고 있는 도시가 있다.
(2) 이것은 32 층을 소유하고 있는 주요한 건물이다.
(3) 나는 나에게 노래를 가르쳐주는 나의 여선생님이 마음에 든다.
(4) 탁자에 앉아있는 여대생은 나의 조카딸이다.
34. (1) прочита́вший, -ая, -ее, -ие.
(2) находи́вшийся, -аяся, -ееся, -иеся.
(3) привы́кший, -ая, -ее, -ие.
(4) подня́вшийся, -аяся, -ееся, -иеся.
35. (1) Вот де́вочка, <u>игра́ющая</u> недалеко́ от на́шего до́ма.
(2) Де́ти, <u>игра́ющие</u> в саду́, хо́дят в шко́лу.
(3) Мне нра́вится моя́ учи́тельница, <u>у́чащая</u> меня́ пе́нию.
(4) Там Гла́вное зда́ние, <u>име́ющее</u> три этажа́. 4)
36. (1) Вот такси́, зака́занное мои́м отцо́м.
(2) Вот ры́ба, пригото́вленная мое́й ма́мой.
(3) Э́то письмо́, полу́ченное им.
(4) Э́то журна́л, прочита́нный мно́й.
(5) Э́то газе́та, прочита́нная мно́й.
37. (1) танцу́ющие (2) танцу́ющая
38. (1) Де́вушка, <u>чита́вшая кни́гу в библиоте́ке</u>, ушла́ домо́й.
(2) Де́вушка, <u>прочита́вшая кни́гу в библиоте́ке</u>, ушла́ домо́й.
39. (1) Э́то сын, люби́мый его отцо́м.

(2) Э́то до́чка, люби́мая её отцо́м.
(3) Ёнсама изве́стный арти́ст, люби́мый мно́гими Япо́нками.
(4) Она́ о́чень изве́стная певи́ца, люби́мая мно́гими лю́дими.
(5) Э́та гру́ппа, руководи́мая изве́стным профе́ссором, моя́.

40. (1) 여기에 나의 어머니에 의하여 요리되어진 물고기가 있습니다.
(2) 욘사마는 많은 일본인들에 의하여 사랑받는 유명한 배우이다.
(3) 도서관에서 책을 다 읽은 처녀는 집으로 갔다.
(4) 무대에서 춤추는 젊은 처녀는 나의 딸 이다.
(5) 라디오로 방송되는 연주회에 민속합창단이 참가한다.

41. (1) 모스크바에 있는 외국 대학생들은 러시아어를 공부한다.
(2) 나의 친구는 모스크바에서 나오는 신문 <프라우다>를 읽는다.

42. (1) Вот худо́жник, <u>де́лающий</u> краси́вые шкату́лки.
(2) Молоды́е лю́ди, <u>игра́ющие</u> в те́ннис, студе́нты.
(3) Студе́нт, <u>приглаша́ющий</u> Та́ню танцева́ть, у́чится в МГУ.
(4) Де́вушка, <u>прода́ющая</u> биле́ты в ка́ссе, моя́ знако́мая.
(5) Ма́льчик, <u>покупа́ющий</u> ва́зу в магази́не, мой брат. 4(3)

43. (1) куря́ (2) смотря́ (3) изуча́я (4) получа́я

44. (1) Э́то му́зыка, написа́нная изве́стным компози́тором.
(2) Э́то фильм, сде́ланный изве́стным режиссёром.
(3) Э́то пальто́, ку́пленное мое́й ма́терью.
(4) Э́то ва́за, подарённая тебе́ мои́м мужом.

45. (1) покури́в (2) посмотре́в (3) изучи́в (4) получи́в

46. (1) обраща́я (2) поблагодари́в (3) возвраща́ясь (4) подня́всь

47. (1) <u>Одева́ясь</u>, он смотре́л телеви́зор.
(2) <u>Оде́всь</u>, он вышёл из ко́мнаты.

48. (1) Обе́дая, Ви́ктор чита́ет газе́ту.
(2) Куря́, Анто́н смо́трит телеви́зор.
(3) Гуля́я, Ната́ша говори́ла о му́зыке.
(4) Слу́шая му́зыку, Та́ня танцева́ла.

49. (1) Ко́нчив чита́ть ле́кцию, профе́ссор пошёл в кабине́т.
(2) Купи́в газе́ты, Анто́н пошёл в столо́вую.
(3) Пообе́дав, они́ на́чали смотре́ть телеви́зор.

50. (1) 공원에서 산책하면서, 친구들은 음악에 대하여 말하였다.
(2) 식사를 하고 나서, 그들은 텔레비전을 보기 시작하였다.
(3) 산에 다 오르고 나서, 여행객들은 쉬었다.
(4) 산에 오르면서, 여행객들은 아름다운 경치에 도취되었다.

51. (1) слы́шая (2) занима́ясь (3) ви́дя (4) гото́вясь

52. (1) положи́в (2) полюби́в (3) услы́шав (4) подня́вшись
53. (1) возвраща́ясь (2) говоря́
54. (1) За́втракая, Ви́ктор слу́шал му́зыку.
(2) Слу́шая му́зыку, Ната́ша игра́ла в ша́хматы.
55. (1) получи́л (2) получи́л (3) полу́ченное (4) полу́чено
56. (1) чита́ющий (2) чита́вший (3) прочита́вшая (4) чита́емая
(5) прочита́нная (6) Чита́я (7) Прочита́в
57. (1) 창가에서 책을 읽고 있는 그 소년은 나의 아들이다.
(2) 창가에서 책을 읽고 있던 대학생은 집으로 갔다.
(3) 창가에서 책을 다 읽은 여대생은 방에서 나갔다.
(4) 나에 의하여 읽히어지고 있는 이 책은 아주 재미있는 소설이다.
(5) 나에 의하여 다 읽히어진 이 책은 아주 재미있는 소설이다.
(6) 책을 읽으면서, 그녀는 자신의 방 안에서 음악을 들었다.
(7) 책을 다 읽고 나서, 그녀는 자신의 방에서 나갔다.
58. (1) идём (2) хо́дим (3) хо́дит (4) идёт
59. (1) 러시아어에는 관사가 없다. (O)
(2) г, к, х 다음에는 ы가 올 수 없다. (O)
(3) -жь,-чь,-шь,-щь 로 끝나는 명사는 모두 남성 명사이다. (X)
(4) 동사에는 부정사어간과 현재어간이 있다. (O)
60. (3) 61. (2)
62. (1) 63. (3)
64. (1) 65. (4)
66. (1) Да, у меня́ есть велосипе́д. 네, 나한테는 자전거가 있습니다.
(2) Да, у меня́ боли́т желу́док. 네, 나는 배가 아픕니다.
(3) Да, у меня́ боля́т но́ги. 네, 나는 다리가 아픕니다.
67. (1) кото́рый (2) где (3) когда́ (4) что
68. (2)
69. (1) 나는 이 일들이 마음에 든다.
(2) 그는 팔이 아프다.
(3) 그는 이 아이들이 마음에 든다.
(4) 너는 이것이 얼마나 마음에 드니?
70. (2)
71. (1) Я ду́маю, (что ) он ско́ро придёт.
나는 그가 곧 올 것이라고 생각한다.
(2) Он зна́ет, (почему́) она́ не была́ на ве́чере.
그는 왜 그녀가 저녁파티에 없었는지를 알고 있다.
72. (1) Что у тебя́ боли́т?

(2) Она́ о́чень ра́да ви́деть его́.
(3) Благодарю́ вас за ва́ши по́мощи.
(4) Я чу́вствую себя́ о́чень пло́хо.
(5) Переда́йте ей приве́т обяза́тельно.
(6) Я ду́маю, что она́ о́чень лю́бит его́.

## 정연호

지은이 정연호는 1960년 경기도 가평-설악에서 태어나 한국외국어대학교 노어과를 졸업하고 동대학원에서 "불가코프 작품에 나타난 서술기법의 특징연구"라는 논문으로 문학박사 학위를 수여받았다.

현재 대구가톨릭대학교 러시아어과 교수로 재직 중이며, 대표 논문으로는 "도스토옙스키 문학에 있어서 '자유'의 주제", "불가코프 희곡에 나타난 '지시문'의 특성", "불가코프 작품에 나타난 '타임머쉰'의 모티브", "불가코프의 『백위군』에 나타난 톨스토이적 모티브" 등이 있고, 저서와 역서로는 『슬라브 문화의 이해』와 『개의 심장』, 『비운의 달걀』, 『이반 바실리예비치』 등이 있다.

체계적으로 배우는
**생활 러시아어 문법**

1판 1쇄 찍음 • 2010년 9월 10일
1판 3쇄 펴냄 • 2017년 2월 28일

저　　자 • 정 연 호
발 행 인 • 정 현 걸
발　　행 • 신 아 사
인　　쇄 • 예지인쇄
출판등록 • 1956년 1월 5일 (제9-52호)
주　　소 • 서울특별시 은평구 통일로 59길 4(2층)
전　　화 • (02)382-6411 • 팩스 (02)382-6401
홈페이지 • www.shinasa.co.kr
E-MAIL • shinasa@daum.net

ISBN 978-89-8396-711-4 (93790)

정가 18,000 원

지은이와의 협의로 인지를 생략합니다.
잘못된 책은 구입하신 서점에서 바꿔 드립니다.